ÉTUDE HISTORIQUE

SUR

WARMERIVILLE ET SES DÉPENDANCES

EN VENTE, CHEZ L'AUTEUR

A LAVANNES, par Witry-les-Reims (Marne)

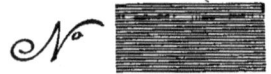

ÉTUDE HISTORIQUE
sur
WARMERIVILLE
et ses dépendances

VAUDÉTRÉ, RAGONET, LE PRÉ, LES MARAIS

ET

LE VAL-DES-BOIS

Par COUSIN-HENRAT

Ouvrage couronné par l'Académie nationale de Reims

Concours de 1899. — 1ᵉʳ Prix

> L'histoire de notre pays natal est la seule où notre âme ressent la première idée du patriotisme et où elle retrouve les vraies traditions de famille.
> (L'Auteur.)

---

45 Gravures dans le texte et hors texte

REIMS
IMPRIMERIE & LITHOGRAPHIE LUCIEN MONCE
75, Rue Chanzy, 75
—
1900

ÉTUDE HISTORIQUE

SUR

WARMERIVILLE

et ses dépendances

VAUDÉTRÉ, RAGONET, LE PRÉ, LES MARAIS

ET

LE VAL-DES-BOIS

Par COUSIN-HENRAT

Ouvrage couronné par l'Académie nationale de Reims
Concours de 1899. — 1er Prix

> L'histoire de notre pays natal est la seule où notre âme ressent la première idée du patriotisme et où elle retrouve les vraies traditions de famille.
>
> (L'Auteur.)

---

45 Gravures dans le texte et hors texte

REIMS

IMPRIMERIE & LITHOGRAPHIE LUCIEN MONCE

75, *Rue Chanzy*, 75

1900.

DU MÊME AUTEUR

Histoire de Lavannes, ouvrage couronné par l'Académie nationale de Reims. Un volume, 192 pages. Imp. Matot-Braine (1896).

Aux Habitants de Warmeriville, spécialement aux Membres des Familles Harmel et Simonnet;

A M. Jacques-Joseph Harmel, fondateur de l'Usine du Val-des-Bois;

A ses Fils, MM. Jules, Léon et Ernest Harmel, son Neveu, M. Albert Harmel;

Et à son Petit-Fils, M. Félix Harmel;

A M. Pierre-Honoré Simonnet, fondateur de l'Usine de Ragonet, et son Fils, M. Camille Simonnet;

Tous dignes de la reconnaissance publique pour leur dévouement et leur patriotisme,

Je dédie le présent ouvrage.

ADMINISTRATION LOCALE

Elections de 1896

Maire : M. Harmel Félix.
Adjoint : M. Huet-Thibault.

Conseillers Municipaux :

MM. Hanrot-Modaine.	MM. Terneaux Florentin.
Modaine-Moreau.	Brimont-Moreau.
Masson Principe.	Champion Principe.
Pocquet-Pocquet Désiré.	Latreille Victor.
Gaidoz-Griffon.	Boillet Edouard.
Robert Magloire.	Thiry Olivier.
Simonnot Victor.	Béchard Athanase.

Elections de 1899

Maire : Harmel Maurice.
Conseiller : Griffon Champenois Jules.

CULTE CATHOLIQUE

M. l'abbé Drouart, curé de Warmeriville.
R. P. Charcosset, aumônier du Val-des-Bois.

ENSEIGNEMENT PRIMAIRE COMMUNAL

M. Jancenelle-Henry, instituteur ;
M. Morlet-Jancenelle, adjoint.
Mlle Lallement Lucie, institutrice ;
Mlle Lallement Marie, adjointe.
Mme Daoust, directrice de la salle d'asile.

ENSEIGNEMENT PRIMAIRE LIBRE

M. Léon Harmel (Bon Père). — Frères des Écoles chrétiennes.
Mme Félix Harmel. — Sœurs Servantes du Cœur de Jésus.
Mme Léon Aulner. — Salle d'asile.

SERVICE DE LA GARE

M. Dubreuil, chef de gare.
M. Collet, sous-chef de gare.

SERVICE DES POSTES ET DES TÉLÉGRAPHES

Mlle Boilan Murcie, directrice.

AVANT-PROPOS

Licurgue, célèbre législateur de Sparte (884 ans avant Jésus-Christ), disait : « Tout peuple qui n'honore pas son passé, n'a pas d'avenir ». Le passé se transmet aux générations à venir de trois manières différentes : l'archéologie, la tradition et les écrits. Notre récit est la recherche des débris du passé, échappés à l'action du temps ; hélas ! combien de documents historiques disparurent par suite des bouleversements de la société et des malheurs du temps. Néanmoins, le monographe dans ses recherches, découvre un ensemble de faits à différentes dates ; il les rassemble pour former un tout ; semblable est l'archéologue qui, trouvant un vase antique rompu, rassemble les débris pour le reconstituer dans sa forme primitive. Souvent on objecte que toutes les monographies locales sont l'histoire du Clergé et de la Noblesse. Naturellement, ces deux classes privilégiées avaient des intérêts à soigner, puisqu'elles étaient alors le pivot de la vie active. Mais on y retrouve aussi l'existence de nos pères, leurs revendications et leur évolution sociale. Aussi nous croyons devoir dire que les vrais hommes du progrès sont ceux qui connaissent l'histoire du passé : les évènements du passé ne sont ni sans intérêt ni sans profit. En popularisant les histoires locales, on sauve de l'oubli une foule de respectables traditions. De tous les documents que nous avons compulsés, nous n'avons accepté que tout ce qui était authentique, et, sans esprit de parti, nous avons décrit et exposé des faits. Dans plusieurs passages de cette histoire, nous sommes resté silencieux sur certains évènements. Nous avons pensé qu'il fallait laisser à l'appréciation du lecteur ce qui est sujet à plusieurs appréciations, sans quoi on s'exposerait à avancer des appréciations peu probantes ou qui donneraient lieu à controverse. C'est surtout dans la période contemporaine qu'il nous a fallu exposer les faits d'une façon sommaire, afin d'éviter les moindres froissements.

Puisse ce modeste ouvrage servir à l'honneur de nos ancêtres, être comme l'écho de leur vie passée, ramener en nous leur culte et nous mériter de la part des habitants de Warmeriville un souvenir de bonne confraternité.

INTRODUCTION

Considérations générales sur les Habitants primitifs de la contrée

L'archéologie est une science qui sert de trait d'union entre la géologie et l'histoire, elle nous révèle tous les peuples primitifs qui ont foulé notre sol. A l'origine primitive de l'homme, celui-ci s'appropria les cavernes naturelles ; les archéologues désignent cette époque sous le nom d'époque paléolithique. A l'époque suivante, appelée néolithique, l'homme se creusa des souterrains. Ces demeures primitives furent fortifiées à leur entrée par des blocs de pierres énormes. Ces races primordiales étaient très inférieures, leur industrie consistait dans le choix que faisaient les sujets des pierres qui, suivant leur forme, leur servaient de coups de poings, de racloirs, de haches, de lances, de burins, etc. Plus tard, la civilisation rudimentaire de ces peuplades progressa, les hommes se vêtirent de peaux, leur outillage se perfectionna par le polissage. A cette même époque on rencontre également des objets en os et en corne de renne. Enfin la main de l'homme pétrit la terre : la poterie et les fusaïoles firent leur apparition ainsi que les premières constructions. L'époque néolithique en disparaissant fit place à l'époque de bronze ; l'industrie métallurgique se fonde, la forme des haches et des poteries varie ; il se fabrique des bijoux, des ustensiles divers, des épées, des casques, etc.; c'est l'époque des civilisations égyptienne et sémitique. A l'époque hallstatienne, le fer apparaît; ce nouvel élément modifia profondément l'état social de nos populations anciennes. Les archéologues ethnographiques nous disent que le préhistorique a existé dans la Marne comme dans toutes les autres parties du monde. Les fouilles faites jusqu'ici nous ont apporté les preuves, les traces de toutes les civilisations anciennes. Bien des richesses archéologiques existent dans nos pays ; mais elles n'ont été que partiellement étudiées. M. le Docteur Capitan, de Paris, dans une conférence qu'il fit à l'Hôtel de Ville de Reims, le 7 Juillet 1895, disait à propos du préhistorique dans la Marne : « Votre sol est un livre d'histoire précieux et complet dont vous n'avez qu'à tourner les feuillets. »

En 1894, M. Bosteaux-Paris, maire de Cernay-les-Reims, archéologue, découvrait des sépultures de l'époque hallstatienne sur un plateau faisant limite entre la vallée de la Suippe et celle de la Retourne. Quatre communes se partagent cette colline boisée : Warmeriville et Heutrégiville ont l'Ouest,

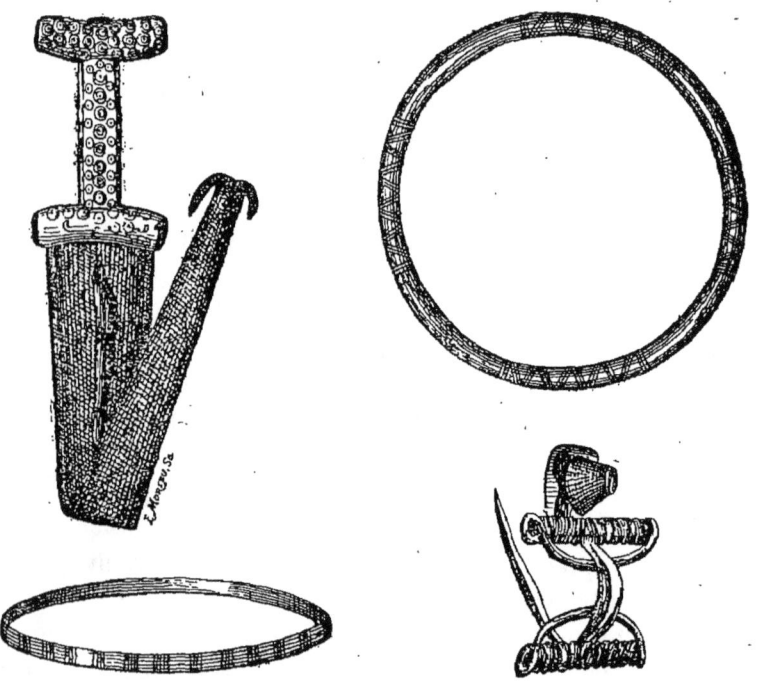

Epée en fer repliée, Bracelets armille, Fibule provenant du mobilier des sépultures gauloises de la Motelle de Warmeriville.

Aussonce, l'Est, et le Ménil-Lépinois, le Nord. Sur ce plateau existent encore deux tumulus, désignés sous le nom de : Motelle de Warmeriville et Motelle d'Aussonce. Près de ces deux motelles existe un cimetière gaulois. La première de ces motelles et son cimetière se trouvent à un kilomètre à l'Est de Vaudétré, entre la route romaine de Reims à Trèves et le chemin gaulois de Juniville à Reims, qui coudoie la route près de cinq kilomètres. La seconde et son charnier se trouvent à deux kilomètres plus loin également, entre la route romaine et le chemin de Juniville à Reims. C'est ainsi que, fouilleur intrépide, M. Bosteaux a retrouvé le mobilier d'une peuplade qui habitait le terroir de Warmeriville, à l'époque dite « première époque du fer » et connue scientifiquement sous le nom du Hallstatt ou Hallstatienne.

Nous insérons une partie de la conclusion de son rapport concernant le mobilier de cette tribu (1). « Le mobilier de ces cimetières accompagnant des tumulus nous indique la présence en ces parages, d'une tribu hallstatienne bien caractérisée par les torques creux en bronze, les armilles, les bracelets en bronze coulé, gravés d'intailles en dents de loups, ainsi que par les petites fibules d'un genre tout particulier à l'industrie gauloise marnière. En général, la poterie y est bien caractérisée par les vases apodes et les petites casses en terre noire à aileron, le tout fait grossièrement à la main. Jusqu'ici, je n'ai

Vase gaulois

constaté qu'une incinération, celle d'un enfant portant un torque creux avec deux bracelets. Nous avons remarqué aussi

(1) Congrès de Caen 1894. Association française pour l'avancement des sciences.

que la lignite était employée comme parure. Dans la fouille d'un foyer au lieudit le Bataillon-Carré, la terre noire de ce foyer était remplie de petits cubes de fer météorique ; ce fer natif avait été ramassé à la surface du sol par les peuplades de l'époque du Hallstatt ; comme le fer était à cette époque, un métal précieux, et que dans nos contrées, il n'existait pas de mine de fer, quand ils avaient une certaine quantité de lingots, ils les fondaient dans un creuset et, avec le fer pur, ils fabriquaient des parures ou des armes. L'industrie du hallstatt est très rare dans la Marne, surtout dans l'arrondissement de Reims ; ces

Vase gaulois.

tribus, qui habitaient principalement le sud-est de la France, doivent être venues s'établir jusque sur les bords de la Suippe par les Ardennes, en contournant par l'Est les grandes plaines champenoises, habitées par le gaulois marnien.

Ce qu'il y a de particulier, c'est que les sépultures de la Motelle de Warmeriville, comme celles d'Aussonce, sont placées à distance au Nord de la butte et qu'une partie de ces tombes est orientée regardant ces motelles. Pourquoi le Nord ?

Est-ce le signe du repos de la nature, comme le Midi serait le signe vivifiant de la vie ? »

Le tumulus d'Aussonce a 28 mètres de diamètre sur 2 m. 50 de hauteur. Il fait la limite des territoires de Warmeriville, Heutrégiville, Aussonce et le Ménil-Lépinois. Sur son sommet se trouve la borne séparative des départements de la Marne et des Ardennes. Si nous quittons le préhistorique pour entrer dans la protohistoire, nous voyons que les grands historiens modernes nous disent que les races primitives qui peuplèrent

Vase gaulois

nos contrées furent les Aryas, les Celtes et les Kymris. Partis de la haute Asie, ces peuplades faisaient des immigrations périodiques et s'identifiaient avec les populations où elles s'arrêtaient. Ces masses nombreuses menaient une vie toute pastorale, elles laissaient des colonies çà et là, suivant les ressources de la terre. Ces colons isolaient leurs huttes soit sur des plateaux, soit dans les vallées. La réunion de plusieurs habitations formait un clan dont le chef portait le nom de scabin Plusieurs clans réunis formaient l'ambacht dont le chef supérieur avait les droits de justice sur ses sujets.

En compulsant les *Commentaires*, de César, nous voyons

qu'au temps de la conquête de la Gaule, le Rémois était bien peuplé et bien cultivé puisque la République des Rèmes possédait plusieurs villes. Pour la défense de ce pays, 5o à 6o.ooo hommes pouvaient être mis sur le pied de guerre, sans compter les enfants, les vieillards, les femmes et ceux qui gardaient la contrée. 51 ans avant J.-C., les Romains envahirent les Gaules et s'en rendirent maîtres. Pendant cinq cents ans, les Romains changèrent l'aspect du pays. Ce furent des villes, des villages qu'ils fondèrent, des écoles qu'ils ouvrirent. Pour rendre les communications plus faciles, ils

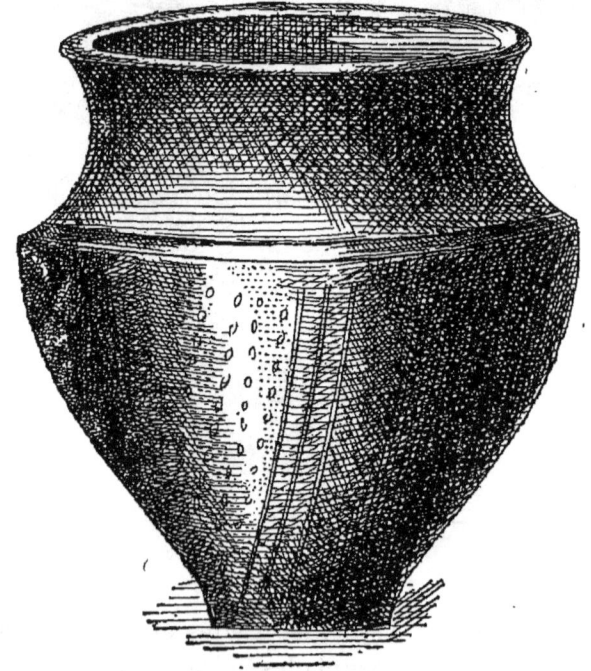

Vase gaulois

construisirent des routes, dites voies romaines, l'agriculture fut améliorée et encouragée, l'industrie et le commerce se développèrent. Warmeriville est bien près de la voie romaine de Reims à Trêves, le hameau de Vaudétré, qui en dépend en partie, se trouve situé à trois kilomètres sur cette dite voie. Cette ancienne route traverse la rivière dite de Suippe, un passage à gué a dû exister avant la conctruction des ponts.

Origine de nos Villages

A l'époque gauloise, le territoire de Warmeriville était peuplé en bien des lieuxdits par des agglomérations de foyers gaulois, nous en avons la preuve par les sépultures de l'époque du hallstatt trouvées au lieudit La Motelle. Bien d'autres lieuxdits ont également, par leur étymologie, une origine celtique. A la suite des invasions, soit romaines, soit franques, les chefs recevaient ou des villages déjà fondés ou des terres distraites de ces villages ou bien des terrains encore inoccupés. Si c'était des terrains distraits ou non occupés, la ferme s'élevait au milieu du domaine et autour de cette habitation rurale un nouveau village se formait insensiblement en prenant le nom du fondateur ou d'une particularité quelconque.

Les Pouvoirs temporels dans les premiers siècles

Après les invasions, les chefs guerriers, en raison des services rendus à l'État, reçurent des domaines, des territoires entiers. Ces terres de conquêtes s'appelaient *bénéfices*, elles

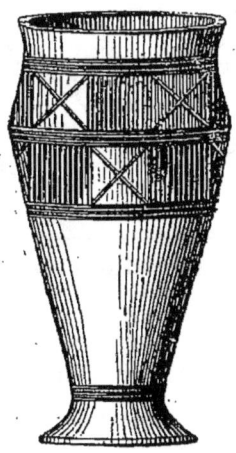

Vase gaulois

leur furent données en usufruit. Les seigneurs profitant de la faiblesse des derniers monarques carlovingiens, rendirent héréditaires dans leurs familles les titres qui leur avaient été donnés à vie. Les gouverneurs de provinces s'appelaient ducs, les comtes étaient à la tête des villes et les officiers d'un grade inférieur devinrent propriétaires des lieux. Les bénéfices alors s'appelèrent *fiefs* et ils se multiplièrent à l'infini. Ce ne fut qu'à l'époque des fiefs que fut établie la noblesse.

La Religion chrétienne, prêchée au IIe siècle, se répandit dans la Gaule romaine et triompha vers 312. Le Clergé qui avait soumis à la fois les Barbares conquérants et qui présentait une organisation régulière, s'est acquis aussi des droits temporels sur les populations d'alors. Dès le VIe siècle, l'Église obtint le contrôle ou même le droit de réformation sur les décisions des seigneurs : « L'Évêque, dit une ordonnance du roi Clotaire II, pourra obliger le comte à reviser la sentence portée par lui, si cette sentence a été rendue contraire à la loi et en l'absence du roi. » (1).

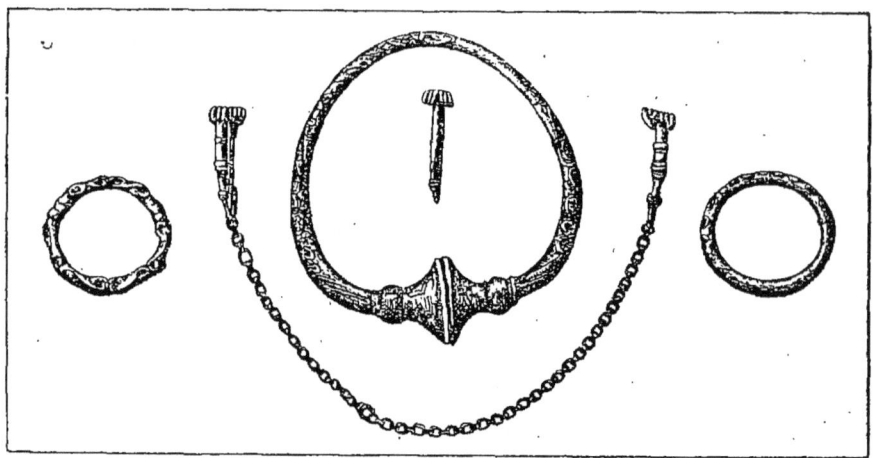

Parures gauloises de nos pays

Dans les premiers siècles de l'Église, les Évêques furent nommés par le peuple, ils étaient les défenseurs des habitants, ils portaient au pied du trône leurs prières et leurs plaintes. Au milieu de tous les bouleversements de l'administration civile et militaire, les pouvoirs ecclésiastiques restèrent toujours à peu près les mêmes jusqu'au règne de Louis XIII, époque où furent créées les intendances, les subdélégations. Les communautés, quelque peu libres dans leurs actes depuis l'affranchis-

---

(1) P. VIOLLET, *Institutions politiques de la France*, t. Ier, p. 385.

sement des communes, furent soumises à cette époque au contrôle indirect du pouvoir royal.

Les incursions des Normands que ne pouvaient repousser les habitants des campagnes obligèrent ceux-ci à s'unir avec leurs chefs dans un but de défense réciproque pour la construction de vastes palissades sur buttes naturelles ou dans des terrains entourés d'eau. Bientôt ces palissades furent remplacées par des constructions en pierres. Ainsi s'élevèrent les châteaux habités par les seigneurs et lieux de refuge pour les habitants des campagnes en temps de guerre. La féodalité s'est fondée ainsi en établissant des devoirs réciproques entre les seigneurs chefs temporels et les habitants de nos pays. Au

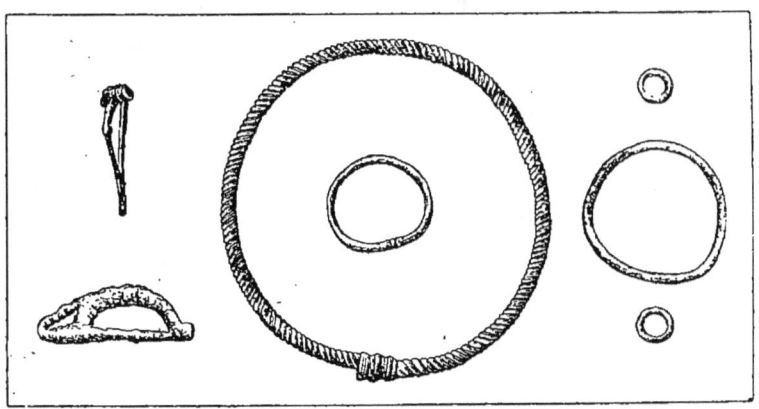

Parures gauloises de nos pays

pouvoir féodal succéda le pouvoir royal qui fut remplacé de nos jours par la souveraineté nationale.

Les Religions anciennes

Chez les peuples primitifs qui habitèrent nos contrées, les religions furent contemplatives ; tous crurent à l'immortalité de l'âme. César nous dit dans ses *Commentaires* (Livre 6, § XIX) : « Les funérailles des Gaulois sont magnifiquement somptueuses. Tous les objets qu'on pense avoir été chers au mort, et même les animaux, sont jetés dans le bucher funèbre. A une époque qui n'est pas éloignée de nous, les esclaves et les clients qu'ils avaient aimés étaient brûlés avec eux, quand les formalités des funérailles étaient accomplies. »

Les Gaulois adoraient un être suprême qu'ils appelaient Teutatès, leurs temples étaient les forêts, leurs prêtres s'appelaient les Druides ; ils étaient tout à la fois prêtres, administrateurs, juges, médecins et instituteurs. La Gaule conquise abandonna le culte sanglant des Druides pour les dieux des Romains. Les Romains étaient païens, leurs dieux étaient Jupiter, le roi des dieux ; Apollon, le soleil ; Mars, le dieu de la guerre, etc. C'est sur les ruines du paganisme que s'est établi le Christianisme.

Origine et Étymologie

L'origine de Warmeriville nous paraît fort ancienne. Le nom commun *Villa* était à l'époque gallo-romaine synonyme de cort, cortis, court. Dans les noms de villages ayant cette finale, on s'accorde généralement à voir en avant le nom du fondateur, de là Warmeri Villa, *Ville de Garnier*. Il faut savoir que le W germanique, qui se prononçait *oua* est devenu *gu* en vieux français, le mot Garnier se prononçait Vuarnier, Warnier, on a latinisé tout simplement le mot Warnerus Wuarnerus et de là Warmeriville, village du leude Garnier.

A travers tous les siècles, l'orthographe du nom de Warmeriville a subi bien des variantes. Nous les citerons : Villa Warmerena XIe siècle (Polyptique de Saint-Remy) (1), Garmerivilla 1149 (Abbaye de Saint-Thierry), Warmerivilla 1181 (Abbaye de Saint-Remy), Garmerivilla 1189 (Chapitre de Reims), Warmeri Villa 1190 (Abbaye de Saint-Thierry), Garmereivilla 1192 (Arch. adm. de Reims), Verrewilla 1202 (Saint-Thierry), Warneriville 1222 (Livre des vassaux de Champagne) Warmerivile 1249 (Chapitre de Reims) Warmereivilla 1346 (Arch. adm. de Reims), Warmeyville 1384 (Archives Nationales Paris), Vermeriville 1384 (Arch. adm. de Reims), Warmeriville-sur-Suippe 1526, ici il existe un suffixe distinctif, enfin de nos jours *Warmeriville* est le dérivé de tous les noms précédents.

(1) Le document le plus ancien où il est parlé de Warmeriville est le Polyptique de Saint-Remy qui a été rédigé vers 1050. Il faut admettre que son auteur a travaillé sur des documents qui étaient des siècles antérieurs.

CHAPITRE PREMIER

Les Seigneurs de Warmeriville

SOMMAIRE. — Les seigneurs pendant la féodalité. — Les différents seigneurs de Warmeriville. — L'Abbaye de Saint-Thierry. — Le Chapitre Notre-Dame de Reims. — La Collégiale de Saint-Symphorien de Reims. — La Collégiale de Sainte-Balzamie de Reims. — L'Abbaye de Saint-Pierre-les-Dames de Reims. — L'Abbaye de Saint-Remi de Reims. — L'Abbaye de Saint-Denis de Reims. — Les comtes de Rethel. — Les seigneurs laïques de Warmeriville : Huard de Juvigny, Milon de Choilli, Guido de Warmeriville, Gérard de Warmeriville, Milet de Cormicy, Renaud de Selles, Jacquemin de Bouclenay, Pierre de Warmeriville, Ernoult, Thiébault, Colinet et Jean de Warmeriville, Thierrion de Warmeriville, Gilles de Billi, Wilmet d'Annelle, Manesier de Novel-Chastel, Pierre Horis, Philippe de Bezannes, Nicolas de Bezannes, Jean le Vergeur, Claude Pioche, Charles de Bossut et Nicolas de Bossut, Jacques de Tisserot, Robert de Joyeuse, Jules-Charles de Joyeuse, Hugues Mathé, Ignace de Goujon, François Caillet, Adrien-Maurice de Noailles, Philippe de Noailles, Joseph-Aubry d'Arencey, Jean-Baptiste-Raoul de Rémont et Nicolas-François Charlier (banquier).

Les Seigneurs pendant la Féodalité

Les anciens grands seigneurs féodaux de notre contrée furent dans l'origine les archevêques de Reims, qui obtinrent de grandes prérogatives par suite du sacre des rois, les Comtes de Champagne, qui amovibles du VIe au Xe siècle, devinrent héréditaires dès 943, enfin les Comtes de Rethel qui, vassaux des Archevêques de Reims et des Comtes de Champagne, n'apparurent guère qu'en 975.

Ces grands propriétaires, possesseurs de vastes domaines, les divisèrent en un certain nombre de bénéfices ou fiefs, qu'ils donnèrent à leurs serviteurs, dans le but de se créer des soutiens et des ressources. Sous les rois de la première dynastie, la propriété de ces bénéfices était personnelle ; mais sous les rois carlovingiens, elle devint héréditaire. Bientôt l'usurpation fut de mode et la force prima le droit. C'est alors que les grands et les petits seigneurs se cantonnèrent chacun dans leurs terres. En petits souverains indépendants, ils perçurent les revenus et exercèrent tous les droits civils et militaires. C'est à cette époque, sans aucun doute, que s'éleva le château de Warmeriville. Ce château, comme tant d'autres dans la région, n'était pas seulement la résidence du seigneur, mais la place forte, le refuge des populations quand malheureusement les seigneurs se faisaient la guerre. Dans la suite, les petits seigneurs durent chercher un appui dans le pouvoir tout puissant des grands seigneurs féodaux. Cette protection, appelée *mainbournie*, s'accordait par la cession fictive de l'alleu, de la terre moyennant un droit de cens payable annuellement. D'après les documents que nous avons consultés, il ressort que la seigneurie de Warmeriville appartenait conjointement aux Archevêques de Reims et aux Comtes de Rethel. Dans le cours de ce chapitre, nous verrons que ces deux grands pouvoirs aliénèrent leurs droits à différentes communautés et à différents seigneurs laïques.

Les différents Seigneurs de Warmeriville

Les vastes possessions et les gros revenus que possédaient les Ducs Archevêques de Reims leur permirent de disposer d'une partie de leurs fiefs en faveur de leurs amis et des Communautés ecclésiastiques de Reims. L'Archevêque avait le droit de juridiction temporelle et spirituelle sur les Abbayes de Saint-Remi, Saint-Nicaise, Saint-Denis et Saint-Pierre en ville, et hors la ville sur Mouzon, Saint-Thierry, Hautvillers, Saint-Basle, Epernay, Avenay. Il possédait le domaine sur les villes de Reims, Witry, Vertus, Rethel, Châtillon, Épernay, Roucy, Fismes, Braine, Château-Porcien, et plusieurs autres châtellenies dont les Comtes de Champagne devaient lui faire hommage. Au nombre des différents seigneurs qui exercèrent des droits sur la terre et seigneurie de Warmeriville, nous avons constaté : l'Abbaye de Saint-Thierry, le Chapitre de la Cathédrale, la Collégiale de Saint-Symphorien, l'Abbaye de Saint-Remy, l'Abbaye de Saint-Pierre-les-Dames, l'Abbaye de Saint-Denis et la Collégiale de Sainte-Balzamie. Nous venons de signaler les principaux seigneurs religieux qui exercèrent leurs droits à Warmeriville, nous aurons encore à parler des Comtes de Rethel et de leurs vassaux.

Dans le cours des temps, la Seigneurie de Warmeriville fut comme toute propriété, donnée, divisée, vendue et réunie ; les causes furent multiples, nous les relaterons au fur et à mesure qu'elles se sont produites.

L'Abbaye de Saint-Thierry

L'Abbaye de Saint-Thierry fut fondée au vi° siècle par saint Thierry, né à Aumenancourt-le-Grand. Il était disciple et ami de saint Remy. Les titres les plus anciens concernant les droits de l'Abbaye de Saint-Thierry sur la dîme de Warmeriville, nous sont signalés dans l'Inventaire de Saint-Thierry (1).

La première pièce est une charte de Samson Desprez, archevêque de Reims (1149-1161), nous la produisons *in-extenso* ainsi que sa traduction due à M. Chardinal, curé de Lavannes.

CHARTE DE 1149. — Sanson, Dei gratia Remorum archiepiscopus, dilectis filiis Aldrico abatti et monachis beati Theodorici et post eos in eodem monasterio regulariter successuris imperpetuum. Religiosis desideriis dignum est facilem prebere consensum ut fidelis devotio celerem sortiatur effectum. Vestri ergo desiderii, filii in Xristo karissimi, Aldrice abbas et ei commissi monachi, petitionibus paterna karitate annuentes, monasterium beati Theodorici cui Deo auctore servitis decreti presentis auctoritate minimus. Universa enim ad vestrum monasterium legitime pertinentia tam vobis quam successoribus vestris imperpetuum confirmamus Decimam vero de Guarmeriivilla, quam Haymo cognomine Pijuns a domino Radulfo de Ercreio in feodum tenebat et eam in manu nostra reddidit ut vobis et beata Theodorico donaretur vobis quiete possidendam concedimus. Ad hec decernimus ut nulli omnino hominum liceat idem cenobium temere periurbare ant ei possessiones auferrre, vel abbatas retinere, minuere, vel temerariis vexationibus fatigare, sed omnia integra conserventur eorum pro quorum sustentatione concessa sunt usibus omnimodis profutura. Ut autem et

---

(1) *Archives départementales*, Châlons. — Fonds de l'Abbaye de Saint-Thierry, liasse I, n° 3 de l'Inventaire Lemoine.

vos et successores vestri pernoscere valeatis qualiter donatio hujus decime in presentia nostra facta sit et quibus personis presentibus, nomina ipsarum personarum subscribi precepimus. Affuerunt ergo huic donationi Gregorius cantor Drogo cancellarius, Henricus de Curvilla, Constantius, Magister Fulco, Hayricus de Monte Aento Boso de Ercrerio, Nicholaus abbas Altivillarensis. Acarinus decanus. De militibus vero affuerent Haymo Pijuns qui eandem decimam donavit ; Balduinus frater ejus qui hoc donum concessit atque laudavit. Mater quoque ipsorum, nomine Agnes, cum filiabus suis hoc donum concessit atque laudavit, et super altare beati Bartholomei, simul cum filiis suis in elemosinam optulit Preterea Radulfus de Ercreio, de cujus feodo decimam illam Haymo tenuerat, et Stephanus Strabo de que illa decima descendebat, cum uxore sua et filiis suis, hoc ipsum concesserunt et laudaverunt Haymo autem infide sua promisit quod si quis decimam illam reclamaret et inde monachos vexaret, ipse guarans contra omnes calumpniatores existeret, et hujus sponsionis dedit obsides. Stephanum Stabonem et Radulfum de Ercreio Nomina testium qui interfuerunt : Haymo filius Gervart ; Guido Loricus et frater ejus; Hugo Pes Lupi ; Gilo Bernardus ; Theobaldus de Barris ; Robertus Anguisel ; Isembarz Bordel ; Ysaachus presbiter ; Thomas de Sancto Theodorico; Balduinus villicus; Heribertus decanus ; Odo Camisia ; Obertus Faber ; Rogerus carpenterius ; Odardus de Nocturniaco ; Paganus ; Seybertus carpentarius. actum Remis anno Incarnati Verbi MCXLVIIII, indictione XIIe, regnante Francorum rege gloriosissimo Ludovico anno XIII archiepiscopatus autem domni Sansonis anno X. Drogo cancellarius recognovit scripsit et subscriptit. (Orig. parche. Sceau pendant sur cordelettes de cuir).

TRADUCTION DE LA CHARTE DE 1149. — « Samson, par la grâce de Dieu, archevêque de Reims, à ses fils bien-aimés, l'abbé Aldric et aux moines de Saint-Thierry et à ceux qui leur succèderont régulièrement dans ce même monastère à perpétuité. Il est juste de consentir volontiers à vos religieux désirs afin que votre constante dévotion obtienne promptement son effet. Nous voulons donc, dans notre bonté paternelle donner notre assentiment aux demandes et aux vœux de nos fils bien-aimés en Jésus-Christ, l'abbé Aldric et ses moines qui lui sont confiés et nous confirmons par l'autorité du présent décret, le monastère de Saint-Thierry, au service duquel vous êtes liés par la grâce de Dieu. Nous confirmons pour toujours, à vous et à vos successeurs, la propriété de tout ce qui appartient légitimement à votre monastère. Nous nous permettons la paisible possession de la dîme de Warmeriville que Haymon, surnommé Pijuns, tenait en fief de Raoul d'Ercry (aujourd'hui Saint-Erme, dans l'Aisne), et qu'il a remise en vos mains pour en faire au Bienheureux Thierry et à vous. En outre, nous arrêtons que personne absolument n'a le droit d'inquiéter sans motif ce monastère, de lui enlever ses propriétés, de les garder ou de les diminuer, de leur faire préjudice par des entreprises téméraires ; mais que tout demeure intact pour servir à tous les besoins des religieux pour l'entretien desquels on a cédé ces propriétés. Mais afin qu'il vous soit facile à vous et à vos successeurs de voir comment cette donation a été effectuée en notre présence et devant quels témoins elle a eu lieu, nous avons voulu qu'on rapportât ci-dessous les noms de ces personnes.

« Etaient donc présents à cette donation, le chantre Grégoire, le chancelier Drogon, Henri de Curville, Constantius, maître Fulcon Hayric de Montaigu, Boson d'Ercry, Nicolas, abbé d'Hautvillers, Acarinus decanus. Du côté des soldats étaient présents : Haymon Pijuns qui a cédé cette dîme, Baudoin, son frère, qui approuva et ratifia ce don, leur mère Agnès, qui, avec ses filles, approuva et ratifia ce don ; elle vint l'offrir en forme d'offrande, sur l'autel de Saint-Barthélemy, en même temps que ses fils. Puis Raoul d'Ercry, du fief de qui Haymon tenait cette dîme, Etienne Strabon, de qui elle venait, avec sa femme et ses enfants, tous approuvèrent et ratifièrent ce don. Haymon promit sur sa foi que si quelqu'un réclamait cette dîme, ou voulait inquiéter les moines de ce chef, il viendrait en personne se porter garant contre les faux témoins. Il assigna comme témoins de sa personne, Etienne Strabon et Raoul d'Ercry.

« Noms des témoins : Haymon, fils de Gervart, Guy Lorien, son frère, Hugues Pied de Loup, Gilles Bernard, Théobald de Bar, Robert Anguisel, Isambart Bordel, le prêtre Isaac, Thomas de Saint-Thierry, le fermier Baudoin, le décanus Héribert, Odon de Chaumusy, Aubert artisan, le charpentier Roger, Oudard de Luthernay, Paganus, le charpentier Seybert.

« Fait à Reims, l'an de l'Incarnation 1149, la 12e indiction, la 13e année du règne glorieux de Louis, Roi de France, la 10e de l'Archiépiscopat du Seigneur Samson.

« Vu, écrit et signé par le Chancelier Drogon. »

1190. — La deuxième est une charte de Guillaume, archevêque de Reims (1176-1204), laquelle confirme la nouvelle acquisition faite par l'Abbaye de Saint-Thierry d'une portion de la dîme de Warmeriville ayant appartenu à Ernald d'Hermonville.

1190. — La troisième pièce, qui se rattache indirectement à la dîme de Warmeriville, est une Bulle en parchemin du Pape Clément III, laquelle confirme les titres de l'Abbaye de Saint-Thierry dont Gaveron est abbé. Une médaille attachée à ce parchemin atteste l'authenticité de ce document. On sait qu'anciennement une boule ou sceau de métal ou de cire était attachée à une lettre de pape. Cette médaille, assez bien réussie est entourée d'un pointillé en relief, au centre sont les lettres suivantes : C. L. E. — M. ENS. — P. P. III., lesquelles sont placées sur trois lignes. Le revers de la médaille est encore entouré d'un pointillé en relief, en tête sont les lettres S. PASPE, en-dessous deux têtes d'homme probablement saint Pierre et saint Paul, entourées d'un pointillé en relief et séparées par un attribut du pouvoir.

Le Chapitre Notre-Dame de Reims

C'est au viiie siècle que saint Rigobert, archevêque de Reims, voulant assurer l'organisation de son Chapitre, lui donna des terres dans tout le diocèse (ANQUETIL). Ces domaines s'agrandirent dans la suite, soit par des fondations, soit par des acquisitions. Avant de citer les origines de la seigneurie du Chapitre Notre-Dame de Reims, à Warmeriville, disons un mot sur sa puissance temporelle au Moyen-Age. Le Chapitre Notre-Dame était une communauté de chanoines réguliers qui desservaient à Reims la paroisse dite : Notre-Dame. L'église était comme on le sait, la cathédrale La communauté résidait dans les dépendances actuelles de la Cour Chapitre. Les entrées donnaient sur la rue Carnot (ancienne rue des Tapissiers) et le petit portail de la cathédrale. Les maisons entourant la

Armoiries du Chapitre N.-D de Reims

cour servaient de locaux pour le cloître, l'auditoire, le pressoir, le cellier, le grenier, la boulangerie, la boucherie, etc. Le Chapitre métropolitain se composait de 64 chanoines réguliers, 51 chapelains et 4 grands prêtres. De son sein sont sortis cinq Papes : Sylvestre II, Urbain II, Adrien IV, Adrien V, Eugène IV, vingt et un archevêques de Reims, cinquante et quelques cardinaux et un grand nombre d'évêques. Au Moyen-Age, le Chapitre avait une milice régulière, un maréchal pour la commander. Le Chapitre qui touchait un droit de sauvement devait aller en guerre contre les seigneurs ou les sujets révoltés qui pillaient dans ses terres.

1189. — L'acte le plus ancien que nous avons retrouvé concernant la possession par le Chapitre d'une partie de la terre et seigneurie de Warmeriville est une charte de Guillaume, archevêque de Reims, qui était le fils de Thibault, comte de Champagne, beau-frère de Louis VII. Cette charte confirme la vente faite par Guy de Beiford et Helvide, son épouse, à l'église de Reims, de toutes les dîmes de vin qu'ils possédaient à Warmeriville et Villeneuve qui est auprès, moyennant 51 livres monnaie rémoise. La dite vente ratifiée par Etienne d'Acy, Gilles de Saint-Loup, Aubry de Maidnid, Oudard de Baalon et Jean d'Acy. — Guido Miles de Beifort vendidit Ecclesie beate Marie Remensis quicquid decime habebat in vino apud Germerivillam et Villam-Novam que est juxta eam (1).

1192. — Nous retrouvons une Charte de Guillaume, archevêque de Reims qui confère à son Chapitre plusieurs bénéfices. Nous citons cette charte et sa traduction due à M. l'abbé Haudecœur, curé de Pouillon et membre de l'Académie de Reims.

Willelmus Dei gratia Remorum archiepiscopus sancte romane ecclesie, etc., etc.

Noverunt tam presentes quam futuri, quod nos statum ecclesie remensis peramplius augmentare cupientes, redditus de Valle Rodigionis prius ad usum prepositure remensis deputatos, communi voluntate totius capituli et consensu, capituloque ad hoc solempniter convocato, eidem remensi ecclesie liberaliter (reddidimus et) contulimus (contulimus etiam) altare de Garmercivilla cum omni censu quem ibi habemus, altare etiam de Villa Tardani, que canonici remensis ecclesie; Philippus vice dominus Fulco, et Leo in manu nostra resignaverunt, capitulum vero predicta altaria eis concessit, sicut prius habuerunt quo ad vixerint, sub trecensu duorum solidorum singulis annis solvendorum, ita quod post eorum obitum libere ad ecclesiam revertentur. Preterea dedimus eis decimam de Juvigniaco et quicquid ibidem thesaurarius remensis habebat, et, decimam de Almericurte que antea ad thesaurariam remensem pertinebant; et in recompensatione Nove Ville site juxta Culmisiacum, cum vivario et molendino, que in manu nostra detinuimus, et que prius fuerunt thesaurarie, stallos sepradicte ecclesie assignavimus in foro ad estimationem decem librarum censualium et etiam quicquid thesaurius habebat apud S. Stephanum super Sopiam, et medietatem altarium de Bachelon et de S. Lupo; et de his omnibus predictis, B (Balduinum) prepositum, nomine ecclesie, investivimus. Hec autem omnia dedimus ad distribuentum canonicis qui ad incepta Epistola, usque ad completum Agnus Dei misse intererunt, et hore sexte; ne que licebit eis exire de choro nisi honesta vel necessaria causa evocaverit eos, si distributionis faciendes participes

(1) Inventaire du Chapitre *(Archives de Reims).*

esse voluerunt. Predicti vero canonici tam magnifici beneficii non immemores, nec ingrati, nobis et omnibus successoribus nostris concesserunt donationem prepositure et prepositi institutionem in perpetuum habendam; approbante universo capitulo et assentiente et ad hoc convocato. Nos vero loco reddituum prepositure prius assignatorum B. preposito et omnibus successoribus suis prepositis in perpetuum obtinendum assignavimus et contulimus quicquid prius habuit thesaurarius remensis apud Montiniacum, Bethencium et apud Villeir Asnorum, exceptis redditibus vini ejudem ville, scillicet Villeir Asnorum, quos in manu nostra et dispositione retinuimus. Vacante autem prepositura, redditus prepositure capitulum percipet. Quicumque vero pro tempore erit prepositus, promptissima hominii exhibitione archiepiscopo facta, sicut et alii personatus faciunt, capitulo jurabit fidelitatem, et se mansionarium esse in civitate, et fideliter observaturum quicquid continetur in carta nostra quam penes se habet prescripta remensis ecclesia sigillatam deprepositura, eo excepto quod de Valle Rodigionis ibi continetur, quia eam de cetero nulli preposito licebit reclamare. Hec omnia facta sunt vacante thesauroria. Ut autem ordinatio hec et status iste perpetuam obtineant firmatatem, nos cum omnibus presbiteris tunc canonicis, excommunicavimus omnes illos qui hunc statum tam sollemniter factum immutarent. Et ut hec omnia rata permaneant et inconcussa, presentis scripti patrocini communimus et sigilli nostri impressione confirmamus, Actum anno Verbi incarnati millesimo centesimo nonagesimo secundo. Datum vacante cancellaria.

TRADUCTION DE LA CHARTE CI-DESSUS. — « Guillaume, par la grâce de Dieu, archevêque de Reims... Que tous, tant présents que futurs, sachent que voulant augmenter l'État de l'Église de Reims, nous avons assigné à cette Église de Reims les revenus de Val Rodigion, autrefois assigné à l'usage de la prévoté de Reims, et ce, de la volonté et du consentement unanime de tout le Chapitre, et après la convocation solennelle du Chapitre à cet effet, nous assignons également l'autel de Garmeriville (Warmeriville) avec tout le cens que nous y avons; l'autel de Ville-en-Tardenois, que les chanoines de l'Église de Reims,

Philippe vicomte, Fulcon et Léon ont résigné en notre main. Le Chapitre leur a concédé les autels susdits comme ils les avaient eus quand ils vivaient, sous le trecens de deux sols à payer chaque année, de sorte qu'après leur mort, ils revinssent librement à l'Église En outre nous leur avons donné la dîme de Juvigny et tout ce que le même trésorier de Reims avait, et la dîme d'Aumenancourt qui appartenaient autrefois à la trésorerie de Reims ; et en retour de Neuville sise près de Chaumusy, avec un étang et un moulin, que nous avons tenus dans notre possession, et qui appartenaient auparavant au trésorier, nous avons assigné les stalles de l'Église susdite sur la place à l'estimation de 10 livres de cens, et en même temps tout ce que le trésorier possédait auprès de Saint-Étienne-sur-Suippe, et la moitié des autels de Bachelon et de Saint-Loup, et nous en avons, au nom de l'Église, investi Baudoin, prévôt de cette église. Nous avons donné tout cela pour le distribuer aux Chanoines qui auront assisté à la messe depuis le commencement de l'Épitre jusqu'à la fin de l'Agnus Dei, et à l'heure de Sexte. Il ne leur sera pas permis de sortir du chœur à moins qu'une raison honnête nécessaire les en aura forcés, s'ils veulent participer à la distribution. Les susdits Chanoines, se souvenant de ce grand bienfait, et reconnaissants, nous ont concédé, ainsi qu'à nos successeurs, la donation de la prévôté et l'institution du prévôt à perpétuité, avec l'assentiment et l'approbation de tout le Chapitre, convoqué pour cela. Nous, au lieu des revenus de la prévôté assignés autrefois à R..., prévôt et autres prévôts ses successeurs, nous avons assigné et donné à perpétuité tout ce que posséda le Trésorier de Reims à Montigny, à Bétheny, à Villers (Allerand), excepté les revenus du vin de cette villa, à savoir Villers (Asnorum) que nous retenons en notre main et à notre disposition. Pendant la vacance de la prévôté, les revenus en seront perçus par le Chapitre. Celui qui sera nommé prévôt, après avoir fait promptement hommage à l'Archevêque, comme le font les autres dignitaires, jurera fidélité au Chapitre; reconnaîtra qu'il est mansionnaire dans la cité, et qu'il observera fidèlement tout ce qui est contenu dans notre Charte qu'il a en sa possession, scellée du sceau de l'Église de Reims, et qui concerne la prévôté, excepté ce qui y est contenu au sujet de (Vau-Rodigion) parce qu'il n'est plus permis à aucun prévôt d'en réclamer à l'avenir. Toutes ces choses furent faites pendant la vacance de la Trésorerie. Pour que cette prescription et cet ordre aient à perpétuité leur force, nous, avec tous les Prêtres et les Chanoines, nous avons excommunié tous ceux qui changeraient cet arrangement si solennellement fait. Et pour que cela soit bien reconnu et sans changement, nous l'avons muni de notre sceau.

« Fait l'année de l'Incarnation du Verbe 1192. Pendant la vacance de la Chancellerie. (1 - 2). »

En juillet 1232, le Chapitre fit acquisition du fief et hommage de Warmeriville pour le tenir en franc-aleu. (On entendait par franc-aleu, la charge qui incombait à une paroisse d'entretenir un certain nombre de militaires pour le service du seigneur duquel elle dépendait). La Charte donnée comme acte avec le scel des officiaux de Reims porte que Huard de Juvigny et Helvide, son épouse, avaient vendu à l'église de Reims une certaine terre sise à Warmeriville, qu'ils tenaient en fief et hommage de Milon chevalier, dudit village, en laquelle terre étaient deux mairies qu'ils possédaient : l'une consistant en cens, seigneurie et autres choses sans partage, et l'autre consistant en cens, bans, seigneurie et autres choses dont ils avaient la moitié et le dit seigneur Milon et son épouse l'autre moitié ? Lesquels seigneurs Milon et son épouse ayant reconnu de tout ce que dessus ont cédé et abandonné à ladite église le fief et hommage de ladite terre pour en jouir comme de leur franc-aleu moyennant 21¹ rémoises payées comptant, desquels fiefs et hommages ils se sont dévestis entre les mains des officiaux et ont fait investir ladite Église. Cette Charte de 1232 fut collationnée en 1494 et en 1661 (3).

En cette même année 1232, Hugues de Bourgogne, archidiacre de Reims, fit une donation de 80¹ d'argent (45.000 fr. environ

---

(1) Varin, *Arch. ad.*, Tome Iᵉʳ, page 420.
(2) Malgré la donation ci-dessus de l'autel de Warmeriville, les Archevêques de Reims conservèrent toujours à Warmeriville un droit de patronage qui se traduisait par deux parts sur 20 dans les dîmes dudit lieu.
(3) Inventaire du Chapitre (*Archives de Reims*).

de notre monnaie) au Chapitre Notre-Dame de Reims, lequel fit acquisition du fief et hommage de la partie de la seigneurie de Warmeriville appartenant conjointement à Huard de Juvigny et à Milon.

A cette même époque, le Chapitre Notre-Dame recevait de Gérard, fils de Milon, de Warmeriville, moitié des dîmes en vin qu'il possédait, lesquelles étaient évaluées à 35 sols tournois.

Radulphus, de Warmeriville, prêtre, donna à cette époque (XIIe siècle), au Chapitre, une partie des droits qu'il possédait sur les dîmes de vin de Warmeriville (1).

En octobre 1829, une Charte avec le scel des officiaux de Reims porte que l'Église Saint-Pierre-aux-Dames, de Reims, possédait une place et lieu où était autrefois un moulin situé à Warmeriville, proche les moulins du Chapitre, que ledit moulin étant tombé en ruines, que sur lesdits lieu et place ladite Église Saint-Pierre était tenue de payer tous les ans au Chapitre de Reims cinq setiers de blé, moitié froment et moitié trémois et en 3 sols, ou environ, pour une part dûe aux mairies dudit lieu. Le reste de la Charte parle de la reconstruction du moulin et de l'anniversaire de Mademoiselle Cécile, abbesse, avec distribution aux chapelaines (2).

Le Chapitre de Reims étant devenu possesseur de la seigneurie de Warmeriville, il continua de se former un domaine particulier en acceptant des donations et en achetant des propriétés.

En juillet 1250, MM. Laurent, de Warmeriville, chanoine de Laon, et son frère Renaud, chapelain de l'Église de Reims, faisaient don au Chapitre de tous les droits qu'ils possédaient et qu'ils pouvaient avoir dans les moulins dudit lieu, et MM. du Chapitre accordent aux donateurs un anniversaire perpétuel selon l'usage de ladite Église (3).

Le 22 mai 1597, devant Me Charlier, notaire à Reims, MM. du Chapitre achetèrent à Poncelet Malingre et sa femme, une petite maison proche le moulin, plus 15 autres pièces de terre situées audit terroir. La véture et la saisine eurent lieu le 9 août 1597.

(1) VARIN, *Arch. adm.*, Tome Ier.
(2) Inventaire du Chapitre *(Archives de Reims)*.
(3) Inventaire du Chapitre *(Archives de Reims)*.

A cette même époque, Nicolas Grumelier vendit à MM. du Chapitre un jardin clos de haies, sis à Warmeriville, proche le moulin, contenant un demi-jour ou environ en la seigneurie desdits seigneurs acquéreurs (1). Le Chapitre possédait depuis très longtemps un jardin au Pré, désigné sous le nom de Chanoinerie. Cette dénomination n'a eu sa raison d'être, qu'en ce que dans un temps, le Chapitre possédait à cet endroit une maison qui était autrefois la dotation du prieur-curé de la paroisse, et même souvent son habitation.

En 1560, devant Savetel, notaire à Reims, MM. du Chapitre louèrent une petite maison sise à Warmeriville, proche l'église et tenant au chemin commun. Le bail fut de 19 ans, la maison louée à Jacques Galant, moyennant 25 sols tournois par an.

En 1744, Jacques Détouche, et en 1780, Pierre Hubert, meuniers des Moulins de Haut firent chacun à leur date une déclaration de tous les biens, places, terres labourables et autres héritages situés et assis au village et terroir de Warmeriville, ainsi que le moulin appartenant auxdits seigneurs.

En 1744 et en 1780, nous constatons 16 pièces de terre, bois, places et moulin.

Le Nécrologe de l'Église de Reims. — Le *Nécrologe de l'Église de Reims* renferme des documents très intéressants concernant Warmeriville. Nous relatons ce qui le concerne. Préalablement nous ferons connaître que l'Église de Reims avait 3 Nécrologes. Le plus ancien est celui qui a été dressé par l'archevêque Odalric, mort en 966, et auquel Renauld Desprets a fait quelques additions. Le second a été fait en 1260, le premier s'y trouve intégralement transcrit. Le troisième a été formé avant l'an 1400, et transporté dans la bibliothèque de la Reine Christine de Suède (2).

Obituaire de 1260. — *V Kalen.* — *Aprilis.* — Dominus Hugo Burgondia quondam major archidiaconus remensis, qui dedit nobis octoginta libras remenses, de quibus empta fuerunt terra et omnes redditus quos habebat Huardus scutiger de Juviniaco apud Warmerivillam perse et cum domino Milone

---

(1) Inventaire du Chapitre *(Archives de Reims)*.
(2) Varin, *Arch. lég. de la Ville de Reims.*

milite; et de preventibus eorum reddentur capellanis decem solidis quos ipsi divident iis qui dictis domini Hugonis intererunt obsequio.

TRADUCTION. — Le seigneur Hugues de Bourgogne, autrefois grand archidiacre de Reims, celui-là même qui nous a donné les 80 livres rémoises, avec lesquelles furent achetés la terre et tous les revenus possédés par Huard, écuyer de Juvigny, près Warmeriville, qui les tenait en propre de communauté avec le chevalier Milon. Dix sous des revenus de ces biens étaient rendus aux Chapelains qui devaient les partager à tous ceux qui seraient présents aux obsèques dudit Seigneur Hugues (1).

XII Kal. — Rohingus diaconus; Adelelmus clericus, Hamedeus diaconus, Godefridus clericus, Agnès laica; Renaudus de Varmerivilla capellanus ecclesie remensis; et Laurentius nepos ejus canonicus leodiensis; in quorum anniversario distribuuntur annuatim quator libre parisienses perciende in molendino de Vuarmerivilla; quod tenet Petrus succentor noster ad vitam suam.

TRADUCTION. — Rohinge diacre, Adelelme clerc, Amédée diacre, Godefroy clerc, Agnès laïque, Renaud de Warmeriville, chapelain de l'Église de Reims, et Laurent, son neveu, chanoine de Liège; en leur anniversaire on distribue, chaque année, 4 livres parisis que l'on perçoit sur le moulin de Warmeriville que tient pour sa vie Pierre, notre grand chantre (2).

XV. — Vulfarius presbyter; Areguis laïcus, Regimboldus laïcus, Hervicus (o Heriucus); Odo diaconis et canonicus; et magister Guillelmus de Sarcele; in cujus anniversario distribuentur L. X. soldi de provintibus molendinorum de Vuarmerivilla.

TRADUCTION. — Vulfaire prêtre, Arège laïque, Régimbold laïque, Henry Odo diacre et chanoine, et maître Guillaume de Sarcele; on distribue en son anniversaire 60 sous de revenus du moulin de Warmeriville (3).

(1) VARIN, *Arch. adm.* t. Ier, page 545.
(2) VARIN, *Arch. lég.*, IIe partie, Ier vol., page 73.
(3) VARIN, *Arch. leg.* Ire partie, Ier vol., page 93.

Septembre. — Decessit dominus Vuillelmus pie recordationis remensis archiepiscopus, illustrissimi regis Francorum Philippi avunculus, cujus corpus requiescit intus (inter apostolicos) pertica qui dedit nobis altaria de Vuarmerivilla, de Villa in Tardenois, de Joncherio, de Chambreci, de Baelon, de St. Lupo, et medietatem altarium de Silviniaco et de Villari et de Lort; decimam du Punicurte, decimam de Juvigniaco; qui dedit etiam huic ecclesie plurima ornementa videlicet octodecim pallia serica casulas quatuor dalmaticas, quatuor, tunicas tres, duas albas optimas, duas corrigias argenteas, mitas quatuor, caligas et sandalia variis lapidibus ornata, vas aureum ad deponendum sanctum viaticum, cuppam auream, balteum, pulvinar valde optimum ad deferendum S. Evangelii textum, cuppam purpuram epistolarium coopertum argento; contulit etiam scorsum sacerdotibus remensis ecclesie altare de Huldrisivilla et de S. Mammio, et quicquid possident in eisdem villis, in cujus anniversario solemni quicquid depredictis duabus ataribus, scilicet de Jonchereio et de Chambreceio provenerit, in missa distribuntur retentis tamen XI solidi qui in anniversario Johannis Britonis distribuentur.

TRADUCTION. — *Sept.* — Est mort le seigneur Guillaume, de pieuse mémoire, archevêque, oncle de Philippe, frère illustre roi des Francs, dont le corps repose dans l'intérieur (de la basilique), qui nous a donné les autels de Warmeriville, de Ville-en-Tardenois, de Jonchery, de Chambrecy, de Bâlon, de Saint-Loup, et la moitié des autels de Savigny, de Villers et Lort (Liart), la dîme de Pignicourt, de Juvigny, qui a aussi donné à cette église plusieurs ornements, savoir : 18 manteaux en soie, 4 chasubles, 4 dalmatiques, trois tuniques, deux belles aubes, deux cordons d'argent, 4 mitres, des pantoufles et des sandales ornées de diverses pierres précieuses, un vase d'or pour y mettre le saint viatique, une coupe d'or, un baudrier et un coussin très beau pour supporter le texte du saint Évangile, une chappe de pourpre, un épistolaire d'argent, il donna aussi en plus aux prêtres de l'Église de Reims, l'autel de Houldizy et de Saint-Mammio (Saint-Masmes) et tout ce qu'ils possèdent dans ces villages. En son anniversaire solennel, tout ce qui reviendra des deux autels susdits, savoir de Jonchery et de Chambrecy sera distribué à la messe, en retenant cependant II sols qui seront distribués à l'anniversaire de Jean Briton (1).

V. Kal. — Rogerus diaconus et Philippus diaconus noster ; in cujus anniversario distribuuntur C solidi depreventibus altaris de Varmerivilla feria V. ante adventum domini debet celebrari missa de B. virgine Maria, in qua distribuuntur X libre de pedagio pontis de Buci a distribuore horarum, pro reverendo patre quondam Henrico de Brana archiepiscopo remensi, et quilibet percipit quantum unus canonicus ; feria III a. ante adventum domini debet celebrari missa de Sancto Spiritu pro domino Renaudo episcopo pariensi, in qua distribuuntur LXVI solidi quos reddunt distributores horarum pro LX libris, que posite fuerunt in redditibus emptis apud L'Esperon, a domino Guidone milite de Altavilla, et post obituum suum distribuuntur in anniversario suo. Obit anno MCCLXVIII.

TRADUCTION. — Roger Diacre, Philippe diacre de notre Église, en son anniversaire on distribue 100 sous de revenus de l'autel de Warmeriville ; le jeudi avant l'Avent, on doit célébrer une messe de la Bienheureuse Vierge Marie, où sont distribués 10 livres de péage du pont de Boult, par les soins du distributeur des heures, pour le révérend père feu Henri de Braine, archevêque de Reims, et chacun reçoit autant qu'un chanoine. Le mardi avant l'Avent, on doit célébrer une messe du Saint-Esprit, pour le seigneur Renaud, évêque de Paris, on y distribue 66 sous, que paient les distributeurs des heures, en place de 60 livres qui avaient été inscrites parmi les revenus achetés près de l'Eperon, par le seigneur Guidon, soldat d'Auvillé, et qui sont distribués après son décès lors de son anniversaire. Il meurt l'an 1268 (2).

III Id. — Synduinus presbyter et canonicus Johannes miles, Hugo monacus, Dondatus (o Deodatus), levita et canonicus, Herimanus comes de Grandi Prato, Isambardo subdiaconus et

---

(1) VARIN, *Arch. lég.*, I^e partie ; Statuts, Ier vol., page 100.
(2) VARIN, *Arch. lég.*, Ire partie, Statuts, page 103.

canonicus, qui dedit ad cameram fratrum allodio sua de Hermundivilla et Vuarmerivilla, et de Alemanicurte ad dividandos duos modios vini quot annis in anniversario suo et super argentum ad caput S. Mauri reponendum.

TRADUCTION — « Synduin, prêtre chanoine; Jean, soldat; Hugues, moine; Odeodat, lévite et chanoine; Herimar, seigneur de Grandpré; Isambard, sous-diacre et chanoine, qui donna à la Camérie des Frères ses biens allodiaux de Hermonville et de Warmeriville, d'Aumenancourt pour partager deux tonneaux de vin chaque année à son anniversaire et pour de l'argent à déposer à la tête de Saint-Maur dans le tronc (1).

V Kal. — Obierunt Karolus imperator; Letardus, laïcus; Albricus, levita et canonicus et Zacharias, subdiaconus et canonicus et Fulco de Vuarmerivilla capellanus remensis, qui dedit nobis XL libras ad edifiationem molendini Foulerde de Maubertifonte, in cujus anniversario distribuuntur XL solidi (super redditibus ville de Aussoncia quos redunt senescalli).

TRADUCTION. — « *Le 5 des Calendes.* — Moururent l'empereur Charles; Letard, laïque; Albéric, lévite et chanoine; Gacharius, lévite et chanoine, Fulcon de Warmeriville, chapelain de Reims, qui nous donna 40 livres pour la construction du moulin Foulerde de Mauberfontaine; en son anniversaire, on distribue 40 sous sur les revenus de la villa d'Aussonce que paient les sénéchaux (1). »

Le Chapitre de Reims est devenu encore en novembre 1234, propriétaire du fief de la rente dite sauvement par l'acquisition qu'il en fit à Jean de Rethel, seigneur de Saint-Hilaire. Dans le cours de cet ouvrage nous parlerons plus au long du droit de sauvement dû par les habitants de Warmeriville.

Nous relatons un extrait d'un État de la consistance de la terre et seigneurie de Warmeriville (6 juin 1779), pour la portion qui appartenait à MM. les Prévôt, Doyen, Chantre, Chanoine et Chapitre de l'Eglise métropolitaine de Reims et des droits de ladite seigneurie suivant et relativement aux cueillerets des

---

(1) VARIN, *Arch. lég.*, II° partie, Statuts, page 65.
(2) VARIN, *Arch. lég.*, II° partie, Statuts, page 66.

— 38 —

années 1642-45-71-72-82-84-1708-38-47 et 1756. Appartient à MM. du Chapitre, la justice haute, moyenne et basse dans la portion du village de Warmeriville et du hameau du Pré et des droits de cens et de bourgeoisie desquels la déclaration suit :

1. — La place de derrière l'église et la grange dimeresse.
2. — Une demi-maison appartenant à Ponce Carla.
3. — L'autre moitié à Ponce Quirin tenant à la précédente et l'autre à Hubert Villé.
4. — Les écuries de la maison appartenant à Hubert Villé, au lieu de Jean Forest, tenantes à la maison précédente d'une part et d'autre au surplus de ladite maison dudit Villé qui est sur la seigneurie de M. le comte de Noailles.
5. — Une maison, grange, cour, jardin et dépendances appartenant à Vincent Champenois au lieu de Jean Champenois, son père.
6. — Une demi-maison appartenant à Jean Desperthes.
7. — L'autre moitié à Jean-Baptiste Allard.
8. — Une maison appartenant à Pierre Estier.
9. — Maison, cour, grange et dépendances appartenant à Nicolas Hautavoine.
10. — Une petite cour et une partie de grange dépendantes de la maison appartenant à Jean-Baptiste Leclerc.
11. — Moitié d'une maison, cour jardin, et dépendances appartenant à Jean-Baptiste Charlier.
12. — L'autre moitié appartenant à Antoine Cochet.
13. — Maison, cour, jardin et dépendances appartenant à Pierre Pinot
14. — Maison et jardin appartenant à Jean Recorda.
15. — Maison, grange, cour, jardin et dépendances appartenant à Thierry-François Pocquet.
16. — Maison, grange, cour, jardin et dépendances appartenant à Renault Hubert Pocquet.
17. — Maison, cour et dépendances appartenant à Jean-Baptiste Hautavoine. Ladite maison chargée de 12 deniers de sens par chaque année, 1 sol.
18. — Une maison à la Veuve François Pocquet, 1 sol 2 deniers.
19. — Une maison à Claude Posta, 1 sol 2 deniers.

20 — Une maison à Guillaume Goulin, 1 sol 2 deniers.
21. — Un petit jardin aux héritiers Jean-Baptiste Vuarmont.
22. — Une maison à Jean-Baptiste Randoulet.
23. — Une maison aux héritiers J-B. Vuarmont, 1 sol 2 deniers.
24. — Un jardin à Jean-Remi Franqueville, 4 deniers.
25. — Un jardin à Jean-Baptiste Vuibert, 1 sol 8 deniers.
26. — Un jardin à Jean Maillet, 1 sol 8 deniers.
27. — Un bois à Pierre Marchand, 5 deniers.
28. — Un jardin à Jean-Baptiste Boudin, 6 deniers.
29. — Un maison appartenant à Jean Charlier l'aîné le *chari* de laquelle maison en est la seigneurie de M. Noailles, 1 sol 6 deniers.
30. — Une maison à la Veuve Jean Maillet, 1 sol 8 deniers.
31. — Un jardin à Nicolas Pocquet, 1 denier.
32. — Un jardin à Simon Leclerc.
33. — Une maison à Pierre-Nicolas Simonnet.
34. — Une maison à la Veuve Cornat, 1 denier.
35. — Une maison à Jean-Pierre Marniquet, 1 denier.
36. — Une maison à Jeanne Panot, 1 denier.
37. — Une maison à Nicolas Masson, 1 denier.
38. — La maison presbytérale construite il y a environ 6 ans.

Grande Rue du Pont

39. — Une maison à la Veuve Pasquier-Leclère, 3 sols 11 deniers.
40. — Un jardin à François Franqueville, 3 deniers.

Grande Rue Au-Devant de l'Eglise

41. — Une maison faisant le coin de celle du Pont à Nicolas Lemarteleur, 1 sol 6 deniers (Royée Guillaume Destouche et où était autrefois le presbytère).
42. — Une maison, autrefois presbytérale, à Guillaume Destouche.
43. — Une maison à Ponce Boudin, 2 deniers.
44. — Un bois à la Veuve Pasquier-Leclère, 1 sol.
45. — Un bois à Guillaume Destouche, 1 sol.

Ruelle Favreau

46. — Devant de la maison de Jean-Baptiste Moreau à prendre du faîtage du toit.

47. — Une maison à Jean-Baptiste Franqueville.

48. — Une maison à Jean-Martin Leclère.

49. — Une maison à Jean-Baptiste Lefèvre.

50. — Une maison à Nicolas Fortier.

51. — Une maison à la veuve Pierre Charlier.

Ruelle Baillia dite Bournelle

52. — Une maison à Jean-Baptiste Charlier, 5 deniers.

53. — Une maison à Guillaume Lacombre, 1 denier.

54. — Une maison à Pierre Posta, 1 denier.

55. — Une maison à la veuve François Pocquet, 2 deniers.

Rue de Ragonet, au-delà de la rivière ou ruelle Saint-Martin

56. — Une maison à Pierre Thumis.

57. — Un plantis de saules à Pierre Hubert.

58. — Le Moulin de haut, à MM. du Chapitre.

Triège de Chemineau

59. — Une terre au terroir dudit lieu aux héritiers Jean-Baptiste Champenois, 2 deniers.

60. — Une terre à Jean-Baptiste Charlier, 4 deniers.

61. — Une terre à Jean-Baptiste Randoulet, 2 deniers.

62. — Une terre à Antoine Cochet, 2 deniers.

63. — Une terre à Thierry Pocquet, 2 deniers.

64. — Une terre à la veuve Pierre Tocu, 2 deniers.

65. — Une terre à Thierry Pocquet, 4 deniers.

66. — Une terre à Renaul Hubert Pocquet.

67. — Une terre à Nicolas Hautavoine, 5 deniers.

Le hameau du Prez

1. — Une maison à Jean Pocquet, chargée de 3 quartels 1/2 d'avoine et 3 poules payables fête de Noël (lendemain).

2. — Une maison au sieur Loizelle de Reims, 3 quartels 1/2 d'avoine et 3 poules.

3. — Un jardin audit Loizelle.

4. — Un jardin audit Loizelle.

5. — Un jardin à Jean Pocquet.

6. — Un jardin à Loizelle, chargé d'un quartel d'avoine et d'une poule.

7. — Une maison à la veuve Remy Roquet, chargée de 5 boisseaux d'avoine, d'une poule et d'un quart de poulet.

8. — Une maison à Camus, pour les deux tiers, et l'autre tiers à Nicolas Glatigny, chargée de 2 quartels d'avoine et de 2 poules 1/2.

9. — Une maison à Simon Petel.

10. — Un bois à Loizelle, chargé d'un demi-quartel d'avoine et d'une poule.

11. — Un bois à la veuve Raoul Dot, chargé d'un demi-quartel d'avoine et d'une poule.

12. — Une maison à Loizelle, chargée d'un quartel et une écuelle d'avoine et d'une poule.

13. — Un jardin et un bois à Remy Pocquet, chargés d'un quartel d'avoine et d'une poule.

14. — Un jardin appelé la Chanoinerie.

15. — Une maison à Jean-Baptiste Forest, chargée d'un quartel et un boisseau d'avoine, d'une poule et d'un quart de poule.

15 bis. — Une partie de maison à Étienne.

15 bis. — L'autre partie de maison à Jacques Thumis.

16. — Un bois à Laurent Caillet, chargé de 1 denier de cens.

17. — Une maison à Jean-Baptiste Vuarmont, chargée de 3 boisseaux d'avoine et de 3/4 de poule (1).

Le Chapitre Notre-Dame, seigneur principal de Warmeriville du Moyen-Age à 1789, a exercé ses droits et son pouvoir jusqu'à cette dernière date.

A la Révolution, les biens du Chapitre, dits nationaux, furent vendus pour une somme de 24.225 francs.

La Collégiale de Saint-Symphorien

Outre le Chapitre métropolitain, Warmeriville semble avoir eu pour décimateur la Collégiale de Saint-Symphorien. A la date du 3 août 1303, il existe un contrat portant une acquisition de la dixième partie des grosses et menues dîmes de Warme-

---

(1) Fonds du Chapitre. — *Archives de Reims*.

riville, faite pour les chapelains de Saint-Symphorien, contre Milet de Cormicy et Marie de Variscourt, sa femme, moyennant la somme de 300 livres parisis, laquelle Jean, dit la Brousse, chapelain de Saint-Symphorien, a payé de ses deniers, et a donné 250 livres parisis aux dits chapelains, à charge d'une messe par chacun jour.

Dans le cours des temps, on ne voit pas que les chapelains aient joui de ce droit de dîmes (1).

A la Révolution, le Chapitre de Saint-Symphorien possédait à Warmeriville différents biens qui furent vendus pour 2.150 francs.

La Collégiale de Sainte-Balzamie de Reims

La Collégiale de Sainte-Balzamie a exercé des droits seigneuriaux sur un certain nombre de paroisses au Moyen-Age. Pour Warmeriville, Heutrégiville, Saint-Masmes et Epoyes (2), nous extrayons ce qui suit : En 1312, le Chapitre de Sainte-Balzamie acheta à Renault de Selles 18 sous et 18 septiers d'avoine en surcens sur les terres qu'il possédait à Heutrégiville, Saint-Masmes et Epoyes et autres droits...... Item, le péage depuis le pont de Romagne jusqu'aux moulins de Vaulx-d'Estrée (3). Ledit Renault s'engagea en la même année à ratifier ladite vente par son frère, deux mois après son retour d'Athènes (Grèce). Cet acte de vente fut passé devant le prévôt d'Epernay. La ratification de cette vente fut faite en cette année de 1312 par la mère et les frères de Renault de Selles. Aussitôt cette acquisition, le Chapitre de Sainte-Balzamie donna à rente viagère, moyennant quatre livres parisis par an à Mᵉ Beaudoin, d'Heutrégiville, clerc de notaire de la Cour de Reims, toute la terre de Gaultier, qu'il avait acquise de Renault de Selles, consistant en 18 sous et 18 septiers d'avoine de cens annuel à lever dans les villages d'Heutrégiville, Saint-Masmes et Epoye ; investitures, reprises, amendes, bonnages, droits de pêche dans

---

(1) *Inventaire des titres du Chapitre de Saint-Symphorien*, tome II, page 411.

(2) *Inventaire de Sainte-Balzamie*, art. 28.

(3) Le pont de Romagne existe encore près de la filature de Saint-Masmes ; quant aux moulins de Vaulx-d'Estrée, Vaudétré, ils sont disparus depuis fort longtemps.

la Suippe, depuis le Pont de Romagne jusqu'aux Moulins de Vaudétré. Renault de Selle avait aussi des droits sur une partie des dîmes de Warmeriville. En 1312, il vendit également au Chapitre de Sainte-Balzamie sa part des dîmes qui correspondait à 16 septiers de seigle et à 6 d'avoine. Cette vente fut cause d'un différend entre l'Archevêque et le Chapitre de Sainte-Balzamie. Les Commissaires nommés pour juger cette affaire donnèrent raison aux Religieux de Sainte-Balzamie. En 1606, une sentence des Requêtes du Palais confirma les droits des Religieux sur une partie des dîmes de Warmeriville. En 1312, le Chapitre de Sainte-Balzamie se rendit encore acquéreur d'une partie des dîmes de Warmeriville se montant à 16 septiers de seigle et 6 d'avoine et appartenant à Jacquemin de Bouclenay, fils de Jérôme de Bouclenay, chevalier (1). Ce dernier avait également un autre fils, Renault de Bouclenay, possesseur de dîmes à Heutrégiville, Saint-Masmes et Epoye vers 1309, par une acquisition faite à M⁰ Pierre de Fauconcourt, clerc avocat, Vente faite moyennant 50 livres parisis (2).

En 1330, le roi Philippe délivra des Lettres patentes d'amortissement aux Religieux de Sainte-Balzamie concernant les ventes ci-dessus, moyennant 22 septiers de bled sur Warmeriville et 40 sols sur une mairie. On sait que le comté de Champagne était passé dans la Maison de France depuis 1284. Les Lettres d'amortissement délivrées par le roi Philippe avaient pour effet de rendre la Communauté de Sainte-Balzamie véritable possesseur de la partie des dîmes autrefois possédées par les membres des familles de Selles et de Bouclenay, vassaux des comtes de Champagne. Jusqu'à la Révolution, les Chanoines de Sainte-Balzamie furent décimateurs de Warmeriville pour la vingtième partie des dîmes (3). Dans l'Inventaire de l'Église Sainte-Nourrice de Reims, manuscrit au Britist Muséum Eyerton, 1913, on lit « Item : Ourimeriville apartient dou soile au gros de 11 Chanoines ; c'est à scavoir à ceux qui prennent à Contreuves et à Semide ; et à ladite Eglise en la grosse dîme de Ourimeriville, le vintime, et puet valoir chascun an XLIII

---

(1) *Bouclenay*, ancien village situé près de Souain (Marne), entièrement ruiné pendant les guerres de la Fronde.
(2) *Archives du Chapitre de Reims*, art. Heutrégiville.
(3) Papiers Sainte-Balzamie *(Archives de Reims)*.

sestiers de blois, ou plus, c'est à scavoir II sestiers de froument et le remenant mo'tié soile moitié aveine ; item. Elle a encore sept dixièmes en la partie de la même dîme en froumage et en agnias, qui puet valoir chacun an VI livres ou en entour, et est tenue la dicte Eglise pour sa partie à retenir la neif dou moutier pour la raison de la grosse dîme. Item nostre partie doit chascun an XII sestiers de blois ; c'est à scavoir à Saint-Pierre ad Nonnains de Reims I setier de soile et au Cureit de la dicte ville pleine mine de soile et au sainct de la ville une mine de soile. Item. Elle doit à l'Eglise Sainte-Norrice XX sestiers par chacun an. (Manuscrit du xive siècle.) »

Abbaye de Saint-Pierre-les-Dames de Reims

Cette Abbaye, fondée au vie siècle par sainte Bove, a exercé des droits seigneuriaux à Warmériville jusqu'en 1789 par la perception de la vingtième partie des dîmes. En octobre 1279, les Officiaux de Reims scellaient une Charte au profit de cette Abbaye. Il était fait mention que ces Religieuses possédaient une place et lieu où était autrefois un moulin dit de Pilas, situé à Warmeriville, près les moulins du Chapitre. Que ce moulin était tombé en ruines. Que pour la possession de cette place, l'Eglise Saint-Pierre était tenue de payer annuellement au Chapitre de Reims 5 setiers de blé moitié froment et moitié trémois et 3 sols environ pour une part due aux mairies dudit lieu. A la Révolution, les propriétés de l'Abbaye de Saint-Pierre-les-Dames furent vendues pour 215 l. à Mre Joseph Aubry d'Arencey (1).

L'Abbaye de Saint-Remy de Reims

L'Abbaye de Saint-Remy, un des premiers de France à cause du dépôt sacré qu'elle possédait (la Sainte-Ampoule), à cause de ses dépendances et de ses prérogatives particulières, a exercé des droits seigneuriaux sur Warmeriville. En 1384, lors de l'aveu et dénombrement du temporel de cette abbaye, nous lisons ce qui suit : « L'Abbaye de Saint-Remy a en la ville de Warmeriville haute, moyenne et basse justice en certaine

---

(1) Inventaire du Chapitre *(Archives de Reims)*.

partie, rente de blé et rivière, et autres droits appartenant à la mairie et peut valoir 4 livres tournois » (1).

Sur la fin du xviiie siècle, le temporel de l'Abbaye de Saint-Thierry fut confondu avec celui de Saint-Remy, de sorte que les Religieux de Saint-Remy touchèrent au lieu et place des Religieux de Saint-Thierry la cinquième partie des dîmes de Warmeriville. A la Révolution, les propriétés particulières de l'Abbaye de Saint-Remy furent vendues pour 1,500 francs.

Abbaye de Saint-Denis de Reims

L'Abbaye de Saint-Denis de Reims fut bâtie à l'époque où les Normands assiégeaient Paris. Cette Abbaye reçut également de la munificence des Archevêques de Reims des terres dans différentes paroisses du diocèse. L'Inventaire de Saint-Denis (2) mentionne différentes procédures qui nous indiquent que les religieux de cette Abbaye recevaient des seigneurs laïques, propriétaires du château, une rente annuelle de 9 quartels d'avoine et 42 deniers. Nous citons deux extraits d'acte qui confirment ce que nous avançons :

Le 8 août 1411, une Sentence condamne Gilles de Billy, écuyer, à payer aux Religieux et Abbés de Saint-Denis neuf quartels d'avoine et 42 deniers sur la seigneurie et mairie de Warmériville.

Le 10 juillet 1843, une Reconnaissance souscrite par Pierre Horis mentionne qu'il doit à l'Abbaye de Saint-Denis une rente annuelle de 9 quartels d'avoine et 3 sols 4 deniers parisis, payables au jour de Saint-Remy, pour sa seigneurie de Warmeriville. Que Pierre Horis en reconnaissant la légitimité de ladite rente ne se conformait qu'à la Sentence du 8 août 1411 et à l'obligation qu'avait contracté Wilmet d'Annelle, lequel avait tenu la seigneurie de Warmerivillle avant Pierre Horis.

En 1554, cette rente de 9 quartels d'avoine et 6 sols revenait au Chapitre de Reims, par suite d'un échange que celui-ci fit avec le sieur Abbé contre deux prés situés à Champigny,

---

(1) VARIN, *Arch. Adm.*, tome III, page 606.
(2) *Archives de Reims*.

lésquels, de la contenance de un jour et demi, étaient royés les prés des religieux de Saint-Denis (1).

Les Comtes de Rethel

Le Comté de Rethel, plus tard le Duché-Pairie, était une des huit divisions de la Champagne. Borné au Nord par la Meuse, à l'Est par le Luxembourg et la Lorraine, au Sud par le Rémois et à l'Ouest par la Picardie et le Hainaut, il était arrosé par les eaux de la Meuse, de l'Aisne, de la Suippe, de la Retourne et d'une multitude de ruisseaux. Pendant les huit siècles de son existence, le Rethélois fut gouverné par trente-huit ou quarante princes ou princesses de huit branches différentes. Nous n'avons guère à nous occuper que des quatre titulaires suivants : Hugues II, vers 1228 ; Marie, sa fille, 1243 ; Jean I, frère de Hugues II, 1244 ; et Manassès V, frère de Hugues II et de Jean II.

D'après la notice du Cartulaire de Rethel (2), il ressort que Warmeriville, quant au château et une portion de sa seigneurie, était un fief de la mouvance du Comté de Rethel.

Le registre des Chartes du Rethélois, depuis l'année 1194 jusqu'en 1400, contient l'extrait suivant se rapportant à Warmeriville.

Extrait du présent registre concernant la Maison de Coucy, cotée A bis :

N° 215. — « Lomage q damoiz Aalis de Warmeriville tient è bail pôlez è fans Jehan de Warmeriville. Vez-ci ce que damoiselle Aalis de Warmeriville tient de haute dame, Madame la contesse de Reth., en bail pour les enffans Jehan de Warmeriville. P—miers la maison et les fosses entour (Item les sauvemens qui valet cent sols ou environ à troyes ou à des troys à se plus y *savoie ? Je le dénommeroie volontiers*). En tesmongnage de la *quel* cose escript de mon seel don quel ie use et entens a user ? 1332. »

Bien que cet extrait porte la date de 1332, nous pensons que le copiste s'est trompé de cent ans, car nous verrons au droit de sauvement que la vente de ce droit en fut faite au Chapitre de Reims par un comte de Rethel en 1234 (3).

(1) Inventaire de Saint-Denis, Archives de Reims.
(2) Léopold DELISLE. 1867, *Archives Nationales*, Paris.
(3) *Archives Nationales*, nouveaux fonds français, 6366, Paris. Les **pièces authentiques du Cartulaire de Rethel sont à Monaco.**

Les Plaids-généraux tenus à Warmeriville en 1620 mentionnent que Jacques de Tisserot, seigneur gentilhomme de Warmeriville, « doit un droit de relief à Monseigneur le Duc de Rethélois, à cause de sa tour de Rethel, en laquelle ce dernier a droit de haute, moyenne et basse justice et mouvante » (1).

Les Seigneurs laïques de Warmeriville

Depuis le Moyen-Age jusqu'au xixe siècle, une liste complète des seigneurs laïques de Warmeriville serait assez difficile à établir. Trop de documents ont péri pendant les guerres ou tous les autres bouleversements de la société. Si les seigneurs vicomtes de Warmeriville eurent des noms différents, il faut comprendre que le fief, la terre, les droits, les maisons et les héritages se transmirent, soit par alliances, soit par adjudications, etc.

Huard de Juvigny (2) et Milon de Choilli

En 1229, nous voyons par un obit que Huard de Juvigny (près Warmeriville) et le chevalier Milon de Choilli étaient possesseurs du fief et hommage de Warmeriville. Le chevalier Milon de Choilli, seigneur en partie de Berru et de Warmeriville, appartenait à cette famille de preux dont lui-même et plusieurs membres prirent part aux expéditions religieuses et militaires de la Terre-Sainte. On sait que quand la ville sainte tomba au pouvoir de Saladin, un cri d'indignation retentit dans toute l'Europe. L'Empereur, le roi de France et celui d'Angleterre prirent la Croix (1189-1193). Le comte de Champagne, Henri Ier, suivi de ses vassaux, devait accompagner Philippe-Auguste. C'était dans la troisième croisade entreprise par Frédéric Barberousse, Philippe-Auguste et Richard Cœur de Lion, que figuraient les chevaliers Guy, Odon et Hugues de Chouilly, ainsi que leurs neveux, les chevaliers Renault et Milon de Chouilly ; ce dernier était seigneur en partie de Berru

(1) *Archives de Reims*, fonds du Chapitre.
(2) Selon plusieurs auteurs, les localités de ce nom tireraient leur origine du passage ou d'un fait d'armes de Juvinus ou Jovin, chef des armées et lieutenant de Valentinien, empereur d'Occident. Jovin avait un palais à Reims, où il mourut, en l'an 379. Quelques auteurs le disent natif de Reims.

et de Warmeriville. Cette famille, qui possédait d'immenses domaines, fit, à cette époque des Croisades, différentes libéralités en faveur des Templiers. Une de ces donations, faite par les chevaliers Renault et Milon, montre bien les mœurs du temps ; à titre historique, nous citons la traduction d'un acte de 1225 :

« Maître Prior, chanoine, et J. de Berteio, official de Reims, à tous ceux qui ces présentes lettres verront, salut en Notre-Seigneur. Sachent que les seigneurs Milon de Chocli et le seigneur Renaud, son frère, chevaliers, s'étant présentés devant nous, ont reconnu avoir donné en aumône, aux frères de la Milice du Temple : Jean, Renaud, Raimond, Renier et Aélide, enfants de Garin Boleng, de Mareuil, et de défunte Odéline, sa femme ; tous enfants de corps que lesdits chevaliers

Armoiries de la province de Champagne.

ont déclaré leur appartenir, s'engageant sous la foi du serment à ne jamais, par soi ou par un autre, rien réclamer ni faire réclamer au sujet desdits enfants, avec garantie particulière offerte aux frères du Temple, qu'ils sont hommes à leur obéir en toute chose. Lesdits chevaliers ont promis de faire agréer, ratifier et approuver cette aumône par le seigneur Robert de Coucy, le seigneur Roger de Rozières et sa femme, et par Simon, fils de Cléophas. De plus, le chevalier Milon a promis, sous le même serment, de faire reconnaître et approuver ladite aumône par sa femme, affirmant au sujet de cette aumône, à raison de sa dot ou autrement. Lesdits chevaliers ont fait preuve d'une extrême bonne foi en livrant toute cette aumône, que Jean Leclère de Choeli, du fief duquel cela mouvait, a laissé transférer aux susdits frères du temple. Le seigneur Jean de Cocaus, chevalier de Mareuil, a été déclaré caution par lesdits chevaliers donateurs, à titre de légitime garantie de toutes leurs promesses. — Fait en l'an du Seigneur mil deux cent vingt-cinq, au mois de Mai (1). »

Guido de Warmeriville

L'Inventaire du Chapitre, art. : *Marqueuse*, mentionne la note suivante :

1253. — « Vente faite devant l'official de Reims par Messire Guido de Warmeriville, chevalier, et Sybille, son épouse, au Chapitre de Reims, de tous les revenus et émoluments qu'ils possédaient au village de Marqueuse, tant en de four banal, que censitaire ou autres choses moyennant vingt-et-une livres payées comptant (2) ».

Latin. — « Guido de Warmerivilla, miles et Sybilla, uxor ejus, vendidisse capitulo remense omnes proventus et redditus quos habebant in villa de Markeuse, tam in furno quam mansionariis et rebus aliis ».

Marqueuse était autrefois un village situé à 1 kilomètre au sud de Fresnes (Marne), sur le chemin conduisant à Caurel et à Lavannes. Le village fut détruit vers 1650 et son église démolie entre 1687 et 1697.

Gérard de Warmeriville

Les *Archives Législatives* (3), parlent de Gérard de Warmeriville (1250), fils de Milon, lequel abandonne ses droits sur les dîmes en vins de Warmeriville en faveur du Chapitre de Reims, lesquelles peuvent valoir 35 sols tournois.

(1) *Archives de la Marne*, Fonds des Templiers.
(2) *Histoire de Witry-les-Reims*, par M. l'abbé Desailly, page 106, et *Études historiques sur Chouilly*, par M. Ernest Barré.
(3) *Varin*, 1re partie, Statuts, page 63, *Bibliothèque de Reims*.

Milet de Cormicy

L'Inventaire du Chapitre Saint-Symphorien fait mention de Milet de Cormicy et de Marie de Variscourt, sa femme, lesquels vendirent aux Chapelains de Saint-Symphorien la dixième partie des dîmes qu'ils possédaient à Warmeriville (1), vente faite moyennant 300 livres parisis ou 9000 francs environ de notre monnaie (1303).

Renaud de Selles

L'Inventaire de Sainte-Balzamie nous a fait voir que Renaud de Selles vendit à la Collégiale de Sainte-Balzamie de Reims, une part de dîme sur Warmeriville (1312) (2).

Jacquemin de Bouclenay

L'Inventaire de Sainte-Balzamie nous a fait voir également que Jacquemin de Bouclenay possédait à Warmeriville une part sur les dîmes et qu'il la vendit aussi en 1312 à la Collégiale de Sainte-Balzamie (3).

Pierre de Warmeriville

Dans le *Procès des Templiers*, publié par Michelet, page 78, on lit le nom de Pierre de Warmeriville (1316), avec la note suivante : « Frater Petrus de Warmerivilla, Remensis diocesis, dixit quod non vult defendere, quia non fuit in ordine nisi per mensem minus duobus diebus, et petit sibi dari licensiam recedendi ad ordine ». Le frère Pierre de Warmeriville, du diocèse de Reims, se défend de ne pas appartenir aux Templiers parce qu'il n'y a pas assez de temps qu'il est dans l'ordre. On sait que l'Ordre des Templiers fut aboli dans un Concile tenu en 1311, à Vienne, en Dauphiné. On peut donc supposer que Pierre de Warmeriville était fils ou un des fils d'un seigneur de Warmeriville. Au Moyen-Age, c'était l'époque où les fils cadets des seigneurs entraient ou dans les ordres religieux ou dans les ordres chevaleresques. A cette même époque, les familles de preux qui partaient en Terre-Sainte firent de leurs immenses domaines, soit des donations, soit des ventes au

---

(1) *Archives de Reims*, Fonds de Saint-Symphorien.
(2-3) *Archives de Reims*, Inventaire de Sainte-Balzamie.

profit des communautés religieuses. De là aussi les dons faits à la Commanderie du Temple, appelée communément la dîme saladine.

Ernoult, Thiébault, Colinet et Jean de Warmeriville

Dans les *Archives Administratives* (1), nous lisons : « Thiébault de Warmeriville tient en fié la quarte-partie de la vicomté de Warmeriville et peut valoir quatre livres tournois. »

L'Inventaire du Chapitre, article Lavannes, relate une vente en date de septembre 1381, par laquelle les frères Ernoult, Thiébault, Colinet et Jean de Warmeriville, écuyers, cèdent à MM. du Chapitre de Reims certaines terres, justice et seigneurie, ensemble tous les exploits, profits, droits, cens, rentes, revenus, noblesse, droits féodaux et émoliments quelconques que ils avaient et tenaient de franc-aleu tant en la ville et terroir de Lavannes, etc. (2).

Thierrion de Warmeriville

En 1384, Thierrion, fils de Jean de Warmeriville, ratifie la vente faite par Ernoult et son oncle moyennant 3 francs d'or (3).

Gilles de Billi

Dans l'Inventaire de Saint-Denis, nous avons vu que Gilles de Billi, seigneur de Warmeriville vers 1411, refusait de payer une rente de 9 quartels d'avoine et 42 deniers, Gilles de Billi, comme détenteur d'une mairie, s'est vu condamner à payer ladite rente aux Abbés et Religieux de Saint-Denis (4).

Wilmet d'Annelle

L'Inventaire de Saint-Denis mentionne que Wilmet d'Annelle avait tenu la seigneurie de Warmeriville avant Pierre Horis.

Manesier de Novel-Chastel

Dans le livre des *Vassaux du Comté de Champagne et de Brie* (1172-1222), publié par A. Longnon, on trouve cité : « 1436 », Manesier de Novel-Chastel, à Warmeriville, si come il est creu ».

(1) Varin, III volume, page 609, *Bibliothèque de Reims*.
(2 et 3) *Archives de Reims*. Fonds du Chapitre.
(4) Inventaire et fonds de Saint-Denis. (*Arch. de Reims.*)

Pierre Horis

Pierre Horis, seigneur en partie de Warmeriville vers 1480, était seigneur de Courtagnon, écuyer et Receveur des Aydes en la ville de Reims. Il était marié à Marie de Laval ; de leur mariage naquit une fille, Marie Horis. Le 10 juillet 1483, Pierre Horis souscrit une Reconnaissance en faveur de l'Abbaye de Saint-Denis, dans laquelle il s'engage à payer annuellement

Château des seigneurs de Courtagnon.

une rente de 9 quartels d'avoine et 3 sols 4 deniers parisis à cause de sa seigneurie (1). Le 22 août 1486, Pierre Horis s'entend condamner par une Sentence du Bailli de Reims à payer la redevance annuelle de 9 quartels et 40 deniers au Chapitre de Reims. Il est à supposer qu'un arrangement était intervenu entre l'Abbaye de Saint-Denis et le Chapitre (2).

Philippe de Bezannes

Philippe de Bezannes, seigneur de Sapigneul, écuyer et Élu pour le Roy de ses Aydes et Election de Reims, devint seigneur en partie de Warmeriville par son mariage avec demoiselle Marie Horis. De leur mariage naquit un fils : Nicolas de Bezannes, vers 1486. En 1492, Marie Horis meurt et son mari, Philippe de Bezannes, est nommé administrateur des biens de son fils mineur, âgé de 6 ans (3).

(1) *Archives de Reims*. Inventaire de Saint-Denis.
(2) *Archives de Reims*. Inventaire de Saint-Denis.
(3) *Archives de Reims*. Inventaire du Chapitre.

Nicolas de Bezannes

A sa majorité, Nicolas de Bezannes devint seigneur en partie de Warmeriville et il se marie avec demoiselle Pérette de Boham. De leur mariage il y eut deux enfants : Jean et Marie de Bezannes.

Jean le Vergeur

Jean le Vergeur, seigneur de Condé et de Saint-Souplet, se marie avec demoiselle Pérette de Boham, vers 1522, laquelle était devenue veuve par la mort de Nicolas de Bezannes. Le 8 juillet 1522, Jean le Vergeur obtint d'Anne de Sarrebrucke, comte de Braine et de Roucy et seigneur de Commercy, des Lettres de souffrance pour les foy et hommage des terres et seigneurie des enfants mineurs de Nicolas de Bezannes. C'est pourquoi à la date du 27 septembre 1526, nous retrouvons des « Offres réels faits devant Saussellos, notaire à Reims, par noble homme Jean Vergeur, seigneur de Condé et de Saint-Souplet, ayant la garde noble à cause de demoiselle Pérette de Boham, son épouse, des enfants mineurs de feu Nicolas de Bezannes et de ladite demoiselle, de payer 3 livres 4 deniers par an et 9 quartels d'avoine, mesure de Reims, et livrées au dit lieu dont est chargé le fief et seigneurie des Aigrefins des écuyers et menissiers appartenant auxdits mineurs envers la seigneurie et grande mairie de Warmeriville » (1). Les armes de la famille de Bezannes étaient : *d'Azur semé de Bezans au lion d'argent.*

Avant que de passer à un autre possesseur de la seigneurie laïque de Warmeriville, nous dirons un mot sur la famille de Boham, alliée avec un membre de la famille de Bezannes. La famille de Boham est issue des sires d'Orcimont, en Ardennes, qu'une vieille tradition fait sortir d'un cadet de celle de Luxembourg. Ce fut Jacques de Boham qui, en 1261, accorda aux bourgeois de la ville de Boham la Charte de leur franchise municipale.

Pérette de Boham avait pour père et mère : Jean de Boham,

---

(1) *Arch. de Reims.* Inventaire du Chapitre. — *Histoire de la Noblesse en Champagne*, CAUMARTIN.

seigneur de Voncq et de Clamecy, et Madeleine Chardon. Les derniers descendants de cette ancienne famille résident actuellement à Fresne (Marne). Bien des membres de cette famille firent leur carrière dans les armes Ils étaient seigneurs de Voncq, Clamecy, Vaucelles, Nanteuil-la-Fosse, Ludes, Berry-au-Bac, etc. etc. (1).

Claude Pioche

Les mineurs de Nicolas de Bezannes ne conservèrent pas la seigneurie de Warmeriville, car, vers 1543, elle passa à Claude Pioche.

Claude Pioche était Contrôleur du Roy et son Receveur général es-pays de Champagne, et seigneur en partie de Warmeriville. D'après l'*Armorial des Lieutenants de Reims*, par M. Ch. Givelet, nous voyons que Mre Claude Pioche était licencié en droit et avocat au Parlement. De 1556 à 1560, il fut lieutenant de la ville de Reims. Anciennement les Rémois n'avaient choisi pour lieutenants que des nobles, mais las de leurs intrigues, ils choisirent ce célèbre jurisconsulte. Sa sage administration et son talent à défendre les intérêts du roi et ceux de ses administrés le rendaient digne de gérer les affaires communales de la ville de Reims.

En 1559, Mre Claude Pioche, à la tête d'une députation de la ville de Reims, présenta au roi François II les hommages des habitants par le discours suivant :

« Sire, vos très humbles et très obéissants subjets, les manants et habitans de vostre ville de Reims, vous présentent par nous, leurs députez, cueur, corps, biens et toute obéissance, vous supplient que les y woillez recevoir, les garder et maintenir en leurs franchises et libertés et ils prieront Dieu pour votre royale majesté. »

A quoy le roi a fait réponse par tels mots :

« En vous demonstrant bons subjets, je vous seray bon roi (2). »

---

(1) *La Noblesse en Champagne*, CAUMARTIN.
(2) *Livre des Conclusions de la ville de Reims*, Bibliothèque.

Armoiries de Mre Claude Pioche, lieutenant de la ville de Reims (1556-60). Les siennes : *D'azur à la bordure engrelée d'or à deux épées d'argent posées en sautoir les pointes en bas.*

A la ville : *D'azur au chevron d'or accompagné de trois étoiles d'or.*

Autrefois, le lieutenant de la ville de Reims était le colonel né de la milice bourgeoise et des chevaliers de l'Arquebuse. Cette milice se composait de neuf compagnies qui avaient chacune à leur tête un capitaine, un lieutenant et cinq connétables. Il avait, en qualité de chef de gouvernement de la ville une garde qui consistait en trente-six hoquetons (1).

Le seigneur Claude Pioche ne fut pas toujours en bonne intelligence avec son co-seigneur, le Chapitre de Reims ; peut-être voyait-il de vieux droits devenir caducs et vouloir pour cela s'en affranchir.

Le 24 avril 1557, à la requête de MM. du Chapitre, le Juge royal fit une Enquête concernant la redevance de neuf blancs parisis ou 3 livres 9 deniers tournois et 9 quartels d'avoine dûs par le propriétaire du fief des Aigrefins des écuyers et menissiers au Chapitre et payables au jour de Saint-Remi. D'après la pièce authentique déposée aux Archives de Reims, les témoins étaient Poncinet, greffier de la justice de Warmeriville ; Jean Mahuet, laboureur ; Jean Flâtot, laboureur ; Jean Boudin, manouvrier ; Paulin Leglay, laboureur ; Thiébault et Aubry, laboureurs ; tous déposèrent avoir toujours vu payer les droits de 9 quartels d'avoine sur le fief des Aigrefins par Pierre Horis, Philippe de Bezannes, Nicolas de Bezannes et

---

(1) *Essais sur Reims,* par Camus DARRAS, pages 656 et 658.

Jean le Vergeur pour les enfants mineurs de Nicolas de Bézannes (1).

En 1570, Claude Pioche est encore en plaidoirie avec le Chapitre ; la cause est la contestation des droits seigneuriaux dûs au Chapitre pour leur grande mairie. Après avoir succombé à Reims, il recourt au Parlement et un Arrêt de 1577 confirme la Sentence de 1570.

En 1569, ne voulant pas payer au Chapitre la dîme de ses terres des années 1566-67-68, Claude Pioche se voit condamner par les Requêtes du Palais à payer ce droit. En 1570, il s'obstine encore ; il perd sa cause, mais, non content, il fait appel au Parlement et, à la date du 23 mai 1573, un Arrêt dit : « Le bien jugé des sentences ci-dessus est déclaré. »

Dans sa vie publique, nous voyons Claude Pioche être en bonne relation avec les plus puissants protecteurs des réformés en Champagne, le prince de Porcien et le duc de Bouillon. Le château de Warmeriville était un refuge pour ces hérétiques audacieux, qui complotaient la dévastation des églises et des campagnes avec le concours de leurs bandes protestantes. A Warmeriville, à cause du seigneur, plusieurs habitants s'enthousiasmèrent de cette nouveauté religieuse et se firent huguenots. L'*Armorial des Lieutenants de la ville de Reims* dit également que Mre Claude Pioche fut enterré dans l'église Saint-Pierre de Reims ; un changement d'idées se serait donc opéré en lui sur la fin de sa vie (2).

Antoinette Rochereau, veuve de noble homme Claude Pioche, seigneur de Warmeriville et d'Acy en partie, au nom et comme tutrice de Jacques Pioche, son fils, fait hommage pour la vicomté de Warmeriville (3).

En 1577, dans un Arrêt confirmatif d'une Sentence de 1570, nous voyons Gibrien Pioche, Contrôleur du grenier à sel de la ville de Reims, être nommé tuteur et curateur de Jacques Pioche, fils de Claude Pioche, en son vivant seigneur de Warmeriville.

(1) *Arch. de Reims.* Inventaire du Chapitre et pièce authentique.
(2) *Histoire du Châtelet*, par M. l'abbé Portagnier, page 117. — *Notice sur Sermaize.* — *Armorial des Lieutenants de la ville de Reims*, par M. Givelet et *Arch. de Reims.* Inventaire du Chapitre et pièces authentiques.
(3) *Inventaire des titres de Nevers*, par l'abbé de Marolles, publié par le comte de Soultrait, p. 339.

Claude Pioche avait un frère appelé Jean Pioche, lequel fut probablement le lieutenant de la ville de Reims de 1583 à 1584 ; il était aussi avocat au Parlement.

Charles de Bossut et Nicolas de Bossut

Le *Bulletin de la Société archéologique de Soissons*, 2ᵉ série, tome XVIII, pages 103 et 104, mentionne qu'à Longueval (Aisne), il existe une pierre tombale ayant un grand intérêt pour l'histoire de Warmeriville.

« LONGUEVAL. — *Pierre tombale de la mairie*. — La salle de mairie de Longueval, qui se trouve près de l'église, à gauche du sanctuaire, est, paraît-il, une ancienne chapelle d'où les seigneurs de ce lieu assistaient aux offices. Elle renferme, scellée dans le mur, une pierre tombale en marbre noir qui porte les inscriptions suivantes, gravées en relief :

« Ci-gist Charles de Bovsv, fils de Charles de Bovsv, seigneur de Longval, Eteri, Saint-Germainmont, baron de Basos, en partie, vicomte de Warmeriville, de dame Isabeav de Bavdoche, son épous fit décédé, le IIIIᵉ d'octobre 1576 »

Cette inscription est surmontée de trois écussons. A gauche sont les armes de Bossu : d'or au double trécheur fleurdelisé et

contre fleurdelisé de sinople, au sautoir de gueules brochant sur le tout, à droite celles de Baudoche de..... à quatre chevrons de..... au chef de..... chargé de deux trous de..... ; entre les deux écussons un autre en losange, mi-partie de Bossu et de Baudoche. Autour de cette pierre est gravée l'inscription suivante : « Ci-gist Nicolas de Bovsv, fis de Charles de Bovsv, seigneur de Longval, Eteri, Saint-Germainmont, baron de Basos, en partie, vicomte de Warmeriville, et de dame Isabeav de Bavdoche, son espov décédé le XXIIe avril 1577 (1). »

Jacques de Tisserot

Après la famille de Bossut, nous voyons Jacques de Tisserot devenir seigneur et vicomte de Warmeriville. Dans les Procès-verbaux de visite des Doyens ruraux de Lavannes, année 1697, nous lisons, art. Warmeriville : « Que les reliques de saint Druon furent apportées par Jacques de Tisserot, seigneur de Mouzy, vicomte de Warmeriville, il y a 88 ans ».

En 1609, Jacques de Tisserot était donc seigneur de Warmeriville. En cette même année, nous retrouvons dans l'Inventaire de Saint-Remy, page III, liasse 112, l'extrait de la procédure suivante : « Reversy ou banquette, Sentence du Baillage royal de Reims rendue au bord de la rivière sur le procès suivi à la requête des Religieux de Saint-Remy demandeurs, le Procureur du Roy joint ; a l'encontre de Jacques Tisserot, seigneur, vicomte de Warmeriville, deffendeur : Nous disons pour avoir le dit Tisserot fait démolir de son autorité privée et voyes de fait un reversy (toujours entretenu par Messieurs de l'Abbaye), construit sur la rivière de Suippe au terroir d'Isles appartenant aux demandeurs et fait emporter le bois et disposé d'y celluy ; que le dit Tisserot est condamné en 4 livres 16 sous parisis d'amende envers le Roy ; faire rebâtir à ses dépens dans 5 mois, le dit reversy et ez dommages et intérêts desdits demandeurs et aux dépens ».

Les pièces authentiques étaient : cette Enquête faite le 11 Août 1609 favorable aux prétentions de l'Abbaye et un Arrêt du Parlement du 24 Janvier 1613 confirmatif de la Sentence ci-dessus.

Il est regrettable que ces pièces authentiques soient disparues, peut-être aurions-nous vu que la cause du travail fait par Jacques de Tisserot avait pour but la construction du Moulin-de-Bas de Warmeriville, aujourd'hui le Val-des-Bois (2).

En lisant une Notice sur un gouverneur de Rethel, Jean de Castignau (1590-1610) (3), nous voyons qu'il était marié à

(1) Bibliothèque de Soissons.
(2) *Arch. de Reims*. Inventaire de Saint-Remy.
(3) Par MM. P. Pellot et A. Baudon.

demoiselle Nicole de Lizaine, fille de Symphorien de Lizaine, capitaine des galères du roi, demeurant à Courville. Avec trois enfants, elle devint veuve le 18 Février 1610. Dans nos investigations sur les registres paroissiaux de Warmeriville, déposés aux Archives du Palais de Justice de Reims, nous avons retrouvé un acte de baptême dont nous extrayons ce qui suit : « 1612, baptême de Nicolas Cogniart, parrain : Noble seigneur Jacques de Tisserot, écuyer, sieur de Moussy, vicomte de Warmeriville; marraine : demoiselle Nicole de Lizaine, veuve de Jean Castignau, gouverneur de Rethel (1).

D'après la liquidation de la succession de Jacques de Tisserot, nous voyons que celui-ci est mort vers 1628 (2).

Robert de Joyeuse

Robert de Joyeuse, seigneur de Saint-Lambert (Ardennes), lieutenant au Gouvernement de Champagne, seigneur de Warmeriville (1630), marié le 2 juillet 1619 avec Anne Cauchon de Maupas, fille d'honneur de Marie de Médicis, il eût Henriette-Charlotte de Joyeuse. Cette dernière eût pour précepteur le chanoine Maucroix de Reims ; mariée le 24 juin 1646 à Adrien-Pierre de Thiercelin, marquis de Brosses, elle courut de nombreuses aventures et mourut en 1649, à Reims.

Henriette-Charlotte de Joyeuse fut marraine avec le cardinal de Richelieu de la grosse cloche de Notre-Dame de Reims (3).

Robert de Joyeuse devenu veuf, se remaria le 6 janvier 1650 avec Nicole de Villers, devant Menessier, notaire à Saint-Lambert. De ce second mariage naquit Jules-Charles de Joyeuse, baron de Saint-Lambert, seigneur de Ville-sur-Tourbe, vicomte de Warmeriville, page de la chambre du roy (avril 1667) (4).

Robert de Joyeuse est devenu en possession de la moitié de la seigneurie de Warmeriville par suite d'un Décret et adjudication rendu par les Requêtes du Palais à la date du 16 mars 1630, concernant la liquidation de la succession de

---

(1) Registres paroissiaux de Warmeriville. *Archives du Palais de Justice de Reims*.
(2) *Arch. de Reims*. Décret et adjudication de la seigneurie de Warmeriville 1630. Fonds du Chapitre.
(3) *La Vallée de l'Ardres*, par l'abbé CHEVALLIER, pages 80 et 81.
(4) *La Noblesse en Champagne*, CAUMARTIN.

Jacques de Tisserot. La pièce authentique, déposée aux Archives de Reims (Fonds du Chapitre), contient 133 pages; nous n'en donnons d'abord l'extrait de l'Inventaire et quelques notes supplémentaires :

« *16 Mars 1630*. — Décret et adjudication aux Requêtes du Palais de la moitié de la terre et seigneurie de Warmeriville qui avait appartenu à feu Jacques de Tisserot, escuyer seigneur dudit lieu avec le fief, terre, droits, maison, héritages, et au profit de Mgr Robert de Joyeuse, chevalier, baron de Saint-Lambert, non compris et sans préjudice de la part terre et seigneurie de MM. du Chapitre, droits seigneuriaux, entr'autre droit de vente de 22 deniers pour livre. Ensemble, le droit entier de seigneurie de justice haute, moyenne et basse, sur l'enclos du pré appelé le marais..... les maisons, foulleries, droits de pêche sur la rivière, de dîmes et de sauvement ou bourgeoisie, qui est de deux quartels d'avoine s'ils n'ont chevaux et s'ils en ont un, un septier avoine. Outre les cens et rentes dues tant en argent, avoine que poules. Et encore la moitié de la seigneurie et justice sur quatre maisons situées par moitié en leur juridiction en la rue des Fourneaux, suivant la Sentence de ladite Cour du 2 septembre 1629, à la charge de payer 9 quartels avoine, mesure de Reims, et 3 livres 4 deniers part de cens et rente dûs au Chapitre par chacun au jour de Saint-Remy, suivant la Sentence de ladite Cour des Requêtes du Palais du 2 septembre 1629.

L'adjudication faite moyennant 28.500 livres (86.500 francs environ de notre monnaie). »

La dite terre et seigneurie de Warmeriville consistait en droit de justice, cens, rentes, surcens, bourgeoisie, droit de vicomté. Les dépendances étaient :

1° Le château entouré de grands fossés pleins d'eau, avec pont-levis, consistant en trois pavillons faits de pierres, d'écuries, sallette, chambres hautes et basses, cuisine, étables, lieu et pourpris, le tout assis audit Warmeriville, anciennement à La Motte au Griffon, royé les héritages du sieur de Moussy et la rivière ;

2° La basse cour dudit château consistant en corps de logis, étables pour chevaux et brebis, un jardin appelé *to-*

gebilli, un colombier, une grande grange couverte d'ardoises ;

3° Plusieurs jardins à fruits dont un de 4 septiers ;

4° Une garenne assise au terroir du dit Warmeriville près la chapelle Saint-Druon, contenant 10 septiers.

5° Un moulin à eau où il y a deux roues tournantes (Moulin-de-Bas), étant sur la rivière de Suippe, près Warmeriville, avec la maison couverte anciennement d'ardoises, aujourd'hui de nochers, cour, chambres, étables, jardin, lieu et pourpris, le tout royé le grand chemin, le Chemin-du-Pré et la rivière.

6° Une maison appelée la petite cense consistant en grange, colombier, lieu et pourpris budant au grand chemin de Rethel.

7° Enfin des terres, des bois et des près d'une contenance approximative de 300 hectares.

Les droits seigneuriaux dûs à cette seigneurie étaient de 22 deniers pour livres du prix des héritages acquis dans ses limites, ainsi que sur l'enclos du Pré appelé le Marais-du-Pré et sur le Moulin-Foullerie. Nous ajouterons encore les droits de haute, moyenne et basse justice et le droit de charme dû annuellement sur toutes les propriétés longeant la voie romaine depuis Vaudétré jusqu'au Linguet (1).

Outre ses propriétés de Saint-Lambert, Warmeriville et autres, Robert de Joyeuse possédait le châtel de Baslieu venant de feu Me Anthoine Frémins (8 janvier 1643).

A la date du 19 juin 1642, Robert de Joyeuse fit don à la Fabrique de Saint-Lambert d'une somme annuelle de 40 livres pour l'entretien perpétuel d'une lampe devant le Saint-Sacrement et pour le pain et le vin nécessaires à la célébration de la messe (2).

Robert de Joyeuse meurt vers 1659.

Jules-Charles de Joyeuse

Jules-Charles de Joyeuse était mineur à la mort de son père, lequel laissait une situation de fortune embrouillée. La *Noblesse en Champagne*, par Caumartin, contient différents extraits de procédures que nous citons : « Le 31 Décembre 1659, Nicole de Villers obtenait des Lettres de rescission, comme tutrice de

---

(1) *Arch. de Reims*. Inventaire et fonds du Chapitre.
(2) *Archives de la Marne*.

Mgr Jules-Charles de Joyeuse, afin d'être relevée de l'acceptation qu'elle avait faite pour lui comme héritier de M⁽ʳᵉ⁾ Robert de Joyeuse et pour lui être permis de prendre la succession par bénéfice d'inventaire. Le 3 février 1660, Nicole de Villers, veuve de Robert de Joyeuse et tutrice de Jules-Charles de Joyeuse, obtenait des Lettres d'entérinement pour l'affaire ci-dessus (1).

L'Inventaire du Chapitre contient également différents extraits de sentence que nous reproduisons :

18 Septembre 1665. — « Sentence contradictoire des Requêtes du Palais rendue entre les PP. Jésuites du Collège de Reims subrogé au lieu de Roland, marchand à la poursuite des criées ventes et adjudications par décret de la terre et seigneurie de Warmeriville, saisie à la requête dudit marchand sur la succession vacante de M⁽ᵉ⁾ Robert de Joyeuse de Saint-Lambert, demandeurs d'une part et MM. du Chapitre opposans au Décret afin de distraction de leur portion de seigneurie, haute, moyenne et basse justice et des droits seigneuriaux, de ventes et autres. La Cour a donné acte de la déclaration faite par lesdits Jésuites qu'ils n'ont point entendu comprendre dans lesdites criées la part et portion de ladite terre et les droits qui en dépendent appartenant auxdits du Chapitre, mais seulement ce qui appartient à la succession vacante dudit feu de Joyeuse. Et conséquence fait distraction au profit du Chapitre des droits à eux appartenant dans la terre et seigneurie de Warmeriville. »

Une Sentence du 25 Octobre 1666 ordonne l'adjudication par Décret à la charge de ladite rente foncière de 9 quartels d'avoine portable à Reims.

Une autre Sentence du 3 Février 1667 ordonne l'appréciation des 29 années d'arrérages de ladite rente foncière.

Une dernière Sentence en date du 17 juin 1667 ordonne le paiement au Chapitre de 194 livres 5 sols 6 deniers, pour les arrérages de la rente foncière en grains et argent outre 110 livres pour les frais de l'appréciation (2).

Jules-Charles de Joyeuse fut comme son père baron de Saint-Lambert, seigneur de Ville-sur-Tourbe, vicomte de

---

(1) *La Noblesse en Champagne,* par Caumartin, Famille de Joyeuse.
(2) *Arch. de Reims.* Inventaire du Chapitre.

Warmeriville, Page de la Chambre du Roy, Avril 1667. Il épousa Anne de Sahuguet, le 21 Janvier 1680 ; elle était fille de Daniel, seigneur des Termes, lieutenant du Roy à Sedan. Plusieurs membres de la famille de Joyeuse furent enterrés dans l'église de Saint-Lambert, ainsi que le constatent plusieurs inscriptions des xvie et xviie siècles. Entre autres inscriptions, nous reproduisons celle-ci :

> « La naïve bonté, la charité parfaite,
> « La noblesse et la valeur eurent ici retraicte
> « En leur temple caché soubs ce triste tombeau
> « C'est Joyeuse. Hé comment ce qui notre joie use
> « Et nous baigne en ces pleurs l'appelez-vous Joyeuse ?
> « Ouy, il est au ciel tout joyeu et tout beau.
>   1601.

Cette inscription se rapporte à Antoine de Joyeuse, mort le 22 Octobre 1601 ; c'était le père de Robert de Joyeuse.

Hugues Mathé, Ignace de Goujon et François Caillet

La seigneurie de Warmeriville appartenant à la famille de Joyeuse fut mise à bail par exploit du 7 Mars 1687. Les preneurs furent : Hugues Mathé, de Vitry-la-Ville, Conseiller du Roy, Grand Audiencié de France ; Hierosme Ignace de Goujon de Thuisi, marquis de Thuisi, Maistre des Requêtes ordinaires de l'Hôtel du Roy, et François Caillet, chevalier, seigneur de Theil, Conseiller du Roy en sa cour de Parlement, lesquels étaient créanciers et directeurs des droits des autres créanciers (1).

A cette même année de 1687, nous retrouvons dans l'Inventaire du Chapitre l'extrait suivant :

12 Décembre 1687. — « Sentence de la Justice de Warmeriville pour Messieurs du Chapitre, qui donne acte au *Procureur fiscal* de la terre et seigneurie dudit lieu pour M. de Joyeuse de la déclaration par lui faite qu'il a eu tort de faire afficher et défense à tout le monde d'exposer en vente aucunes marchandises sur les terres et juridictions du Chapitre à peine de

---

(1) Fonds du Chapitre.

3 livres 15 deniers d'amende. Pourquoi il s'est présenté en personne au Chapitre et déclaré que je tiens et reconnais mes dits sieurs du Chapitre pour vrais seigneurs en partie de Warmeriville (1).

D'après la pièce authentique de la Sentence ci-dessus, nous voyons que les représentants de la Justice du Chapitre étaient : Jean Champion, lieutenant, et Maurice Cochet, greffier, le procureur fiscal condamné pour la seigneurie de M. de Joyeuse, Jacques Aubry (2).

Adrien-Maurice de Noailles

Au commencement du xviii° siècle, vers 1712, la seigneurie de Warmeriville, qui appartenait à la famille de Joyeuse, passa à Monseigneur le Comte Adrien-Maurice de Noailles, né à Paris en 1678. Il épousa Françoise-Charlotte d'Aubigné

Ecusson de Noailles : *De gueules à la bande d'or.*

marquise de Maintenon, laquelle lui apporta en dot 800.000 livres et pour 70.000 livres de pierreries (3). Nous donnons sa biographie d'après le *Dictionnaire de Géographie et d'Histoire*, par

(1) Inventaire du Chapitre.
(2) Fonds du Chapitre.
(3) *Dictionnaire de la Noblesse*, par DE LA CHENAYE & BADIER, page 987.

Dezobry et Bachelet, tome 2, page 1965 : « Adrien-Maurice de Noailles fit ses premières armes en Catalogne sous les ordres de son père, sous le duc de Vendôme, accompagna Philippe V à Madrid (1700). Général de l'armée du Roussillon, pendant la guerre de la succession d'Espagne, il prit Givonne en 1710 et reçut le titre de grand d'Espagne. A la mort de Louis XV, il fut nommé Président du Conseil des Finances, obligea les traitants à des restitutions considérables, fit reviser les billets d'État, dont la valeur fut réduite et s'opposa à l'adoption du système Law. Écarté pour cette raison du Conseil des Finances 1718, il devint membre du Conseil de Régence, il reprit du service en 1733, gagna le bâton de maréchal au siège de Philipsbourg et força les Allemands à évacuer Worms (1734), nommé en 1743 Ministre d'État, il resta au Conseil jusqu'en 1756. Mort en 1766.

Philippe de Noailles

Adrien-Maurice de Noailles mort, son fils Philippe de Noailles, duc de Mouchy, maréchal de France, reprit la seigneurie de son père, avec le titre de Vicomte de Warmeriville. « Philippe de Noailles, duc de Mouchy, maréchal de France, était le deuxième fils d'Adrien de Noailles. Né à Paris en 1715, il servit avec distinction sous les maréchaux de Saxe, d'Estrée, de Richelieu, sauva l'armée à la retraite d'Hilkersperg et fut nommé lieutenant-général en 1748. Commandant de la Guyenne, il s'y fit aimer et regretter lorsqu'il se démit de cette charge en 1785. Membre de l'Assemblée des Notables en 1787, il ne parut point, à cause de son grand âge, aux États-Généraux, mais ne cessa pendant les derniers jours de la royauté, notamment au 20 Juin et au 10 Août 1792, de prouver à Louis XVI un dévouement à toute épreuve. Arrêté en 1794, il périt sur l'échafaud, avec son épouse Anne-Claude d'Arpajon (1). Le buste du maréchal de Mouchy se trouve à l'hôtel de ville de Mouy, petite ville manufacturière de l'Oise (2).

La famille de Noailles est originaire du Bas-Limousin. Ayen, chef-lieu de canton de la Corrèze, a été le chef-lieu d'une seigneurie érigée, en 1593, en comté pour Henri de Noailles

---

(1) *Diction. de Géograph. et d'Hist.* par DEZOBRY & BACHELET.
(2) *Patrie*, par L. HUARD, page 435, tome VI.

et, en 1663, en duché-pairie sous le nom de Noailles pour Anne de Noailles. Les descendants de la famille de Noailles sont encore en possession de différents châteaux, notamment celui de Salignac (Dordogne) et celui de Buzet (Tarn-et-Garonne) (1).

Dans le *Journal de Champagne*, affiches Havet, 23 novembre 1789, page 197, nous lisons : « Vente par Monseigneur Philippe de Noailles, duc de Mouchi, maréchal de France, grand d'Espagne de la première classe, prince de Poix, etc., Monseigneur Philippe-Louis-Marc-Antoine de Noailles, prince de Poix, chevalier de l'ordre de Malte, etc., et de Madame Anne-Louise-Marie de Beauveau, princesse de Poix, son épouse, appelés à recueillir la substitution portée au testament de Madame Marguerite-Thérèse Rouillé, princesse de Poix, veuve de Monseigneur Armand-Jean du Plessis, duc de Richelieu et de Fronsac, pair de France, etc., etc., et le sieur Jacques Pigeon, commissaire des guerres domicilié à Versailles, tuteur auxdits appelés de tout ce qui appartient maintenant auxdits seigneurs et dames, princes et princesses de Poix, et qui appartient ci-devant à mon dit seigneur maréchal, duc de Mouchi et à la substitution dont il est grevé dans les terres, seigneurie et vicomté de Warmeriville, en Champagne, consistant en bâtiments, terres, prés, vignes, bois, moulin à eau, pressoir, droits de toute justice, de chasse, etc., moyennant 60.000 livres et autres charges du contrat passé devant M⁰ Brichart, notaire au Châtelet de Paris, le 27 Mars dernier, exposé le 31 Octobre ».

Joseph Aubry d'Arencey

Le maréchal de Mouchy vendit sa terre et seigneurie de Warmeriville à M. Joseph Aubry d'Arencey, officier d'artillerie, demeurant à Reims. L'acte de vente fut passé à Paris, le 27 Mars 1789, devant M⁰ Brichart, notaire. Le 12 Mars 1791, M. d'Arencey acheta à la vente des biens ecclésiastiques plusieurs propriétés contiguës à son clos féodal et provenant de l'Abbaye Saint-Pierre-les-Dames de Reims. Par la Loi du 28 Mars 1793, les biens des émigrés devinrent aussi biens nationaux. M. d'Arencey ayant émigré, toutes ses propriétés

---

(1) *Patrie*, par L. HUARD, page 336.

de Warmeriville furent confisquées et vendues par ordre du District de Reims.

Dans le Dossier des actes de vente des biens nationaux (Arch. départ. à Châlons, sect. Warmeriville), il existe une Demande de Mme d'Arencey, née Anne-Thérèse-Joséphine Coquebert, demeurant à Reims, par laquelle celle-ci fait valoir à Messieurs les Membres du District de Reims que tous les biens de son mari sis à Warmeriville furent achetés en communauté à Monseigneur Philippe de Noailles, devant Me Brichart, notaire à Paris, à la date du 27 Mars 1789, qu'il serait juste que dans le prix de vente, il lui fut fait remise de la moitié..., etc... Nous regrettons de ne pas connaître la solution de cette affaire. Dans une autre pièce du Dossier départemental (Arch. de Châlons), nous voyons que Madame d'Arencey donna pouvoir à son fermier, M. Jean-Baptiste Lemarteleur, de lui racheter son domaine de Ragonet. Le prix d'achat fut le prix de l'estimation 36.382 l. 10 sols (1).

Dans la famille d'Arencey, nous retrouvons le baron d'Arencey, général de brigade, né à Witry-le-François, mort en 1835; Joseph-Gabriel d'Arencey, écuyer, seigneur de Valenceaux, capitaine au corps royal d'artillerie en 1789.

Jean-Baptiste Raoul de Rémont

M. Jean-Baptiste-Raoul de Rémont, en épousant Mademoiselle Charlotte-Athénaïs Aubry d'Arencey, devint propriétaire de l'ancienne terre seigneuriale de Warmeriville. Il meurt à Arnicourt (Ardennes), le 9 novembre 1833 (2).

Nicolas-François Charlier

M. Nicolas-François Charlier, banquier à Charleville, devint en 1842, mandataire de Madame veuve de Rémont. Les 20 et 21 Mars, il fit vendre environ 95 hectares de propriétés en 149 parcelles à 85 acquéreurs moyennant 39.782 fr. 07 ; 81 hectares avec promesse de vente furent loués à MM. Saint-Denis, de

---

(1) Vente des biens des émigrés, *Arch. départ.*, à Châlons.
(2) *Travaux de l'Académie de Reims*, 80e volume 1886.

Boult-sur-Suippe, enfin les 124 hectares restant devinrent la propriété de M. Charlier. Mort le 3 Février 1869, M. Charlier laissa deux fils :

1° M. Louis-Ernest Désiré Charlier, capitaine d'État-Major à Reims, marié à Mademoiselle Henriette-Marie-Thérèse Parruse de la Parrière (de Versailles).

2° M. Henri-Camille-Lambert Charlier, avocat stagiaire à Paris (1).

(1) Étude de M° Maurice Viot, Notaire à Witry-lez-Reims.

CHAPITRE DEUXIÈME

L'Église et tout ce qui s'y rattache

SOMMAIRE. — Établissement de la Religion chrétienne dans nos contrées. — Paroisse de Warmeriville. — Le Doyenné de Lavannes. — Pouillé de 1346. — Pouillé de 1776-80. — L'église de Warmeriville. — Sépultures dans l'église. — Cloches. — Ancien état du clocher de Warmeriville. — Les réparations de l'église. — Doyens et Procès-verbaux de leurs visites. — Questionnaire de 1774. — Visite Pastorale. — Calendes. — La dîme. — La Cure de Warmeriville. — Le Presbytère de Warmeriville. — Liste des curés qui ont desservi la cure de Warmeriville. — Noms de plusieurs ecclésiastiques sortis de Warmeriville. — Cimetière. — Culte à Saint-Druon. — Ordonnance de Monseigneur Le Tellier. — La chapelle de Saint-Druon. — Une Oraison.

Établissement de la Religion chrétienne dans nos contrées

La Religion chrétienne fut prêchée dans le Rémois au second siècle de notre ère. Les premiers missionnaires de nos pays furent les évêques de Reims. Au ve siècle, saint Remy évangélisait notre contrée. Dom Marlot dit dans son *Histoire de l'Église de Reims :* « Saint Sindulphe, comme nous l'apprend Allemanus, moine d'Hauvillers au ixe siècle, ne se contenta pas d'évangéliser les pauvres paysans d'Aussonce, mais porta encore le bienfait de son ministère dans les villages voisins. » Or Warmeriville n'est qu'à une lieue d'Aussonce, on peut donc supposer que saint Sindulphe a évangélisé toutes les peuplades de la région.

Pendant plusieurs siècles, la vie des évêques et de leurs prêtres n'était pas fixe : elle ressemblait à celle de nos missionnaires. Ce ne fut, que quand les prosélytes furent nombreux, que l'ère des persécutions fut passée, que les chrétiens, trouvant alors de la sécurité, se réunirent et édifièrent des chapelles, puis des églises. Saint Remy, dans son testament (544), cite un grand nombre de pays, où la Religion chrétienne est pratiquée dans les environs de Reims : Cernay-lez Reims, Heutrégiville, Saint-Étienne-sur-Suippe, etc., etc.

D'après Flodoard, chroniqueur rémois (894-966), le diocèse de Reims, au VIIIe siècle, comptait déjà de nombreuses paroisses au sein desquelles résidaient des curés et auxquelles étaient annexées des chapelles. Il est fort probable que tous les chefs-lieux de comté (pagus) furent choisis par les évêques pour leur résidence, et qu'à l'instar des circonscriptions romaines, certains districts religieux furent choisis comme doyennés. Toutefois, il est prouvé que la dignité de doyen ne fut pas toujours inhérente au titre de la localité, car bien des doyens furent choisis parmi les curés du ressort.

Paroisse de Warmeriville

Nous pensons que la paroisse de Warmeriville date des premiers siècles de l'ère chrétienne. L'église a été placée, dès son origine, sous le vocable de Saint-Martin, comme nous le voyons dans le Pouillé de 1303. La paroisse l'aura choisi pour patron à l'époque de sa fondation, soit par le libre choix de ses habitants, comme le prescrit le Droit Canon, soit par la volonté du fondateur qui le lui a imposé, comme l'Église le leur permet en cas spécial. On peut donc croire que la paroisse de Warmeriville date du commencement des Mérovingiens, bien qu'il se puisse qu'un hameau ou un couvent ait préexisté, car on sait qu'un village ne se crée ni ne s'établit tout d'une pièce, en un jour. La paroisse n'a pu et dû se constituer qu'après une agglomération relativement nombreuse d'habitants.

Le vocable de Saint-Martin a été beaucoup recommandé par saint Remy dans son diocèse, on en compte 2.600 environ en France.

Saint Martin a été un des premiers missionnaires qui ait parcouru les provinces des Gaules en annonçant l'Évangile aux populations alors païennes. Nous extrayons d'une *Vie de saint Martin*, par D.-S., Tours, A. Mame et fils, éditeurs 1876, les quelques lignes suivantes : « Infatigable dans la prédication de l'Évangile, il courait pour l'annoncer de ville en ville, de province en province, supportait sans se plaindre la faim, la soif, le chaud, la nudité, toutes les incommodités du corps ; opposait aux railleries et aux insultes de ses ennemis une patience à toute épreuve. A la voix du saint évêque les temples des idoles s'écroulaient et sur leurs ruines s'élevaient des autels consacrés au vrai Dieu ». A la page 28 et 29 : « Saint Martin traversa les Gaules pour se rendre à Trèves, vers 372, à la cour de l'empereur Valentinien. Il est probable que c'est dans ce voyage qu'il passa par nos pays. La renommée de ses vertus l'y avait précédé. Dès qu'on apprenait son arrivée, le peuple se portait en foule à sa rencontre pour lui témoigner son respect et son affection ».

Par ce qui précède, nous pouvons conclure que Warmeriville existait dans les premiers siècles historiques. — Que les prescriptions canoniques ne permettaient la construction d'une église au centre d'une population qu'autant que les revenus étaient suffisants soit pour construire et entretenir l'église, soit pour l'entretien du prêtre appelé à la desservir. — Que le vocable de Saint-Martin, semble être la conséquence de la vénération que les populations d'alors avaient pour ce saint.

Le Doyenné de Lavannes

Dès l'origine du Christianisme, la circonscription épiscopale de la métropole de Reims embrassa tout le pagus romain de Civitas Remorum. L'archidiocèse de Reims fut partagé en deux grandes divisions : Le Grand Archidiaconé de Reims et le Petit Archidiaconé de Champagne, contenant chacun neuf décanats ou doyennés. On lit dans Flodoard (xe siècle), au 28e chapitre du IIIe livre : « Dans le diocèse de Reims on compte 469 ou 475 cures en tout, auxquelles, si l'on joint les églises succursales, il s'en trouve 732. Les abbayes, tant dans la ville que dans la campagne, sont au nombre de 23 dont 6 à Reims et 17 dans le diocèse. Dans le diocèse, 123 saints patrons sont honorés ».

Le Doyenné de Lavannes en 1303, ou de Pontfaverger en 1346, figure sur le plus ancien Pouillé connu de l'Église de Reims, que l'on fait remonter à 1303, mais comme l'origine des doyennés, dans le milieu du IXe siècle, est connu dans l'Église de Reims; on peut raisonnablement supposer que celui de

Lavannes remonte au temps de Charlemagne ou à peu près. Lavannes, pour avoir été choisi comme siège d'un décanat, devait être, à cette époque, chef d'un petit district forain; du reste, l'honneur qu'a ce village d'avoir été cité par Flodoart, montre son importance relative.

De 1303 à 1346, le titre de Doyenné de Lavannes avait passé

L'église de Lavannes.

de Lavannes à Pontfaverger. Mais quelques années après, ce titre fit retour à Lavannes jusqu'à la Révolution.

Le Décanat de *Lavanna* ou de *Ponte Fabriaco* était désigné au n° 4 du Grand Archidiaconé; il comprenait, au xɪvᵉ siècle, 26 cures et 7 secours; au xvɪɪɪᵉ siècle, 24 cures et 6 secours. Dans son étendue, il n'y avait ni collégiale ni abbaye.

Pouillé de 1346
Valeur en livres du bénéfice

43 livres; Presbyter de Brimont; ancien Brimontel (détruit); patron de l'église, S. Nicholaï; présentateur, Archevêque de Reims.

8 livres; Altare de Brimont; Brimont; patron de l'église, S. Remi; présentateur, Archevêque de Reims.

Abest; Presbyter de Nogent-Abbatisse; Nogent l'Abbesse;

patron de l'église, S. Pierre ; présentateur, Abbaye Saint-Pierre de Reims.

Abest ; Presbyter de Selis ; Selles ; patron de l'église, S. Martin ; présentateur, Abbaye de Saint-Thierry.

51 livres ; Presbyter de Warmerivilla ; Warmeriville ; patron de l'église, S. Martin ; présentateur, Chapitre de Reims.

27 livres ; Presbyter de Bodillo ; Boult ; patron de l'église, S. Martin ; présentateur, Archevêque de Reims.

40 livres ; Presbyter de Pontefabriaco ; Pontfaverger, Saint-Brice ; patron de l'église, S. Brice ; présentateur, Archevêque de Reims.

20 livres ; Presbyter de Sainte-Médardo ; Pontfaverger, Saint-Médard ; patrons de l'église, S. Médard et S. Gildard ; présentateur, Archevêque de Reims.

36 livres ; Presbyter de Polecourt ; Poilcourt ; patron de l'église, S. Pierre ; présentateur, Abbaye Saint-Nicaise.

22 livres 10 sols ; Presbyter d'Aussoncia ; Aussonce ; patron de l'église, S. Sindulphe ; présentateur, Saint-Nicaise de Reims.

18 livres ; Presbyter de Fraxino ; Frenes ; patron de l'église, S. Martin ; présentateur, Chapitre Saint-Symphorien.

27 livres ; Presbyter d'Heudrisivilla ; Heutrégiville ; patronne de l'église, Ste Marie-Madeleine ; présentateur, Archevêque de Reims.

10 livres ; Altare de Saint-Médardo ; ancien Heudrelliscourt, (détruit).

25 livres, Presbyter de Witreyo ; Witry-les-Reims ; patron de l'église, S. Symphorien, présentateur, Chapitre Saint-Symphorien.

22 livres ; Presbyter de Bazancourt ; Bazancourt ; patron de l'église, S. Remi ; présentateur, Abbaye de Saint-Remi de Reims.

30 livres ; Presbyter de Buffeyo (détruit) ; patron de l'église, S. Nicaise ; présentateur, Eglise Saint-Remi de Reims.

50 livres ; Presbyter de Sarnaco le pelé ; Cernay ; patron de l'église, S. Martin ; présentateur, Chapitre Notre-Dame.

24 livres ; Presbyter de Nova villa et Caurello ; Caurel (1er détruit) ; patrons de l'église, S. Étienne et S. Basle ; présentateur, Chapitre de Reims.

20 livres ; Presbyter de Salice Saint-Remigi ; Sault-Saint-

Remi ; patron de l'église, S. Remi ; présentateur, Abbaye de Saint-Remi.

52 livres ; Presbyter de Lavanna ; Lavannes ; patron de l'église, S. Lambert ; présentateur, Archidiacre.

34 livres ; Presbyter de Berruco ; Berru ; patron de l'église, S. Symphorien ; présentateur, Chapitre Saint-Symphorien.

18 livres 10 sols ; Presbyter de Novavilla juxta Aussoncia ; Neuville, près Aussonce ; patron de l'église, S. Nicaise ; présentateur, Saint-Nicaise de Reims.

24 livres ; Presbyter de Santo-Stephano ; Saint-Étienne ; patron de l'église, S. Étienne ; présentateur, Archevêque de Reims.

24 livres ; Presbyter de Amiancurte-Magno ; Aumenancourt-le-Grand ; patron de l'église, S. Firmin ; présentateur, Archevêque de Reims.

34 livres ; Presbyter de Epoya ; Epoye ; patron de l'église, S. Pierre ; présentateurs, Saint-Thierry et l'Archevêque.

22 livres ; Presbyter de Amiancurte-Parvo ; Aumenancourt-le-Petit ; patron de l'église, S. Nicaise ; présentateur, Chapitre de Reims.

19 livres ; Presbyter de Insula ; Isles-sur-Suippe ; patron de l'église, S. Remi ; présentateur, Abbaye de Saint-Remi de Reims.

16 liv. Altare de S. Stephano, unus patronus, 16 liv. Major archid. patronus de S. Stephano. 60 liv. Abbas. S. Withonii Virdunensis pro hoc. Quod habet apud Berru. 8 liv. Major. archid. patronus de Brimont. 13 liv. J. de Pennis patronus de Brimontello, 36 liv. Presby de Burgondio (Bourgogne) 36 liv. Altare de Sancto de Pontefabriaco Sumno decanatus de Pontefabriaco XII**, VI lib. II sols.

A la suite du Pouillé de 1346, nous croyons devoir reproduire celui de Monsieur Bauny, 1776-1780. Dans le cours des temps, les noms des présentateurs et le vocable des églises changèrent. Bien que le Droit Canon défende de changer de vocable, la mutation n'a lieu que pour des cas spécifiés ; alors dans l'église, il faut toujours qu'il y eut un autel consacré à l'ancien patron.

Doyenné de Lavannes. Pouillé de 1776-1780

Paroisses du Doyenné

Auménancourt-le-Grand, revenus de la cure, 900 livres ; de la fabrique, 75 livres, communiants, 250 ; présentateur, Tournaire du Chapitre ; patron de l'église, saint Firmin ; seigneurs : Seigneurs de la Cathédrale, Congrégation des Chapelains, M. de Bérieux.

Auménancourt-le-Petit, revenus de la cure, 0 livre ; de la fabrique, 75 livres ; communiants, 100 ; présentateur, Vicariat ; patron de l'église, saint Nicaise ; seigneurs, MM. de la Cathédrale.

Aussonce, revenus de la cure, 500 livres ; de la fabrique, 25 livres ; communiants, 250 ; présentateur, Chapitre de la Sainte-Chapelle de Paris ; patron de l'église, saint Sindulphe ; seigneur, le Commandeur de Boult.

Bazancourt, revenus de la cure, 500 livres ; de la fabrique, 25 livres ; communiants, 375 ; présentateur, Abbé de Saint-Remi ; patron de l'église, saint Remi ; seigneur, l'Abbé de Saint-Remi.

Berru, revenus de la cure, 700 livres ; de la fabrique, 75 livres ; communiants, 481 ; présentateur, le Chapitre de Saint-Symphorien ; patron de l'église, saint Martin ; seigneurs, MM. de la Cathédrale.

Bétheny, revenus de la cure, 700 livres ; de la fabrique, 100 livres ; communiants, 210 ; présentateurs, MM. les Coustres de Reims ; patron de l'église, saint Sébastien ; seigneurs, le Grand Chantre de la Cathédrale, l'Abbesse de Saint-Pierre, le Chapitre Saint-Timothée.

Boult-sur-Suippe, revenus de la cure, 500 livres ; de la fabrique, 75 livres ; communiants 800 ; présentateur, Tournaire du Chapitre ; patron de l'église, saint Martin ; seigneurs, MM. de la Cathédrale.

Bourgogne, revenus de la cure, 1000 livres ; de la fabrique 150 livres ; communiants, 440 ; présentateur, l'Université de Reims ; patron de l'église, saint Remi ; seigneurs, MM. de la Cathédrale.

Brimont, revenus de la cure, 500 livres ; de la fabrique, 125 livres ; communiants 200 ; présentateur, l'Université de Reims ; patron de l'église, saint Remi ; seigneur, M. Ruinart de Reims.

Caurel, revenus de la cure, 500 livres ; de la fabrique, 25 livres ; communiants, 336 ; présentateur, Tournaire du Chapitre ; patron de l'église, saint Basle ; seigneurs, MM. de la Cathédrale.

Cernay les-Reims, revenus de la cure, 1400 livres ; de la fabrique, 125 livres ; communiants, 575 ; présentateur, Tournaire du Chapitre ; patron de l'église, saint Martin ; seigneurs, le Chapitre Notre-Dame, l'Abbesse de Saint-Pierre, M. Leleu, à Reims, M. de Louvergny à Reims.

Epoye, revenus de la cure, 500 livres ; de la fabrique, 6 livres ; communiants, 200 ; présentateur, l'Archevêque de Reims ; patron de l'église, saint Pierre ; seigneur, Mme de Graillet y résidante.

Fresne, revenus de la cure, 500 livres ; de la fabrique 25 livres ; communiants, 200 ; présentateur, le Chapitre Saint-Symphorien ; patron de l'église, saint Martin ; seigneur, le Chapitre de Reims.

Heutrégiville, revenus de la cure, 600 livres ; de la fabrique, 150 livres ; communiants, 300 ; présentateur, Tournaire du Chapitre ; patronne de l'église, sainte Marie-Madeleine ; seigneurs, le Chapitre de Reims Notre-Dame, M. de Sausseuil de Selles.

Isles-sur-Suippe, revenus de la cure, 500 livres ; de la fabrique, 12 livres ; communiants, 180 ; présentateur, l'Abbé de Saint-Remi ; patron de l'église, saint Remi ; seigneurs, Religieux de Saint-Remi

Lavannes, revenus de la cure, 1300 ; de la fabrique, 82 ; communiants, 438 ; présentateur, le Tournaire du Chapitre ; patron de l'église, saint Lambert ; seigneur, le Chapitre Notre-Dame.

La Neuville-en-Tourne-à-Fuy, revenus de la cure, 800 livres ; de la fabrique 100 livres ; communiants, 600 ; présentateur, Chapitre de la Sainte-Chapelle de Paris ; patron de l'église, saint Nicaise ; seigneur, le Commandeur de Boult.

Nogent, revenus de la cure, 600 livres ; de la fabrique, 25 livres ; communiants, 375 ; présentateur, l'Abbaye de Saint-Pierre de Reims ; patron de l'église, saint Pierre ; seigneur, l'Abbaye de Saint-Pierre.

Poilcourt, revenus de la cure, 500 livres ; de la fabrique, 6 livres ; communiants, 120 ; présentateurs, Religieux de Saint-Nicaise ; patron de l'église, saint Pierre ; seigneurs, Marquise

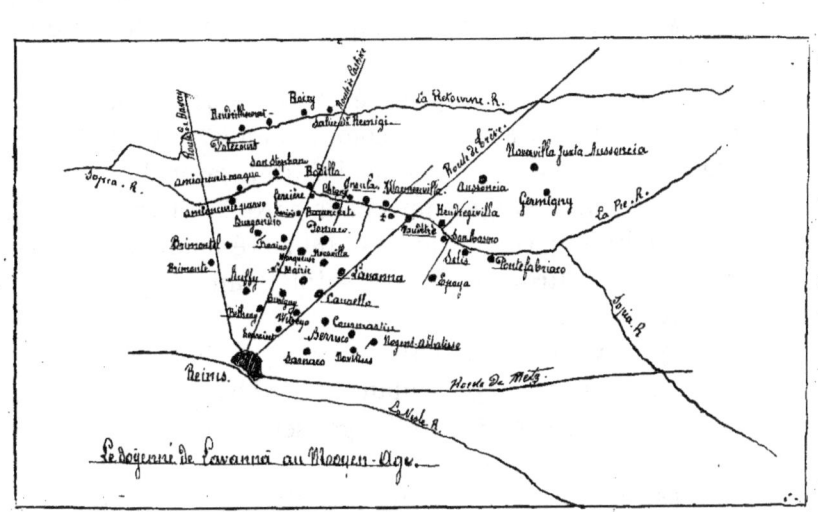

de Sommeièvre à Reims, M. de Coucy d'Ecordal, M. de Maubeuge à Poilcourt.

Houdilcourt (annexe de Poilcourt), revenus de la cure, 0 livre ; de la fabrique, 6 livres ; communiants, 120 ; présentateurs, Religieux de Saint-Nicaise ; patron de l'église, saint Pierre ; seigneurs, Religieux de Saint-Nicaise.

Pomacle, revenus de la cure, 0 livre ; de la fabrique, 6 livres ; communiants, 217 ; présentateur, l'abbé de Saint-Remi ; patron de l'église, saint Médard ; seigneur Abbaye de Saint-Remi.

Pontfaverger, revenus de la cure, 700 livres ; de la fabrique, 12 livres ; communiants 580 ; présentateurs, le Doyen de Saint-Symphorien et le Supérieur du séminaire ; patron de l'église, saint Médard ; seigneurs, le Chapitre de Reims et le Commandeur de Boult.

Saint-Étienne-sur-Suippe, revenus de la cure, 500 livres ; de la fabrique, 50 livres ; communiants, 1o0 ; présentateur, Grand Archidiacre ; patron de l'église, saint Etienne.

Saulx-Saint-Remi, revenus de la cure, 500 livres ; de la fabrique 500 livres ; communiants, 180 ; présentateur, l'Abbaye de Saint-Remi ; patron de l'église, saint Remi ; seigneur, l'Abbaye de Saint-Remi.

Roizy, revenus de la cure, 0 livre ; de la fabrique, 9 livres ; communiants, 200 ; présentateur, l'Abbaye de Saint-Remi ; patronne de l'église, Sainte Vierge ; seigneur, l'Abbaye de Saint-Remi.

Selles, revenus de la cure, 700 livres ; de la fabrique, 25 livres ; communiants, 220 ; présentateurs, l'Archevêque et le Tournaire ; patron de l'église, saint Martin ; seigneurs, Béguin de Sausseuil, de Vignolles à Selles, de Parisot à Selles.

Saint-Masmes, revenus de la cure, 0 livre ; de la fabrique, 25 livres ; communiants, 170 ; présentateurs, l'Archevêque et le Tournaire ; patron de l'église, saint Martin ; seigneurs, le Chapitre de Reims, le Commandeur de Boult, de Sausseuil, de Parisot.

Witry, revenus de la cure, 800 livres ; de la fabrique, 100 livres ; communiants, 650 ; présentateur, le Chapitre Saint-Symphorien ; patron de l'église, saint Symphorien ; seigneur le Chapitre Saint-Symphorien.

Warmeriville, revenus de la cure, 700 livres ; de la fabrique,

50 livres ; communiants, 500 ; présentateur, Tournaire du Chapitre ; patron de l'église, saint Martin ; seigneurs, Comte de Noailles, le Chapitre Notre-Dame.

L'église de Warmeriville

Aspect général. — L'église de Warmeriville, par son genre d'architecture, remonte à deux époques ; on y remarque le plein-cintre et l'ogive primitive (commencement du XIIe siècle). Elle a la forme d'une croix latine. De ses parties primitives, il nous reste l'abside, le transept et plusieurs piliers de

Eglise de Warmeriville.

la nef centrale. La nef centrale se termine, à l'Ouest, par un pignon ayant une rosace au-dessus de la porte d'entrée ; à l'Est, une tour carrée repose sur le transept. Cette tour est percée sur chaque face de deux baies géminées. L'entablement est orné de modillons. Une flèche peu élevée surmonte la tour. Les bras latéraux du transept contiennent chacun une chapelle, l'une, dédiée à la Sainte Vierge, et l'autre à saint Martin. De chaque côté de la nef principale existe une nef basse, celle de droite est percée d'une petite porte d'entrée. Des travaux importants furent exécutés à l'église en 1863. La grande nef fut allongée d'une travée et le portail naturellement reculé ; les basses nefs furent également allongées et élargies. A l'intérieur, l'église, qui comprend trois nefs, est belle, toutes ses parties importantes : le sanctuaire, le chœur et les chapelles sont voûtées. Les combles des trois nefs servent de voûtes. Les chapiteaux du

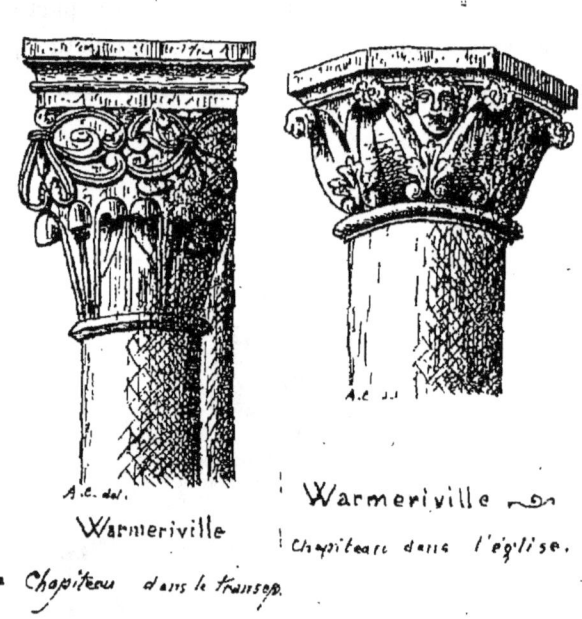

Warmeriville
Église Chapiteau dans le transept.

Warmeriville
Chapiteau dans l'église.

transept ont des sculptures variées. Les piliers du transept sont ronds, ceux qui séparent la grande nef des basses nefs sont carrés et d'une grande solidité.

L'église, dans ses parties anciennes et nouvelles, est construite en pierres et en craies de forte dimension ; sa couverture, en tuiles mécaniques et en ardoises; son pavé, en dalles d'Hermonville dans les allées, en pavés de Ludes sous les bancs. Comme tous les monuments, l'église de Warmeriville, dans ses parties primitives, a beaucoup souffert des ravages des temps et surtout de l'indifférence de ceux qui étaient chargés de leur entretien. Les contreforts, au nombre de 12, présentent des pilastres de forme carrée ; ils sont divisés en deux étages couverts d'un toit en pierre à simple appendis. Seize fenêtres dans les nefs, trois dans la chapelle de la Sainte Vierge, cinq dans le sanctuaire et deux dans la chapelle Saint-Druon (appelée aussi Saint-Martin), introduisent la lumière dans l'église ; de plus une rosace se trouve dans le tympan qui surmonte le grand portail, une autre petite rosace se trouve au-dessus de la petite porte d'entrée L'église a trois portes, la principale se trouve au bout de la nef centrale dans la façade de l'Ouest, la deuxième

Warmeriville
Fonts baptismaux

dans le milieu de la nef collatérale de droite, enfin la dernière se trouve dans la sacristie. Le portail est de construction contemporaine (style grec); il n'est pas en rapport avec le style primitif de l'église. Les corniches des nefs portent immédiatement sur les murs, celles du clocher sur les modillons denticulés. Le clocher renferme une horloge à deux cadrans posée en 1879. Le cadran sur le pan Sud fut donné par M. Pocquet-

Pothier, le cadran du pan Nord fut donné par M. Latreille-Hanrot.

Intérieur de l'église. — Le mobilier de l'église consiste en autels, tableaux, statues, vases sacrés, ornements, linges, croix, chandeliers, lampes, bénitiers, encensoirs, reliquaires, cloches, livres, chaire, confessionnal, bancs, stalles, orgues, fonts baptismaux. Tous ces objets sont dans un état convenable. Parmi les nombreuses statues, nous remarquons la statue de sainte Anne, qui semble dater de l'époque de la Renaissance.

Fonts-Baptismaux. — Le style est roman, un pied carré reçoit une cuve taillée extérieurement en pans. La pierre est d'une texture très tendre. Sur le haut du bord de la coupe on y lit la date de 1572.

Sépultures dans l'église. — Différentes sépultures existent dans l'église de Warmeriville ; elles nous furent révélées en compulsant les registres paroissiaux :

M. Philippe Massé, prêtre, curé de Warmeriville, décédé le 14 janvier 1692, est enterré dans l'église.

M. Nicolas Demain, père de M. Léon Demain, curé de Warmeriville, décédé le 29 décembre 1704, à l'âge de 65 ans, a été inhumé « dans la nef de l'église, proche les fonts ».

M. Léon Demain, prêtre curé de Warmeriville, décédé le 10 avril 1710, à l'âge de 46 ans, a été enterré dans l'église.

M. Antoine Guillotin, prêtre, curé de Warmeriville, décédé le 11 avril, jour de Pâques 1751, à l'âge de 58 ans, a été enterré dans la chapelle Saint-Druon.

M. Pierre Gourmeaux, curé de Warmeriville, décédé le 2 mai 1788, à l'âge de 51 ans, a été enterré dans le sanctuaire.

On sait qu'aujourd'hui les inhumations ne sont plus permises dans les églises. L'article premier du Décret du 23 prairial, an XII, dit : « Aucune inhumation n'aura lieu dans les églises, etc... (1).

Cloches. — L'usage des cloches remonte à l'époque de la liberté des pratiques religieuses. La coutume du baptême des

(1) *Archives de Warmeriville*, Registres paroissiaux.

cloches date de la fin du VIIIe siècle, un peu avant Charlemagne. L'église de Warmeriville possédait trois cloches avant la Révolution. La Convention rendit le 12 juillet 1793 un Décret portant qu'il n'en serait conservé qu'une seule dans chaque paroisse. Le 3 août suivant, elle décrétait encore que le métal de toutes les cloches supprimées servirait à la fonte des canons. En exécution de ces Décrets, les deux plus petites cloches furent réquisitionnées et conduites à Metz.

Les cloches portent les inscriptions suivantes :

La grosse : « Cauchois, fondeur à Champigneulle (Haute-Marne). L'an 1845, j'ai été bénite par M. Benoit-Félix Louvel, curé de Warmeriville, sous les noms de Marie-Joséphine ; j'ai eu pour parrain Claude Franqueville, adjoint de la commune ; pour marraine, Marie-Joséphine Champion, son épouse ».

Warmeriville.
Église. Fragments de chapiteaux dans le Chœur.

La moyenne : « J'ai été bénite en 1827, sous le nom de Marie, par M. Jean-Renault Thomassin, curé de Warmeriville, et j'ai eu pour parrain M. Jean-Baptiste Hanrot, adjoint et chevalier de l'ordre royal de la Légion d'honneur, et pour marraine, Ricoteau, Jeanne-Marie, son épouse ».

La petite : « J'ai été bénite en 1827, sous le nom de Béatrix, par M. Jean-Renault Thomassin, curé de Warmeriville, et j'ai eu pour parrain M. Jean-Remy Modaine, receveur de la Fabrique, et pour marraine, Béatrix Charlier, son épouse ».

L'église, ses fondateurs, sa consécration et son vocable. — L'église de Warmeriville a été construite probablement par les archevêques de Reims, qui possédaient à cette époque, l'autel, le patronage, les dîmes et les cens. Nous devons ajouter que les habitants ont contribué, suivant leurs ressources, à l'édification de leur église, et que le transport des matériaux a été fait par eux. Il n'y a pas à douter que ceux qui construisirent l'église ne se soient réservé le droit de la bénir eux-mêmes. Quant au

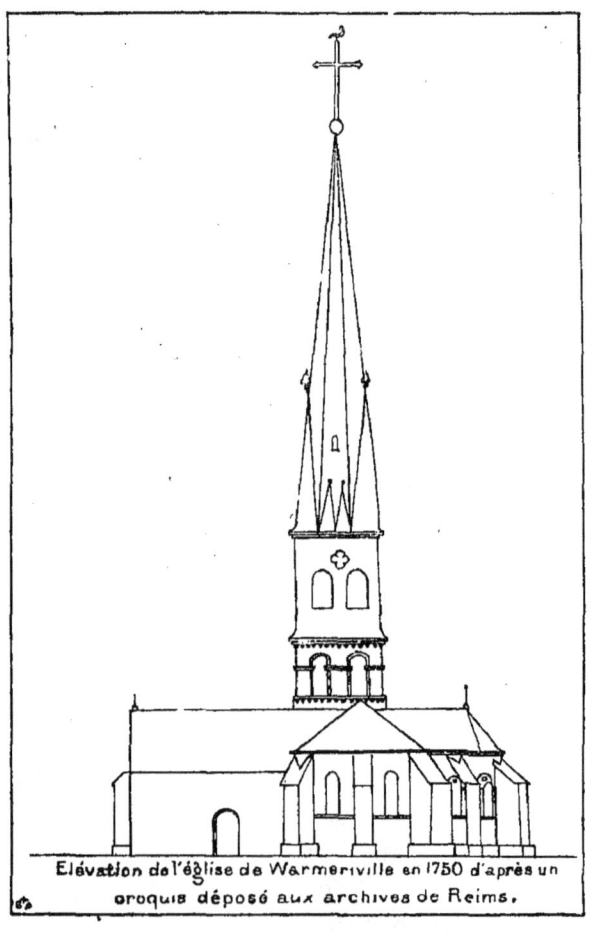

Elévation de l'église de Warmeriville en 1750 d'après un croquis déposé aux archives de Reims.

vocable, l'église a toujours été placée sous celui de saint Martin, comme nous l'avons vu dans le Pouillé en 1346.

Ancien état du clocher de Warmeriville. — Dans le Fonds du Chapitre, un document renferme le plan de l'église de Warmeriville et l'élévation de la face du Midi comme elle était avant qu'elle fut incendiée par le feu du ciel (vers 1750). Une description écrite sans signature mentionne ce qui suit : « La « tour du clochez et quaré, construite de massonnerie élevé de « vingt-et-un pieds plus haut que le dessus des routes, des cours « couronné d'un entablement comme il est marqué au dessin, « dans laquelle hauteur il y a deux ouvertures à chaque face, au « bas desquelles ouvertures est une plaintes saillantes de quatre « pouce avec quelque membre d'architecture à la naissance des « arcades desdites ouvertures. Il y a une imposte qui tourne « autour de la ditte tours et se trouve coupé à l'endroit des « ouvertures. Au dessus de laquelle tour en massonnerie était « un corps de charpente de trente pieds de hauteur revêtüe « d'hardoise avec des ouvertures servant d'ouï, comme il est figuré « au dessein avec une retraite de chaque costé, dans laquelle « corps de charpente étoit le beffroi et les cloches. Sur lequelle « corps de charpente étoit une flèche élevée de dessus ledit corps « de seize toise de hauteur, jusqu'à son amortissement canton-« ner de quatre autre petites flèches, une à chaque angle et deux « petites entre les deux grandes de chaque costé, le tout couvert « d'hardoises avec chape noüd et jeu d'eau de plomb faisant le « rapport qui m'en a esté fait sur les lieu (textuelle) ».

Les réparations de l'église — L'ancienne législation sur les églises, presbytères et cimetières a été résumée par l'art. 22 de l'Édit de 1695, ainsi conçu : « Seront tenus les habitants des paroisses d'entretenir la nef des églises et les clôtures des cimetières et de fournir au curé un logement convenable ».

Le 11 juillet 1611, le Baillage royal de Reims rendait une Sentence contradictoire entre Messieurs du Chapitre, demandeurs, contre leur fermier des dîmes de Warmeriville, défendeur, au sujet des réparations de l'église et de la grande dîmeresse auxquelles le fermier était tenu par son bail passé devant Taillet, notaire à Reims, le 15 juin 1610 : « Avons ordonné que le défendeur rapportera certification des marguillers contenant les ouvrages que les demandeurs sont tenus faire en la nef de ladite église et au regard de celles de la grange avons le défendeur condamné faire faire les menues réparations qui sont à faire en icelle et les grosses advenues à faulte d'avoir fait les réparations des menues en temps et lieu suivant la visitation qui en a été faicte ».

Une autre Sentence, en date du 29 novembre 1611, condamne le défendeur à payer la somme de 67 liv. pour les dites réparations.

L'Inventaire du Chapitre Notre-Dame mentionne un Traité passé devant Dallier, notaire à Reims, à la date du 2 mai 1685,

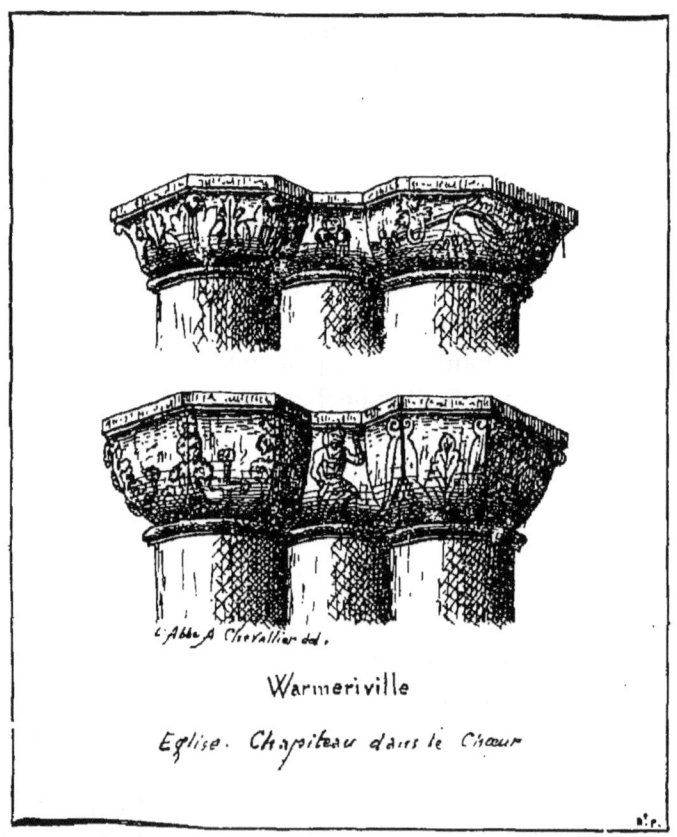

Warmeriville
Eglise. Chapiteau dans le Chœur

entre Messieurs du Chapitre et les habitants de Warmeriville, par lequel Messieurs du Chapitre :

« S'obligent de faire faire incessamment toutes les grosses et menues réparations qui sont présentement à faire au clocher et au cancel de ladite église de Warmeriville ainsi que les habitants dudit pourraient être tenus, cessant ces présentes d'entretenir à l'avenir ledit clocher et cancel de toutes grosses et menues réparations, ainsi que les dits habitants en seraient tenus cessant les dites présentes. A l'exception néanmoins du beffroy dont les réparations à faire et l'entretien à l'avenir seront à la charge des dits habitants aussi bien que les réparations qui sont présentement à faire à la nef et collatéraux de la dite église. Et l'entretien de la dite nef et collatéraux de la dite église seront aussi à la charge desdits habitants ».

Ensuite est la ratification du présent Traité faite par les habitants, le 6 mai 1685.

A la date du 24 octobre 1687, nous retrouvons une Significa-

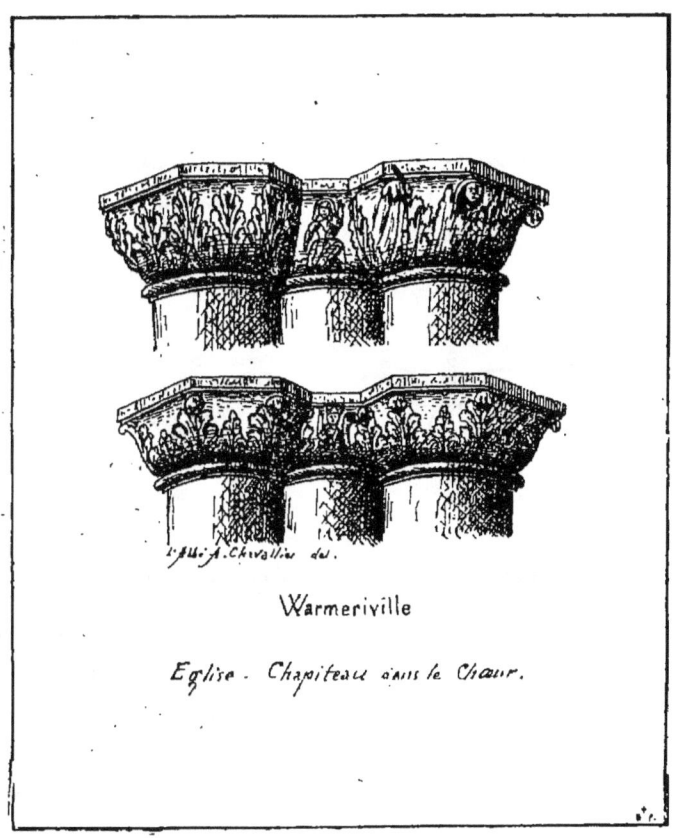

Warmeriville

Eglise. Chapiteaux dans le Chœur.

tion faite à la requête de Messieurs du Chapitre, aux habitants de Warmeriville, dans laquelle nous lisons :

« Que les réparations qu'ils sont (Chapitre) obligés de faire qui est du cancel de l'église dudit lieu sont en bon et suffisant état, et qu'il est à prendre garde et veiller que les poids de l'horloge de la dite église ne puissent tomber pour faire trou à la voûte dudit cancel, etc. »

On voit par ces quelques lignes les précautions que prenait le Chapitre pour éviter des réparations provenant de la négligence de l'Administration de la communauté.

Une affaire litigieuse allait se produire en 1706; M. Léon Demain, alors curé de Warmeriville, ne contribuait plus aux réparations de l'église en raison de sa qualité de décimateur en partie de la paroisse de Warmeriville. Pour l'obliger, Monsei-

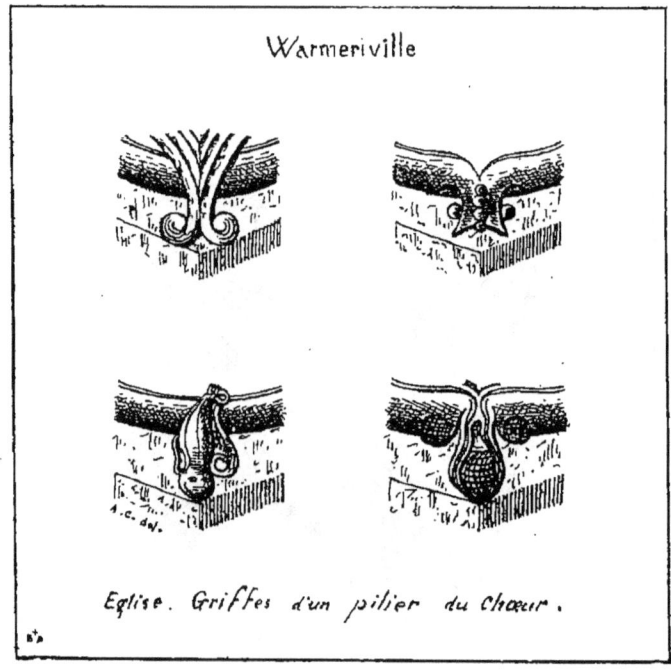

Église. Griffes d'un pilier du Chœur.

gneur l'Archevêque de Reims, le Chapitre Notre-Dame, le Chapitre de Sainte-Balzamie, l'Abbé de Saint-Thierry et l'Abbesse de Saint-Pierre-les-Dames, tous décimateurs de la paroisse, lui adressèrent, à la date du 26 décembre 1706, une Assignation afin de payer à l'avenir sa quote-part dans les réparations de l'église. En raison de cet exploit, le dit sieur curé donna son acquiescement à la dite demande par une promesse acceptée en Chapitre, le 29 décembre 1706 (1).

(1) *Archives de Reims*, Inventaire et Fonds du Chapitre.

Dans son Journal, Monseigneur Maurice Le Tellier, archevêque de Reims (1671-1710), indique les parties de l'église de Warmeriville devant être entretenues par tels ou tels décimateurs, ainsi nous lisons :

« Il y a quelques réparations à faire au chœur de la chapelle Saint-Druon (à ma charge), elles doivent être faites par les religieux de Saint-Thierry. Les réparations de la chapelle Saint-Nicolas (également à ma charge), seront faites par l'Abbesse de Saint-Pierre et le Chapitre de Sainte-Balzamie (1) ». Les autres parties de l'église, comme nous l'avons vu, étaient entretenues :

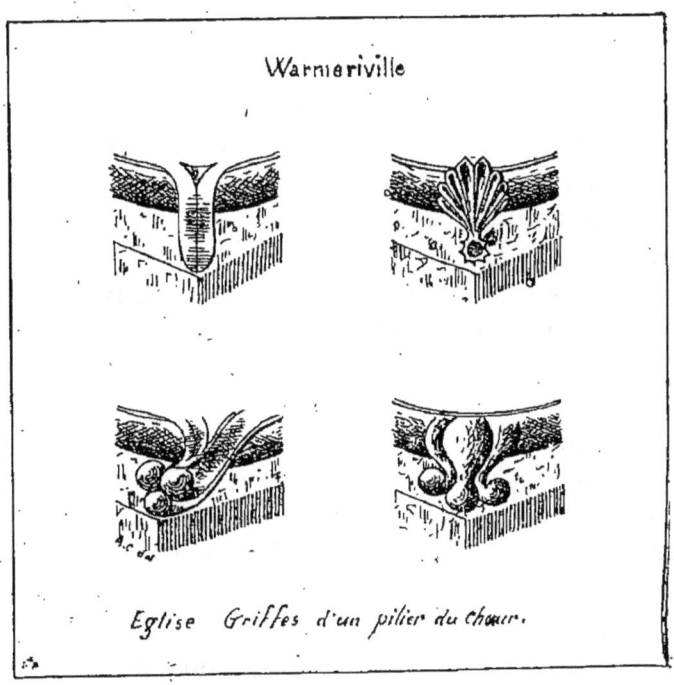

Eglise   Griffes d'un pilier du chœur.

le clocher, le chœur, par le Chapitre, et les nefs par les habitants.

Le 31 mai 1732, une contestation s'éleva entre Messieurs du Chapitre et les habitants de Warmeriville, au sujet des réparations du clocher. D'un côté, le Chapitre aurait voulu rétablir le clocher dans une judicieuse proposition, c'est-à-dire abattre la flèche et la charpente contenant les cloches, lesquelles formaient la partie supérieure de la tour en pierres ; pour refaire tout

(1) *Bibliothèque Nationale*, Paris, Fonds français, vol. 6027, p. 108.

simplement une petite flèche dans le genre de celle qui existe encore aujourd'hui. De plus le Chapitre voulait encore que les cloches fussent remises dans la tour en pierres aux frais des habitants. Les habitants de leur côté tenaient à leur vieux clocher et ils craignaient qu'en descendant les cloches, elles ne fussent point entendues dans toute l'étendue du village.

Par une Ordonnance de Monseigneur l'Intendant, en date du 2 juillet 1732, le Chapitre fut obligé de réparer le clocher tel qu'il était, mais pour moins fatiguer la vieille charpente contenant les cloches, les habitants furent obligés de faire remettre les cloches dans la tour en pierres telles qu'elles sont encore aujourd'hui (1).

En 1750, l'incendie du ciel venait brûler et la flèche et la partie en bois de la tour, le Chapitre, sans être satisfait de ce sinistre, voyait néanmoins un vœu rêvé depuis dix-huit ans. Quant aux cloches, si elles n'avaient pas été descendues, on se demande ce qu'il en serait advenu d'elles et de la voûte du chœur.

En 1772, des réparations furent faites à l'église. Un mandat en forme de quittance fut adressé à M. le Procureur de l'Abbaye de Saint-Thierry, pour que celui-ci veuille bien payer au sieur Tissier, entrepreneur de maçonnerie à Warmeriville, la somme de 22 livres sur 110, montant total des réparations dont les pièces justificatives sont entre les mains du Receveur du Chapitre (2).

En 1826, quelques petites réparations furent faites à l'église, la dépense fut de 279 francs, et l'entrepreneur, M. Griffon, Victor (3).

En 1863, des travaux d'une grande importance furent exécutés à l'église de Warmeriville, sous la direction de M. Reimbeau-Harmel, architecte à Reims. Des nefs, il ne resta que les piliers ; on refit donc les murs extérieurs des basses nefs, les toitures avec une travée en plus et un portail. La dépense des travaux fut de 18.200 francs, honoraires d'architecte compris, dont 2.000 francs furent donnés par l'Etat comme secours (4).

---

(1) *Arch. Départ.*, à Châlons, C. 1925.
(2) *Arch. départ.*, à Châlons, Inventaire de Saint-Thierry et quittance.
(3-4) *Arch. municipales de Warmeriville*.

Doyens

Nous n'avons pas l'intention d'énumérer les prérogatives et les obligations des doyens ruraux. Nous voulons seulement toucher le côté de leurs fonctions qui les mettaient en rapport avec les populations.

En 852, le 1er novembre, Hincmar, archevêque de Reims, convoqua dans sa métropole tous les prêtres de son diocèse. Dans cette assemblée, on discuta les réformes de son clergé. Sous le nom de Capitula, une Instruction synodiale en dix-sept articles fut rédigée (1). Nous ne parlerons que de l'article relatif aux Doyens ruraux. Il fut enjoint à ces derniers de faire chaque année une visite dans toutes les paroisses et chapelles de leur canton. Il leur fut commandé de s'enquérir avec soin, si les constitutions synodiales sont observées, si les églises sont pourvues de tous les objets nécessaires au culte, si les chàsses, les vases sacrés, etc., sont dans un état convenable, si les malades sont visités, les enfants catéchisés et les pauvres secourus. Plus tard, il fut enjoint également aux doyens de s'enquérir, si les marguilliers présentaient exactement les comptes de la fabrique, les maîtres et maîtresses d'école avaient des Lettres de scholasticité, si les sages-femmes avaient des capacités et si elles savaient bien pratiquer le baptême. Les Conciles de Trente et de Reims (1583) et les Ordonnances de Monseigneur d'Etampes (1647), prescrivaient la tenue soigneuse des actes de baptêmes, mariages et décès. Plusieurs Procès-verbaux des visites des doyens de Lavannes (paroisse de Warmeriville) sont trop instructifs pour ne pas les citer ; c'est pourquoi nous les reproduisons presque en entier.

Le plus ancien date de 1507, il est pour ainsi dire illisible, néanmoins, M. Demaison, archiviste à Reims, a pu nous déchiffrer les quelques mots suivants concernant Warmeriville : « Le curé se nomme Jean Pastoureaux, chanoine de l'église de Reims, il entretient à la cure Jean Boilet, chapelain. Les coûtres se nomment Thierry Raulin et Jean Grumelier. Le nom du doyen de Lavannes est : N. Lescot ».

Le 14 août 1669, M. Nicaise Herpet, curé de Nogent-l'Abbesse,

---

(1) *Op. Hincm.*, t. I. p. 778. E. Migne.

doyen de Lavannes, donne sur Warmeriville, dans son procès-verbal de visite, les renseignements suivants : « Les bastiments de l'église menacent ruines, particulièrement la chapelle Saint-Druon. Le nombre des paroissiens est de 80 feux. Le Chapitre Notre-Dame prend dans la dîme 8 parties de 20 qui sont louées 10 muids et sont obligés de donner 14 livres par an pour l'entretien de la nef de la dite église. Les religieux de Saint-Thierry prennent 4 parties de 20 qui sont louées 100 livres et sont obligés aux réparations de la chapelle Saint-Druon. Monseigneur l'archevêque de Reims prend 2 parties de 20 qui sont louées 50 septiers d'avoine à la charge d'entretenir le canal. Les Chanoines de Sainte-Balzamie et l'Abbesse de Saint-Pierre reçoivent chacun une partie de 20 lesquelles sont louées chacune 20 septiers d'avoine. M. Simon Boucher, curé, prend les 4 autres parties ».

« *Procès-verbal de visite du 21 juillet 1685*. — Nicaise Herpel, prêtre, docteur en théologie, curé de Nogent-l'Abbesse, doyen de Lavannes : « Dîmes : 20 parts grosses et menues dîmes. Chapitre Notre-Dame 8 parts, Saint-Thierry 4, Archevêque 2, Chapitre Sainte-Nourrice 1, Saint-Pierre 1, curé 4 avec les novaux et 4 parts de 20 à la moitié des dîmes du triage de Warmeriville au terroir de Lavannes. Le rapport de fer est insolite, on ne paie point de foin ».

« *Eglise*. — Le chœur, le cancel et les chapelles sont voûtés, la nef et les collatoraux n'ont ni voûtes, ni pavés, ni plancher, ne sont couverts que du toit qui est de tuiles plates et nochez sur toute l'église à l'exception du clocher qui est sur le cancel, qui est couvert d'ardoises, le chœur a besoin de couverture et de vitres, la voûte commence à se gâter à cause des pluies qui y tombent ; il est à la charge de Monseigneur suivant l'ancienne coutume. La nef est à la charge du Chapitre, elle est en mauvais état. La chapelle du côté de l'Epître, est à la charge des religieux de Saint-Thierry, elle est en bon état. Il faut quelques pierres à un arc-boutant de la chapelle (Evangile), qui est à la charge de Sainte-Nourrice et de l'Abbesse de Saint-Pierre. Il faut des lattes et des ardoises au clocher qui est sur le cancel et des tuiles pour la nos. Les reliques sont de saint Druon, sans approbation, on dit qu'elles ont été apportées, il y a 74 ans, de Sébourg, entre Condé et Valenciennes, par M. Jacques de Tisserot, vicomte de Warmeriville. Dedans l'église, il y a une image de saint Martin à cheval. La sacristie est derrière le grand autel ; il y a une armoire dans laquelle il y a 8 chasubles, 3 grandes chapes et 3 petites, 3 aubes, 5 surplis, 14 nappes d'autel, 36 serviettes, etc. Les revenus de la fabrique sont : 3 septiers de seigle et 10 livres provenant du louage des cloches ; il y a 4 obits fondés. Le curé se nomme Philippe Massé, il est âgé de 50 ans. Le nombre des communiants est de 300. Ils ont pour seigneur M. de Vitry-la-Ville (1) et le Chapitre de Reims ».

A la suite de ce procès-verbal, il est écrit la note suivante: « M. Brodard a dû voir le 7 juin dernier des ouvriers (trois) pour visiter le clocher de l'église qui est à la charge de Monseigneur l'Archevêque ; on n'y a pas encore travaillé ; il est nécessaire de le faire ».

Procès-verbal du 6 mai 1697. — J. Clouët, prêtre, curé de Bourgogne, doyen de Lavannes : « M. Léon Demain est le curé de la paroisse, il est natif du faubourg Cérès de Reims. Elevé dans le séminaire de Monseigneur, il réside avec ses père et mère au presbytère, et est âgé de 33 ans. La cure a un revenu de 600 livres, le gros consiste dans 4 parts de 20 en la grosse et menue dîme, pareillement en 4 parts du triage de Warmeriville sur le terroir de Lavannes et tous les novaux.

Dîmes. — De 20 parts dans la grosse et menue dîme. Chapitre de Reims 8, Religieux de Saint-Thierry 4, Monseigneur l'archevêque de Reims 2, le Chapitre Sainte-Nourrice 1, l'Abbesse de Saint-Pierre 1, et le curé les 4 autres parts. Le rapport de fer est insolite.

Corps de l'église. — Le chœur, le cancel et les chapelles sont voûtés, la nef a un plafond, les collatoraux n'ont que le toit, l'église est couverte de tuiles à la réserve du seul clocher qui

---

(1) A cette époque, le seigneur de Witry-la-Ville était Hugues Mathé, il tenait la seigneurie de Warmeriville à bail ; à Witry-la-Ville, il existe encore un ancien château entouré de fossés alimentés par l'Isson. Cette propriété appartient aujourd'hui à la famille de Riocourt.

est d'ardoises, le seul chœur et cancel sont pavés. Monseigneur entretient le chœur, le Chapitre, le cancel et le clocher qui est dessus, les Religieux de Saint-Thierry, la chapelle qui est du côté de l'épître, le Chapitre Sainte-Nourrice et l'Abbesse Saint-Pierre par indivis, la chapelle du côté de l'Evangile. Pour la nef et les collatoraux, ils sont à la charge des paroissiens. Dedans l'église, le grand autel est propre, il a pour rétable un cadre en bois avec un tableau. Les deux autres autels sont décemment ornés. Il y a une pierre bénite. Le tabernacle, honnête, ferme à clef. Les fonts-baptismaux garnis de ce qu'il faut. La chaire, le confessionnal et le lutrin avec le bénitier sont bien placés. Les vases, le ciboire qui a un même pied avec le soleil, la petite boëte, le calice et la patène sont d'argent dorés par dedans. Les vaisseaux des Saintes-Huiles, séparés, sont d'argent. Les reliques sont de saint Druon, sans approbation ; on dit qu'elles ont été apportées de Sébourg, entre Condé et Valencienne, par M. Jacques Tisserot, seigneur de Mouzi, vicomte de Warmeriville, il y a environ 88 ans. Il y a une espèce de grotte ou oratoire bastie sur le terroir de Warmeriville, où le peuple de tout le voisinage va prier ce saint, au jour de la Sainte-Trinité qui est le jour de ce pèlerinage. La sacristie est derrière l'autel, elle est munie de toutes sortes d'ornements : linges, chasubles et autres objets nécessaires pour le service, ils s'enferment dans une grande armoire.

La fabrique a un revenu de grains par moitié seigle et avoine et de 10 livres de rentes, le tout chargé de 6 obits. Les papiers de l'église se mettent en une petite armoire qui ferme à deux clefs. Les comptes se rendent par devant le curé, ils sont selon le rituel de même que les livres de baptêmes. Les cloches se louent et les places commencent à se vendre. Le cimetière est bien fermé : il y a une croix.

Les paroissiens. — Le nombre des communiants est de 270, les enfants instruits, le maître d'école Abraham Noizet, la sage-femme capable. Leur seigneurie est en bail judiciaire ; ils sont du ressort eu Présidial de Reims ».

Procès-verbal de 1711. — M. Jacques Horquette, prêtre, docteur en théologie, curé de Saint-André de Reims et doyen rural de Lavannes : « L'église de Warmeriville est belle et en bon état, le nombre des communiants est de 250. Le casuel de la cure est de 200 livres. Le curé se nomme Nicolas Hautavoine, il est âgé de 27 ans, il exerce depuis 15 mois ».

Procès-verbal de 1712. — M. Horquette, doyen : « Warmeriville a une église en bon état et est bien ornée ».

Procès-verbal de 1714. — M. Horquette, doyen : « L'église est en bon état, suffisamment ornée. Les communiants au nombre de 250. Le casuel de la cure est de 260 livres ».

Procès-verbal de 1715. — M. Horquette, doyen : « L'église et le presbytère sont en bon état ».

Procès-verbal de 1722. — M. Horquette, doyen : « L'église, le presbytère et le cimetière sont en bon état. Le nombre des communiants est de 330 ».

Procès-verbal de 1725. — M. Horquette, doyen : « Eglise, presbytère et cimetière en bon état, 325 communiants ».

Procès-verbal de 1726. — M. Horquette, doyen : « Le nombre des communiants est de 370. Cette cure est assez difficile à gouverner et une partie du peuple n'est pas trop réglée, elle demande un bon sujet (1) ».

Au commencement du xviiie siècle, Monseigneur Le Tellier, archevêque de Reims, publia un règlement de visite en 70 articles suivi par les anciens procès-verbaux des doyens. Comme innovation, ces procès-verbaux ne devaient plus mentionner que des objets qui demandaient des réformes. En 1773, Monseigneur De la Roche-Aimon adressa à tous les curés de son diocèse (Reims), un Questionnaire contenant de nombreuses demandes relatives à l'état des églises et des paroisses. Messieurs les curés devaient donner en regard de chaque article une réponse par écrit. Les réponses des curés ont servi à établir le *Pouillé,* de M. Bauny (1776-1780).

Le Questionnaire adressé au titulaire de la paroisse de Warmeriville porte la date du 10 janvier 1774. Nous n'avons pas à

(1) Tous ces Procès-verbaux des visites des doyens ruraux du doyenné de Lavannes sont à Reims, aux Archives de l'Hôtel-de-Ville.

insérer toutes les demandes, nous nous contenterons simplement des réponses qui furent faites.

Questionnaire du 10 Janvier 1774

« *Curé*. — Pierre Gourmeaux, âgé de 36 ans, 7 mois, prêtre depuis 18 mois, exerçant le ministère depuis 10 ans. Vicaire à Fresnes, 3 ans, 1 mois, ensuite curé de Perles, diocèse de Soissons, pendant 4 ans, 8 mois, curé de Warmeriville depuis 2 ans.

Patron. — Le Tournaire de la cathédrale de Reims nomme à la cure.

Seigneurs. — 1° Monseigneur le comte de Noailles, il fait ordinairement résidence à Paris ; 2° Le Chapitre Notre-Dame de Reims.

Secours. — Il y a deux hameaux dont l'un, Vaudétré, qui est à une lieue de la paroisse, l'autre, appelé le Pré, qui est à un quart de lieue. Pour aller au premier, on passe sur un ruisseau sur lequel se trouve un pont où on ne peut passer qu'à pied ; l'autre, qui contient une quinzaine de ménages est de l'autre côté de la Suippe et on passe sur un pont de pied et de cheval. Les chemins en hiver fort mauvais.

Communiants. — Le nombre des communiants tant de la paroisse que des deux hameaux, va à près de 450.

Professions. — Les métiers et professions auxquels ils s'attachent le plus communément, sont le travail des étamines, ce qui occupe la meilleure partie, l'autre s'occupe de la culture des terres.

Personnes attachées au service de la paroisse. — Le clerc, chantre, maistre d'école, remplit les fonctions de chantre, sacristain, etc. L'heure de la messe en hiver est à 9 heures et en été à 8 ; le catéchisme se fait à une heure, les vêpres à deux.

Maître d'école. — Il y a un maître d'école non fondé, il a pour appointement 20 sols par ménage, il a un casuel qui peut monter à 12 livres par année ; c'est la communauté qui le nomme. Le maître d'école tient les garçons et les filles, comme il n'y a point de lieu fixe assigné pour les écoles, il les tient chez lui. Il y a ordinairement une cinquantaine d'enfants.

Registre de baptêmes, etc. — Ils ne sont point séparés, mais en bon ordre et autant que je puisse en avoir connaissance, ils remontent jusqu'à l'année 1668.

Eglise. — L'église n'est pas suffisamment grande, la longueur du sanctuaire est de 24 pieds sur 10 de largeur, le chœur de 10 pieds sur 10, à côté du sanctuaire se trouvent deux petites nefs qui ont chacune 33 pieds de longueur sur 24 de largeur,

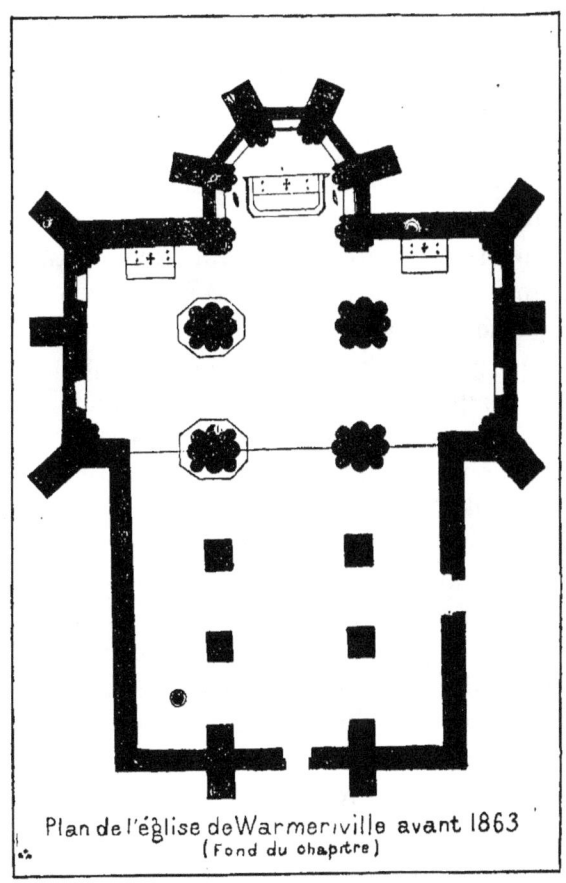

Plan de l'église de Warmeriville avant 1863
(Fond du chapitre)

elles sont voûtées. La grande nef a 45 pieds de longueur sur autant de largeur. Le chœur et le sanctuaire sont voûtés et la nef lambrissée. Il y a 3 autels qui sont consacrés, savoir : le maître-autel qui l'est sous celui de Saint-Martin, celui de droite sous le titre de Saint-Druon, et celui qui est sur la gauche, sous celui de Saint-Nicolas ; il y a une lampe allumée devant le Très-Saint Sacrement, les dimanches et fêtes, qui est entretenue par la fabrique. Il y a une sacristie distinguée du corps de l'église dont l'entretien est à la charge de la fabrique. Il y a un cimetière bien fermé et où il ne se passe rien d'indécent.

Réparations. — Il n'y a aucune réparation considérable à y faire, le pavé est en bon état. Les toits, les murailles et les fenêtres de la nef sont en bon état, mais le pavé est fort défectueux. La fenêtre de la sacristie est en mauvais ordre, ainsi que la couverture dont la défectuosité est cause que le plafond tombe en ruine par la chute des eaux.

Le *clocher* et les cloches sont en bon ordre. Il n'y a point de *sage-femme,* mais il y en a une qui est en apprentissage à Reims; elle serait bien nécessaire. Le revenu fixe de la *fabrique* qui se monte à huit livres 10 sols, il consiste en terre et bois, il est établi en partie sur des titres et en partie sur la possession. Le revenu casuel peut aller à 150 livres et il se prend sur la vente des places, les quêtes, les legs, les cloches, les fruits du cimetière. Les charges ordinaires et casuelles sont l'entretien des linges, ornements, luminaires et autres choses nécessaires au service divin, de la sacristie, des fonts-baptismaux, des bancs de l'église et de la décoration intérieure. On ne tient de bureau que pour la reddition des comptes, c'est le marguillier seul qui se charge de la recette et de la dépense. Le bureau est composé du marguillier et principaux habitants, le curé à la tête, l'élection du marguillier se fait la seconde fête de Noël, par le curé, au prône, après qu'il en a communiqué au marguillier et quelques principaux habitants, il est un an en charge. Les comptes doivent se rendre tous les ans, mais il y a un an qu'ils n'ont point été rendus par la négligence du marguillier ; ils se rendent le jour de l'an. C'est le curé, marguillier et principaux habitants qui les entend et clôture. On ne fait point les diligences nécessaires, ce qui retarde la reddition des comptes. Il y a des fondations dont une partie est remboursée, les revenus actuels ne peuvent suffire pour acquitter les charges qui sont de donner 23 livres au curé et 6 livres au maître-d'école, pour l'acquit des menues fondations elles sont exécutées.

Il y a des biens communaux appartenant à la paroisse qui consistent en prés, marais, bois et terres dont les revenus peuvent aller à cent écus par an, les charges sont l'entretien des deux ponts dont un grand sur la rivière, et un petit sur un ruisseau, tous deux à charrois et l'entretien du presbytère.

Confréries. — Il y deux confréries, l'une de Saint-Nicolas et l'autre de Saint-Druon, je ne sais si celle de Saint-Nicolas est authorisée, celle de Saint-Druon l'est, l'argent qui en provient est destiné pour des messes, les personnes qui perçoivent l'argent sont au choix du curé à qui elles rendent compte. Je n'y connais point d'abus.

Lieu de dévotion ou de pèlerinage. — Il y a une chapelle où se rend un concours assez considérable de pèlerins qui ont dévotion à saint Druon, elle n'est point authorisée. Je n'y connais d'autres abus que celui que l'on remarque dans tous les pèlerinages.

Presbytère. — Il y a un presbytère qui est tout neuf, il consiste en 4 places basses, un cellier, grenier au-dessus, une petite cour, un bucher, petite écurie, il n'y a qu'une petite rue à traverser pour aller à l'église, il y a un jardin qui en dépend ».

Signé : Pierre GOURMEAUX, curé (1).

Visite pastorale

Le Journal de Charles-Maurice Le Tellier, archevêque de Reims, écrit de sa main, concernant l'état de son diocèse, dit sur Warmeriville ce qui suit :

« Saint-Martin de Warmeriville. La présentation de mon Chapitre tenu à Lavannes, le 6 juin 1676. Il y a quelques réparations à faire au chœur de la chapelle de Saint-Druon (à ma charge), elles doivent être faites par les religieux de Saint-Thierry. Les réparations de la chapelle Saint-Nicolas (également à ma charge) seront faites par l'abbesse de Saint-Pierre

---

(1) Doyenné de Lavannes, *Questionnaire de 1774*, paroisse de Warmeriville, Archives de Reims.

et le Chapitre de Sainte-Balzamie. Il y a trois cents communiants. Qu'on tienne les reliques décemment ; le curé m'a promis de faire un confessionnal qui soit convenable. Maître Simon Boucher, prêtre du diocèse, est âgé de 55 ans. C'est un gros rustre qui ne fait point d'instructions ni de sermons ; il boit avec ses paysans ; je lui ai dit que s'il ne cesse ces manières, à la première visite, je le chapitrerai (1) ».

En 1681, M. Simon Boucher était nommé à la cure de Bernicourt. M. Philippe Massé, le titulaire, le remplaçait à Warmeriville. Dans son Journal, Monseigneur Le Tellier lui donnait ce témoignage d'estime : « Agé de 44 ans, bien plus capable que ne le sont communément les curés de village. Fait très bien son devoir et est de bonnes mœurs ».

Liste des quelques Doyens du Doyenné de Lavannes

1507. — N. Lescot, doyen de Lavannes, résidant à........

1585. — Regnault Bourgeois, doyen de Lavannes, résidant à Lavannes.

1630. — Lambert Thiérard, doyen de Lavannes, résidant à Lavannes.

1669. — Nicaise Herpel, doyen de Lavannes, résidant à Nogent-l'Abbesse.

1697. — Jean Cloüet, doyen de Lavannes, résidant à Bourgogne.

1709. — Jacques Horquette, doyen de Lavannes, résidant à Saint-André de Reims.

1736. — Pierre Avril, doyen de Lavannes, résidant à Aumenancourt-le-Grand.

1750. — Bricquet Nicolas, doyen de Lavannes, résidant à Bourgogne.

1769. — Josnet, doyen de Lavannes, résidant à Cernay-les-Reims.

1788. — Simonet Mathieu, doyen de Lavannes, résidant à Pontfaverger.

1789. — Chenu, doyen de Lavannes, résidant à Witry-les-Reims.

---

(1) *Bibliothèque Nationale,* Paris, Fonds Français ; vol. 6027, p. 108.

Calendes

Par calendes, on entendait des conférences faites par les ecclésiastiques entre eux sur le dogme, la morale et la discipline. L'assemblée des calendes du doyenné de Lavannes devait se tenir tour à tour dans chacune des cures à la suite de la Permission du 23 avril 1768. Dans les *Archives de la Marne*, fonds de Reims, nous avons retrouvé un Procès-verbal de la tenue des Calendes à Warmeriville en 1742. Nous le reproduisons in-extenso :

« L'an de grâce mil sept-cent quarante-deux, le huitième de may. L'Assemblée des Calendes du doyenné de Lavannes s'est tenue à Warmeriville, tous Messieurs les curés s'y sont trouvés, excepté ceux de Cernay et de Witry, qui s'en sont absentés, le premier, pour cause de grand âge et d'infirmité, le second, sans en donner avis. Monsieur le doyen a officié, Messieurs les curés d'Isles et de Pontfaverger ont fait diacre et sous-diacre. Messieurs les curés de Lavannes et d'Aussonce ont fait l'office de chantre, on n'a pas presché à cause de l'absence de Monsieur le curé de Witry qui a été nommé. Le repas a été propre et frugal, tout s'est passé avec édification. La conférence a été faite sur la manière de dresser les actes de baptême des enfants illégitimes. Les Calendes de l'année prochaine se tiendront à Bourgogne. L'assemblée a nommé pour prédicateur Monsieur le curé de Witry. Messieurs les curés d'Isles et d'Epoye ont été nommés pour décider des cas qui seront proposés sous le bon plaisir de Monseigneur l'archevêque ou de Messieurs les grands vicaires. Fait et signé les jour, mois et an que dessus. Signé : Adnet, curé de Berru, Colinet, Concé, Le Court, curé de La Neuville, Le Prince, N. Gérardin, curé d'Heutrégiville, Palotteau, Batteux, J. Vautré, curé d'Epoye, Prévoteau, curé de Selles, Garinois, curé de Fresne, J. Champenois, curé de Nogent, Guillottin, curé de Warmeriville, J.-B. Barurger, curé de Bétheny, J. Discret, curé de Boult, Jacquemain, curé des Auménancourt, Masson, Lefebvre, curé de Caurel, Micheau, curé de Saint-Etienne, Fransquin, curé de Brimont, Lancréau, curé de Poilcourt et Bricquet ».

Les *Archives de la Marne*, fonds de Reims, contiennent

également un Procès-verbal de la visite de l'église de Warmeriville que nous reproduisons :

« Ce jourd'hui, 12 du mois de juillet 1752, nous, curé de Cernay, doyen rural du doyenné de Lavannes, accompagné de M. Chenu, curé de Wuitry, en exécution des ordres de M. Hachette, docteur en Sorbonne, chanoine de l'église métropolitaine de Reims, abbé de Vermand et vicaire général de Monseigneur l'archevêque, Duc de Reims, nous nous sommes transportés au village de Warmeriville, dépendant dudit doyenné, où étant arrivé en la maison de M. Hautavoine, curé de la paroisse dudit lieu, après lui avoir écrit qu'il ait à avertir le dimanche précédent, au prône de la messe paroissiale, que la visite de son église se ferait le 12 juillet, vers les 10 heures et demie du matin. Nous l'avons requis, parlant à sa personne, de venir avec nous en l'église dudit lieu et de nous représenter les vases sacrés, ornements, linges destinés pour faire le service divin, les livres d'église, vaisseaux des saintes huiles et ensemble les comptes des marguilliers de la fabrique pour reconnaître si tout est en bon ordre, à quoi satisfaisant le dit sieur curé nous a introduit dans la sacristie de la dite église où nous doyen étant revêtu du surplis et de l'étole et le sieur curé de surplis, nous avons été devant le maître-autel et ayant adoré le Saint-Sacrement l'avons tiré du tabernacle et après avoir chanté l'Antienne et la Collecte, avons donné la bénédiction du Saint-Ciboire, ensuite l'avons visité et la custode que le dit sieur curé nous a représenté. Ensemble les dits vases sacrés, ornements, linges, fonts baptismaux, livres, vaisseaux des saintes huiles et après les avoir visités et examinés nous les avons reconnus en bon et suffisant état, à l'exception des bassins des fonts baptismaux qui est détamé en partie. Les comptes sont régulièrement rendus, nous avons remarqué qu'une partie du gros mur de la nef de l'épître manque par le fondement. Ensuite avons ressaisi ledit sieur curé des vases sacrés, linges et ornements, et aussi des comptes de l'église. De tout quoi, nous avons fait et dressé le présent procès-verbal pour servir et valoir ce que de raison et à qui il appartiendra et avons signé le même jour et an que dessus. » L. Josnet, curé de Cernay, doyen de Lavannes ».

La Dime

La dîme a été établie pour subvenir aux besoins des prêtres qui se consacraient aux exercices du culte. Dans les temps primitifs du christianisme, les évêques recevaient des fidèles des offrandes volontaires ; ils en affectaient le produit à l'entretien des églises, des curés ou des religieux qui desservaient les cures et au soulagement des pauvres. Ces revenus nécessaires au clergé n'arrivaient pas toujours régulièrement. Dans le Concile de Mâcon, en 885, la dîme est mentionnée comme obligatoire. Sonnace, archevêque de Reims (600-637), renouvela, dans un Synode tenu à Reims, en 630, l'obligation de donner les dîmes. Charlemagne, en 774, fit une loi pour son obligation et y veilla avec soin. Louis le Débonnaire (814-840), ordonna qu'il serait, de plus, donné à chaque église un *mas* (mense), de terre de 12 bonniers, soit une étendue de 16 hectares environ. Hincmar, archevêque de Reims (847-882), prescrivit aux doyens de s'assurer si outre « le cimetière et le jardin curial, le curé de chaque paroisse possède un fonds de 12 bonniers ou au moins 4 serfs ». Dans la suite des temps, l'établissement des commendes fut désastreux pour les pauvres curés de nos pays et pour la solidité de nos églises. Les dîmes qui devaient être inhérentes à la cure allèrent enrichir et faire vivre dans l'oisiveté les princes ou les membres des grandes familles, alors que le clergé de nos campagnes vivait chétivement et que nos églises tombaient en ruines. Les cures, les abbayes, les évêchés, avec leurs revenus, devinrent la convoitise de personnes non engagées dans les ordres. Nous avons vu le siège de Reims occupé, en 925, par un enfant de cinq ans, Hugues de Vermandois ; en 1532, par Henri de Lorraine, duc de Guise, âgé de 15 ans, lequel ne reçut aucun ordre sacré ; enfin, en 1651, Henri de Savoie, qui, sans avoir reçu les ordres, abandonna l'état ecclésiastique pour se marier avec Marie d'Orléans, fille du duc de Longueville.

A Warmeriville, nous avons vu, au Moyen-Age, différents seigneurs du lieu vendre leurs droits, leurs parts des dîmes. L'origine des dîmes inféodées, c'est-à-dire payées à des laïques, remonte au xe siècle. Nous en donnons la cause par l'extrait suivant :

« Il y a beaucoup de gentilshommes campagnards qui, n'ayant pas beaucoup de revenus, ont dans ce qui leur appartient en propre des églises auxquelles la pieuse dévotion des fidèles apporte une grande abondance d'oblations ou de dîmes ; mus à ce sujet de cupidité, ils ont coutume de dire : ce prêtre acquiert beaucoup de biens à cause de mon église, aussi je veux que, sur ce qu'il acquiert, à cause de ce qui m'appartient, il me vienne en aide à ma volonté ; autrement, il n'aura pas mon église. Et il ne laisse les prêtres dans ces églises qu'autant qu'ils en reçoivent les présents qu'il leur plaît... » (1). Avant que de parler des dîmes de Warmeriville, nous croyons devoir dire encore quelques mots sur leurs différentes dénominations.

Tout d'abord nous dirons que l'avidité des fermiers, dits amasseurs de dîmes, rendait les dîmes insupportables ; la quotité, qui variait suivant les lieux, était la cause de nombreux litiges. La transmission des dîmes inféodées, c'est-à-dire celles possédées par des laïques comme fief et hommage, étaient le sujet de bien des conflits. Relativement à l'entretien du clergé de nos campagnes, il existait entre les décimateurs et les curés un arrangement qui accordait à ceux-ci les moyens de subsister. Un abus avait existé, c'était de faire desservir les paroisses par des vicaires révocables et de ne leur assurer qu'un traitement insuffisant. Pour obvier à cet inconvénient, le troisième Concile de Latran décida que les prêtres appelés à desservir une cure toucheraient une pension suffisante, appelée *gros* si on la payait en nature et *portion congrue* si elle se donnait en argent. Sous Charles IX, la portion congrue était fixée à 120 livres ; plus tard, elle fut portée à 150 et 200 livres. Les Déclarations des 29 janvier 1686 et 30 juin 1690 la fixèrent à 300 livres pour toute l'étendue du royaume ; enfin l'Edit du 13 mai 1768 la fixa à 500 livres.

Par grosses dîmes, on entendait celles qui se percevaient sur différentes variétés de grains ; par menues ou vertes dîmes, celles qui se tiraient sur les légumes et les petits animaux de basse-cour ; ces dernières s'appelaient aussi *charnage*. Les dîmes étaient dites *anciennes* quand elles se prenaient sur des terres anciennement cultivées et *novalles* quand c'était le

---

(1) *L'Eglise et les Campagnes au Moyen-Age*, Prévost 1892, page 72.

produit des terres nouvellement mises en culture ; ces dernières appartenaient toujours au titulaire de la cure.

Les dîmes étaient *quérables* ou *portables* suivant qu'on les prenait sur les terres ou qu'on les portait aux décimateurs. On distinguait encore les dîmes dites *solites*, qui étaient celles dont la perception se faisait de temps immémorial et les dîmes dites *insolites*, qui se prenaient sur des produits nouvellement cultivés. Ainsi les premiers semis de sainfoin qui se firent dans nos contrées, vers 1769, furent le sujet de plusieurs contestations entre les décimateurs et les habitants.

D'après la tenue des Plaids-généraux du 20 avril 1734, nous voyons que les grosses dîmes se payaient à la treizième gerbe sur tout le terroir et sur toute nature de grain, à l'exception des terres de la seigneurie de Monseigneur le comte de Noailles, qui ne la paient qu'au quinzième et n'est due la dîme des foins.

En résumé, dans le chapitre précédent, nous avons relaté tous les différents seigneurs qui touchèrent des droits de dîmes de la vieille population agricole de Warmeriville. Nous avons vu un archevêque de Reims, Guillaume, en 1189, faire don à son chapitre des dîmes qu'il possédait, se réservant toutefois, pour lui et tous ses successeurs, un droit de patronage qui correspondait à la dixième partie de toutes les dîmes. Nous avons vu aussi différents seigneurs laïques posséder des dîmes inféodées et les donner ou les vendre à différentes abbayes ou communautés. Enfin, nous avons constaté le fisc du District révolutionnaire de Reims devenir à son tour décimateur, en s'appropriant le montant de sa location d'une partie des dîmes de Warmeriville. Nous citons un document qui l'atteste :

« 737. — Département de la Marne. — District de Reims. — Quittance de loyer de dîmes. — Paiement en assignat 100 livres.

Je soussigné, Receveur du District de Reims, reconnais avoir reçu de Jean-Pierre Modaine, laboureur, à Warmeriville, la somme de cent livres, à compte de sa redevance de l'année 1790, échue à la Saint-Martin, dr. du loyer d'une portion des dîmes de Warmeriville, qu'il tient par bail du 6 juin 1786, à raison de 16 septiers de seigle et 16 septiers d'avoine. Dont quittance, sauf erreur et sans préjudice au courant, et tous autres dûs, droits et actions. A Reims, ce douze mars 1781. Bon pour 100 livres. Signé : Muiron. » (1)

La Cure de Warmeriville

La cure de Warmeriville nous semble remonter vers le VIe siècle, car le patron de la paroisse est saint Martin, dont le culte fut introduit dans le diocèse de Reims par Saint-Remi. De cette époque jusqu'au XIIIe siècle, aucun document nous indique quels étaient les revenus et l'importance de la cure. L'Inventaire du Chapitre donne l'extrait d'une Reconnaissance en date de mai 1218, que nous reproduisons ci-après :

« Reconnaissance donnée sous le sceau des Officiaux de Reims, par Mr. Gérard, prêtre, curé de Warmeriville, qu'il avait été transigé entre lui et le Chapitre de Reims que la portion qu'il avait en la dîme de Warmeriville, à cause de sa paroisse et qu'il avait coutume de percevoir à part sera à l'avenir recueillie conjointement avec la portion qu'avait l'église de Reims dans la dîme du même lieu et sera déposée en la grange de la même église de Reims. De manière que ledit sieur curé percevra la cinquième partie de toutes les dîmes de Warmeriville en bled avec ses appartenances tant au terroir du village que hors ledit terroir, tant en grains qu'en fourrages, paille, etc., excepté 5 setiers de bled que ladite église reçoit d'ancienneté sur les Moulins. Excepté encore un muid de grain que ladite église a pareillement coutume de percevoir pour l'entretien du grenier. Laquelle transaction, ledit curé a promis pour lui et ses successeurs d'observer ».

Si nous consultons un Pouillé supposé de 1303 à 1310, et reproduit par Varin, dans les *Archives administratives de Reims* :

« L. I. lib. Perr. de Warmerivilla (Warmeriville) fundata est in. hon. S. Martini. — Patr. capitulum Remensis ».

La cure de Warmeriville, au Moyen-Age, avait donc un revenu d'une valeur de 51 livres ou près de douze cents francs environ ; c'était la deuxième cure du doyenné de Lavannes qui avait le plus de revenus. On peut donc supposer que Warmeriville avait, à cette époque, une réelle importance.

(1) Papiers de famille. M. Linguet-Modaine, à Warmeriville.

D'après tous les documents que nous avons cités, il résulte que les revenus de la cure de Warmeriville se répartissaient de la manière suivante :

1. — Les quatre parts des dîmes attribuées au titulaire de la cure (louées 100 liv. en 1669).

2. — Les quatre parts des dîmes du triage de Warmeriville sis au terroir de Lavannes (louées 100 livres, Arch. départ. à Châlons. Inventaire des biens ecclésiastiques sis à Lavannes 1790).

3. — Le casuel se montant de 150 à 200 livres sur la fin du XVIIIe siècle.

4. — Le produit des fondations dont la part attribuée au curé était de 23 livres en 1774.

5. — Enfin, la dîme des terres novalles.

Les Archives de Reims (Fonds du Chapitre), contiennent la déclaration de novalles de Warmeriville en 1769 ; nous la reproduisons (1) :

« Déclaration des novalles de la cure de Warmeriville, 27 avril 1769, faite au désir de l'Édit de may 1768, par M. Hautavoine, prêtre, curé dudit lieu, en présence des fermiers et pitoyeurs, tant anciens que nouveaux.

1. — Tous les clos et jardins du côté du Septentrion tenant aux fossés forteresse budant à la rue des Champs.

2. — Tous les héritages depuis le village jusqu'à la borne d'Isles.

3. — Une pièce de terre appartenant au sieur Galland, rue des Postes, à Isles, contenant un septier environ, tenant d'une part à l'Hôtel-Dieu, d'un bout à une vieille voye, d'autre audit Galand.

4. — Tous les héritages, depuis la borne d'Isles, jusqu'aux bois du Seigneur.

5. — Un septier environ, lieudit Hameau du Pré.

6. — Trois quartels même lieu.

7. — Un quartel même lieu.

8. — Neuf quartels même lieu.

9. — Deux quartels chenevière au même lieu.

(1) *Archives de Reims,* **Fonds du Chapitre.**

10. — Dix quartels proche le moulin de M. de Noailles.

11. — Deux septiers à l'intérieur du château.

12. — Le derrière des maisons et jardins de la Grande-Rue de Ragonet.

13. — Les petites terres qui sont depuis la Garenne jusqu'à la Fosse-aux-Loups et une autre pièce d'environ trois quartels budant audites terres.

14. — Une autre pièce, contenant un septier, tenant à la Garenne et au chemin.

15. — Toutes les terres qui sont depuis les bâtiments de Vaudétré jusqu'au chemin de Warmeriville.

16. — Deux quartels de l'autre côté dudit chemin.

17. — Quatre petites pièces derrière les jardins de Vaudétré (dix quartels environ).

18. — Une place dans l'enclos du village (six quartels environ).

19. — Une autre place contre le moulin (deux quartels).

20. — Une grande place dans les Grands-Montis (douze quartels).

21. — Une autre place dans les Petits-Montis (six quartels).

22. — Une petite place même lieu (un quartel).

23. — Une autre place à Vert (2 quartels).

Signé : J.-B. Hautavoine, curé; J.-B. Paulin; J. Boudin; Leclère; P. Carla; J.-B. Lefebvre; N. Hautavoine; J.-B. Remy Hautavoine; Jean Forêt; Simon Forêt ».

D'après le Pouillé de M. Bauny, établit en 1776 et 1780, les revenus de la cure de Warmeriville sont de 700 livres, soit 1000 francs environ de notre monnaie.

Le Presbytère de Warmeriville

La paroisse de Warmeriville a possédé de temps immémorial un presbytère. Au Moyen-Age, le presbytère, dans nos campagnes, avait l'air d'une petite ferme. Au corps de logis, étaient annexés une grange, des écuries, des greniers, etc. Comme on le voit, la demeure du curé était encombrée de produits agricoles. Ordinairement un cheval, des bœufs à l'engrais ou des vaches pour le laitage, des porcs pour la salaison, etc. Jusqu'au

(1) *Le Village sous l'ancien Régime*, BABEAU.

xv⁰ siècle, le presbytère était entretenu aux frais du curé, mais d'après un Synode tenu dans le diocèse de Langres, il fut mis à la charge des habitants (1).

Autrefois, le presbytère de Warmeriville était après la maison faisant l'angle, de la rue du Pont et de la grande rue de l'Eglise. Pendant que M. J.-B. Hautavoine était titulaire de la cure de Warmeriville (1751 à 1771), et qu'il dirigeait son importante culture (voir sa notice), le presbytère était loué par lui, sans le consentement de la communauté, ce qui fut cause de sa ruine.

En 1769, il s'agissait ou de laisser écrouler le presbytère ou de le reconstruire ; la communauté pensa qu'il fallait mieux le vendre tel qu'il était pour 1.000 francs et en ajoutant encore 3.000 francs, acheter un terrain au chevet de l'église et construire un nouveau presbytère. Ce fut Guillaume Détouche qui reprit le vieux presbytère et qui, comme maçon-charpentier, construisit le nouveau sur un terrain lui appartenant. Dans le Questionnaire de 1774 nous avons relaté sa composition et ses dépendances.

En 1771, M. Pierre Gourmeaux, curé de Warmeriville, fit cultiver 47 pièces de terre qu'il possédait et se servit des dépendances du presbytère pour sa petite exploitation. En 1779, il donna sa procuration à Jean Forêt, pour faire vendre ces propriétés moyennant 1030 livres (2).

A la Révolution, le presbytère fut vendu aux frères Détouche, pour 2314 francs ; ceux-ci le mirent en location jusqu'en 1820. En 1825, le Conseil municipal de Warmeriville s'occupa du rachat de la maison presbytériale appartenant à MM. Nicolas Détouche et Gilles Détouche. La vente eut lieu moyennant 4025 francs payables en 8 annuités dont le capital et les intérêts s'élevèrent à 7248 francs 24.

En 1891, le presbytère fut reconstruit sur l'emplacement de l'ancien, le devis primitif avait été établi par M. Lamy, architecte à Reims, pour la somme de 15.819 fr. 34. L'Etat n'ayant accordé qu'une subvention de 3.000 francs, un nouveau plan et devis furent refaits et le montant fut de 13.696 fr. 14 ; il resta donc à la charge de la commune et de la fabrique par chacune moitié, la somme de 10.696 fr. 14 (3).

(1) *Le Village sous l'ancien régime* (BABEAU).
(2) Papiers de famille à M. Linguet-Modaine, de Warmeriville.
(3) Archives communales de Warmeriville.

Liste des Curés qui ont desservi la paroisse de Warmeriville

En 1218, *M. Gérard,* prêtre, curé de Warmeriville.

En 1507, *M. Jean Pastoureaux,* chanoine de l'église de Reims, il entretient à la cure *Jean Boilet,* chapelain.

En 1556, *M. Jehan Dupuis,* chanoine de Reims, était curé des cures de Warmeriville, Heutrégiville et Saint-Masmes, seigneur en partie de Voncq. Lors de la rédaction de la coutume de Vermandois (1556), Jehan Dupuis prit part aux délibérations (1).

En 1558, *M. Gilles Bergier*, prêtre, vicaire de Warmeriville (2).

En 1607, *M. Jean Thiriart,* prêtre, prieur de Warmeriville (3).

En 1609, *M. Jean Sollon,* curé de Warmeriville, doyen de Lavannes (4).

En 1674, *M. Simon Boucher*, curé de Warmeriville. En 1681, curé de Bernicourt.

En 1681, *M. Philippe Massé,* curé de Warmeriville, ancien curé de Bernicourt.

En 1692, *M. Léon Demain,* curé de Warmeriville, ancien curé d'Isles, natif de Reims.

En 1710, *M. Étienne André,* curé d'Isles, dessert la cure vacante de Warmeriville.

En 1710, *M. Remy Rose,* prêtre et curé, dessert la cure vacante de Warmeriville.

En 1710, *M. Nicolas Camus,* vicaire et curé, dessert la cure vacante de Warmeriville.

En 1710, *M. Pierre Benoit,* religieux carme, dessert la cure vacante de Warmeriville.

En 1710, *M. Jean Blaize,* curé d'Isles, dessert la cure vacante de Warmeriville.

En 1710, *M. Eustache Mopinot,* religieux minime de Rethel, dessert la cure vacante de Warmeriville.

En 1711, *M. Nicolas Hautavoine,* curé de Warmeriville. En 1738, curé de Sery, natif de Biermes (Ardennes).

En 1738, *M. Antoine Guillotin,* curé de Warmeriville.

En 1751, *M. Louis Chevalot,* vicaire, curé de Warmeriville.

En 1751, *M. Jean-Baptiste Hautavoine,* curé de Warmeri-

---

(1) Varin, *Arch. législ.* Ire partie. Bibliothèque de Reims.
(2-3-4) Registres paroissiaux. *Archives du Palais de Justice de Reims.*

ville, ancien curé d'Heutrégiville, natif de Warmeriville, meurt chanoine à Laon.

En 1771, *M. Pierre Gourmeaux*, curé de Warmeriville, natif de Vieux-les-Asfeld.

En 1788, *M. Cantinet*, curé de Warmeriville, probablement curé concordataire de Witry-les-Reims depuis le 19 avril 1807, jusqu'à sa mort arrivée le 27 mars 1821.

En 1792, *M. Gabriel Raulin*, curé de Warmeriville.

En 1803, *M. de la Grange* dessert la cure de Warmeriville jusqu'en 1815. Avant la Révolution, ancien curé de Trépail.

En 1815, *M. Perceval*, curé d'Heutrégiville, dessert la cure de Warmeriville jusqu'en 1822.

En 1822, *M. Jean-Renault Thomassin*, curé de Warmeriville. Avant la Révolution, ancien curé de Sermiers, Petit-Fleury, Nogent, Courtaumont, Saint-Martin et dépendances ; pendant la Révolution, fermier à Bourcq. Inhumé au Petit-Saint-Remy, son pays natal, en 1840.

En 1840, *M. Lagneaux*, curé d'Isles, dessert la cure de Warmeriville, jusqu'en 1841.

En 1841, *M. Raunet*, curé de Warmeriville pendant trois mois. Nommé curé de l'Ecaille.

En 1841, *M. Louvel*, curé de Warmeriville, né à Mouzon (Ardennes), le 22 février 1813 En 1836, il reçut la prêtrise, vicaire de Saint-Maurice de Reims. En 1841, il est nommé à la cure de Warmeriville. Pendant le choléra de 1849, qui décimait la population, on le voit se prodiguer au chevet des malades. En 1886, c'était ses noces d'or et pendant 49 ans il fut curé de Warmeriville. Le 3 mai 1889, Monseigneur Langénieux, archevêque de Reims, le nommait chanoine honoraire de son église métropolitaine. Le mardi 26 novembre 1889 fut le jour de son décès (Extrait de sa Nécrologie. *Ordo.* an. 1890).

En 1890, *M. Wagnart*, curé de Warmeriville, actuellement doyen de Buzancy (Ardennes).

En 1899, *M. Droart*, curé de Warmeriville.

Noms de plusieurs curés sortis de Warmeriville

Dans l'*Histoire d'Avenay* (Louis Paris, tome II, pages 113 et 115), nous retrouvons une Donation de maison et une Remise d'argent faites à l'Abbaye d'Avenay, par Renaud de Warmeriville. Nous reproduisons ces deux documents avec leur traduction due à l'obligeance de M. Chardinal, curé de Lavannes.

1° DONATION, par Renaud de Warmeriville, chanoine de Saint-Pierre d'Avenay à l'Abbaye d'Avenay, de sa maison sise à Reims, près Saint-Symphorien 1234.

« Henricus, Dei gratia Remensis archiepiscopus, omnibus presentes litteras inspecturis in domino salutem. Longinquitate sepe fit temporis ut rerum veritas a memoria hominum deleatur, nisi scripto autentico muniatur. Et propter vobis notum facimus quod Reginaldus de Warmerivilla, presbyter et canonicus beati Petri de Avenaio, dedit et concessit in perpetuum monasterio de Avenaio totam domum suam cum omnibus pertinentiis quam habebat Remis que fuit Henrici de Vone, quondam canonici Remensis, sitam prope sanctum Symphorianum juxta domum de Noveio, retenta tamen sibi quandiu vixerit habitatione in eadem domo, hoc etiam sibi retinuit quod, si sibi placuerit, ipse poterit legare ubi voluerit usque ad triginta libras parisienses super eamdem domum et non plus. Apposita fuit etiam conditio ab eodem Reginaldo quod idem monasterium non poterit eam alienare nec imperpetuum nec ad tempus. In cujus rei testimonium ad petitionem dicti Reginaldi presentes litteras sigillo nostro duximus roborandas. Datum per manum Guillermi cancellari nostri, anno domini M.CC.XXX quarto mense aprili ».

Donation faite pendant l'abbatiat de Madame Aélis ou Aélidis, 1224 à 1248 (1).

TRADUCTION. — « Henry, par la grâce de Dieu, archevêque de Reims, à tous ceux que les présentes verront. Salut dans le Seigneur. Souvent il arrive, à force de temps, que la vérité s'efface de l'esprit des hommes, à moins qu'un écrit authentique ne vienne la confirmer. C'est pourquoi nous vous faisons savoir que Renaud de Warmeriville, prêtre et chanoine de Saint-Pierre d'Avenay, a donné et cédé à perpétuité au Monastère d'Avenay, toute sa maison avec toutes ses appartenances, maison qu'il possédait à Reims et qui avait appartenu à Henri de Voncq, jadis chanoine de Reims, maison sise près de Saint-Symphorien près

(1) *Histoire d'Avenay*, par Louis PARIS, page 113.

de la maison *Noveio ;* mais en se gardant, sa vie durant, une habitation dans la même maison. Il s'est encore réservé de léguer, si bon lui semble, et à qui il voudra, jusqu'à trente livres parisis sur le revenu de cette maison, mais pas davantage. La condition fut encore ajoutée par le même Renaud, que le Monastère ne pourrait aliéner cette maison ni définitivement ni temporairement. En fin de quoi et sur la demande dudit Renaud, nous avons fait munir les présentes de notre sceau. Donné par les soins de notre chancelier Guillaume l'an de N.-S. 1234, au mois d'avril. »

« REMISE faite par Renaud de Warmeriville de la somme de 40 livres dont l'abbaye d'Avenay était tenue envers lui, 1238. — Magister Adam de Mafflelo, officialis magistri Henrici Remensis ecclesie archidiaconi, omnibus presentes litteras impecturis salutem. Noverint universi quod in mea presentia constitutus dominus Renaudus de Warmerivilla, de Avenaio et sancti Petri Remensis canonicus, in elemosinam dedit et concessit, remisit et penitus quitavit abbatisse et conventui de Avanaio quadringinta libras parisienses ; inquibus ecclesia dictorum abbatisse et conventus eidem R. tenebatur, et pro quibus eidem Renaudo a dicta ecclesia reddentis habebat quamdam domum in parrochia sancti Symphoriani Remensis sitam prope domum prioris de Nouvies pignori obligatam, prout idem R. et predicta abbatissa coram me recognoverunt. Prefata vero abbatissa predicto R. concessit, quandiu viveret, usumfructum et habitationem in domo que fuerit magistri Stephani de sancto Benedicto Parisiensi, canonici Remensis, quam dicta abbatissa habuerat et habetat, ut dicebat, per permutationem prodomo sua superius nominata et quadam pecunie summa ab ipsa abbatissa persolvenda actum anno Dominici MCCXXX octavo mense martio (1) ».

TRADUCTION. — Maître Adam de Mafflet, official de maître Henri, archidiacre de l'Eglise de Reims, à tous ceux qui verront la présente lettre, salut :

Nous faisons savoir à tous que, présent devant moi, le sieur Renaud de Warmeriville, chanoine d'Avenay et de Saint-Pierre de Reims, a donné et concédé en pur don, remis et quitté abso-

---

(1) *Histoire d'Avenay,* LOUIS PARIS, t. II, page 115.

lument à l'Abbesse et au couvent d'Avenay 40 livres parisis dues au même Renaud par l'église des dits couvent et Abbesse, Pour garantie de cette créance le même Renaud avait reçu en nantissement de ladite église une maison sise en la paroisse de Saint-Symphorien de Reims, auprès de la maison du prieur de Novy, ainsi que l'ont attesté devant moi le même Renaud et la susdite Abbesse. Mais l'Abbesse sus-nommée a concédé au susdit Renaud, sa vie durant, l'usufruit et le logement dans la maison de maître Étienne de Saint-Benoît de Paris, chanoine de Reims, maison que ladite Abbesse avait possédée et possédait selon son dire, l'ayant reçue en échange de sa maison désignée plus haut et d'une somme d'argent à verser par l'Abbesse elle-même. Fait au mois de mars, l'an du Seigneur 1238.

Biographie de M. J.-B. Hautavoine, curé de Warmeriville.

M. Jean-Baptiste Hautavoine est né à Warmeriville le 24 avril 1715, fils de Jean Hautavoine, laboureur, et de Jeanne Grumelier. Il eut pour parrain son oncle, M. Nicolas Hautavoine, curé de Warmeriville, et pour marraine, Nicole Doucet, sa grand'mère de Biermes, veuve de Jean Hautavoine. Après avoir reçu la prêtrise, il fut vicaire de son oncle, curé d'Heutrégiville de 1743 à 1751, il prend possession de la cure de Warmeriville de 1751 à 1771 ; à cette dernière date, il est nommé chanoine titulaire de la Cathédrale de Laon où il meurt quelques années avant la Révolution. M. Bosc, curé d'Heutrégiville, dit, dans sa Monographie inédite, qu'il fut : « un prêtre instruit et zélé pour son ministère, jouissant de la confiance et de l'estime de ses supérieurs ».

M. Hautavoine était un prêtre comme le célèbre Hincmar le voulait quand il recommandait à ses curés d'achever leur matinée en allant voir leurs terres et leur labour : *Ad opus rurale et quod sibi competit exeat jejunus* (1).

Pendant son séjour à Heutrégiville, M. Hautavoine acheta 164 arpents de terres ou 55 hectares environ, la neuvième partie du territoire alors cultivé, plus une magnifique maison qui fut

---

(1) *Notes historiques sur les Curés de campagne*, par M. l'abbé MOREY, 1866, Besançon.

détruite par l'inondation de 1784 ; elle fut remplacée par celle qu'habite aujourd'hui M. Radière-Bouchez.

A Warmeriville, M. Hautavoine acheta encore beaucoup plus de propriétés ; il devient propriétaire de quatre grandes maisons contiguës, sises en la Grande-Rue, derrière l'église, de 320 pièces de terres contenant ensemble 497 arpents, ou près de 166 hectares, et 37 pièces de bois, sans désignation de contenance.

Deux ans avant sa nomination de chanoine à Laon, il vendit la plus grande partie de ses immeubles par devant M° Huet, notaire à Reims, rue du Marc. Les ventes eurent lieu le 22 décembre 1768, 31 janvier 1769 et le 15 août 1772. Le produit de ces ventes fut de 39.363 livres 15 sols 5 deniers (1).

Liste des Religieux et des Prêtres enfants du Val-des-Bois (Warmeriville)

M. l'abbé Bonnaire, chanoine honoraire, curé de Witry-les-Reims.

M. Chevallier, Alfred, curé de Montbré.

M. Charles Commun, maintenant religieux de l'Assomption à Livry, près Paris.

M. Charles Gouverneur, décédé curé de La Neuville-en-Tourne-à-Fuy.

M. Joseph Gilmaire, vicaire à Saint-Remi de Reims.

M. Léonide Sacotte, vicaire à Saint-Thomas de Reims.

M. Ludovic Sacotte, vicaire à Mohon.

M. Constant Gendarme, Grand Séminaire de Reims.

Cimetière

L'ancien cimetière de Warmeriville longeait l'église dans sa partie Sud-Est. Il remontait probablement, comme tant d'autres, à l'époque de la construction de l'édifice. En 1697, M. Clouet, curé de Bourgogne, doyen rural de Lavannes dit dans le Procès-verbal de sa visite à Warmeriville : « Le cimetière est bien fermé de murailles, il y a une croix ». En 1723, M. Horquette, doyen de Lavannes, curé de Saint-André de Reims, dit dans

---

(1) *Archives de Warmeriville*, Registres paroissiaux. — *Histoire inédite d'Heutrégiville*, par l'abbé Bosc. Papiers de famille appartenant à M. Linguet-Modaine.

son Procès-verbal de visite à Warmeriville : « Les murs du cimetière sont en bon état ». Dans le Questionnaire de 1774, nous relevons la note suivante : « Il y a un cimetière fermé où il ne se passe rien d'indécent ». Le cimetière, dans nos villages, a toujours été un lieu respecté. Ne contient-il pas la cendre de nos ancêtres ! Cette terre sainte n'a-t-elle pas été mille fois arrosée des larmes répandues sur la tombe d'êtres chers à nos affections ? Dans les XVIIe et XVIIIe siècles, la communauté de Warmeriville était en relation avec différents grands personnages. Dans nos investigations, nous avons vu que plusieurs membres de grandes familles furent demandés pour tenir quelques enfants de Warmeriville sur les fonts de baptême. D'un autre côté, des enfants de la ville de Reims, placés en nourrice à Warmeriville, y décédaient.

Naissances. — En 1609, Mre Binet et sa femme Louise de Villelongue, sont parrain et marraine de Nicolas Camus (1).

1612, Mre Jacques de Tisserot et Nicole de Lizaine, veuve de Jean Castignau, gouverneur de Rethel, sont parrain et marraine de Nicolas Cogniart (2).

En 1614, Mre Coquillart, avocat pour le roi à Reims, est parrain de Claude Calmet (3).

En 1678, Monseigneur Jules-Charles de Joyeuse est parrain en titre et sa mère, Nicolle de Villers, marraine en fait de Nicolle-Charlotte Josnet (4).

En 1684, Mre Ponsart, concierge du château, et sa femme, Jeanne de Montbrun, sont parrain et marraine du fils de M. Huart et d'Alizon de Perthes (5).

Décès. — Le 27 décembre 1702, décès de Oudar Gélé, fils de M. Gélé, procureur au Présidial de Reims.

Le 28 avril 1716, baptême de Pierre-Joseph Gaillard, écuyer, fils de Pierre Gaillard de Walmmont et de damoiselle Odille de Saint-Tignon, seigneur et dame en partie de Conneveau, diocèse de Trève, prévoté de Longwy.

En 1743, décès de Marie-Catherine Linguet, fille de M.

(1-2-3) *Arch. du Palais de justice de Reims*, Registres paroissiaux de Warmeriville.

(4-5) Registres paroissiaux de Warmeriville.

Linguet (Jean), avocat en Parlement et greffier en chef de l'Election de Reims.

En 1755, décès de Pierre-Marie Blavier, fils de Louis Blavier, avocat en parlement de la paroisse Saint-Hilaire de Reims.

En 1757, décès de Pierre-François Hubignon, fils de Messire-Jean-Etienne Hubignon, procureur au Présidial de Reims.

En 1761, décès de Joseph Hubignon, fils de M. Jean-Etienne Hubignon, procureur au Présidial de Reims.

En 1774, décès de Antoine-François Leleu d'Aubigny, fils de Jean-Henri Leleu d'Aubigny, receveur des Tailles de Reims et de Catherine Cocquebert, ses père et mère.

Nous terminons ici ces extraits d'actes d'état-civil par un acte de décès d'une centenaire ; c'est le seul que nous avons relevé dans les registres paroissiaux de Warmeriville.

« L'an 1748, le quatrième jour du mois de juillet est décédée en cette paroisse Gillette Prud'homme veuve du défunt Louis Guillotin son mary, âgée de cent un ans ou environ, laquelle a été inhumée au cimetière de Warmeriville sa paroisse le lendemain de son décès où nous l'avons conduite avec les cérémonies ordinaires les jours, mois et an que dessus. Signé : Jean Gibout, Leclère, Jean-Baptiste Houet, curé d'Isles et Gilles Détouche. »

Il est à remarquer que cette personne était la mère de M. Antoine Guillotin curé de Warmeriville, 1738-1751 (1).

Tant que la population de Warmeriville a été essentiellement agricole, le cimetière, avec sa contenance de huit ares environ, pouvait suffire. Par suite de l'établissement de l'usine de MM. Harmel, la progression de la population devint une cause de l'inexécution de l'art. 8 du décret du 23 prairial an XIII. Pour obvier à cet inconvénient, l'Administration communale fit, en 1855, l'acquisition d'un terrain destiné à servir de cimetière. L'achat du terrain, 1,222 fr. 50 ; les travaux et fournitures, 4,775 fr. 75, et les honoraires d'architecte, 293 fr. 25, se montèrent ainsi à 6,291 fr. 50. En 1858, la commune acheta à nouveau à M. Jean-Simon Brimont un terrain destiné à faire une rue communale, de la rue des Champs au cimetière. La dépense fut de 1,010 francs, plus 200 francs pour intérêts et frais d'acte.

(1) *Archives de Warmeriville*, Registres paroissiaux.

Les portes du cimetière actuel proviennent de l'ancienne enceinte grillée du Louvre. Elles ont été achetées à Paris, vers 1852.

Inscriptions recueillies dans le cimetière de Warmeriville

Croix du cimetière. — Cette croix, érigée par le Conseil municipal, sur la proposition de M. Claude Franqueville, maire de Warmeriville, a été bénite ainsi que le cimetière, le 3 août 1856, par Benoît-Félix Louvel, curé de la paroisse.

Sur l'autre face :

A la mémoire du regretté *abbé Louvel, Benoît-Félix*, chanoine honoraire, curé de Warmeriville pendant 49 ans, décédé le 26 novembre 1889, à l'âge de 79 ans.

A la mémoire de *Jean-Baptiste Hanrot*, sous-lieutenant au 2e dragons, membre de la Légion d'honneur, décédé le 9 août 1856, à l'âge de 86 ans.

A la mémoire de *Robert Rogelet*, ex-lieutenant des dragons, chevalier de la Légion d'honneur, décédé le 6 janvier 1843, dans sa 71e année.

A la mémoire de *Jean-Baptiste Payer*, né à Balham (Ardennes), en 1787, propriétaire, meunier et foulon, ancien chef de bataillon de la garde nationale à Warmeriville, décédé le 20 mars 1872.

A la mémoire de *Champion-Albert Dieudonné*, caporal au 2e bataillon de tirailleurs sénégalais, décédé au poste de Bamoko (Sénégal), le 6 janvier 1885, âgé de 25 ans.

Jacques-Cyprien Boilan, chevalier de la Légion d'honneur, décédé le 19 août 1889, dans sa 75e année.

Deux chapelles funéraires existent encore dans le cimetière de Warmeriville ; l'une contient les restes des membres de la *famille Harmel*, l'autre ceux de la *famille Simonnet-Rousselet*.

Culte à Saint Druon

Les pèlerinages se retrouvent à tous les temps et chez tous les peuples. Cet usage séculaire a été à Warmeriville le sujet d'un culte public rendu à saint Druon. Dans une vie de ce Saint, nous voyons qu'il naquit à Epinoy, commune de Carvin, diocèse d'Arras, vers 1101. Orphelin dès sa naissance et propriétaire de grands biens, il les distribua aux pauvres à sa majorité. Après avoir parcouru diverses contrées, il s'arrêta à Sébourg, diocèse de Cambrai ; pendant 6 ans, il se fit conducteur de troupeaux. Après, il entreprit différents pèlerinages à Rome ; ses historiens disent qu'il en fit neuf fois le voyage. A l'âge de 40 ans, déjà infirme, il retourna à Sébourg, où il se fit reclus. On sait qu'un reclus était un religieux qui faisait solennellement vœu de ne jamais sortir de sa cellule. Cette cellule n'avait qu'une seule et étroite ouverture, qui donnait dans l'église. Le reclus n'avait pour nourriture que ce que lui donnait la piété des fidèles. Après avoir pratiqué pendant 45 ans une vie de solitude et de pénitence, il mourut à Sébourg le 16 avril 1186, à l'âge de 85 ans.

En 1612, le 11 juin, Monseigneur Richard, archevêque de Cambrai, tira le corps de saint Druon d'un vieux sépulcre où on l'avait autrefois caché. Les reliques de ce Saint furent replacées dans une élégante châsse. En 1628, encore le 11 juin, Monseigneur François Vanderburg, second successeur de l'archevêque Richard, plaça de nouveau les restes de saint Druon dans une châsse d'argent. Il est certain qu'en ces moments de translation des reliques, on accorda à quelques particuliers et églises quelques fragments du crâne de saint Druon (1).

Dans la *Revue de Champagne et de Brie*, page 349, article sur Monseigneur Maurice-Charles Le Tellier, archevêque de Reims, par M. Hériot de Vroil, nous lisons le passage suivant :

« Le Saint dont il s'agit est saint Druon, qu'on appelle aussi Drogon ou Dreux, et qui est encore vénéré à Warmeriville, aujourd'hui paroisse du doyenné de Bourgogne. Saint Druon est le patron des bergers, parce qu'il a gardé les troupeaux une partie de sa vie. Il était aussi pèlerin ; il est allé neuf fois à Rome. Dans ses voyages, il traversait le terroir de Warmeriville et la tradition rapporte qu'il se reposait non loin du village, à un endroit où la piété des habitants a toujours entretenu une chapelle. Celle qui existe aujourd'hui est la troisième qui a été bâtie en cet endroit ; elle a été édifiée il y a seulement quelques années. »

Les Procès-verbaux des visites des doyens ruraux de La-

---

(1) Extrait de la *Vie de saint Druon*, par un anonyme, vers 1320, confronté avec les *Annales du Hainaut*, par Guisius.

vannes disent à l'article Warmeriville, années 1683 et 1697 :

« 1683. — Les reliques de saint Druon, sans approbation, on dit qu'elles ont été apportées, il y a 74 ans, de Sébourg entre Condé et Valentiennes, par Mre Jacques de Tisserot, vicomte de Warmeriville.

« 1697. — Les reliques de saint Druon, sans approbation, on dit qu'elles ont été apportées de Sébourg entre Condé et Valentiennes par messire Jacques de Tisserot, seigneur de Mouzi, vicomte de Warmeriville ; il y a 8 ans *(sic)*..... Il y a une espèce de grotte ou oratoire, basti sur le terroir de Warmeriville, où le peuple de tout le voisinage va prier ce saint, surtout au jour de la Sainte-Trinité, qui est le jour de ce pélerinage. »

Les Archives de la Fabrique de Warmeriville contiennent un document mentionnant une translation des reliques de saint Druon, dont nous donnons l'extrait :

« 1656. — Reliques du chef de saint Druon que maître Simon Bouchez, curé du lieu, a conservées à cause des guerres et qu'il a remis *(sic)* le 4e jour du mois d'aprilis, jour de Saint-Ambroise 1656, en foi de quoi.

« Signé : BOUCHEZ. »

Deux autres translations eurent lieu depuis en 1752 et 1851. En ces occasions, les reliques de saint Druon furent toujours remises dans une châsse neuve.

Dans le Questionnaire de 1774, nous remarquons la note suivante :

« Il y a une chapelle où se rend un concours assez considérable de pèlerins qui ont dévotion à saint Druon, elle n'est point authorisée. Je n'y connais d'autre abus que celui que l'on remarque dans tous les pèlerinages. »

Dans le Catalogue du Cabinet de Reims, n° 379-49, tome I, nous retrouvons une Ordonnance en date du 28 septembre 1703, qui transfère la fête de saint Druon le dimanche dans l'octave de l'Ascension, au lieu du jour de la Sainte-Trinité.

Ordonnance de Monseigneur l'Archevêque

« Charles-Maurice Le Tellier, par la grâce de Dieu, archevêque, Duc de Reims, premier Pair de France, Légat né du Saint-Siège

Apostolique, Commandeur du Saint-Esprit, Proviseur de Sorbonne, etc. Aux Curés et fidèles du doyenné de Lavannes de notre diocèse. Salut et bénédiction. Sur ce qui nous a été représenté par notre Promoteur qu'il y a dans l'Eglise paroissiale de Saint-Martin de Warmeriville, doyenné de Lavannes de notre diocèse, un pèlerinage établi en l'honneur de saint Druon : Que ce pèlerinage est devenu fameux par le concours des fidèles, que l'espérance qu'ils ont d'obtenir de Dieu la guérison de leurs maux par l'intercession de ce saint, y attire de toutes parts, principalement le dimanche d'après la Pentecôte, qui est le jour auquel, suivant la coutume qui est fort ancienne, on célèbre la feste de ce saint, quoyque l'Eglise ait destiné ce dimanche pour honorer particulièrement le mystère adorable de la Sainte-Trinité. Que cet usage de célébrer ainsi la feste de saint Druon le jour de la feste de la Sainte-Trinité n'a jamais été authorizé par Nous ni par nos prédécesseurs et s'est apparemment introduit à leur insu par le zèle peu éclairé de quelque curé qui ne sachant pas de jour de la feste de ce saint dont on ne fait ni l'office, ni mémoire dans le bréviaire de notre diocèse, a choisi le premier dimanche après la Pentecôte pour la faire dans ladite église de Warmeriville, à cause de la beauté de la saison et peut-être pour y attirer un plus grand nombre de fidèles : Que les règles ne permettent pas de célébrer le premier dimanche après la Pentecôte aucune autre feste que celle de la Très-Sainte Trinité et ordonnent qui échoient ce jour-là, sans en excepter même celles des saints, sous l'invocation desquels l'Eglise sont dédiées à Dieu, soient remises à un autre jour. Et qu'il paraît nécessaire de réformer au plus tôt cet usage, qui ne subsiste, que parce que Nous l'avons jusques à présent ignoré : Pourquoy notre dit promoteur requéroit qu'il Nous plût fixer un autre jour, auquel on célébrera la fête de saint Druon et défendre de la célébrer le premier dimanche après la Pentecôte.

A ces Causes, Nous avons ordonné et ordonnons que la feste de saint Druon sera célébrée dans l'église de Warmeriville le dimanche dans l'octave de l'Ascension de Notre Seigneur, avec les cérémonies qui s'observent aux festes de second double solennel, suivant les rubriques qui sont marquées dans le Bréviaire et dans le Missel que nous avons fait imprimer pour l'usage de notre diocèse, et que tout l'office sera pris dans le commun d'un saint confesseur. Défendons de la célébrer à l'avenir le premier dimanche d'après la Pentecôte que Nous voulons employer tout entier, conformément à l'esprit et aux règles de l'Eglise à honorer particulièrement le mystère adorable de la Très Sainte Trinité. Enjoignons au curé de Warmeriville et à tous les autres curez du doyenné de Lavanne de faire lecture de notre présente ordonnance au prône de la messe de paroisse et de faire connaître à leurs paroissiens que notre intention n'est pas de refroidir la dévotion des fidèles, ni de diminuer le culte légitime que l'on doit rendre aux saints ; de les instruire qu'il ne suffit pas d'invoquer les Saints pour mériter qu'ils deviennent nos intercesseurs auprès de Dieu ; mais qu'il faut s'efforcer avec le secours de la grâce d'imiter leur vertus et que l'on ne doit pas moins recourir à eux pour les besoins de l'âme, que dans les maladies du corps, dont il plaît à Dieu de nous affliger ; et de leur bien expliquer que l'Eglise a toujours crû et enseigné qu'il est bon et utile d'invoquer les Saints, et de recourir à eux comme à des puissants protecteurs auprès de Dieu pour obtenir avec le secours de leurs prières, les grâces que nos péchés ne nous permettoient pas d'espérer ; mais que nous ne devons rien demander à Dieu, ni ne pour obtenir de sa bonté, que par les mérites de Jésus-Christ, qui est notre seul et unique Médiateur auprès de Dieu, et en qui nous devons mettre toute notre confiance. Mandons à notre Promoteur de distribuer notre présente Ordonnance à tous les Curés du Doyenné de Lavannes et de tenir la main à ce qu'elle soit exécutée selon la forme et teneur. Donné à Reims dans notre Palais Archiépiscopal, sous le sceau de notre Chambre, notre seing et celuy de notre Secrétaire.

Le 28 septembre 1703. Signé, Charles M. Ar. Duc de Reims, par Monseigneur Neveu ».

Chapelle Saint-Druon

A six cents mètres environ Sud-Ouest de Warmeriville, il existe un petit plateau sur lequel on arrive par un chemin venant de Ragonet. A cet endroit, deux autres chemins faisant suite prennent la direction l'un d'Epoye et l'autre de Lavannes. Par un examen attentif du sol, on y voit plusieurs dépressions,

Chapelle St Ouen (face)

de plus, on y remarque aussi des débris de tuiles qui datent de l'époque romaine. Des fondations de bâtiments existent encore à quelques mètres de la chapelle. Cet état de choses indique un lieu autrefois habité. Nous avons vu plus haut, dans le Procès-verbal du doyenné de Lavannes en 1697, article Warmeriville, qu'il est fait mention d'une espèce de grotte ou oratoire. Le Questionnaire de 1774 parle d'une chapelle. A la Révolution, une chapelle existait encore, mais la tourmente révolutionnaire la fit disparaître. De cette époque jusqu'en 1851, on n'en reconnaissait l'emplacement que par quelques ruines. En 1851, par suite d'une souscription publique, une nouvelle chapelle a été édifiée sur l'emplacement de l'ancienne. Nous y lisons l'inscription suivante : « Chapelle de Saint-Druon, bâtie par François Benoît et Louis Cuperlier en 1851 ». Elle est de forme rectangulaire mesurant environ 5 mètres de côté sur 4 de face et 3 de haut sans la flèche. Au-dessus de la porte d'entrée, faisant face à Warmeriville, est le buste de saint Druon. Cette statue, qui était le vieux saint honoré dans l'ancienne chapelle et dans l'église pendant la première moitié du siècle, avait été remisée pendant la Révolution dans le grenier de la maison de M. Pierre-Nicolas Détouche. Les murs de cette chapelle sont en craie et les entablements en briques, une flèche écrasée termine ce petit monument. A l'intérieur, nous remarquons un autel, une statue de saint Druon, plusieurs tableaux et un petit mobilier d'église.

Confrérie à Saint Druon

Dès l'origine des Pèlerinages qui se firent à Warmeriville en l'honneur de Saint-Druon, une confrérie fut établie; différents registres contenaient les noms des confrères. Le dernier datant de 1786 mentionne 600 confrères de Reims sans compter ceux de Warmeriville et des environs. (Arch. de la Fabrique).

Oraison à Saint Druon

Une oraison, assez originale, qui fut la secrète propriété, pendant 150 ans d'une famille de bergers, a été communiquée après mille et une prières à M. l'abbé Haudecœur, curé de Pouillon, qui nous l'a communiquée à son tour ; nous la reproduisons textuellement :

Oraison. — « Au nom du fils toupuissans qui avez créé les bêtes à la dressé de l'homme, qu'il plais à Dieu de me les préservée du clveau, du laupe et de la gal et de toute mauvaise vermin qu'il se puisse comprendre et engendres sur mon troupeau et Monsieur S T. Pierre et Msr. S. T. Paul et vous Msr. S. T. Druyon père et pasteur des bergers et vous Msr. S. T. Jean Baptiste qu'il plaise à Dieu de me les préserver du claveau, de la ripe et aussi net que l'agneau de Msr. Jean Baptiste comme il fit l'agneau pascal tans à moi, tant aux champs et à la bergerie il dit qu'il les guérira en disant : (9 *Pater* et 9 *Ave* pendant 9 jour) bache béte je te touche au nom du père, du fils et du sans esprit : les toucher avec l'oraison leur faire baizer avec l'oraison. Il faut 3 béte et 3 agée différantes leur dire devant la bouche on fait la neuvains à la tansiont du bienheureux St. Druyon père et pasteurs des bergers de bien ivoulloir iposer votres st. main vos St. bénédiction s'ils vous plaies ».

Petite épée d'arçon, xvᵉ siècle

CHAPITRE TROISIÈME

Les Organisations communales sous l'ancien Régime

SOMMAIRE. — Les Maïeurs. — Les Syndics. — Revenus communaux. — Adjudications des usages. — Les charges de la Communauté, dépenses ordinaires. — Les corvées. — Les anciens travaux communaux. — Liste des Syndics.

Les Maïeurs

Dans les temps primitifs, les habitants composant la tribu, plus tard le village, étaient ou des parents ou des clients qui s'attachaient au sol pour le cultiver pour le compte d'un maître ou d'un vainqueur. A l'époque de la féodalité, le serf, attaché à la glèbe *(addictus glebex)*, était main mortable, chose vénale *(res mercatoria)*, et il était rivé au sol de son pays, son chef était son seigneur. Au XIIe siècle, la royauté et les seigneurs accordèrent aux paysans leurs franchises municipales moyennant des redevances fiscales. La célèbre loi de Vervins, qui avait été octroyée en 1163, par Raoul de Coucy, fut cause de l'affranchissement de toutes les communautés ; Reims a eu ses franchises communales vers 1196, les villages de sa dépendance les eurent dans la suite. Les seigneurs en accordant aux communautés des libertés municipales se réservèrent toujours le droit de choisir leurs délégués : maïeurs ou syndics et échevins. Bien que ces administrateurs, à la nomination des seigneurs, fussent pris parmi les paysans, ils étaient néanmoins autant les hommes de leurs concitoyens que de leurs seigneurs. Du reste, pour exercer ces fonctions, le serment était obligatoire : « Un genou en terre, la main gauche sur le livre des Evangiles et la droite levée devant Dieu, ils juraient de se bien et dûment comporter en leur charge ». On sait qu'à cette époque de foi, le serment enchaînait la conscience de l'homme. Le maïeur au

Moyen-Age était donc le fondé de pouvoirs du seigneur, il veillait aux convois, aux corvées, il recevait les tailles, les droits seigneuriaux et il présentait à son seigneur les personnes capables d'exercer la justice locale. Dans le Dénombrement de 1384, il est dit :

« Ont les dits du chapitre Notre-Dame de Reims en une ville appelée Warmeriville en une partie de ladite ville en la rue Chehéry juridiction temporelle et un maïeur qui exerce, reçoit les cens et les rentes appartenant à ladite mairie et rend par an XI livres ou environ (soit près de 253 francs de notre monnaie) et ont en oultre droit à XL setiers d'avaine. »

Item. — « Ont les susdits du Chapitre en une rue appelée le Pré, en la paroisse de ladite ville de Warmeriville, toute juridiction temporelle, une maison, un four banal et un maïeur qui exerce la juridiction et qui reçoit les cens et les rentes et de tout rend par an LX ou environ (1) ».

En cette même année de 1384, par suite de l'Aveu et du Dénombrement du temporel de l'Abbaye de Saint-Remi de Reims (2), il est dit :

« Que l'abbaye de Saint-Remi de Reims a en la ville de Warmeriville, haute, moyenne et basse justice en certaine partie, rentes de blé et rivière et autres droits appartenant à leur mairie, lesquels peuvent valoir 4 livres tournois (92 fr. de notre monnaie) ».

L'Inventaire du Chapitre fait mention de cinq baux de la mairie de Warmeriville appelée Putain-Mazet. Ces baux portent les dates suivantes : 1546-51-55-56 et 1567 ; le bail de 1567 avait une durée de 6 ans, le preneur fut Person-Pavillon, laboureur, à Warmeriville, et la redevance annuelle, huit livres tournois. Il est également fait mention dans l'Inventaire du Chapitre de 4 baux de la mairie du Pré, lesquels portent les dates de 1548-54-60 et 66. Le bail de 1566 fut adjugé à 6 livres parisis (3). Sous l'ancien régime, tout se donnait en fief ou s'affermait : les rois de France afferment les impôts, les grands seigneurs

---

(1) Bibliothèque de Reims. Varin, *Arch. adm.*, T. III, page 588.
(2) Bibliothèque de Reims. Varin, *Arch. adm.*, T. III, page 606.
(3) *Archives de Reims*. Inv. du Chapitre et Pièces justificatives.

afferment leurs redevances et leurs droits seigneuriaux, les petits seigneurs afferment les revenus de leurs terres. C'était un moyen de s'affranchir des difficultés de la perception d'une infinité de menues taxes, droits, etc.

Les Syndics

Jusqu'au règne de Louis XIII, les communautés s'administraient pour ainsi dire elles-mêmes, sans autre contrôle que celui de leurs seigneurs. Les assemblées communales avaient lieu au sortir de la messe et des vêpres ; c'était sous le porche de l'église ou à l'ombre des vieux arbres. Le droit de convoquer les assemblées appartint longtemps au seigneur, puis au syndic, qui exposait les affaires sur lesquelles les habitants devaient exprimer leur avis. L'autorité royale, en reconquérant sa prépondérance au détriment du pouvoir seigneurial, institua une généralité ou intendance par province, puis, des subdélégations. L'ancienne province de Champagne eut pour siège de l'Intendance, la ville de Châlons (1635). Là, étaient la résidence de l'Intendant, le centre de toutes les administrations et la capitale administrative de la généralité de Champagne. Les Intendants étaient les agents directs du pouvoir royal, révocables à volonté, sous la dépendance des ministres. L'Intendant de Châlons avait sous sa direction, d'abord 18, puis 24 subdélégations, dont Reims, Rethel, Vitry-le-François, Vouziers, etc. Les délibérations des communautés recevaient l'estampille de la subdélégation et étaient soumises à l'approbation de l'intendant. A dater de cette époque, le maïeur ou maire fut désigné le plus souvent par le nom de syndic. En 1702, on essaya de créer des syndics perpétuels dans chaque paroisse, mais les paysans n'étaient pas riches pour acheter les offices que l'Etat voulait vendre. Les communautés préférèrent, comme par le passé, l'élection des syndics (1). Le syndic assemblait assez fréquemment les habitants de la communauté pour discuter les affaires communales. Comme ces assemblées étaient parfois tumultueuses et stériles, des Conseils

---

(1) Cet édit de 1717 énumère comme chefs ou représentants des communes : les maires, échevins, jurats, consuls, lieutenants, députés, régens, procureurs, syndics, fabriciens, trésoriers, marguilliers et collecteurs *(Fréminville)*, page 145.

de notables furent établis pendant le xviiie siècle. Le nombre de ces conseillers notables était de neuf dans nos communautés. Ce Conseil était électif et divisé en trois classes : les laboureurs, les marchands, les manouvriers. Ce système représentatif et quasi démocratique devint obligatoire par l'Edit du 25 juin 1787. Le seigneur et le curé en faisaient parti de droit. Les élus furent portés alors à trois par cent feux et les électeurs devaient payer 10 livres d'imposition foncière et avoir 25 ans. Les délibérations des assemblées communales et des conseils de notables avaient trait aux moyens à employer pour entretenir l'église, les ponts et les chemins, pour choisir le maître d'école et fixer la rétribution scolaire, pour veiller à la garantie de la portion congrue, pour aliéner et entretenir les propriétés communales, etc. La communauté avait à s'occuper de la confection des rôles pour la part afférente à tous dans les impôts d'Etat, dans les redevances seigneuriales et dans les impositions communales. Dans le passé, les contributions publiques étaient assignées à chacun par les collecteurs. Les collecteurs étaient des contribuables pris à tour de rôle parmi les habitants, à la nomination du syndic et des collecteurs en exercice. Ils ne pouvaient être réélus que tous les trois ans. Quand une imposition était indispensable, le syndic adressait à l'Assemblée provinciale (Subdélégation de Reims), une demande tendant à être autorisé à faire un rôle supplémentaire en la manière accoutumée pour la répartition de la somme nécessaire. Aussitôt l'autorisation reçue, une adjudication avait lieu, afin que le soumissionnaire fut autorisé à recevoir et à agir pour recouvrer la somme partielle assignée à tous les chefs de famille.

Revenus communaux

Il y avait à Warmeriville des aisances ou biens communaux consistant en prés, marais et terres hautes et qui étaient loués ou exploités au profit de tous. Selon plusieurs érudits, ces biens communaux étaient les restes de la forme antique de la propriété collective d'un territoire. Les revenus de ces biens se montaient en année moyenne à cent écus. La location de communaux avait lieu dans une assemblée générale des habitants, en présence du Subdélégué de l'Intendance de

Champagne. Nous reproduisons un Procès-verbal d'adjudication de 1781 :

« Ce jourd'hui 13 mai 1781, nous, Jean-Baptiste-Nicolas Polonceau, subdélégué de l'Intendance de Champagne, au département de Reims, au désir et en exécution des arrêts du Conseil d'Etat du roi, et Ordonnances des 19 juin 1719, 30 juin 1753, 17 septembre 1767 et notamment de l'Arrêt du Conseil du 31 juillet 1776 et en vertu de notre Ordonnance du..., nous nous sommes transporté en la paroisse de..., avec et assisté de notre greffier ordinaire, pour procéder à l'adjudication des usages de la dite paroisse, où étant, aurions enjoint au syndic en exercice de convoquer à l'instant l'assemblée des habitants au son de la cloche, pour annoncer que sur le champ nous allions procéder, en la manière ordinaire à la dite adjudication, ainsi qu'il suit, et aux charges, clauses et conditions ci-après, lesquels usages consistent en prés, marais et terres hautes, aux conditions : 1° par l'adjudicataire de payer le prix de son adjudication au jour de Saint-Martin d'hiver prochain, 2° de donner bonne et suffisante caution, laquelle s'est obligée solidairement avec l'adjudicataire au paiement du montant de l'adjudication dans les termes ci-dessus ».

Adjudications des Usages (1)

Les Archives départementales contiennent, dans le dossier C, n° 748, plusieurs baux des usages de Warmeriville dont nous donnons l'extrait :

1768. — Location des usages communaux, 401ˡ 17ˢ.
1769. — Prés à la Grande Culée et à le Rondeau, 633ˡ 17ˢ.
1770. —   »   »   »   601ˡ 10ˢ.
1771. —   »   »   »   754ˡ.
1772. —   »   »   »   552ˡ.
1773. —   »   »   »   483ˡ.
1774. —   »   »   »   356ˡ.
1775. —   »   »   »   551ˡ. ; Savarts, 40ˡ 12ˢ.
1776. — Prés à la Grande Culée et à le Rondeau, 551ˡ; Savarts, Commes Saint-Pierre, 47ˡ.

(1) *Archives départementales*, à Châlons.

1777. — Prés à la Grande Culée et à le Rondeau, 558¹; Savarts, Chemin d'Aussonce, 79¹.

1778. — Prés à la Grande Culée et à le Rondeau, 519¹; Savarts, Mont d'Aussonce, 79¹.

1779. — Prés à la Grande Culée et à le Rondeau, 527¹; Savarts, Commes Saint-Pierre, 79¹.

1780. — Prés à la Grande Culée et à le Rondeau, 527¹; Savarts, Chemin d'Aussonce, 96¹.

1781. — Prés à la Grande Culée et à le Rondeau, 567¹10ˢ; Savarts, Mont d'Aussonce, 94¹15ˢ.

1782. — Prés à la Grande Culée et à le Rondeau, 435¹5ˢ; Savarts, Commes Saint-Pierre, 91¹15ˢ.

1783. — Prés à la Grande Culée et à le Rondeau, 459¹15ˢ; Savarts, Chemin d'Aussonce, 131¹12ˢ.

1784. — Prés à la Grande Culée et à le Rondeau, 500¹5ˢ; Savarts, 19 lots, Mont d'Aussonce, 103¹5ˢ.

1785. — Prés à la Grande Culée et à le Rondeau, 760¹15ˢ; Savarts, 6 lots, Commes Saint-Pierre et 5 lots, Hôle Jean Legros, 52¹19ˢ.

1786. — 21 lots et 22 lots de l'autre côté de la rivière, 572¹10ˢ; Savarts, 10 lots, Chemin d'Aussonce et 10 lots, La Tournière, 136¹25ˢ.

1787. — 21 lots et 22 lots de l'autre côté de la rivière, 347¹15ˢ; Savarts, 10 lots, Chemin d'Aussonce et 10 lots, La Tournière, 136¹25ˢ.

1788. — 21 lots et 22 lots de l'autre côté de la rivière, 347¹15ˢ; Savarts, 19 lots, Mont d'Aussonce, 140¹1ˢ.

Par le tableau ci-dessus on voit que les prés étaient loués tous les ans et les terres vagues tous les trois ans.

Les Charges de la Communauté. — Dépenses ordinaires

Parmi les charges de la communauté, nous avons cité l'entretien de l'église, des ponts et des chemins, nous en ajouterons encore d'autres comme l'entretien du presbytère, les honoraires des collecteurs, du voyer, du garde des empouilles, les frais de rôles de la taille, de la capitulation, du vingtième, etc., les droits d'autorisation de louer les biens communaux, les réparations de l'horloge communale, les réquisitions et voyages militaires, etc.

Les Corvées

Les corvées se faisaient pour la construction et l'entretien des chemins d'intérêt général. On divisait les chemins en trois classes : les routes qui reliaient Paris avec les chefs-lieux de provinces, les grands chemins qui, de Paris ou des villes principales, aboutissaient à d'autres villes ; ces chemins avaient des voitures publiques, enfin les chemins de traverse conduisant d'un village à un autre. (Arrêt du Conseil d'Etat 1738). C'est à partir de 1583, d'après les ordres de Sully, que les riverains furent obligés de planter des arbres le long des chemins. Par une Ordonnance de 1668, les riverains furent obligés aussi d'entretenir les chemins vis-à-vis de leurs propriétés. Ce fut sous la Régence que s'établirent les corvées, on rectifia et on élargit le tracé des anciennes routes. La construction de la route de Reims à Rethel eut lieu en 1723, les villages à trois lieues de distance devaient fournir les corvéables pour l'exécution des travaux de terrassement et pour le charroi des pierres.

Le 26 août 1738, Charles-Étienne Le Pelletier de Beaupré, intendant de justice, police et finance, en la province et frontière de Champagne, ordonna aux syndic et habitants de Warmeriville de conduire à la chaussée de Reims à Isles, le mercredi 3 septembre 1738, des manouvriers et des voituriers, les premiers, avec pelles, bêches, pioches, hoyaux et cordeaux de 28 toises au moins, les seconds, avec chevaux ou bêtes tirantes, tombereaux, paniers, pour réparer l'atelier qui leur a été déclaré pendant la présente saison, et travailler sans interruption tous les jours non fériés de la semaine à élever, réparer en forme, bernes et fossés, la partie de leur atelier et des fossés, le bombage avec de la menue blocaille dans la longueur et la largeur qui leur seront indiquées par le sieur Picard, inspecteur, ou autres conducteurs que nous avons proposés à cet effet, et voiturer sur la même partie les grèves et autres matériaux nécessaires. Le syndic sera tenu tous les dimanches au soir, tant que les travaux dureront, de conduire au lieu indiqué par ledit inspecteur tous les manouvriers et voituriers. Les syndics des villages voisins de la route feront fournir, auxdits manouvriers, le simple logement dans les maisons, et pour les chevaux, des granges et des écuries. Les vivres et les fourrages seront apportés par les manouvriers et les voituriers. Sont déclarés exempts les gentilshommes, les ecclésiastiques, les entrepreneurs de fortifications, des ponts-et-chaussées, le maître et la maîtresse d'école, le pâtre commun, le berger, le garde des vignes et empouilles, le garde-chasse, forestier du premier et principal seigneur de la paroisse, pourvu qu'il ait actuellement provisions et bandolière. Le lieutenant, le procureur fiscal et le greffier de la justice, les chirurgiens, les meuniers et les foulons pourront mettre à leur place, s'ils ne veulent pas travailler, en personne, un manouvrier dont le salaire sera réglé par le syndic. Les contrevenants au présent mandement y seront contraints par amendement et même par prison. A cet effet, il y aura toujours sur la route deux cavaliers de maréchaussée pour y faire tous les jours leur tournée et exercer les contraintes données par les inspecteurs (1) ».

La voie romaine qui fait la limite du terroir de Warmeriville a été fouillée de 1722 à 1788 pour fournir les matériaux nécessaires à l'entretien de la route de Reims à Rethel. En 1779, Warmeriville avait sur la route de Reims à Rethel une partie à entretenir appelée atelier, lequel était distant de une lieue et demie. Les corvées durèrent neuf jours et demi ; il y avait 80 manouvriers, 43 voituriers, 68 chevaux de trait, 18 conducteurs de bêtes de somme et 20 bêtes asines. 400 toises de pierres furent extraites de la voie romaine pour les reconduire sur la route d'Isles (2).

Dans ces modes de travaux, bien des abus avaient lieu, on se permettait non seulement d'extraire de petites pierres pour les chaussées, mais on ramenait de grosses pierres pour les constructions. En 1786, le service des ponts et chaussées fit saisir entre Witry et Vaudétré 154 tas de pierres d'un volume de 98 toises 5 pieds, appartenant à des particuliers de Witry, Caurel et Lavannes (3). En 1786, M. Gérard Charpentier, curé de Lavannes, agissant de bonne foi, fit extraire une toise et demie et 20 pieds cubes de pierres pour la reconstruction de la grange dîmeresse. Pour ce fait il fut condamné à une amende de 100 livres, prix des matériaux enlevés (4). En 1789, la

(1-2) *Arch. départ.*, à Châlons, C. 1606.
(3-4) Même dossier.

maréchaussée fit des perquisitions dans les communautés de Witry, Caurel, Lavannes, Heutrégiville et Warmeriville à l'effet de savoir s'il existait des pierres chez les particuliers et d'où elles provenaient. On en trouva à Heutrégiville 6 toises 4 pieds, à Warmeriville 3 toises 2 pieds, à Lavannes 5 toises, à Caurel 1 toise 2 pieds et à Witry 8 toises 4 pieds. Toutes ces pierres furent saisies et reconduites à Islés. Par suite de ces saisies de pierres nous retrouvons dans les *Archives Départementales* des certificats de complaisance probablement faits par des maçons attestant que toutes ces pierres provenaient de démolitions (1).

Des essais de réformes eurent lieu en 1787, les corvées furent remplacées par une contribution en argent. Le Cahier des doléances (1789) contient à ce sujet la note que les corvéables de Warmeriville paient la somme de six cent cinq livres.

Les anciens Travaux communaux

Nous avons relaté les réparations qui furent faites à l'église, à différentes dates, la construction d'un presbytère en 1769, l'entretien des murs du cimetière ; il nous reste à dire quelques mots sur les ponts. Anciennement, les habitants de Warmeriville payaient des droits de *péage* ou de *roage*. Cette taxe était perçue au nom du seigneur pour tout véhicule passant sur un pont assujetti au droit de péage. Ces droits furent abolis par Arrêt du Conseil d'Etat, en 1738.

A Warmeriville, il existait anciennement 6 ponts : 1° Le Grand Pont, qui était le principal, reliait Warmeriville avec tous les villages environnants ; 2° le Pont du Pré qui servait aux habitants de ce hameau pour se rendre à Warmeriville ; 3° le Pont du Moulin-de-Bas qui existe encore dans l'usine de MM. Harmel ; 4° le Pont du Moulin-de-Haut, aujourd'hui l'usine de M. Simonnet ; ce dernier est encore libre à la circulation, quoique la jurisprudence semble aujourd'hui ne plus admettre la liberté de ces passages dans les propriétés industrielles : un passage ne pouvant exister que par un titre ; 5° le Pont de Vert, qui se trouve à l'Est du village sur le ruisseau de Vert ; 6° le Pont du Château, qui a disparu dans la première moitié du XIX° siècle. Ce pont permettait aux gens du château et au personnel

---

(1) *Arch. départ.*, à Châlons, C. 2946.

de la ferme de se rendre à Warmeriville par le voyeux du Pilas.

Comme on le voit, de ces six ponts, trois appartenaient à la communauté. En 1770, dans le dossier C. 1925 des *Archives Départementales*, nous voyons une pièce des habitants de Warmeriville demandant à Monseigneur l'Intendant l'autorisation de réparer leur grand pont. En 1757, c'était une autre affaire, les habitants du Pré présentèrent une Requête à Monseigneur l'Intendant de Champagne tendant à obliger les habitants de Warmeriville faisant avec eux-mêmes corps de communauté à ce que ces derniers soient tenus de contribuer, pour leur part, à l'entretien de leur pont qui leur sert de communication pour aller à l'église. Les habitants de Warmeriville réfutèrent ces arguments et prouvèrent que les habitants du Pré, en payant des droits seigneuriaux au Chapitre de Reims, devaient ainsi que le Chapitre payer l'entretien dudit pont. Le pont devait avoir 4 à 5 pieds de largeur avec ailes de 2 pieds 1/2 de haut. La conclusion de cette Requête fut que le Chapitre et les habitants du Pré payèrent ledit pont (1).

Liste des Syndics

1734. — Simon Lemarteleur.
1742. — Jean-Baptiste Champenois.
1768. — Jean-Baptiste Hanrot.
1771. — Franqueville.
1772. — Jean Pocquet.
1775. — Jean-Baptiste Pocquet.
1776. — Noël Charlier.
1777. — Jean-Baptiste Champenois.
1778. — Hautavoine.
1779. — Hubert.
1780. — Pocquet.
1781. — Louis Champion.
1782. — Nicolas Masson.
1783. — Jean-Baptiste Hanrot.
1784. — Lefèvre.
1785. — Charlier.
1786. — Fortier.

(1) *Archives département.*, à Châlons, C. 748.

1788. — Nicolas-Marie Charlier (1).

Comme on le voit, la durée des fonctions des syndics était d'un an, elle pouvait être prolongée pendant une autre année, mais non contre leur gré. Le syndic avait à compter non seulement avec l'Intendant mais avec le seigneur des habitants. Dans l'exercice de ses fonctions, le syndic était souvent frappé d'amendes pour la non-exécution des ordres qu'il recevait. Par contre, il recevait des indemnités pour les différents voyages qu'il était obligé de faire dans l'intérêt de sa communauté.

(1) *Arch. depart.*, Dossier des adjudications des usages communaux.

CHAPITRE QUATRIÈME

Impôts d'Etat. — Droits seigneuriaux

SOMMAIRE. — Origine des Impôts d'Etat. — La Taille. — La Capitation. — Tableau des Tailles et Capitations. — Le Vingtième. — Copie d'un Rôle de taille. — Impôts extraordinaires. — La Gabelle. — Droit de Poiture et de Tournoyeu. — Taille sur les métiers à tisser et sur les industries. — Service militaire. — La Dîme. — Droit de Sauvement. — Droit de Cens. — Droit de Vente. — Droit de Banalité. — Offrandes. — Amendes. — Déshérence. — Confiscation. — Colombier. — Droit de Chasse. — Droit de Pêche. — Droit de Mairie. — Droit de Charme.

Origine des Impôts d'Etat

Sous la féodalité, les populations ne payaient d'impôts qu'à leurs seigneurs. En temps de guerre, les vassaux étaient tenus de venir en aide au roi en fournissant des hommes et de l'argent. Les rois, en présence de leurs dépenses toujours croissantes, furent obligés d'établir des impôts permanents. Le document le plus ancien, concernant les impôts royaux établis sur les communes, est de 1363, sous le règne du roi Jean-le-Bon. Nous lisons le passage suivant : « C'est li livres des villes et parroches, secours et hamiaux de la cité et de la dyocèse de Reims (1) ». Par une Ordonnance du 5 décembre 1363, le doyenné de Lavannes fut imposé dans les Aides royaux à vingt-sept cotes totalisant la somme de deux mille huit cent vingt-huit livres (soit 67.044 fr. de notre monnaie). La part de *Warmerivilla* fut : 100 fr., celle de *Lavenne* 113 fr., celle d'*Heudrisivilla* 116 fr. et celle d'*Yle* de 84 fr.

Philippe le Bel fut le premier qui établit des impôts réguliers.

(1) *La population de Reims et de son arrondissement*, par M. H. JADART Page 63.

Parmi les impôts d'Etat qui s'établirent successivement, nous distinguons :

La Taille

La taille, impôt foncier, ne devint permanent que sous Charles VII. Avant lui, cet impôt était perçu irrégulièrement par les seigneurs. Les gens exempts de la taille étaient : le clergé et la noblesse. Cet impôt était impopulaire parce qu'il ne frappait que le revenu foncier du tiers-ordre. La quotité était du vingtième, mais au commencement du XVIIIe siècle, il devint la dixième partie (26 octobre 1710). Ce fut sous François Ier que la France fut divisée en seize généralités ou intendances. Châlons, en 1635, devint le siège de l'intendance de la province de Champagne. La généralité de Châlons fut elle-même divisée en dix élections, dont Reims, Rethel, etc. Les Etats-Généraux nommèrent d'abord des délégués, appelés élus, pour l'assiette de l'impôt de la taille. Dans la suite, les rois nommèrent eux-mêmes ces répartiteurs dans chaque généralité Les intendants eurent le droit eux-mêmes de nommer des commissaires pour chaque élection. Les élus des élections nommaient les collecteurs dans chaque communauté. Les collecteurs étaient pris à tour de rôle parmi les contribuables désignés par le syndic. L'époque de la perception de la taille était d'octobre à décembre et de février à avril.

La généralité de Champagne renfermait 2212 paroisses au commencement du XVIIIe siècle. A Warmeriville, en 1704, le principal de la taille et des frais de recettes étaient de 1125 livres ; en 1750, 1657 livres 13 sols ; en 1775, 1853 livres 3 sols.

La Capitation

La capitation fut créée en 1692 ; c'était notre contribution personnelle mobilière. Cet impôt était injuste parce qu'il frappait tous les contribuables sans connaître leurs moyens d'existence. Les privilégiés savaient encore trouver le moyen de s'y soustraire. En 1775, la capitation et les accessoires s'élevèrent à 382 livres. Dans le Cahier des doléances de la communauté de Warmeriville, en 1789, il est parlé de la somme de 3585 livres pour taille, capitation et accessoires. En 1785, la communauté de Warmeriville fut exempte de l'impôt de la taille et de la capitation, en raison de l'inondation de février 1784 (1).

Tableau des Tailles et Capitations de Warmeriville

1704. — 1125 livres, taille seulement.
1708. — 1351   »   »
1712. — 1350   »   »
1714. — 1117   »   »   126 côtes.
1719. — 1717   »   »   120   »
1721. — 1376   »   »   »   »
1723. — 1626 livres 4 sols 6 deniers, taille seulement, 133 côtes.
1725. — 1549 livres, taille seulement, 132 côtes.
1728. — 1783 livres 9 sols, taille seulement.
1729. — 1511 livres, taille seulement.
1731. — 1413   »   »
1738. — 1516   »   »
1740. — 1329 livres 13 sols, taille seulement, 142 feux.
1742. — 1452   »   »   »   »   149   »
1750. — 1657   »   »   »   »
1754. — 1688   »   8   »   »
1759. — 1790   »   18   »   »
1761. — 1709   »   taille seulement.
1762. — 3381   »   5 sols 6 deniers, taille et capitation.
1766. — 3446   »   18 sols, taille et capitation.
1770. — 3776   »   taille et capitation.
1771. — 3894   »   »
1775. — 4188   »   3 sols, dont 1853 livres 3 sols de taille et 2335 livres de capitation et accessoires.

En cette année de 1775, les collecteurs étaient : N. Périn, Simon Leclère et Martin Cochet.

Le Vingtième

Le vingtième était un impôt, qui fut créé par les Édits de mai 1749, novembre 1771, février 1780 et juillet 1782. Il était la vingtième partie du revenu foncier. Cet impôt se levait indistinctement sur les biens-fonds du clergé, de la noblesse et du

---

(1) *Archives départementales,* à Châlons. C. N° 2353.

tiers-état. Le clergé pouvait payer sa part par un abonnement. A Warmeriville, ce droit était de 1400¹ en 1789 (1).

Copie d'un Rôle de Taille pour Warmeriville en 1750

« Rôle tarifié de la taille imposée sur la paroisse de Warmeriville, élection de Reims, pour la présente année 1750, montant à la somme totale de 1657 livres 13 sols. A la répartition de laquelle somme, nous, Jean-Julien Soleau, Conseiller du roi, Receveur des consignations à Châlons, Commissaire nommé par Monseigneur l'Intendant pour l'établissement de la taille proportionnelle dans la paroisse de Warmeriville, avons procédé ainsi qu'il va être expliqué de concert avec les syndic, collecteurs en exercice, et principaux habitants.

Tarif. — Le tarif qui n'est autre chose qu'un marc la livre du total de l'imposition sur le revenu des taillables, est entièrement dépendant du montant de la taille pour remplir celle imposée en la présente année 1750, il a été fixé à 3 sols 4 deniers pour livre du revenu ; savoir : un sol 8 deniers pour livre pour la propriété et un sol 8 deniers pour l'exploitation ».

Industrie. — L'industrie est la taille imposée pour le profit que peut faire un manouvrier, journalier ou artisan sur son travail. Pour fixer ce produit, l'on a arbitré ce travail à 200 journées par an, et le prix de chaque journée suivant les différentes professions ainsi qu'il est marqué dans l'état ci-dessous :

Manouvriers, prix de la journée, 5 sols ; revenu annuel sur le pied de 200 journées, 50 livres ; taxe à 1 sol pour livre pour les hommes de 25 à 50 ans et pour les femmes de 25 à 40 ans, 4 livres 3 sols 4 deniers ; taxe pour les hommes de 50 à 60 ans et pour les femmes de 40 à 50 ans, 3 livres 2 sols 6 deniers ; taxe pour les hommes de 60 à 70 ans et pour les femmes de 50 à 60 ans. 2 livres, 1 sol, 8 deniers.

Artisans, prix de la journée, 6 sols ; revenu annuel sur le pied de 200 journées, 60 livres ; taxe à 1 sol pour livre pour les hommes de 25 à 50 ans et pour les femmes de 25 à 40 ans, 5 livres ; taxe pour les hommes de 50 à 60 ans et pour les femmes de 40 à 50 ans, 3 livres 15 sols ; taxe pour les hommes de 60 à

---

(1) *Arch. de Reims*, Cahier des doléances de la communauté de Warmeriville.

70 ans et pour les femmes de 50 à 60 ans, 2 livres 10 sols.

Veuves et filles, prix de la journée, 2 sols 3 deniers ; revenu annuel sur le pied de 200 journées, 25 livres ; taxe à 1 sol pour livre pour les hommes de 25 à 50 ans et pour les femmes de 25 à 40 ans, 2 livres 1 sol 8 deniers ; taxe pour les hommes de 50 à 60 ans et pour les femmes de 40 à 50 ans, 1 livre 11 sols 3 deniers; taxe pour les hommes de 60 à 70 ans et pour les femmes de 50 à 60 ans, 1 livre 10 deniers.

Veuves d'artisans, prix de la journée, 3 sols ; revenu annuel sur le pied de 200 journées, 20 livres ; taxe à 1 sol pour livre pour les hommes de 25 à 50 ans et pour les femmes de 25 à 40 ans, 2 livres 10 sols ; taxe pour les hommes de 50 à 60 ans et pour les femmes de 40 à 50 ans, 1 livre 17 sols 6 deniers ; taxe pour les hommes de 60 à 70 ans et pour les femmes de 50 à 60 ans, 1 livre 5 sols.

A 70 ans et au-dessus pour les hommes et les garçons et à 60 ans et au-dessus pour les femmes, il n'y aura plus de côte d'industrie, les uns et les autres étant regardés comme hors d'état de faire aucun profit de leur travail.

Les avocats, notaires, procureurs, greffiers, sergents, praticiens, etc., seront aussi sujets à la côte d'industrie sur le pied de 1 sol 8 deniers pour livre du produit qu'ils seront censés faire dans leurs professions eu égard à leur travail, suivant qu'ils seront occupés et aussi proportionnellement à leur âge.

Les maîtres d'école, bergers et pâtres, lorsqu'ils n'auront aucun traité particulier avec leur communauté, payeront l'industrie de journalier suivant leur âge.

Les personnes qui exercent plusieurs professions à la fois comme celles de laboureurs, industriels, etc., paieront proportionnellement à chaque profession.

Commerce. — Sous ce nom seront compris les profits que peuvent faire tous les marchands de quelque espèce qu'ils soient, en gros et en détail, tels que boulangers, bouchers, aubergistes, drapiers, fabricants d'étoffe, etc. Le commerce paiera un sol 8 deniers pour livre de son estimation faite suivant les indications des habitants et à proportion de ce qu'un marchand peut vendre année commune.

Propriété et Exploitation. — Tous les biens-fonds comme

maisons, usines, chenevières, jardins, terres, prés, vignes, bois, etc., que les propriétaires feront valoir eux-mêmes, payeront 3 sols 4 deniers pour livre pour la propriété et exploitation et ce suivant les estimations réglées avec les habitants et dont l'état est ci-après déduction faite de moitié pour les maisons et d'un quart pour les usines.

Propriétés simples. — Les biens-fonds que les propriétaires ne feront point valoir par eux-mêmes payeront 1 sol 8 deniers pour livre, déduction faite de moitié pour les maisons et d'un quart pour les usines suivant les baux non suspects ou les estimations faites pour la paroisse. Sous ce même titre seront comprises les rentes actives, lesquelles payeront 1 sol 8 deniers pour livre et aussi les biens-fonds que les propriétaires feront valoir sur les terroirs voisins.

Exploitation. — Tous les particuliers qui tiendront de loyer des maisons, usines, terres, prés, vignes, rivières, etc., les adjudications d'empouilles, droits seigneuriaux, redevances, dîmes et tous autres droits et biens situés dans l'étendue de la paroisse, payeront 1 sol 8 deniers pour livre du revenu conformément aux baux et adjudications, déduction faite de moitié pour les maisons et d'un quart pour les usines. Les adjudications de coupes de bois, autres que les bois de l'Etat, les bois de réserves, les hautes futaies, payeront 6 deniers pour livre de leurs adjudications au-dessus de 500 livres et un sol au-dessus de 500 livres. Les particuliers qui tiendront des étangs de loyer payeront un sol pour livre, déduction faite d'un quart pour les réparations.

Les fermiers généraux qui ne feront rien valoir, payeront la taille de l'exploitation, non sur le prix de leur bail, mais sur les 2 sols par livre dudit bail. Les maisons occupées par les propriétaires seront estimées proportionnellement à celles données à loyer. A l'égard de celles données à loyer, on suivra les baux non suspects déduction faite de moitié pour les unes et pour les autres. Les usines, comme moulins, fouleries, étangs, etc., que les propriétaires feront valoir, seront estimées comme les maisons, déduction faite du quart pour les réparations. Ainsi, les maisons ne seront comprises dans le présent rôle que pour moitié de leur revenu et les usines pour les trois quarts.

Les terres, chénevières, prés, etc., payeront ainsi qu'il suit sur le pied de l'estimation avec les habitants :

L'arpent de bonnes terres, revenu annuel, 3 livres ; taxe des biens exploités par les propriétaires à 3 sols 4 deniers par livre, 10 sols ; taxe de ceux donnés ou tenus à loyer à 1 sol 8 deniers pour livre, 5 sols.

L'arpent de mauvaises terres, revenu annuel, 1 livre ; taxe des biens exploités par les propriétaires à 3 sols 4 deniers pour livre, 3 sols 4 deniers ; taxe de ceux donnés ou tenus à loyer à 1 sol 8 deniers pour livre, 1 sol 8 deniers.

L'arpent de prés, revenu annuel, 6 livres ; taxe des biens exploités par les propriétaires à 3 sols 4 deniers pour livre, 1 livre ; taxe de ceux donnés ou tenus à loyer à 1 sol 8 deniers pour livre, 10 sols.

L'arpent de bois, revenu annuel, 4 livres ; taxe des biens exploités par les propriétaires à 3 sols 4 deniers pour livre, 13 sols 4 deniers ; taxe de ceux donnés ou tenus à loyer à 1 sol 8 deniers pour livre, 6 livres 8 deniers.

Ainsi, les terres ont été divisées en deux classes, bonnes et mauvaises. Celles exploitées par les propriétaires payeront sur le pied de moitié bonnes et moitié mauvaises. Celles exploitées par les fermiers payeront sur le pied 1/4 bonnes et 3/4 mauvaises.

Bestiaux. — Les bestiaux payeront la taxe qui suit : cheval, 10 sols ; poulain, 5 sols ; mulet, 10 sols ; bœuf, 8 sols ; bouvillon, 4 sols ; vache, 8 sols ; génisse, 4 sols ; âne, 5 sols ; porc, 5 sols ; brebis et moutons, 9 deniers ; chèvre, 2 sols ; panier de mouche, 1 sol.

Rentes passives. — Il sera fait déduction des rentes passives sur la propriété que les taillables auront justifié devoir sur leurs biens, à raison de..... pour livre qui est le taux de la simple propriété (1 sol 8 deniers pour livre).

Exceptions et Cotes particulières. — Ceux qui auront changé de paroisse payeront comme ci-devant, et ce pendant 10 ans, s'ils habitent des villes franches, et pendant 3 ans, s'ils habitent des paroisses taillables. Les particuliers hors d'âge et ne faisant plus valoir, seront continués dans le présent rôle à de modiques sommes, puisque les mendiants seuls reconnus comme tels, ne payeront rien. Les mineurs ne seront imposés que pour les biens qu'ils auront en loyer; ceux à qui il aura plu à Monseigneur l'Intendant d'exempter. Les Gardes-Étalons jouiront d'un tiers de diminution sur la côte, sans cependant que cette diminution puisse excéder 30 livres.

Capitation

Chaque année, un Mandement concernant la Capitation et les impôts extraordinaires était dressé par Monseigneur l'Intendant de Champagne aux syndic et habitants de Warmeriville. Cet état mentionnait la Déclaration du Roi du 9 juillet 1715 et assignait à chaque communauté une somme de....... plus deux sols pour livre de frais de recette.

Ainsi à Warmeriville, en 1775, la Capitation et ses accessoires étaient de 2335¹. Cet impôt frappait tous les habitants, à l'exception des valets, domestiques et servantes des contribuables, même des ecclésiastiques, gentilshommes, seigneurs et privilégiés résident dans la paroisse au marc la livre de ce qu'ils payaient de taille et était levé par les collecteurs des tailles alors en exercice auxquels il était accordé 4 deniers par livre par la Déclaration du 12 mars 1701 pour frais de rôle et de perception. Il était payable par moitié au mois de mars et moitié au mois de septembre aux collecteurs qui les remettaient au Receveur des tailles dans les mêmes termes. Les contrevenants y étaient forcés par les voies de rigueur (1).

Impôts extraordinaires

Les impôts extraordinaires étaient ordonnés par Arrêt du Conseil d'Etat en date du 16 août 1701. La désignation était celle-ci :

1° Quartier d'hiver, logement de troupes, entretien, habillement et autres dépenses concernant la milice. A Warmeriville, on payait environ 200 et 250 livres plus un sol pour livre.

2° Ustensile d'une partie de la cavalerie actuellement employée hors du royaume, et rétablissement des compagnies où elles auraient pu être placées en quartier d'hiver. A Warmeriville, 200 à 250 livres plus un sol pour livre.

---

(1) *Arch. départ.,* à Châlons, C. 2353.

Ces impôts atteignaient les mêmes personnes que la capitation ; ils étaient répartis de la même manière, levés par les collecteurs des tailles aux mêmes termes et versés entre les mains du receveur particulier. Indépendamment de ces impôts, le besoin impérieux de l'Etat, la nécessité de soutenir une guerre, en exigeaient quelquefois d'autres appelés subsides, décimes, etc.

La Gabelle

Cet impôt remonte à Philippe le Bel, il était le plus impopulaire de tous, puisqu'il dépassait la valeur du condiment qu'il frappait. Sous le roi Philippe, il était de deux deniers par minot, successivement il s'éleva à 6, à 8 et à 12 deniers.

Plus tard, la gabelle fut affermée et elle n'eût plus rien de fixe. En 1790, elle rapporta au trésor 54 millions. Les fermiers généraux étaient tenus d'acheter le sel dans les salines, d'en payer les droits au Roi, de le conduire à leurs frais dans les greniers, pour enfin être livré au peuple par des commis préposés. Dès 1398, un tribunal fut établi près de chaque grenier à sel, il jugeait toutes les contestations relatives au mesurage, à la vente et à la contrebande. Des commis appelés Greneliers jugeaient de la qualité du sel. La Cour des Aydes de Paris était chargée de juger les appels. Les fraudeurs étaient condamnés aux galères et les femmes au fouet. Un Edit de 1724 disposait que la distribution du sel se ferait dans chaque communauté par un saunier. Le rôle contenait le nom de tous les membres de chaque famille ; il était signé par le saunier, par les habitants et vérifié par les officiers de la gabelle. Chaque famille payait son sel d'avance entre les mains du saunier. Le prix de ce condiment variait d'un lieu à un autre. Toutes les localités, dont les fiefs relevaient en tout ou en partie du comté de Rethel, pays de franc-salé, payaient le sel moins cher (1). A Reims, le sel se payait 43 livres 13 sols le minot. Pour empêcher la contrebande du sel, la Suippe était la limite d'une zône où il existait de distance en distance une habitation assez rustique

---

(1) Nous lisons dans le Journalier de Jean Pussot, page 92 *(Bibliothèque de Reims)* : « En ce dit mois de febvrier 1600 fut imposée la gabelle sur le sel à Rethel, Maizières et aultres lieux, où il n'avoit oncques esté gabellé. »

appelée baraque, qui hébergeait des *gabeloux*, argus de la surveillance du fisc. Ces employés ou ces douaniers, comme on les appelait alors, devaient empêcher la fraude sur le sel, et d'après les dénonciations qu'ils recevaient, ils devaient faire des visites domiciliaires dans leur petite circonscription en compagnie des officiers des communautés. C'était, dit Feuillet, « une véritable inquisition fiscale » ; on ne reculait devant rien, on avait recours à toutes les mesures vexatoires que la police la plus tracassière put imaginer en fait de surveillance et d'oppression, arrestations préventives, amendes arbitraires, tout était permis pour le salut de cette arche sacro-sainte. On pendait sans forme de procès le voiturier qui violait quelques uns des règlements infinis sur la police du sel ; on emprisonnait le malheureux qui employait à conserver une tranche de lard le sel qui devait servir à la nourriture ordinaire. Prêter du sel à un voisin donnait lieu à une contravention. Chaque espèce de sel avait sa législation. Il fallait des armées de douaniers pour tenir la main à l'exécution de ces Arrêts. Leur nom est resté comme un terme injurieux, le *gabelou* (1).

A Warmeriville, cinq postes existaient : un au Pré, un au Moulin-de-Bas, un au Grand-Pont, un au Moulin-de-Haut et l'autre à Vaudétré. Dans chaque baraque étaient logés cinq employés, y compris le brigadier ou le sous-brigadier. Des postes comme ceux de Warmeriville existaient à Saint-Masmes, au Pont de la Romagne et à Pontfaverger. A Boult-sur-Suippe, le chef de ces employés portait le titre de Capitaine général des employés de la gabelle pour les Fermes du roi. En 1741, cet officier se nommait M. de Belleville.

La rivière de Suippe était comme une frontière naturelle entre le Rethélois et le Rémois. A tous les endroits guéables existaient non seulement une baraque pour les employés, mais une barrière palissadée qui interceptait les communications. En 1741, des réparations étaient nécessaires à toutes les baraques de la Suippe. Le devis de ces travaux se montait à 12,027 livres. Parmi les travaux qui furent exécutés aux postes de Warmeriville, nous voyons :

1° *Baraque du Moulin de Haut.* — Relire la couverture en

---

(1) *La Misère au temps de la Fronde*, FEILLET.

tuiles courbes, *relatté*, mettre du ciment au bas des murs. Total, 20 livres.

2° *Baraque du Grand-Pont.* — Mêmes travaux. Total. 18 livres.

3° *Baraque du Pré.* — Reconstruction neuve ; les murs devront avoir 8 pieds de haut, sans les pignons ; une cheminée, etc. Total, 467 livres.

4° *Baraque de Vaudétré.* — Reconstruction entière. Total, 470 livres (1).

En compulsant les registres paroissiaux de Warmeriville de 1711 à 1768, nous avons recueilli toute une liste de ces employés qui eurent des rapports avec la société de Warmeriville. Nous citons les noms de ces fonctionnaires, parce que plusieurs laissèrent des descendants dans la population de Warmeriville.

1711. — Nicolas Picard, employé.
1711. — Radoul, brigadier.
1711. — Jean Darcque, sous-brigadier.
1711. — Guillaume, employé.
1712. — Jean Raulin, employé.
1712. — Remy Richard, employé.
1714. — Jean-Baptiste Périn, employé.
1716. — Pierre Noyen, brigadier.
1717. — Laurent Braconnier, brigadier.
1720. — Jean François, employé.
1721. — Jean Aubry, employé.
1721. — Henry Chillatre, employé.
1721. — Jacques Maugin, employé.
1724. — Jean-Baptiste Baré, employé.
1727. — Jean-Baptiste Husson, employé.
1731. — Nicolas Postal, employé.
1731. — Jean Lebrun, employé.
1732. — Claude Bigot, employé.
1732. — Jean-Baptiste Chéruy, employé.
1732. — Louis Lacour, employé.
1732. — Jacques Melaut, employé.
1733. — Jean-Baptiste Georgin, employé.
1733. — Remy Rogelet, employé.

(1) *Arch. départ.*, Châlons, C. 1665.

1733. — Pierre Guyot, employé.
1734. — Louis Lescuyer, sous-brigadier.
1735. — Nicolas Colin, employé.
1735. — Nicolas Peltier, employé.
1736. — P. Charlemagne, sous-brigadier.
1736. — Remy Recorda, employé.
1737. — Nicolas Boquet, employé.
1737. — Brice Tocu, employé.
1737. — Etienne Wicourt, dit Saint-Laurent, inspecteur des employés.
1737. — François Souply, brigadier.
1739. — Jean-Baptiste Parmaux, sous-brigadier dans l'ambulante.
1739. — Jean Gayet, employé.
1741. — N. Guillomet, employé dans l'ambulante.
1741. — Claude Villar, brigadier.
1741. — Louis Basty, employé.
1742. — Claude Leroy, employé.
1744. — Jean Demay, employé.
1744. — Jean Polalion, sous-brigadier.
1744. — Nicolas Roillet, sous-brigadier.
1746. — Henry Potier, sous-brigadier.
1748. — Jean Jappin, sous-brigadier.
1748. — Remy Leblond, employé.
1749. — Bertrand Bontemps, employé.
1751. — Nicolas Vivier, employé.
1751. — Remy Pérignon, employé.
1752. — François Husson, employé.
1752. — Jean Baray, employé.
1752. — Louis Paternote, sous-brigadier.
1752. — Louis Hennegrave, employé.
1755. — Guillaume Cavalier.
1756. — Cosme Petit, employé.
1756. — Pierre Guyot, brigadier.
1759. — Louis Dupont, employé.
1762. — Letang, brigadier de l'ambulante.
1762. — Charles Busigny, employé.
1763. — Simon Guyot, brigadier.
1763. — Louis-Ferdinand Bauvallé, employé.

1765. — Jean Langlade, employé.
1765. — Jean Prévot, employé.
1766. — Jacques Renard, brigadier de l'ambulante.
1766. — Jean Jacqueson, employé.
1767. — François Baltazar, employé.
1767. — Antoine Guilpin, employé.
1767. — Charles Rode, employé.
1768. — Nicolas Bonneval, employé (1).

Droit de Poiture et le Tournoyeu

Le droit de poiture ou pâture à Warmeriville appartenait à Mgr l'Archevêque de Reims. Les habitants de Reims voulurent s'en délivrer, mais François Ier, en 1522, régla et confirma cet usage par un Arrêt. Cent dix villages du diocèse payaient le droit de poiture, depuis 4 sous jusqu'à 40. Warmeriville figurait sur la liste de ces villages. Le droit de tournoyeu se percevait à Warmeriville sur les graisses, la laine, les plumes, les futailles, les bêtes vives, les fruits, le foin, le vin, le verjus, le grain, le pain et le gruau. Les droits perçus sur ces produits étaient en deniers et oboles (2).

Taille sur les Métiers à tisser et sur les Industries

Le 24 janvier 1668, par Arrêt du Parlement de Paris, tous les métiers à tisser furent reconnus taillables avec un droit annuel de 15 sols, ou une amende de trois livres contre les délinquants. Les industries diverses étaient aussi taillables. Le Cahier des doléances nous renseigne sur les droits que devaient ces petits industriels : douze à quinze livres par an.

Service militaire

Sous la féodalité, les communes avaient des soldats pour faire la guerre à leurs ennemis particuliers. Plus tard, les lieutenants de la ville de Reims demandèrent des hommes dans nos localités pour la garde de la ville dans les cas pressants. Dans le Registre des Conclusions du Conseil de ville on lit : « 19 mai 1635 : Ordre aux habitants des villages voisins d'envoyer les noms des

---

(1) *Archives de Warmeriville*.
(2) Varin, *Arch. législatives*, 1re partie, page 755.

personnes capables de porter les armes, de 25 à 30 ans. »
29 août 1636 : Ordonnance du comte de Soissons qui décharge
les villages de faire la garde de Reims. 24 septembre 1636 : Le
Conseil rémois dressait la liste des gens de guerre à fournir par
les villages, pour la garde de la ville, et le 28 septembre, les
capitaines tiraient au sort les villages qui devaient faire garde à
Reims » (1).

Le service militaire pour nos campagnes était non seulement
obligatoire pour la ville de Reims, mais encore pour le service
de l'État. Charles VII fut le premier roi qui forma une armée
permanente, consentie par les États-Généraux de 1439. D'après
une Ordonnance du 28 avril 1448, chacune des seize mille
paroisses fut obligée de fournir au roi un bon compagnon qui
eut fait la guerre. Dans l'armée française, il existait malheureusement trop de soudards, d'autant plus indisciplinés que
beaucoup étaient des étrangers. Le passage de ces troupes dans
nos campagnes était considéré comme la ruine du pays. Avant
le XVIIe siècle, on ignorait encore ce que c'était que
casernement, intendance et discipline militaire. Richelieu créa
les cadres de l'intendance, mais elle fonctionna bien irrégulièrement, car souvent les coffres de l'État étaient vides. Les
officiers étaient choisis parmi les nobles, ils spéculaient sur
l'entretien de leurs soldats. Les grades s'achetaient ou se
donnaient par faveur. Les exemptions militaires existaient pour
les clercs, les nobles, les bourgeois riches et pour leurs valets
à gages. La Champagne avait un gouverneur militaire à Troyes,
quatre lieutenants du roi, six lieutenants, des maréchaux et des
gouverneurs dans chaque ville principale. Notre province
fournissait, en 1729, 3,000 hommes et 7,184 en 1743. La répartition se faisait sur le nombre des habitants. Warmeriville
fournissait à peu près un homme tous les deux ans. Le
recrutement des régiments provinciaux pour la subdélégation
de Reims donnait les résultats suivants :

En 1777 : 1810 conscrits, dont 357 exempts par privilège, 533
exempts pour défaut de taille, 132 exempts pour infirmités, 46
fuyards et 66 soldats.

---

(1) *Arch. de l'Hôtel de Ville de Reims.* Registre des Conclusions du Conseil de ville.

Les registres paroissiaux de Warmeriville nous signalent, en 1768, un sieur Etienne Forêt, sergent dans le régiment de Picardie : en 1769, Noël Charlier et Jean-Remy Franqueville, tous deux soldats, recevaient de Monseigneur l'Intendant de la province et frontière de Champagne, la permission de se marier.

Les Droits seigneuriaux

Les dîmes, les décimateurs et les baux. — Nous avons déjà parlé de la nécessité des dîmes, de leur établissement et de leurs emplois, il ne nous reste plus qu'à les énumérer. Les dîmes se distinguaient en grosses et menues dîmes. Les grosses dîmes se prélevaient sur toutes sortes de grains et sur le gros bétail. Les menues dîmes étaient prises sur le menu bétail (agneaux, moutons, brebis, volailles, lapins, etc). Les dîmes en grains portaient sur les céréales que l'on cultivait. La quotité était le treizième du revenu brut sur la seigneurie du Chapitre et le quinzième sur celle de la seigneurie laïque de Ragonet. Anciennement les décimateurs ne prenaient aucune dîme sur les foins naturels. Géruzez, dans son *Histoire de Reims*, page 561, dit : « Un rémois nommé Delassalle, seigneur de Tinqueux et de Muir, est le premier qui a montré l'utilité des prairies artificielles. Il fit paraître en 1768 un fort bon ouvrage sur cet article. »

Vers 1775, on introduisit à Warmeriville les prairies artificielles. Comme les récoltes n'étaient mangées qu'en vert dans les premières années de son apparition, le Chapitre ne réclama aucune dîme. Dans les années suivantes, le foin fut fané ; alors le Chapitre réclama la dîme. De là, une instance judiciaire en 1780 entre les décimateurs et les habitants de Warmeriville.

Mode de perception des dîmes. — Chaque année, les décimateurs nommaient deux pitoyeurs ou collecteurs. Ces derniers étaient présentés dans une assemblée générale des habitants par les officiers de la communauté. Dans cette réunion, si aucune opposition ne se présentait, les pitoyeurs prêtaient le serment « d'être fidèles en leur charge de pitoyeurs et ramasseurs de dîmes, de grains de toute nature du terroir dudit lieu en la moisson présente, de se comporter en la dite charge comme gens d'honneur et de bien doivent faire, de faire les droits des laboureurs comme ceux des dîmeurs, et les droits des dîmeurs comme ceux des laboureurs, et de dîmer selon l'ancienne coutume du lieu ».

Les dîmes, comme on le sait, étaient transportées soit dans la grange dîmeresse (1), soit chez les fermiers des dîmes quand celles-ci étaient mises en adjudication. Les laboureurs ne pouvaient enlever leurs récoltes qu'après le passage des pitoyeurs. D'après le Procès-verbal de la visite du doyen en 1668, les décimateurs de Warmeriville levaient environ 400 septiers ou hectolitres, moitié seigle et moitié avoine. Comme 4 parts de dîme étaient louées 100 livres, une part valait donc 25 livres et les 20 parts 500 livres ; comme la livre valait à cette époque 3 fr. 07 environ, les 500 livres représentaient donc 1,535 francs de notre monnaie. D'après une note attachée au Questionnaire de 1774, nous voyons que le Chapitre de Reims prenait un préciput de 22 septiers de grains moitié seigle, moitié avoine, pour livrer la grange dîmeresse servant à remiser les grains de la dîme.

Nous avons retrouvé plusieurs baux des dîmes de Warmeriville ; nous les citons avec le prix locatif :

Bail du Revenu de Patronage de Warmeriville pour 9 années

« Par devant les nottaires du Roy en son Baillage de Vermandois demeurants à Reims soussignez, est comparu sieur Pierre Larchez, bourgeois de Reims, y demeurant rue des Grozeillers. Lequel au nom et comme fondé de la procuration généralle et spécialle d'Illustrissisme et Révérendissime Seigneur, Son Excellence Monseigneur Charles-Antoine de la Roche-Aymon, archevêque, duc de Reims, premier pair et grand aumônier de France, Commandeur de l'ordre du Saint-Esprit, etc., passée devant Villain, l'un des dits nottaires, et son confrère, le seize août dernier a par ces présentes donné à titre de loyer et fermage pour le temps de 9 années consécutives, qui commenceront au premier janvier prochain et finiront à pareil jour les dittes neuf années révolues à Messire Jean-Baptiste Hautavoine, prêtre-curé de Warmeriville aussy présent et acceptant audit titre et pour ledit temps. Le revenu du patronage de Warmeriville, en

(1) Ancienne école de Warmeriville, aujourd'hui l'école maternelle.

quoy il puisse consister, pour en jouir le dit sieur preneur aux us et coutume d'ancienneté, tout aussy que les précédents fermiers en ont joui ou dû jouir et que luy-même en a joui en vertu du bail qui luy en a été fait de la part de feu Monseigneur le prince de Rohan, dernier archevêque de Reims, le 6 septembre 1757 et que Son Excellence a droit d'en jouir. Le présent bail fait à charge que le dit sieur preneur ainsy qu'il s'y oblige : 1° D'en rendre et payer par chacune des dittes neuf années à Son Excellence ou son receveur en la ville de Reims la somme de deux cents livres en un seul payement dont le premier échoira au jour de Saint-Martin d'hiver de l'année prochaine 1764, ainsy continuer d'année en année au dit jour que fin dudit bail. 2° Sera en outre tenu ledit sieur preneur d'acquiter toutes les charges dont le dit patronage peut être tenu, sans diminution du prix du présent Bail. 3° Ne pourra céder le tout n'y partie du présent Bail à qui que ce soit sans le consentement de Son Excellence, à peine de privation si bon luy semble et de tous intérêts. 4° Ne pourra demander ny exiger aucune diminution du prix du présent bail pour telle cause que ce soit prévue et imprévue. 5° Donnera bonne et suffisante caution qui s'obligera solidairement avec luy tant au prix principal qu'aux charges du présent Bail. 6° Fournira une expédition en forme exécutoire du présent Bail à Son Excellence incessamment à ses frais. Car ainsy le tout a été respectueusement accordé entre les parties prouv. oblig. ren. etc. Fait et passé audit Reims es-Etudes l'an 1763, le 3 octobre étant les parties signé lecture faite. La minutte controllée au dit Reims le lendemain par M° de Recicourt qui a reçu 52 sols. Signé : Davancourt. P. Villain ».

En 1756, Monseigneur Armand-Jules, prince de Rohan, Duc de Reims, par Maître Thomas-Maurice Bronod, avocat au Parlement, Intendant des maisons et affaires de Son Altessse, loue pour neuf ans le revenu du patronage de Warmeriville à M° Jean-Baptiste Hautavoine, prêtre-curé de Warmeriville pour la somme de 200 l. par an.

En 1746, Monseigneur Armand-Jules de Rohan..... par dame Marie-Jeanne Damy, veuve du sieur Jacques-Claude-Langlois de Wathermé, fermière générale du revenu de l'Archevêché de Reims et de l'Abbaye de Saint-Thierry, loue la part des dîmes du dit Archevêque à Marie-Béatrix Linguet, veuve de Simon Lemarteleur, pour 190 l. par an.

Dans le bail de 1723, les parties étaient Monseigneur Armand Jules de Rohan, par Jacques-Claude-Langlois de Wathermé, son régisseur et le preneur, Simon Lemarteleur à raison de 165 l. par an.

Dans le bail de 1672, les parties étaient Monseigneur Maurice Le Tellier, par maître Hilaire Gosmé, mayeur d'Avenay, lieutenant du marquisat de Louvois son régisseur, et le preneur Jean Charlier étaminier, à raison de 100 l. par an.

Dans le bail de 1633, les parties étaient Monseigneur Henri de Lorraine, lequel ne reçut aucun ordre sacré, par son fondé de pouvoir, Jean Colbert, seigneur de Terron, et le preneur Jean Boudin, moyennant 16 septiers seigle et 15 septiers avoine bon et loyal grain dont 8 septiers seigle et 3 septiers avoine payables aux chanoines de Sainte-Nourrice et les 8 autres septiers de seigle et les 12 d'avoine au domicile de Monseigneur Baillous, curé de Reims.

Dans le bail de 1570, les parties étaient le Cardinal de Lorraine, son fondé de pouvoir Jehan Dautard, preneur..... (illisible), moyennant 26 septiers par moitié seigle et avoine bon et loyal grain.

Dans le bail de 1563, les parties étaient le Cardinal de Lorraine et le preneur Poncelet Boudin, moyennant 25 septiers de seigle et 25 septiers d'avoine.

Dans le bail de 1561, les parties étaient le Cardinal de Lorraine et le preneur..... (illisible), avec une location annuelle de 62 septiers moitié seigle, moitié avoine (1).

Il est fait mention, dans l'Inventaire du Chapitre, de deux baux de dîmes. Les pièces justificatives nous révèlent qu'à la date du 25 juin 1566, le bail, fait pour un an, fut consenti par Messeigneurs Henry Warnier, Thomas Cheneval de Reims, moyennant 14 muids 8 septiers moitié seigle, moitié avoine, bon et loyal grain.

Le bail du 18 juin 1558 porte la location à 22 muids de grains moitié seigle, moitié avoine, consenti par Raulet-Varlet de Warmeriville.

(1) *Arch. de Reims*, Fonds de l'Archevêché, liasse Warmeriville.

Les Religieux de Saint-Thierry étaient non seulement décimateurs en partie de Warmeriville, mais de bien d'autres paroisses, dont Lavannes. Les baux de leurs dîmes concernant Warmeriville contenaient la clause que les preneurs avaient droit à la part de dîmes leur appartenant sur le terroir de Lavannes (1).

Baux des Dimes de Saint-Thierry sur Warmeriville et sur Lavannes

En 1670, ces dîmes étaient louées à Cochet de Warmeriville, moyennant 144 l.

En 1680, ces dîmes étaient louées à Cochet de Warmeriville, moyennant 300 l.

En 1699, ces dîmes, louées à Jean et à Jean-Baptiste Grumelier, moyennant 315 l.

En 1699, ces dîmes, louées à Jean Grumelier, moyennant 120 setiers (seigle et avoine).

En 1700, ces dîmes, louées à Joseph Pocquet, Jean Grumelier, moyennant 130 setiers (seigle et avoine).

En 1710, ces dîmes, louées à Ch. Foissier, moyennant 144 setiers (seigle et avoine).

En 1721, ces dîmes, louées à Aubry-Champenois et Simon Lemarteleur, moyennant 140 setiers (seigle et avoine).

En 1721, menues dîmes à Nicolas Hautavoine, curé, 100 sols.

En 1730, menues dîmes à J. Hautavoine et Nicolle Thibault, veuve Pocquet, 120 setiers (seigle et avoine).

En 1730, menues dîmes à Nicolas Hautavoine, curé, 100 sols.

En 1749, ces dîmes, louées à J. Pocquet et J. Hautavoine, 60 setiers seigle et 68 setiers avoine.

En 1766, ces dîmes, louées à Pierre Randoulet, Vincent Champenois, Thierry Pocquet et Jean Hautavoine, moyennant 60 setiers de seigle et 68 setiers d'avoine (2).

Droit de Sauvement

Dans notre province de Champagne, le droit de sauvement (salvamentum) était une redevance de tutelle ou de protection

(1) *Histoire de Lavannes*, COUSIN-HERBAT, page 109.
(2) *Arch. départ.* à Châlons. Inventaire de Saint-Thierry et pièces justificatives.

contre les périls d'invasion ennemie et les frais de guerre résultant de la présence des troupes appelées à purger le pays. Le seigneur construisait ou entretenait les fortifications du bourg pour la défense des habitants et, à défaut d'ouvrages défensifs, il leur était assigné une place forte où ils pouvaient se rendre avec leur mobilier. Bien souvent ces droits de sauvement ne furent que des palliatifs dont le nom pompeux servait à pressurer ceux qu'on prétendait défendre. L'Inventaire du Chapitre fait mention de l'acte d'acquisition du droit de sauvement par le Chapitre de Reims. Nous reproduisons la Charte contenue dans un compulsoir en date de 23 janvier 1721. (1)

CHARTE de Jean de Rethel, 9 bre 1234. — « Ego Joannes *Registestensis* dominus de sancto Ylerio, notum facio universis quod ego vendidi remensis ecclesia salvamentum et fidelitatem de Vuarmerivilla cum omnibus pertinentiis et omni jure quod habebam velhabere poteram in predictis vel ratione predictorum qua omnia tenebam in feodum a domino frater meo *Registestense* qui Dicti feodum salvamenti qui tum clamavit eclesiæ supra dictæ salvo et Retento libero transitu et conductu per comitatum *Registestentem* hominibus de Vuarmerivilla et de Chabugni sicut ante habebant prodicto salvamento quod decetero reddere tenebuntur vellarum hominis prodictarum in super vendidy in allodium eidem ecclesia terram que fuit domini Vurneri de Charlerenges et Elisabeth uxoris ejus sitam apud Vuarmerivillam et sicut se extendit eadem terracum omnibus pertinentiis et omni jure quod habebam vel habere poteram ratione dictæ terræ sine ratione pertinentiarum sicut in litteris eiusdem comitis de consensu meo confectis plenius continetur, quam videlicet terram acquisini adictis Warnerio et Elisabeth uxore ejus restituens eisdem in eschambium terram aliam Meliorem ad creantum eorum hac vero omnia predicta vendidi remensi ecclesia pro quadringentis libris *pariensis* monetæ et prodecem libris ejudem monetæ consilio meo datis de quibus omnibus est plenius mihi satisfactum, isa quod de cetero nihil acquiere potero in prodictis villis premissa si quidum universa me observaturum promisi fidei prestita cautione quod nihil decetero in omnibus ante dictis per me vel

(1) *Arch. de Reims*. Inventaire du Chapitre et pièces authentiques.

per alium reclamabo imo legitiman portabo garandiam super omnibus prænotatis ecclesiæ memoratæ constitui Etiam obstagium dominum fratrem meum Hugonem registestensem de legitima garandia ferenda super omnibus supra dictis ecclesiæ supre dictæ quod utratum permaneat et firmum presentes litteras sigilli mei appensione feci communiri. Actum anno domini millesimo ducentisimo tricesimo quarto mense novembri. »

TRADUCTION. — Moi, Jean de Rethel, seigneur de Saint-Hilaire, fait savoir à tous que j'ai vendu le droit de sauvement et de fidélité de Warmeriville, avec tout ce qui s'y rattache à l'Église de Reims avec tous les droits que j'avais ou pouvais avoir sur ces biens, ou à cause d'eux. Je tenais tout cela en fief de mon frère Hugues qui tenait le fief de ce droit de sauvement, et qui a porté plainte à l'église sus-dite pour que le passage et le transport restent libres, par le comté de Rethel pour les hommes de Warmeriville et de Chaingny, ainsi qu'ils l'avaient précédemment, en vertu du droit de sauvement que les hommes des dits bourgs seront encore tenus d'acquitter. De plus j'ai vendu en alleud à la même église une terre qui a appartenu au seigneur Warnier de Challerange et à Elisabeth son épouse, terre sise près de Warmeriville telle qu'elle est avec ses dépendances et avec tous les droits que j'avais ou pouvais avoir par cette terre et par ses dépendances, ainsi qu'il est plus complètement exprimé dans les lettres du même comte, arrêtées avec mon consentement.

J'ai acheté cette terre desdits Warnier et Elisabeth son épouse, leur donnant en échange une autre terre meilleure à leur gré. J'ai vendu tout cela à l'Eglise de Reims pour 400 livres parisis et pour dix livres de la même monnaie à donner sur mon indication en quoi il m'a complètement satisfait. Donc je ne pourrais plus rien acquérir dans les bourgs susdits, car j'ai juré de tout observer, et j'ai donné une caution de ma parole que je ne me plaindrai jamais ni par moi ni par autrui sur rien de ce qui précède, même je donnerai une *garantie* légitime de tout ce qui est indiqué. J'ai même désigné comme otage à l'Eglise déjà citée mon frère Hugues de Rethel comme légitime garantie de tout ce qui précède. Afin que tout demeure sanctionné et réglé, j'ai fait munir ces lettres de mon sceau qui y append.

Fait l'an du Seigneur 1234 au mois de novembre.

Deux copies de cette vente furent collationnées en 1494 et en 1666.

En cette même année de 1234, Jean de Rethel, seigneur de Saint-Hilaire, déclara à la communauté de Warmeriville et à celle de Chaingny qu'il a vendu à l'Église de Reims le sauvement fidélité et tous autres droits qu'il avait acquis à Garnier ou Warnier de Challerange, chevalier, et de son épouse, qu'il ne s'est rien réservé aux dits lieux et qu'ils aient à l'avenir à rendre les devoirs de vassaux à la dite église.

Cette Déclaration fut encore collationnée en 1494 et en 1666. Par suite de cette vente et de cette déclaration, Manassès V (comte de Rethel, frère de Jean, 1268), adressa aux communautés de Warmierville et de Chaingny une Charte, par laquelle il donna la véritable interprétation des Chartes de 1234 :

« Sous la réserve du libre passage et conduite par le comté de Rethel aux vassaux de Warmeriville et de Chaingny comme ils en jouissaient pour le dit sauvement. Pourquoi le dit seigneur déclare que les dits hommes ou vassaux jouiront de l'exemption du droit de *toulieu* et de vinage pour tous leurs achats à leurs usages qu'ils achèteront à Rethel et au Châtelet et même en la terre que le dit seigneur comte. Mais si c'est pour le commerce, ils paieront le droit de toulieu et de vinage pour les objets vendus ou achetés sous la foi de leurs serments quand ils en seront requis (1). »

Varin, dans ses Archives administratives, tome 2, page 382 (2), relate la quotité de ces droits de sauvement : « 1234. Ci sont li sauvement de Warmeriville de 1234 : Et à savoir que tuit cil de Warmeriville qui ont cheval doivent pour le sauvement 1 sest. d'avoine et cil qui n'en ont point doient une mine. Les femmes vesves et cil qui ne sont point mariét n'en doient point. »

A cette époque, il y avait 100 personnes imposées, dont 36 à un septier, une à deux septiers et 63 à deux quartels. Le total était de 63 septiers d'avoine. Chaque année, MM. du Chapitre

---

(1) *Arch. de Reims.* Inventaire du Chapitre.
(2) *Bibliothèque de Reims.*

établissaient un rôle pour la perception de ces droits, lesquels étaient perçus ou par le fermier de leur moulin (Moulin-de-Haut), ou par les adjudicataires des droits de sauvement. Ces droits de sauvement étaient dûs non seulement par les bourgeois du Chapitre, mais par ceux de la seigneurie de Ragonet. Le 19 juin 1686, une adjudication à l'enchère du droit de sauvement eut lieu devant Leleu, notaire à Reims. Le prix adjudicatif fut de 63 septiers d'avoine (1).

Droit de Cens

Le droit de cens, qui était la redevance annuelle des biens fonciers, se payait en argent, en poules et en avoine. D'après les cueillerets des cens du Chapitre Notre-Dame des années 1642, 1645, 1671, 1682, 1684, 1708, 1738, 1747 et 1756, les droits de cens étaient répartis entre tous les habitants des deux seigneuries. Les habitants de la seigneurie du Chapitre payaient le droit cens à raison de 22 deniers pour livre du revenu établi par l'établissement des rôles de taille, ceux de la seigneurie de Ragonet ne payaient que 1 denier pour livre. Pour différentes causes dont nous ne pouvons donner l'explication certains chefs de famille payaient la redevance ou en avoine, ou en poule, quart, moitié et trois quarts de poule (2).

Droit de Vente

Les seigneurs ont toujours cru être les vrais possesseurs des biens de leurs sujets. Quand ceux-ci voulaient les vendre ou en acheter, ils avaient besoin de leur autorisation, laquelle se donnait moyennant un droit, appelé lods et vêture. Ces droits étaient de 20 deniers pour livre du prix d'acquisition. Le Chapitre Notre-Dame de Reims ne percevait ces droits que sur les héritages de sa seigneurie. Sur la seigneurie de Ragonet c'était le titulaire de cette seigneurie.

Droit de Banalité

L'établissement d'un four, d'un pressoir et d'un moulin, était pour le seigneur la source d'un revenu parce que tous les habitants du lieu étaient obligés de s'en servir.

(1) *Arch. de Reims*. Inventaire du Chapitre.
(2) *Arch. de Reims*. Cueillerets de Warmeriville.

M. Chéruel, dans son *Dictionnaire des Institutions de la France,* dit :

« Le seigneur pouvait contraindre tous ceux qui habitaient ses domaines à venir au moulin et au four banal. Le droit de banalité s'appliquait aussi au pressoir, forges, boucheries, etc. C'était un véritable monopole exercé par le seigneur et ses agents. On appelait *fournage* le droit que le seigneur prélevait sur tous ceux qui étaient soumis à la banalité. »

Aucune pièce ne nous indique à quelle époque la servitude du four banal a disparu à Warmeriville. Ce que l'on sait par l'usage et la tradition, c'est qu'un four banal a existé et qu'un quartier du village se désigne encore par ce nom.

Offrandes

Aux jours de Pâques, de la Pentecôte et de Noël, chaque particulier habitant de la paroisse, même les femmes veuves, devait une offrande. Le produit de ces offrandes appartenait pour les deux tiers à Messieurs du Chapitre, à la condition de payer les deux tiers du vin consommé pour le Saint Sacrifice de la Messe (1).

Amendes

De tous temps, des amendes furent prononcées contre les fraudeurs dans leurs acquisitions d'héritage faites sans déclaration ou accompagnées d'un faux prix de vente. Cette amende était de 60 sous parisis. Les justices prononçaient aussi des amendes comme aujourd'hui. Ces amendes appartenaient aux deux seigneurs de Warmeriville. Le 7 juin 1608, Taillet, notaire à Reims, faisait un bail de 3 ans des petites amendes de Boult et de Warmeriville appartenant à Messieurs du Chapitre, lesquelles allaient annuellement à 60^1 par an (2).

Deshérence

Les seigneurs, plus tard les rois, recueillirent, par droit de deshérence, la succession de ceux qui ne laissaient pas d'héritiers légitimes.

Confiscation

Les biens de certains condamnés et des suicidés étaient confisqués au profit des seigneurs.

(1) *Archives de Reims.* Plaids Généraux, 1620.
(2) *Archives de Reims.* Inventaire du Chapitre.

Colombier

Le droit d'élever un colombier n'appartenait qu'au seigneur haut justicier. C'était une tour assez élevée où l'on recevait des pigeons, nourris aux dépens des champs environnants.

Droit de Chasse

La chasse a toujours été un droit que se sont réservés les seigneurs sur les terres de leurs sujets.

Droit de Pêche

La pêche a toujours été un droit appartenant indivisiblement aux deux seigneurs de Warmeriville.

Grains vendus

Pour la vicomté de Reims, on percevait anciennement un droit de 4 deniers parisis par char de grains entré à Reims (1).

Droit de Mairie

Le droit de mairie était une redevance due sur chaque seigneurie de Warmeriville par les chefs de famille envers l'adjudicataire des droits de mairie, lequel percevait en même temps la plupart des droits seigneuriaux.

Droit de Fief dû au Chapitre par les Seigneurs de Ragonet

La terre seigneuriale de Ragonet, appelée au Moyen-Age le Fief des Aigrefins, des Ecuyers et des Menissiers, était redevable annuellement envers le Chapitre de Reims d'une rente de 9 quartels d'avoine et 40 deniers.

Droit de Charme

D'après Ducange, le mot *charme*, *charmea*, était une sorte de redevance. Il en est question dans une Charte de 1202 donnée par Simon de Montfort. Si nous consultons le *Répertoire universel et raisonné de jurisprudence civile, criminelle, canonique et bénéficiale* (2), le mot charme est défini dans le sens suivant : « Charme, outre les sens connus de ce mot, on le trouve employé dans les anciens titres et même dans quelques coutumes pour désigner les *chaumes* et même les *landes* et *bruières*, qui

---

(1) VARIN. *Arch. législatives.* Coutumes.
(2) *Bibliothèque de Reims*, page 275.

sont effectivement des terres en chaume. C'est dans ce sens que l'article 170 de la coutume de Troye dit : « Que vain pâturage est en terres et prez dépouillez en pleines charmes et autres héritages clos et fermez. »

Le Droit de Charme était un droit de cens dû par différents propriétaires de Vaudétré, Lavannes, Caurel, Witry et Reims, au seigneur titulaire de la seigneurie de Ragonet. L'Inventaire du Chapitre fait mention d'un Procès-verbal de reconnaissance du droit de cens dû au seigneur de Warmeriville. Dans le titre authentique (1), nous prenons différents passages et des extraits que nous faisons suivre :

« Aujourd'huy mardy 23 novembre 1762, nous, Pierre Villain et François Villain, tous deux arpenteurs à Reims, soussignés, certifions que Me René-Louis Blavier, avocat à Reims, au nom et comme stipulant leurs droits et intérêts et M. le comte de Noailles, seigneur de Warmeriville, Me Simon Deperthes, aussy avocat à Reims, au nom et comme stipulant les droits et intérêts de MM. du Chapitre de Reims, seigneur de Caurel, Lavannes et Courmartin, et Me Jean Viellard, aussi avocat à Reims, au nom et comme stipulant les droits et intérêts de MM. du Chapitre de Saint-Symphorien du dit Reims, seigneur de Witry, nous ont dit qu'il y avait instance entre mon dit seigneur le comte de Noailles, demandeur contre MM. desdits Chapitres défendeurs, à l'occasion du Droit de Charme appartenant à mon dit seigneur comte de Noailles, en sa qualité de seigneur à Warmeriville, commençant au hameau de Vaudétré qui est partie et la paroisse de Warmeriville et partie de celle d'Heutrégiville et continuant sur les terroirs et seigneuries des dits lieux de Lavannes, Caurel et Witry. Que ce droit singulier n'était point contesté au fond par les défendeurs mais que l'on n'était point d'accord sur la consistance. Que l'instance dont est question était intervenue pour la véritable interprétation des titres qui l'établissent ou confirment. Que pour parvenir à remplir cet objet soit à l'amiable, soit judiciairement, il leur avoit paru nécessaire de faire dresser un Procès-verbal de reconnaissance du local, sur l'indication de quelques anciens des lieux. Qu'après en avoir conféré ensemble, ils étoient convenus de nous requérir d'y

---

(1) *Arch. ds Reims.* Fonds du Chapitre.

procéder. Que le dit M⁰ Blavier ayant choisi pour nous servir d'indicateur le nommé Nicolas Lemarteleur, ancien habitant de Warmeriville et receveur actuel de la seigneurie du dit lieu, laquelle recette il jouit depuis 18 ans en vertu des baux qu'il lui en ont été passés et en a vu jouir Simon Lemarteleur, son père, et Marie-Béatrix Linguet, sa mère, qui en ont joui 45 ans aussi, en vertu de baux à eux faits. MM⁰ˢ Deperthes et Viellard connaissant le dit sieur Lemarteleur pour honnête homme et au fait tant du dit local que de l'usage et tradition concernant la perception du dit droit de charme avoient consenti qu'il fut seul indicateur pour l'objet dont il s'agit. Le dit sieur Lemarteleur ayant été par nous invité de la part de ces Messieurs à se retrouver avec nous à ce jour et heure sur le grand pont de Vaudétré et d'apporter avec luy ce qu'il pourrait avoir de titres, papiers et renseignements aux fins que dessus il s'y est rendu. Et étant avec lui sur le dit pont, il nous a montré un livre relié en carton couvert de bazanne contenant 88 feuillets, commençant par ces mots : « Cueillerets portant la déclaration de tous et un chacun, les droits de bourgeoisie et deniers seigneuriaux accoutumé payé d'ancienneté, dû par les habitants et communauté de Warmeriville à Noble et très puissante dame Nicolle de Villers, veuve de feu haut et puissant seigneur Messire Robert de Joyeuse, vivant seigneur vicomte du dit Warmeriville. Au dit le feuillet verso est écrit : « La dite terre et juridiction de seigneurie appartient aussi et suivant la coutume ancienne à la dite dame, 22 pieds au-delà du grand pont de Vaudétré, paroisse du dit lieu du côté d'Heutrégiville et finissant à la Croix du Linguet proche Reims duquel droit de seigneurie, il y a plusieurs pièces de terre, appelées *charmes*, qui doivent droits et deniers seigneuriaux et droits de vente en cas d'achat dûs à la dite dame de Joyeuse ou à ses fermiers au dit jour de Saint-Martin d'hiver ....

Au folio 38 verso est écrit : « Comme aussi il est dû plusieurs droits et deniers seigneuriaux appelés *charmes* des terres labourables à la dite dame Nicolle de Villers, veuve de feu Messire Robert de Joyeuse, étant assises sur le ban et terroir de Lavannes, de Caurel et de Vitry, royées et attenant le grand chemin de Vaudétré de part et d'autre budant de bout en bout et jusque finissant à la Croix du Linguet, proche Reims, échu au jour de Saint-Martin d'hiver de l'année 1671.

Extrait des déclarations des propriétaires de terres sises à Caurel :

Reçu deux deniers de la veuve Jacques Chairon, de Caurel.
— — de S. Collet, de Caurel.
— — de Aubry Ponsinet, de Caurel.
— — de Jean Huyet, de Caurel.
— — de Jean Cugnet, de Caurel.

Reçu quatre deniers de Abraham Cugnet, de Caurel. (2 pièces de terre).

Reçu deux deniers de Jean Cherruy, d'Heutrégiville, pour une terre sise à Caurel.

Reçu deux deniers de Pierre Cherruy, de Lavannes, pour une terre sise à Caurel.

Autres droits seigneuriaux appelés *charmes* dûs par plusieurs habitants de Witry au jour de Saint-Martin d'hiver et par chacun an à peine de 5 sols d'amende et en cas d'achat payer le droit de vente à raison de 20 deniers pour livre.

Extrait des déclarations des propriétaires de terres sises à Witry :

Reçu deux deniers de Jean Guerlet, de Witry.
— — Jean Guerlet (l'aîné), de Witry.
— — Sébastien Ponsinet, —
— — Veuve Jean Nouvelet, —
— — Pierre Ponsinet, —
— — Pierre Moisnet, —
— — François Baudat, —
— — Nicolas Guerlet, —
— — Nicolas Delorme, —
— — François Baudat, —
— — Regnault Faille, —
— — Honoré Camuzet, — (Apotiquaire à Reims).
— — Lefranc, à Reims.
— — Honoré Camuzet, —
— — Jean Lasoye, Witry.
— — Nicolas Guerlet, —
— — Honoré Camuzet, à Reims.
— — Honoré Bouy, Witry.

		Regnault Faille,	Witry.
—	—	Simon Pinte, le jeune,	—
—	—	Poncelet Richet.	—

« Nous, Nicolas Conniart, lieutenant de la justice à **Warmeri**ville, pour noble et honorée dame Nicolle de Villiers, **veuve de** feu messire Robert de Joyeuse, Jean Jaunet, greffier, Martin Maupinot, procureur fiscal et Antoine Pocquet, le jeune sergent de la dite justice, soussignés certifions avoir assisté à la recette des droits et deniers seigneuriaux. Fait au château de la dite Dame ce aujourd'hui 11 novembre 1671, jour de Saint-Martin. Signé : Conniart, lieutenant, Maupinot et Jaunet avec paraphes. »

Arpentage de toutes les terres dites Charmes (1)

1. Un pré à la communauté d'Heutrégiville, ayant 22 perches 1/2 de long, sur 22 pieds de largeur.

2. Un pré à la communauté d'Heutrégiville, ayant 4 perches 1/2 de long sur 22 pieds de largeur.

3. Maison, cour et jardin à Nicolas Brimont, d'Heutrégiville, ayant 3 pieds de largeur.

4. Une autre maison, cour et jardin, à Jacques Gillet, d'Heutrégiville, ayant 1 perche 7/10 de longueur.

5. Une autre maison, cour et jardin, à Nicolas Brimont, l'aîné, ayant 12 perches 3/10 de longueur.

6. Une autre maison, cour et jardin, à Rigobert Regnault, ayant 3 perches 8/10 de longueur.

Après le 6° article se trouvent les terres labourables d'Heutrégiville, sur une distance de 413 perches 6/10 sur lesquelles il n'y a nulle prétention. Ensuite sont des terres du terroir de Lavannes aboutissantes sur ledit grand chemin sur une distance de 35 perches sur lesquelles il n'y a point droit de charme.

7. Une terre à Simon Dupuis, de Lavannes, ayant 76 verges 7/10 de longueur.

8. Une terre à Jean Potier, de Lavannes, ayant 18 perches 1/2 sur ladite largeur de 22 pieds.

9. Une terre à Simon Dupuis, de Lavannes, ayant 19 perches sur ladite largeur de 22 pieds.

---

(1) Dans la désignation de ces terres dites *charmes*, nous avons cru ne pas désigner les lieux dits et les noms des propriétaires royés.

10. Une terre à Jean Lemaire, de Lavannes, ayant 24 perches sur ladite largeur de 22 pieds.

11. Une terre à Anselme Coutier, de Lavannes, ayant 26 perches de longueur sur ladite largeur de 22 pieds.

12. Une terre à Lambert Chéruy, de Lavannes, ayant 23 perches 1/2 de longueur.

13. Une terre à Anselme Coutier, de Lavannes, ayant 17 perches de longueur.

14. Une terre à la Fabrique, de Lavannes, ayant 13 perches de longueur.

15. Une terre à Simon Clouet, de Lavannes, ayant 31 perches de longueur.

Terres aboutissantes du terroir de Lavannes sur une longueur de 70 perches 1/2 :

16. Une terre à Pierre Cugnet, de Caurel, ayant 74 perches de longueur sur 22 pieds de largeur.

17. Une terre à Servais-Chairon, de Caurel, ayant 26 perches 7/10 de longueur sur 6/10 de largeur.

Terres aboutissantes de Caurel sur une longueur de 16 perches 1/2 :

18. Une terre à Pierre Ponsart, de Caurel, ayant 36 perches de longueur sur 22 de largeur.

19. Une terre à Pierre Cugnet, de Caurel, ayant 33 perches de longueur.

20. Une terre à Pierre Milon, de Caurel, ayant 49 perches 1/2 de longueur.

21. Une terre à Pierre Cugnet, de Caurel, ayant 33 perches de longueur.

22. Une terre à Pierre Cugnet, de Caurel, ayant 30 perches de longueur.

23. Une terre à Etienne Doublié, de Witry, ayant 19 perches 6/10 de longueur.

24. Une terre à M. le curé de Bazancourt, ayant 18 perches de longueur.

25. Une terre à Jean-Baptiste Bourin, de Vitry, ayant 38 perches de longueur.

26. Une terre à Jean Baudet, de Witry, ayant 8 perches 8/10 de longueur.

27. Une terre à la Veuve Philippe-Hourié, de Witry, ayant 8 perches 8/10 de longeur.

28. Une terre à Etienne Faille, de Witry, ayant 15 perches 6/10 de longueur.

29. Une terre à veuve Jean-Baptiste Liézot, de Witry, ayant 25 perches 7/10 de longueur sur 22 pieds de largeur.

30. Une terre à Fiacre Malange, ayant 15 perches 7/10 de longueur sur 22 pieds de largeur.

31. Une terre à Fiacre Malange, ayant 22 perches de longueur sur 22 pieds de largeur.

32. Une terre à Nicolas Barbry, ayant 6 perches 1/2 de longueur sur 22 pieds de largeur.

33. Une terre à Benoît Oudin, ayant 28 perches 1/2 de longueur sur 22 pieds de largeur.

34. Une terre à Jean Viville, ayant 29 perches 1/2 de longueur sur 22 pieds de largeur.

35. Une terre à Benoît Aussonce, ayant 37 perches 1/2 de longueur sur 22 pieds de largeur.

« Il est à observer que le grand chemin des Romains a partout 42 pieds de largeur et roy compris les remparts de part et d'autre, dans les endroits où il est plus élevé que les terres voisines, depuis Vaudétré jusqu'à l'autre côté de Witry, à l'endroit où le chemin neuf de Rethel à Reims (route nationale n° 51), qui a été fait depuis environ 40 ans, se réunit audit chemin des Romains et que depuis cet endroit, en tirant vers Reims, jusqu'à la Croix du Linguet, ledit chemin neuf a été pratiqué précisément sur l'emplacement dudit chemin des Romains et de la même largeur de 42 pieds et roy ; pour ce qui a été élevé en chaussée, outre la dite largeur, il a été, au dit chemin neuf, fait des fossés de part et d'autre et des plates-bandes, qui ont été plantées d'arbres depuis 24 ans environ en dehors des dits fossés, lesquels fossés ont 4 pieds de largeur et les plates-bandes 8 pieds, ce qui fait ensemble 22 pieds de largeur de chaque côté du chemin neuf.

36. Terre à Fiacre Bouy, de Witry, ayant 37 perches 2/10 de long sur 14 pieds. (Ce numéro est distant du 35° de 68 perches 1/2).

37. Terre à Simon Hourié, de Witry, ayant 33 perches sur 22 pieds.

38. Terre à Dravigny, de Reims, ayant 56 perches.

39. Terre à Dravigny, de Reims, ayant 43 perches.

40. Terre à Laurent Dravigny, de Reims, **ayant 30** perches 8/10.

41. Terre au Chapitre de Reims, ayant 30 perches 6/10.

Toutes les terres ci-dessus étaient du côté oriental. Du côté occidental, en retournant sur Vaudétré :

1. Terre à Pierre Moulinet, de Witry, ayant 42 perches sur 14 pieds de largeur.

2. Savart et fosse inculte, 75 perches 2/10 sur 22 pieds de largeur.

3. Terre à Pierre Petitclerc, de Witry, ayant 15 perches sur 22 pieds de largeur.

4. Terre à François Petit, de Witry, ayant 16 perches sur 22 pieds de largeur.

5. Terre à Nicolas Viville, ayant 33 perches sur 22 pieds de largeur.

6. Terre à Benoît Petitclerc, de Witry, ayant 18 perches sur 22 pieds.

7. Terre à Jean Muiron l'aîné, de Witry, ayant 43 perches 2/10 sur 22 pieds.

8. Terre à Honoré Faille, de Witry, ayant 34 perches sur 22 pieds.

9. Terre à Jean-Baptiste Buneau, de Witry, ayant 34 perches 7/10 sur 22 pieds.

Des aboutissants sur une longueur de 30 perches ne paient pas.

10. Terre à Jean-Baptiste Cugnet, de Witry, ayant 65 perches sur 22 pieds.

11. Terre à Jean Viville, de Witry, ayant 25 perches sur 22 pieds.

Des aboutissants sur une longueur de 3 perches 1/2 ne paient pas.

12. Terre à Nicolas Viville, de Witry, ayant 22 perches sur 22 pieds.

Des aboutissants sur une longueur de 13 perches ne paient pas.

13. Terre à Étienne Bouy, de Witry, ayant 2 perches 8/10 sur 22 pieds.

14. Terre à Pierre Petitclerc, de Witry, ayant 54 perches sur 22 pieds.

15. Terre à Pierre Petitclerc, de Witry, ayant 22 perches 1/2 sur 22 pieds.

16. Terre à Aubry-Buneau, de Caurel, ayant 39 perches sur 22 pieds.

17. Terre à Gerbais, de Witry, ayant 50 perches sur 22 pieds.

18. Terre à Pierre Milon, de Caurel, ayant 37 perches sur 22 pieds.

19. Terre à Veuve Jean Vibert, de Witry, ayant 17 perches sur 22 pieds.

20. Terre à Joseph Cugnet, de Witry, ayant 29 perches 1/2 sur 22 pieds.

Des aboutissants sur une longueur de 40 perches 1/2 ne paient pas.

21. Terre au Chapitre Église de Reims, ayant 11 perches sur 22 pieds.

22. Terre à J.-B. Bouclon, de Witry, ayant 15 perches sur 22 pieds.

Des aboutissants sur une longueur de 11 perches ne paient pas.

23. Terre à Nicolas Faille, de Caurel, ayant 26 perches sur 22 pieds.

24. Terre à Marie-Anne Roussy, de Witry, ayant 48 perches sur 22 pieds.

25. Terre à Pierre Cugnet, de Lavannes, ayant 32 perches sur 22 pieds.

26. Terre à Honoré Chéruy, de Lavannes, ayant 20 perches sur 22 pieds.

27. Terre à Pierre Cugnet, de Lavannes, ayant 18 perches 6/10 sur 22 pieds.

Des aboutissants sur une longueur de 482 perches 6/10.

« Sur le terroir de Warmeriville, le droit de charme est confondu avec les autres droits seigneuriaux que mon dit seigneur comte de Noailles a droit de percevoir suivant ledit cueilleret comme seigneur du dit lieu. Le tout mesuré avec une chaîne de 22 pieds de Roy de longueur. Signatures......... »

CHAPITRE CINQUIÈME

La Justice sous l'ancien Régime

SOMMAIRE. — La Justice seigneuriale, la Justice royale, les Procès du Droit de Sauvement. — Les Procès de la Redevance du Fief des Aigrefins. — Les Procès des Dîmes. — Affaires diverses. — Les Plaids-Généraux. — Règlement de police du Chapitre. — Plaids-Généraux de 1620. — Justice locale. — Liste des officiers de justice de Warmeriville.

La Justice seigneuriale

Dans notre Société française, les pouvoirs publics ont changé bien souvent de mains. Le pouvoir royal, après avoir été très fort pendant le règne de plusieurs rois des deux premières dynasties, a fait place au pouvoir féodal, qui lui même s'est anéanti, après bien des luttes, devant la puissance des derniers rois de la troisième race. Sous les rois mérovingiens, la justice était rendue par les ducs et les comtes, assistés de quelques notables appelés scabins, d'où est venu le nom d'échevins. Il y avait deux sortes de justice, l'une foncière et l'autre féodale. La justice foncière s'occupait des roturiers et la justice féodale des nobles. Il n'y avait ni appel à un tribunal supérieur, ni garantie contre une cause mal jugée. Pendant la féodalité, les lois tombèrent dans l'oubli, on ne suivit que le droit basé sur l'usage. Les seigneurs, en s'attribuant les pouvoirs législatifs et judiciaires, établirent une infinité de coutumes. De là tant de sentences qui différaient les unes des autres pour des causes semblables.

Avant l'affranchissement des communes, le Chapitre Notre-Dame, qui exerçait déjà le pouvoir judiciaire à Warmeriville, avait une justice communale, exercée par le maïeur et les échevins, et une justice seigneuriale, établie à Reims, ayant à sa tête un Prévot. Relativement à cette dernière juridiction, nous retrouvons une condamnation, que nous citons : « Le Prévot de Reims, au nom de Mgr l'Archevêque, fit arrêter une charrette, un cheval, et certaine aveine en ladite charrette, appartenant à Jean La Personne, de Warmeriville, amenant à MM. du Chapitre, pour ne pas avoir payé deux deniers de droit. Menez en prison, es-prison Porte-Mars. 1372 (1).

Paysan et Seigneur français au XVᵉ siècle.

Cette juridiction prévotale existait donc encore en 1372, alors que dans la Charte d'affranchissement octroyée aux habitants d'Heutrégiville, en 1181, par l'Archevêque Guillaume, nous lisons le passage suivant :

« Chers fils et fidèles sujets, désirant pourvoir à votre paix et

---

(1) *Archives administratives*, tome III page 379, Varin.

Château des Archevêques de Reims, ruiné en 1594.

à votre tranquilité, nous vous affranchissons entièrement, vous et vos successeurs, du pouvoir et de la justice des prévôts, en sorte qu'à l'avenir personne n'aura le droit de vous commander, ni d'exercer sur vous aucune justice que nous et votre maïeur, que nous établirons dans nos villages selon notre propre volonté.........(1) ».

En dehors de cette justice prévôtale existait l'Officialité, qui était un tribunal jugeant non seulement des affaires ecclésiastiques, mais aussi diverses affaires civiles. Au xvɪᵉ siècle, l'Officialité ne s'occupa plus que des affaires purement ecclésiastiques.

La Justice royale

Ce ne fut qu'aux xɪv et xvᵉ siècles que nous voyons la justice subir d'importantes modifications ; elle se distingue déjà en haute, moyenne et basse justice. L'établissement des Bailliages, des Parlements et des Appels au Roi n'avait d'autre but que de fortifier l'autorité royale et de lui rendre les droits perdus par l'usurpation des seigneurs. Les légistes, par des études spéciales des coutumes, trouvèrent des restrictions, des subtilités légales dans les affaires ; une législation écrite s'imposait donc. Charlemagne avait tenté dans son empire de la faire prévaloir. Mais, à sa mort, tous les gouverneurs de province conservèrent leurs coutumes anciennes, sans être rédigées. Saint Louis provoqua la rédaction de plusieurs coutumes. Il établit quatre grands bailliages, dont celui de Vermandois, établi d'abord à Saint-Quentin, puis à Laon, en 1315 ; ce dernier étendait sa juridiction d'appel sur les villes de Laon, Soissons, Saint-Quentin, Coucy, Ribemont et Reims. Le nombre des affaires fut cause que Reims posséda, de 1420 à 1523, un lieutenant du bailli de Vermandois. Sous François Iᵉʳ, cette Lieutenance devint un Siège royal, pour enfin prendre le titre de Présidial sous Henri II. Le Bailliage, qui s'appelait aussi les Requêtes du Palais, jugeait les appels et les différends entre les seigneurs et les particuliers. Au-dessus du Bailliage royal existait le Parlement de Paris, lequel jugeait en dernier ressort les procès civils et criminels. Ce ne fut que sous les règnes de Louis XII et Henri III que furent rédigées les coutumes de France, qui

(1) *Histoire inédite d'Heutrégiville,* par M. l'abbé Bosc.

s'élevèrent à 285 au Centre et au Nord de la France. Quant au Midi, c'était le droit romain qui régissait la plupart des provinces.

Le grand bailliage de Vermandois, qui se divisait en six bailliages secondaires, comptait six coutumes qui servaient à toutes les villes et villages de leur juridiction. Un Edit de Henri II, en date du 19 août 1556, ordonna la rédaction des coutumes de Vermandois. Celles de Reims furent rédigées par Christophe de Thou, président, Barthélemy Faye et Jacques Viole, conseillers du Parlement de Paris. Le clergé, la noblesse et les communautés y comparurent en personne pour discuter la rédaction de ladite coutume. Au nom de l'Eglise de Reims, Mre Jehan Dupuis, chanoine de Reims (1), curé des cures de Warmeriville, Heutrégiville et Saint-Masmes, fut un des délégués de cette assemblée. Nous reproduisons, à titre historique, les titres des matières traitées.

« De la qualité et différence des personnes. De la qualité et différence des biens. Des fiefs du franc-aleu. Des héritages tenus en roture et droit de cens, vesture et vente et ventesdeües à cause d'iceux. Des saisines, saisaine et hypothèques vulgairement appelé de vest, vest et nantissement. De simple saisine. De retrait lignager. De donations simples ou mutuelles et autres dispositions faites entre vifs. Des droits appartenant à gens mariés. Des testaments et autres dispositions de dernières volontés et exécution d'icelles. Des successions et rapports qu'il convient faire en partageant icelles. Du tuteur, curateur et gardien. Des bastards, aubains, épaves bien vacants, forfaictures et confiscations. Des servitudes et droits réels. De prescription, autres coutumes (2). »

Les Procès du Droit de Sauvement

Le 19 décembre, une Sentence des Requêtes du Palais est rendue entre MM. du Chapitre, demandeurs en complainte d'une part et Zacharie Aubry, laboureur à Warmeriville, défendeur d'autre : « Après que le dit défendeur a déclaré n'avoir entendu troublé les demandeurs en leurs droits et possessions du dit

---

(1) *Bibliothèque de Reims. Arch. lég.*, 1re partie, page 884. VARIN.
(2) *Bibliothèque de Reims.* Edition Veuve Jean de Foigny, Reims.

droit de sauvement avons maintenu et gardé le dit Chapitre audit droit de sauvement. »

Le 16 novembre 1663 et le 15 janvier 1664, la justice locale de Warmeriville rendit deux Sentences en faveur de MM. du Chapitre, demandeurs d'une part, contre les nommés Tricot et Wilmet, défendeurs d'autre : « Sur quoi, parties ouies, vu le titre des dits sieurs demandeurs fait en l'année 1234, ensemble les cueillerets et recettes des années précédentes touchant le dit droit de sauvement ..... Nous avons, les dits défendeurs, condamner livrer au logis du meunier de ce lieu comme ayant pouvoir des dits sieurs et vu iceluy de recevoir le dit droit, la quantité de deux quartels d'avoine, mesure de ce lieu et suivant la coutume. »

A la date du 30 octobre 1665, MM. du Chapitre firent faire une Enquête par M. le Juge royal de Reims (1), afin de justifier le Droit de Sauvement. 27 témoins déclarèrent presqu'unanimement que MM. du Chapitre avaient toujours touché de temps immémorial le droit de sauvement. Nous citons les noms des témoins :

1. Drouin, à Saint-Masmes ; 2. Jean Pinte, laboureur à Lavannes ; 3. Jean Ribot, à Epoye ; 4. Nicolas Aubry, à Vaudétré ; 5. Pierre Pocquet, à Warmeriville ; 6. Maurice Pocquet, à Warmeriville ; 7. Jean Laurent, à Warmeriville ; 8. Pierre Pinte, à Lavannes ; 9. Nicolas Pinte, à Lavannes ; 10. Nicolas Cogniart, à Warmeriville ; 11. Toussaint Pocquet, à Warmeriville ; 12. Antoine Estoucy ; 13. Nicolas Colmart, à Warmeriville ; 14. Jean Lallement, à Vaudétré ; 15. Jean....., maître d'école à ..... ; 16. Jean Garnotel, maître d'école à Cernay ; 17. Jean Labres, maître d'école à Nogent ; 18. Nicolas Potier, meunier à Tinqueux ; 19. André Rolin ; 20. Jean Lasnier, maistre chirurgien et laboureur à Isles ; 21. Remy Chevalier, laboureur à Isles ; 22. Nicolas Beaumont, greffier de la justice de Warmeriville pour Mme de Joyeuse et maître d'école ; 23. Nicolas Pocquet, à Warmeriville ; 24. Christophe Michelet, à Warmeriville ; 25. Remy Garnotel, à Isles ; 26. Jean Cogniart, lieutenant en la justice de Warmeriville pour la Dame de Joyeuse ; 27. Jean Champion, à Warmeriville.

(1) **Jean Béguin, seigneur de Châlons-sur-Vesle, conseiller du roy, lieutenant au bailliage de Vermandois.**

Les nommés Wilmet, Tricot et Logeart interjetèrent appel des Sentences de la justice locale des 16 novembre 1663 et 15 janvier 1664. Les débats contradictoires eurent lieu au siège du Bailliage de Reims et à la date du 20 mars 1667, la Sentence suivante fut entendue :

« ...Nous, du consentement des parties ouïes, disons que les dits défendeurs et intervenants sont condamnés chacun de payer aux dits demandeurs les droits de sauvement dont il est question, savoir .... Chacun habitant du dit lieu, tant en la terre et juridiction du dit Chapitre et d'autres seigneuries : deux quartels d'avoine s'ils n'ont chevaux, et s'ils ont un cheval et chevaux de chacun cheval tirant un septier avoine et en ce cas ne paieront les dits deux quartels d'avoine et s'ils ont cavale pour chacun deux quartels. »

Il est à observer que dans la pièce authentique des Archives de Reims, vingt intervenants s'unirent aux nommés Wilmet, Tricot et Logeart. Nous citons les noms des intervenants : Nicolas Josnet, Robert Roquet, Jacques Torchet, Jean Charlier, Pierre Wilmet, Jean Cartier, Simon Regnart, Maurice Louvrier, Adam Camart, Gilles Grumelier, Nicolas Pocquet, Nicolas Bourgeois, Drouin, Nicolas Jollivet, Pierre Lespagnol, Marc Duchenois, Jean Villet, Christophe Michelet, Jérôme Flaget et Jacques Aubry.

Le 23 octobre de la même année 1667, la communauté de Warmeriville prit une Délibération par laquelle elle désavoua la conduite des appelants ci-dessus et déclara ne pas vouloir se joindre à eux. En raison des Sentences de la justice locale de Warmeriville en date des 16 novembre 1663 et 15 janvier 1664, de la Sentense du Bailliage royal de Reims en date du 20 mars 1667, les nommés Wilmet, Tricot, Logeart et 15 habitants de Warmeriville, dépendants des deux juridictions seigneuriales, interjetèrent appel au Parlement de Paris. A la date du 31 juillet 1671, l'Arrêt suivant fut rendu : « ...Notre Cour, sans s'arrêter à l'intervention des habitants, a mis et met les appelants au néant. Ordonne que ce dont est appel sortira effet. Condamnons les dits Wilmet, Tricot, Logeart et les quinze autres habitants en l'amende ordinaire de 12 livres (30 francs environ), et les habitants et communauté du dit Warmeriville estant en la seigneurie et justice du seigneur de Joyeuse en pareille amende. »

Par ce qui précède, on doit comprendre quelle était l'effervescence populaire dans ces moments d'instances judiciaires. L'opinion publique, après s'être passionnée dans les moments de ces procès, a dû reprendre un peu de calme pendant un certain nombre d'années.

Le 14 janvier 1689, les Requêtes du palais rendirent par défaut contre le fermier du château, Gérard Huart, une Sentence, dont l'extrait dit : « Dict a été que la dite Cour a déclaré le dit défaut obtenu et a condamné le défaillant, fermier de cens de la cour basse du château de Warmeriville, défendeur, à payer aux demandeurs, seigneur en partie du dit lieu, trois années du droit de sauvement consistant comme ci-dessus. » Le 13 juin 1695, le Chapitre obtenait encore des Requêtes du Palais l'extrait de la Sentence suivante : « Dict a été que la Cour a maintenu et gardé les dits seigneurs du Chapitre en la possession et jouissance en laquelle ils sont de percevoir le droit de sauvement ou de bourgeoisie sur tous les habitants de Warmeriville, tant sur ceux qui demeureront dans l'étendue de leur seigneurie et juridiction que ceux qui demeureront de la part et portion de la terre et seigneurie appartenant à Robert de Joyeuse, baron de Saint-Lambert, lequel droit de sauvement consiste à payer par chacun des dits habitants au jour de Saint-Martin d'hiver pour chaque ménage deux quartels, pour chaque cheval un septier et pour chaque cavale deux quartels d'avoine, auquel cas il ne paie pas les deux quartels pour chaque ménage. »

Les habitants de Warmeriville, toujours peu disposés à payer le droit de sauvement et désireux de voir *par leurs yeux* les titres que possédait le Chapitre concernant cette redevance seigneuriale, avisèrent un avocat et commirent plusieurs délégués, dont le garde-messier Cattié et les fermiers du dit droit, Hautavoine et Grumelier, à l'effet d'adresser une Requête aux Requêtes du Palais, dont le but était d'obtenir un compulsoir. A la date du 23 janvier 1721, le compulsoir était obtenu, les quatre délégués sus-nommés et plusieurs habitants de Warmeriville se rendirent à Reims dans les locaux du Chapitre. Etant entrés dans le Cartulaire, il leur fut mis sous les yeux un parchemin au bas duquel était attaché un scel de cire enlacé de soie rouge, commençant par ces mots: « *Ego Joannes Regestestensis...*; et finissant par les mots: « *Datum anno domini millesimo de centesimo, tricesimo quarto mense novembry.* »

C'était la Charte de Jean de Rethel, en date de novembre 1234 (page 167) (1).

Malgré la vue de ce titre authentique, les habitants de Warmeriville n'en continuèrent pas moins à ne pas vouloir payer le droit de sauvement. A la date du 17 août 1723, les Requêtes du Palais rendirent la Sentence suivante :

« ...La Cour maintient en la possession du droit de sauvement MM. du Chapitre et condamne les défendeurs. »

La Sentence du 17 août 1723 fut mise en appel et par Arrêt du Parlement en date du 4 août 1725, nous extrayons ce qui suit :

« Ordonne que ce dont est appelé sera mis au néant et qu'il en sortira effet. »

Le 27 mars 1727, les Requêtes du Palais rendaient encore une Sentence comme celles que nous avons citées ci-dessus.

Le 19 août 1727, une Sentence supplémentaire ordonnait :

« ...Les fermiers du Chapitre doivent se faire payer 285 livres pour les 60 septiers d'avoine qui leur sont dûs de l'année 1720. »

Le 8 juillet 1730, le Parlement de Paris rendait encore un Arrêt confirmant la Sentence du 27 mars 1727.

Sur la fin de l'année 1729, MM. du Chapitre s'y prirent d'une autre manière pour recevoir leur droit de sauvement. Ils déléguèrent leur chanoine receveur de grains et un huissier de se rendre à Warmeriville et de toucher leur redevance. En 1759, le Chapitre procéda encore de la même manière.

En 1761, le Bailliage et Sénéchaussée rendait une Sentence à la date du 18 juillet, en faveur du Chapitre contre un habitant de Warmeriville, le condamnait à payer au fermier des droits de sauvement, 18 quartels d'avoine pour les 9 années d'arrérages échues à la Saint-Martin 1759 et à MM. du Chapitre deux quartels d'avoine pour l'année échue en 1760.

En 1778, les habitants de Warmeriville refusèrent encore de payer le droit de sauvement et à la date du 21 mars, ils se virent

(1) Les frais de ce compulsoir se montèrent à 98 livres 1 sol 3 **deniers**.

condamnés à payer le droit litigieux. Le 20 juin suivant, les habitants et communauté de Warmeriville demandèrent l'avis d'un avocat de Reims, Mᵉ Pitat. Ce jurisconsulte, après avoir étudié cette affaire, depuis 1234 jusqu'à cette époque, trouva des arguments qui démontrèrent l'inanité de ce droit de sauvement, payé pendant sept siècles. Les raisons principales étaient de savoir si ce droit avait été amorti et si le Chapitre pouvait prouver qu'ayant toujours touché le droit le sauvement, il était venu en aide aux habitants de Warmeriville dans les moments de guerre, puisqu'il ne possédait aucune maison forte à Warmeriville.

Après un avis aussi favorable, la communauté de Warmeriville n'en resta pas là ; elle prit une Délibération en date du 8 juillet 1781, exposant toutes les bonnes raisons qui militaient pour la représentation des titres de sauvement. Cette Délibération envoyé à l'Intendant ne reçut pas une approbation positive. Deux avocats de Reims, MMᶜˢ Bidet et Baron, donnaient leur avis en ces termes : « Nous estimons que quoi qu'il soit à craindre que Warmeriville ne succomba dans l'objet de sa demande, néanmoins, qu'il serait difficile de lui refuser l'autorisation ; en la lui accordant, elle pourrait être bornée à la simple demande de la représentation des titres, sans pour cela qu'elle puisse intervenir ou se défendre sur les incidents de la cause au possessoire ou au pétitoire, sauf à se pourvoir à une nouvelle autorisation si ce cas se requérait d'autant que par la requête, la communauté se borne à la simple demande, la représentation des titres, et qu'elle paraît ne point entré autrement dans l'instance commencée entre les fermiers du Chapitre de Reims et aucuns habitants particuliers dudit lieu se refusant au droit de sauvement ».

De guerre lasse, les représentants de la communauté de Warmeriville s'adressaient à nouveau à l'Intendant par une nouvelle Délibération en date du 22 juillet 1782, dans laquelle ils exposaient que les revenus communaux rapportaient annuellement 500 livres et qu'il serait plus juste de prendre le droit de sauvement sur cette somme. Le Chapitre, vu cette Délibération, y accédait et après avoir demandé d'abord 62 septiers d'avoine ou 250 livres annuellement, il consentit en dernier lieu à la quantité de 52 septiers d'avoine, payables en argent, d'après le cours des deux derniers marchés qui précédront la Saint-Martin d'hiver (2).

Les Procès de la Redevance du Fief des Aigrefins

Dans nos recherches, nous n'avons pas retrouvé de document qui puisse nous indiquer l'origine de la redevance de 9 quartels d'avoine et 42 deniers dûs annuellement au Chapitre Notre-Dame de Reims par les titulaires du Fief des Aigrefins, des Ecuyers et des Ménissiers, c'est-à-dire de tous les seigneurs qui possédèrent la seigneurie de Ragonet. D'un autre côté, nous ne nous expliquons pas non plus pourquoi ces seigneurs devaient aux comtes de Rethel un Droit de Relief quand certaine mutation se produisait.

Nous reproduisons quelques extraits de Sentence qui obligèrent quelques seigneurs laïques à s'acquitter de cette redevance :

Le 8 août 1411, Gilles de Billi, écuyer seigneur de Warmeriville, s'entend condamner à payer la redevance de 9 quartels d'avoine et 42 deniers aux Religieux de Saint-Denis.

Wilmet d'Annelles, qui tint la seigneurie après Gilles de Billi, contracta l'obligation de payer annuellement la dite redevance.

Le 10 juillet 1484, Pierre Horis souscrivit une Reconnaissance aux Religieux de Saint-Denis par laquelle il reconnaissait devoir aux dits Religieux la dite redevance à cause de sa seigneurie.

Ces notes existent dans l'Inventaire et dans le Fonds de Saint-Denis (Archives de Reims). Si nous consultons l'Inventaire du Chapitre, nous voyons que le Bailli de Reims rendit le 22 août 1487 une Sentence dont l'extrait suit : « ...Qui homologue une Transaction passée le 28 juillet 1846 entre MM. du Chapitre d'une part et Pierre Horis, écuyer, Receveur des Aydes en la dite ville de Reims, par laquelle, pour terminer tout procès sur la rente de 9 quartels d'avoine, mesure de Warmeriville, avec les deniers par an, payables au jour de Saint-Remy, dont le Chapitre était en bonne possession. Les dits demandeurs ont accordé au dit défendeur qu'il soit quitte de tout le temps qu'il a détenu la dite seigneurie jusque 6 ans, en payant par an du

---

(1) *Archives de Reims*, Inventaire et Fonds du Chapitre. — *Archives départ. de Châlons*, c. 745.

dit temps la moitié de la dite redevance, c'est à savoir quatre quartels et demi d'avoine, mesure ci-dessus, et 20 deniers, et les dites six années passées, tenu rendre et payer à toujours la dite redevance de 9 quartels d'avoine et 40 deniers par an. »

Le 27 septembre 1526, c'est Jean le Vergeur qui tient la seigneurie de Warmeriville, comme tuteur des enfants mineurs de Nicolas de Bezannes. En cette même année, il fait des Offres réels devant Saussclles, notaire à Reims, et reconnaît par cet acte qu'il doit au Chapitre de Reims une rente annuelle de trois livres 4 deniers et 9 quartels d'avoine.

Ce que nous ne comprenons pas, c'est que, par ces deux actes de 1486 et 1526, la redevance était due au Chapitre de Reims, alors que nous retrouvons dans l'Inventaire de Saint-Denis (Archives de Reims), à la date de 1554, la note suivante : « Echange fait par le Chapitre de Reims et le sieur Abbé de 9 quartels d'avoine et 6 sols de rente sur le manoir de Warmeriville, appelé le manoir de Philippe de Bezannes, pour deux pièces de pré sises à Champigny, contenant un jour et demi, royées toutes les deux les prés des Religieux. »

En 1557, le Chapitre fut obligé d'avoir recours au Juge royal de Reims pour obliger le seigneur Claude Pioche à lui payer la redevance de son fief. Une Enquête fut faite à Reims et six témoins déposèrent unanimement : « Avoir vu le seigneur du Fief des Aigrefins, des Ecuyers et Menissiers, les dits fiefs faisant partie de la seigneurie de Warmeriville, alors M. Claude Pioche, payer la redevance de 9 blancs parisis, qui reviennent à 3 livres 9 deniers et 9 quartels d'avoine au jour de Saint-Remy, avec offre de faire à la première réquisition. »

Nous avons déjà dit que Robert de Joyeuse avait laissé une succession embrouillée. Nous avons vu que quelques années après sa mort, les Requêtes du Palais rendirent une Sentence à la date du 18 septembre 1665, par laquelle il est donné acte de la Déclaration des Pères Jésuites qu'ils n'empêchent pas que la portion de la seigneurie de feu de M. de Joyeuse ne soit adjugée à charge de la rente foncière de 9 quartels d'avoine 3 sols 4 deniers par an due au Chapitre.

Le 25 octobre 1666, une Sentence des Requêtes du Palais ordonnait que l'adjudication par décret des revenus seigneuriaux de la terre et seigneurie de Warmeriville ait lieu à la charge de donner au Chapitre la dite rente foncière de 9 quartels d'avoine et portable à Reims.

Le 3 février 1667, une Sentence des Requêtes du Palais ordonnait l'appréciation des grains des 29 années d'arrérages de la dite rente foncière à prendre sur la succession de feu M. de Joyeuse.

Enfin le 17 juin 1667, les Requêtes du Palais rendaient encore une Sentence, par laquelle il était ordonné le paiement au Chapitre de la somme de 194 livres 5 sols 6 deniers pour les arrérages des 29 années de la rente foncière en grains et en argent, plus 110 livres pour les frais de l'appréciation (1).

Le Procès des Dîmes

A la date de décembre 1477, une Sentence contradictoire rendue en l'Officialité de Reims mentionne un différend élevé entre MM. du Chapitre ou leur procureur syndic d'une part et Peresson Solin, de Vaudétré, défendeur d'autre part, sur ce que ce dernier avait, au nom du dit procureur syndic, fait adjuger à l'enchère les fruits des dîmes du village et terroir de Warmeriville. Les Officiaux condamnent, par leur Sentence définitive, le dit défendeur à satisfaire à la demande du dit sieur procureur syndic du Chapitre défendeur aux dépens.

En février 1541, c'est un Procès-verbal d'enquête faite par le Juge royal de Reims, à la requête de MM. du Chapitre et des Abbé et Religieux de Saint-Thierry, demandeurs, en cas de saisine et de nouvelleté contre Jean Huet dit Longueval, défendeur, au sujet du droit de rapport de fer des laboureurs d'Isles cultivant sur le terroir de Warmeriville, qui devaient payer la moitié de la dîme de leurs récoltes et vice-versa. Le rapport de fer était, on le sait, un droit que devait tout étranger venant cultiver sur un terroir voisin. Pour cette dernière affaire, il s'agissait d'une pièce de terre sise terroir d'Isles, lieudit aux Myettes, contenant environ 6 ou 7 quartels.

A la date de mars 1542, nous retrouvons encore une Sentence contradictoire du Bailliage royal de Reims, rendue entre MM. du Chapitre et les Abbé et Religieux de Saint-Thierry, complaignants et demandeurs d'une part, contre Henri Bidet et Jean

(1) *Archives de Reims*. Inventaire et Fonds du Chapitre.

Huet, demeurant à Isles, défendeurs d'autre, pour raison des dîmes de Warmeriville, dont le Chapitre avait les 8/20 et Saint-Thierry les 4/20. Et pour le droit de rapport de fer sur les terres empouillées, sur les territoires circonvoisins et cultivés par ceux de Warmeriville, lequel droit est la moitié de la dîme des dites terres. « Nous disons que.... nous maintenons et gardons les dits demandeurs en possession et saisine de prendre et percevoir chaque an les deux parts dont les vingt font le tout des dîmes de grains sur les terres du terroir d'Isles et autres terroirs circonvoisins et contigus du terroir de Warmeriville, qui sont labourées et empouillées par les demeurants au dit Warmeriville... Condamnons le dit Jehan Huet, défendeur, à les en laisser et souffrir jouir dorénavant à leur rendre et restituer la moitié des douze parts dont les vingt font le tout de la dîme de grains qu'il a levée prins et emportée en la moisson de l'année 1540 ez terres déclarées et spécifiées en la demande des demandeurs. (Document original informe) ».

A la date du 31 août 1569, les Requêtes du Palais rendirent une Sentence contradictoire entre MM. du Chapitre, demandeurs, contre M. Claude Pioche, défendeur, dont nous citons l'extrait du prononcé : « Nous condamnons le dit défendeur à payer aux dits demandeurs les dîmes des grains par lui prins et enlevez ez années 1566-67 et 68 ez-héritages à lui appartenant situés au dedans du terroir de Warmeriville, à la raison de 15 gerbes l'une. Et à cette fin bailler par déclaration aux dits demandeurs le nombre de gerbes par lui recueillies »

L'année suivante, le co-seigneur de Warmeriville ne voulut pas encore payer la dîme de ses terres. A la date du 9 février 1570, les Requêtes du Palais rendirent encore une Sentence, dont nous extrayons ce qui suit : « Nous condamnons le dit défendeur (Claude Pioche) à payer aux dits demandeurs (Chapitre de Reims) les dîmes des terres qu'il a au terroir de Warmeriville, par lui dépouillées en l'année 1565, à la raison de 13 gerbes l'une et à cette fin déclarer le nombre de gerbes qu'il a recueillies, etc. »

De cette Sentence, M. Claude Pioche interjetta appel au Parlement de Paris et, par un Arrêt en date du 23 mai 1573, nous lisons la phrase suivante : « Du bien jugé de la Sentence ci-dessus dit : qu'il en a été mal appelé. »

Vers 1775, on introduisit à Warmeriville les prairies artificielles. Comme les premières récoltes étaient mangées en vert, le Chapitre ne réclama rien. Dans les années suivantes, le foin fut fané, alors le Chapitre demanda la dîme ; de là une Instance judiciaire en 1780, entre les décimateurs et les habitants de Warmeriville. Ces derniers invoquèrent les considérations suivantes : 1° La dîme, anciennement, n'avait toujours été levée que sur les fruits qui forment la principale nourriture de l'homme ou qui sont le principal objet de la culture du terroir. Pour devoir payer la dîme des sainfoins, il faudrait que l'usage et la possession aient existé depuis 40 ans. 2° Philippe-le-Bel, dans une Ordonnance de 1303, a voulu que les décimateurs fussent maintenus dans la jouissance de tous les droits dont ils étaient en possession ; mais il a défendu en même temps de les étendre. Il a prohibé toute nouvelle imposition de dîmes et de prémices et il a ordonné que celles qui existaient seraient perçues conformément à l'usage observé jusque là.

3° On n'a jamais payé à Warmeriville la dîme sur le foin. Or, le sainfoin, le trèfle, la luzerne, ont la plus grande analogie avec le foin naturel. Les habitants de Warmeriville obtinrent gain de cause et le Chapitre fut débouté de sa demande (1).

Affaires diverses

Nous relatons un accord qui eut lieu entre MM. du Chapitre et M. Claude Pioche, co-seigneur, concernant trois affaires. La première affaire était la rupture prétendue faite par le Chapitre d'une prise ou retenue d'eau pour les fossés de la maison seigneuriale de Warmeriville. La deuxième affaire était une saisie qu'avait fait faire le dit Pioche d'un droit de cens de 3 livres 4 deniers tournois que lui devait annuellement le Chapitre, en raison de son fief. La troisième et dernière affaire était le passage sur une sente que prétendait avoir MM. du Chapitre et les habitants de Warmeriville pour venir au Moulin-de-Haut en passant par les prés et bois du dit Pioche, propriétés entourant le château et séparant le village et les moulins. Par

(1) *Archives de Reims*. Inventaire et Fonds du Chapitre. Procès de la dîme de sainfoin, 1780. 3ᵉ liasse. Warmeriville.

une Transaction passée devant Savelel, notaire à Reims, à la date du 18 décembre 1557, il a été convenu ce qui suit :

1er cas. — Le dit Pioche pourra, si bon lui semble, réparer et remettre en état la dite prise et retenue d'eau et y faire et tenir un saulvoir à poisson à son profit. Toutefois, le nouveau cours d'eau que fera ledit Pioche ne devra pas incommoder les moulins du Chapitre.

2º cas. — La saisie faite à la requête du dit Pioche tiendra et les dits du Chapitre lui payeront les arrérages du dit cens ou rente de 3 livres 4 deniers (1).

3º et dernier cas. — Le dit Pioche pourra boucher le passage et entrée en la sente susdite de laquelle les dits prés, bois et héritages du dit Pioche seront et demeureront francs et libres. »

Un différend ayant eu lieu entre le maïeur du seigneur Claude Pioche et plusieurs habitants de Warmeriville dépendants de la seigneurie du Chapitre, pour la prescription de quelques droits seigneuriaux, MM. du Chapitre attaquèrent le co-seigneur Claude Pioche et à la date du 14 janvier 1570 les Requêtes du Palais rendirent une sentence, dont nous extrayons ce qui suit :

« Nous maintenons et gardons les dits défendeurs en possession et saisine de leur dire, porter et nommer : seigneurs propriétaires en possession de partie et portion de la terre et seigneurie de Warmeriville. En possession et saisine d'avoir leur territoire et seigneurie et subjets milités et distincts et séparés de la terre et seigneurie dudit Pioche. En possession et saisine d'avoir en leur dit terroir et sur leurs sujets : justice moyenne, haute et basse. Et pour l'exercice d'icelle tous officiers nécessaires. »

Un Arrêt du Parlement de Paris confirma la Sentence ci-dessus en 1577 (2).

Nous relatons une affaire de la justice locale de Reims, qui intéresse indirectement Warmeriville :

Délibération du Conseil de ville (Reims), 11 juin 1635. — Sur ce que le dit Sr Lieutenant a représenté que sur l'advis qui fut hier donné à MM. du Conseil qui estoient au bureau, que le

---

(1) Par la lecture de la pièce authentique, nous avons vu que la redevance de 3 livres 4 deniers due par le Chapitre au co-seigneur avait pour cause l'établissement d'un moulin à foulon près les moulins à blé.

(2) *Archives de Reims*. Inventaire et Fonds du Chapitre.

nommé Pierre Scellier, sergier, demeurant à Neufve rue, près Saint-Etienne-les-Nonnes, avoit eu ung garson en sa maison, depuis quinze jours, et que le bruit estoit qu'il l'avoit enterré en son jardin et un autre qu'on avait veu malade en sa maison, lequel ne paraissoit plus, mandé seul le dit Scellier qui convint que le dit garson, son neveu, étant mort, de l'avis de ses voisins il l'avait enterré en son jardin depuis neuf jours, pour éviter le scandal de sa maison, mais qu'il n'avoit recongnu aucun mal sur luy, et pour l'autre qu'estant malade, il l'avoit renvoyé à Warmeriville. Sur quoy ils l'auroient renvoyé prisonnier et aviser de faire barer sa maison, qu'il a besoing aviser ce qu'il est à faire allencontre du dit Scellier pour avoir de son auctorité enterré le dit garson dans son jardin. L'affaire mise en délibération. Conclud a esté que le dit Scellier tiendra prison durant huit jours, pendant lesquels luy sera fourni à ses dépens un habit de toille et que sa maison demeurera barrée et fin des dicts huit jours le d. Scellier mis hors la ville (1). »

Les Plaids-Généraux

Le Chapitre Notre-Dame avait une institution qui a fonctionné pendant plusieurs siècles et qui ressemblait aux Etats-Généraux, nous voulons parler des Plaids-Généraux. Ces assemblées du peuple étaient l'idéal d'une administration populaire qui tranchait les difficultés pendantes. Le Bailli, suivant les demandes qui lui étaient faites, convoquait les habitants des communautés par exploits d'huissier. L'assignation était faite par le sergent ou huissier du bailli, au syndic, aux officiers de la justice et enfin à tous les habitants de la communauté. Les absents encouraient une amende, ainsi que ceux qui manquaient de respect dans le lieu de la réunion, qui était l'église. Au jour indiqué, les habitants se rendaient à l'église. L'assemblée était présidée par le Bailli, assisté de son greffier et de trois docteurs, chanoines du Chapitre Notre-Dame de Reims. Nous avons retrouvé les Procès-verbaux de deux Plaids-généraux tenus à Warmeriville les 12 juin 1620 et 20 avril 1734. L'exposé de ces Procès-verbaux est à peu près le même. Nous empruntons un des extraits de ces Plaids-généraux.

(1) Registre des délibérations du Conseil de ville de Reims, 1635.

« Le bon ordre et la tranquilité publique dépendent de l'exécution des lois et réglements, il est de l'attention et du devoir du seigneur de notifier ces lois à leurs justiciers et d'en procurer l'exécution. C'est pour cela principalement qu'ils ont des officiers de justice sur les lieux, mais comme il arrive souvent que ces officiers négligent ce devoir, on a tâché d'y suppléer en introduisant l'usage des Plaids-généraux qui se tiennent de temps en temps par les officiers supérieurs de la juridiction principale des seigneurs ; lors de ces Plaids-généraux, on fait lecture à tous les habitants assemblés des réglements de police ; on leur enjoint de s'y conformer ; on réforme les abus que l'ignorance et la prévarication peuvent avoir introduits ; on s'informe de quelle façon la justice s'administre ; on reçoit les plaintes légitimes contre les officiers qui n'ont pas fait leur devoir ; on exhorte ceux qui l'ont fait à s'en acquitter encore mieux par la suite ; on explique en quoi consistent les droits seigneuriaux, afin que d'une part ceux qui sont légitimement établis ne souffrent aucune atteinte, et que de l'autre des fermiers trop avides n'exigent qui ne soient dûs ou n'étendent ceux qu'ils sont en droit de percevoir.

Après cet exposé, on rappelait aux habitants que le Chapitre Notre-Dame avait sur eux le droit de haute, moyenne et basse justice, puis on leur faisait lecture du Réglement de police du Chapitre Notre-Dame, dont nous extrayons les titres des articles et des amendes.

1. — *Blasphémateurs*. Amendes arbitraires.

2. — *Conduite dans les églises*. Irrévérences, etc., 3 livres 15 sols d'amende.

3. — *Observation des fêtes et dimanches*. Irrévérences, etc., 3 livres 15 sols.

4. — *Assistance aux offices*. Irrévérences, etc., 3 livres 15 sols.

5. — *Des jeux publics*, de la danse publique. Défense 3 livres 15 sols et 6 livres pour le musicien.

6. — *Travail du dimanche*. Défense ou il faut une permission, 10 livres d'amende.

7. *Observation du Carême* et du jeûne, défense et amende de 25 livres pour ceux qui vendent des viandes pendant le Carême.

8. — *Respect au curé* et aux officiers de justice, amende arbitraire.

9. — *Changement de domicile.* Il faut certificat des curé et juges du lieu.

10. — *Mendiants et bohémiens.* Défense de les recevoir, 10 livres d'amende.

11. — *Achats aux passants.* Défense, amende arbitraire.

12. — *Police pendant les offices.* Les personnes confiées à la garde du village pendant les offices et qui négligent de le faire paieront 3 livres d'amende.

13. — *Filles mères.* Il leur est enjoint d'en faire la déclaration aux officiers de justice et de conserver leurs fruits, sous peine d'être punies de mort. (Edit de Henri II, 1556).

14. — *Querelles.* Défense, amende arbitraire.

15. — *Jeux défendus.* Défense, joueurs 25 livres d'amende et 50 livres d'amende au directeur de jeux.

16. — *Police des cabarets*, veillées. Défense de jouer et danser le jour et la nuit, 3 livres 15 sols d'amende.

17. — *Divertissements profanes.* Défense, 50 livres d'amende.

18. — *Auberges.* Observance de la police, défense de vendre pendant les offices, fermeture 9 heures en été et 8 heures en hiver ; 5 livres d'amende au buveur et 50 livres d'amende à l'aubergiste.

19. — *Mesures, poids, balances.* Défense d'en posséder sans autorisation, amende arbitraire.

20. — *Mesures fragiles*, ventes en bottes du foin, de la paille. Défense de s'en service, les bottes de 10 livres ou 30 livres d'amende.

21. — *Boulangers.* Emploi de bons grains, prix de la ville la plus proche, amende arbitraire.

22. — *Bouchers.* Ne tuer que bêtes saines, amende arbitraire.

23. — *Fours et cheminées.* Bon état et précautions. 3 livres 15 sols d'amende pour les contraventions.

24. — *Chauffage des fours.* Défense de chauffer les fours la nuit et de jeter les flammèches dans les cours ou 10 livres d'amende.

25. — *Lanternes.* Bonnes lanternes dans les écuries et aux voitures ou 10 livres d'amende.

26. — *Alignement.* Défense de construire sans permission des officiers de justice ou 6 livres d'amende.

27. — *Couvertures en chaume*. Défense de les faire sur bâtiments neufs.

28. — *Balayage des rues*. Balayer les devants des maisons la veille des dimanches et fêtes et enlever les immondices sous peine de 3 livres 15 sols d'amende.

29. — *Dépôt sur la voie publique*. Défense de l'encombrer ou 3 livres 15 sols d'amende.

30. — *Saignées*. Défense aux maréchaux et aux bouchers de jeter à la rue le sang et les fumiers sous peine de 100 sols à 12 livres d'amende.

31. — *Jeux défendus*. Défense ou 3 livres ou 15 sols d'amende.

32. — *Echelles et coutres pour les malfaiteurs*. Défense de les laisser à la vue, 20 livres d'amende.

33. — *Corvées et curage des puits*. Nécessité de les faire ou 3 livres 15 sols d'amende.

34. — *Bris de clôture; échenillage à faire*. 10 livres d'amende.

35. — *Animaux morts*. Chevaux morveux, les tuer et les enfouir à trois pieds de profondeur ou 15 livres d'amende.

36. — *Chevaux malades et police des eaux*. Défense de mettre les chevaux atteints du farcin et de les laisser boire ces chevaux dans les fontaines publiques, etc., ou 10 livres d'amende.

37. — *Bornes*. Défense de les arracher. Amende arbitraire.

38. — *Police des chemins*. Défense de les dégrader et d'y anticiper, 3 livres 15 sols d'amende.

39. — *Entretien des chemins*. Ordre par les officiers de justice de les réparer devant sa propriété ou 3 livres 15 sols d'amende.

40. — *Empouilles*. Défense de les fouler ou 3 livres 15 sols d'amende.

41. — *Cueillette des bluets*. Défense de les cueillir dans les empouilles ou 6 livres d'amende.

42. — *Volailles*. Défense de les laisser entrer dans les empouilles ou 15 sols d'amende par chacune.

43. — *Glaneurs*. Permission seulement aux vieillards et aux infirmes après l'enlèvement des gerbes ou amende arbitraire.

44. — *Vaine pâture*. Défense de mener les bestiaux et les troupeaux dans les champs moissonnés ni de les labourer sinon huit jours après l'enlèvement des grains.

45. — *Enlèvement des récoltes.* Défense aux laboureurs d'enlever leurs grains que vingt-quatre heures après le liage, afin de permettre aux pitoyeurs de compter les gerbes. Amende arbitraire.

46. — *Respect des récoltes.* Défense d'aller aux éteutes ou chaumes sans permission, 100 sols d'amende.

47. — *Troupeaux séparés.* Défense de faire troupe à part sous peine de 10 livres d'amende.

48. — *Pâture du gros bétail.* Défense de faire paître le gros bétail dans les prés depuis le 15 mars jusqu'à la fauchaison sous peine de 3 livres 15 sols d'amende.

49. — *Garde des cochons.* Défense de les donner aux pâtres du gros bétail. Obligation d'avoir un pâtre pour cette espèce d'animaux. Défense de les faire paître dans les pâturages sous peine de 3 livres 15 sols d'amende.

50. — *Bergers.* Défense aux bergers d'avoir des bêtes à eux. Obligation d'attacher leurs chiens après la conduite des troupeaux, sous peine de 3 livres 15 sols d'amende.

51. — *Grasses pâtures.* Défense aux bergers et aux bouchers de conduire en aucun temps de l'année leurs troupeaux dans les grasses pâtures ou 25 livres d'amende.

52. — *Contre les oies.* Défense de les laisser errer ou vaguer. Obligation de leur casser à chacune d'elles le crochet d'une aile sous peine de 15 sols d'amende par chacune.

53. — *Colombiers.* Défense d'avoir des colombiers sans posséder 50 arpents de terre.

54. — *Colombiers.* Défense à tous seigneurs de concéder à quelqu'un un colombier sans la quantité d'arpents de terres requise.

55. — *Clôtures.* Obligation de clore les héritages se trouvant à la sortie du village.

56. — *Panier au nez des chevaux.* Obligation de s'en servir pour éviter les dommages, 3 livres 15 sol d'amende.

57. — *Pâture dans les bois.* Défense de laisser aller les troupeaux dans les bois, 3 livres 15 sols d'amende.

58. — *Police des bois.* Pillage des bois, cueillette des fraises et noisettes, destruction des petits oiseaux ; défense en est faite sous peine de 3 livres 15 sols d'amende.

59. — *Jeunes arbres.* Défense de les mutiler, etc., sous peine de 3 livres 15 sols d'amende.

60. — *Pêche.* Défense de pêcher en n'importe quel temps à toutes personnes autres les seigneurs, propriétaires ou leurs fermiers de rivières ou étangs.

61. — *Pêche.* Défense d'empoisonner les rivières, ruisseaux ou étangs, sous peine de punition corporelle.

62. — *Déversoir.* Défense à toutes personnes de détourner le cours des eaux, amende arbitraire.

63. — *Meuniers.* Défense aux meuniers d'avoir des porcs, des volailles et des pigeons. Défense de remoudre les sons et les recoupes. Obligation d'avoir une mesure en cuivre ou en fer ainsi que des poids. Amende arbitraire.

64. — *Chasse.* Défense de chasser à toutes personnes sans les seigneurs, sous peine de 100 livres d'amende.

65. — *Nids d'oiseaux.* Défense de les enlever ou de les détruire sous peine de 100 livres d'amende.

66. — *Pièges, filets, lacs, etc.* Défense de se servir de ces engins sous peine de 30 livres d'amende.

67. — *Destruction des pigeons.* Défense de tirer sur les pigeons ou de les détruire, sous peine de 200 livres d'amende.

68. — *Chiens errants.* Défense de les laisser vaguer et chasser sous peine de 20 livres d'amende.

69. — *Chasse dans les emblaves.* Défense de chasser dans les terres empouillées, sous peine de 20 livres d'amende.

70. — *Garde-terroir.* Obligation par les communautés de s'assembler le premier janvier de chaque année pour la nomination d'un garde-terroir. Remise lui sera faite du présent Règlement de police. Tous ses procès-verbaux devront être remis dans les vingt-quatre heures au Juge du lieu et en son absence à l'ancien praticien.

71. — *Aux agents du Chapitre.* Défense aux officiers de justice de modérer ou de composer les amendes dans les cas ci-dessus.

Aussitôt la lecture de ce document, tout chacun pouvait formuler des plaintes contre les officiers municipaux. Les pouvoirs étaient vérifiés et leurs livres examinés. Les affaires communales étaient discutées et réglées à la satisfaction de tous, par suite des renseignements que l'on ne manquait pas de demander aux membres du bureau. Il n'était pas à craindre, comme dans nos assemblées délibérantes, d'y voir des séances orageuses attisées par l'esprit de parti. La présidence appartenait à un personnage étranger aux rivalités locales ; il avait assez de lumière et d'impartialité pour dissiper les préjugés et combattre les oppositions systématiques. Nous reproduisons un extrait du Procès-verbal des Plaids-généraux tenus à Warmeriville le 12 juin 1620.

« Plaidz-générez et assises tenus à Vuarmeriville, terre, seigneurie, appartenant à MM. les vénérables prévôts, doyens, chantres, chanoines de l'église Notre-Dame de Reims, par nous Pierre Cocquault, docteur en droit, prestre chanoine de la dite église. Lesquels plaids..... Pour est-il, qui à la requête du procureur fiscal du dit Chapitre, nous mandons et ordonnons par ces présentes que vous *adiouvnar* et baillés assignation aux maires, eschevins et officiers de la justice du dit Vuarmeriville et à tous les habitants du dit lieu de comparaître par devant nous le dit jour vendredy 12 juin 1620, dès neuf heures du matin, par les dits offices et répondre à tous ce que les dits habitants voudront contre droit maintenir et agiter et par tous les *d'adiouvnar* voir corriger les abbus si aucuns se trouvoient à réformer et rétablir les bonnes et louables coutumes et observuances anciennes. A ce que les dits habitants et subjets des dits sieurs du Chapitre puissent vivre en bonne paix. La justice bien et sincèrement administrée au dit lieu et les droicts appartenant aux dicts sieurs soint bien et deument payés et acquittés ainsy qu'il appartient en faisant command à tous les officiers et habitants que sur la dite assignation ils ne défaillent en peine de cinq sols parisi demandé sur chaquin, appliquables aux mes dit sieurs de ce faire vous demander pouvoirs mandons à tous.....

Du dit jour vendredy 12 juin 1620 à la dite heure de neuf heures du matin, nous étans transportés au lieu accoutumé tenir les plaids du dit Vuarmeriville, où estant tous les habitants à cause de la chaleur et ardeur du soleil qu'il faisait lover nous retiroient dans la grange dîmeresse du dit lieu pour tenir les dicts plaids-généraux.

Appel des habitants. — Pierre Malingre, lieutenant du maïeur, excusé à raison de sa maladie par Nicolas Ponsinet comme la ainsy affirmé Hiérosme Camus, procureur d'office. Comme lequel a déclaré ne pouvoir faire la charge et représenter requestre en qualité de la présente action et assemblé parce que le dit procureur d'office du sieur de Moussy est nantissant de tenu et confesse comme par cy-devant et jusqu'à présent il a exercé la dite charge pour les dicts sieurs du Chapitre

Noël Poulain, greffier, et Gilles Destabay, sergent, habitants particuliers demeurant sur le ban et invisdiction appartenant à mes dits sieurs du Chapitre au dit Warmeriville. Jean Lespagnol, l'ainé, Nicolas Pelletier, Simon Pelletier, Jeanne Lespagnol, veuve de Lambert Moisnet, Remy Lespagnol, Pérette Maupinot, veuve de Jean de la Barre, Pierre Petit, Gérard Forest, Symon Maupinot, Poncette Henry, veuve de Claude Poignon, tous demeurant au dit lieu et clos appelé le Prez.

Habitants particuliers, bourgeois de mes dicts sieurs du Chapitre, demeurant en leur invisdiction rue du Pont : Poncelet Rocquet le jeune, Jullien Richard, qui a esté excusé pour être à la garde du bestail blanc comme paistre du lieu, Raulin Poive, Jean Boileau, M. Jean Sollon, prestre et curé du dit lieu.

Le pays. — Jean Le Febvre excusé, Poncette Carlet, veuve de Robert de la Barre, pour des estables à elle appartenant size en la dite rue.

Autres habitants de la rue de..... Symon Coignart, Marie Jollivet, veuve de Jean Allart, Jeanne Pouillon, veuve de Jacques Petitpierre.

Autres habitants demeurant en la dite rue devers les champs et devers l'église.

Jean Boudin, Jean le Saige, Guillemette Charlier, veuve de Jean Poignot le jeune, Pierre Rocquet, Jabelotte, veuve de Jean Boileaux, Marie Charlier, veuve de Pierre Daulphin, Jean Lallement l'aisné, Symon Petit, Marguerite Charlier, veuve de François Grumelier, Jean Poincinet.

Autres habitants demeurant en la rue du trou Brodier :

Simonne Lallemant, veuve de Richard Aubry, Martin Rocquet, Nicolas Grumelier, Françoise Poive, veuve de Jean Gomont, Jean Lallemant le jeune.

Autres habitants demeurant en la grande rue :

Gilles Charlier, Guillaume Colleteau, excusé par Jacquette

Cabot sa femme, Jacques Jollivet, Jean Malingre, Remy Simon, Pierre Lallement, Jacques Aubry.

Autres habitants demeurant rue d'Ragonnet :

Jean Guillaume, Blaise Pasquier, excusé pour être à la garde des vaches comme paistre d'bestail. Nicolas Cocq, meunier des Moulins et François Collinet, demeurant en la rue des franaux roié Simon Boligève d'une part et la veuve Jean Charlier, tous manants et habitants du dit Vuarmeriville. Sommation par le Président de l'Assemblée de dire si on a quelque chose à reprocher aux officiers : ceux-ci se retirent…..

Le Président expose que les dits Sieurs du Chapitre sont haults justiciers, moiens et bas de la partie de la terre et seigneurie de Vuarmeriville et qui est distinct et séparé d'avec autre juridiction. Item pour le clos du Prez et de tous les héritages compris audit enclos appelé vulgairement le marai et du prez.

Pour l'exercice de leur justice ils ont mayeur, lieutenant, procureur d'office, greffier, sergent, et autres officiers nécessaires qui connaissent de toutes les causes dissivantes tant civiles et criminelles. Ont les dits sieurs, droict de vente à raison de 20 deniers pour livre du prix des acquisitions des héritages et que le tout sur leur jurisdiction, payable par les acquéreurs. Pareillement et ont appartient aux dits sieurs du Chapitre, moulin, foullerye, maisons et bastiment en dépendant loués à Nicolas Lecocq. Ont aussi les dicts sieurs, droict de sauvement ou bourgeoisie qui est rollé que chacun habitant au dit lieu et village de Vuarmeriville tant en la terre et jurisdiction desdits sieurs du Chapitre que autres doivent par chacun an deux quartels d'avoine s'ils n'ont chevaux ou s'ils ont cheval ou chevaux chacun un septier d'avoine et ne paieront que les deux premiers quartels d'avoine s'ils ont jument. Ont aussi, droict par plusieurs particuliers à cose de certains héritages qu'ils détiennent tant au dit Vuarmeriville qu'aux champs même au triège appelé Saint-Druon plusieurs cens tant en argent, avoyne que poules qui se prennent par les fermiers des dits sieurs scavoir : de ceux demeurant dans l'enclos du Prez le lendemain de Noël et des autres au jour des Innocents. Ont aussi les 2/3 des offrandes du jour de Pasques,

Pentecoste, Noël, fournissant par lux les 2/3 du vin qu'il convient avoir en l'église dudit lieu. Ont les dits seigneurs : droict aux grosses et menues dîmes qui se perçoient par eux ou leurs fermiers. Ont aussi droict de perche en la rivière. Pareillement ont les dits sieurs droit de prendre et percevoir par chacun an sur la part de la Seigneurie de Vuarmeriville que possède à présent Jacques Tisserot escuyer, sieur de Moussy venant de feu sieur Pioche à dix quartels d'avoine et 3 sols parisis d'argent. Appartiennent auxdits : plusieurs héritages dont ils jouissent, qu'ils baillent à louage et en reçoivent les pensions. Et ont en la rue des franaux y a 4 maisons qui sont mitoyennes et ont pour la moitié assises en la juridiction des dits sieurs du Chapitre d'un costé et l'rue où répondent les principales entrées. Et sur ce qui a été représenté que les dits du Chapitre ont droit de prendre par préciput par chacun an sur les droits de disme appartenant à l'Abbaye de Saint-Pierre-les-Dames cinq quartels froment, cinq quartels seigle, cinq quartels orge.

Et au regard du sieur Moussy qui s'est dit seigneur vicomte de Vuarmeriville comparant par le dit Hiérosme Camus son procureur fiscal, à la publication du dit droit de pêche prétendu en la rivière a dit que le dit sieur de Moussy et ses prédécesseurs sont en possession de temps immémorial depuis le Pont du Pré jusqu'au bois Castillan et depuis le bois Castillan jusqu'à 22 pieds au-dessus du Pont de Vandétré et réciproque disions et déclarions et qu'il ont droit de pêche pour ce qu'il soutient en ce même endroit que la pêche est commune à lui et aux sieurs du Chapitre.

Pour le droit de sauvement s'est aussi opposé (Jacques de Tisserot) à la reconnaissance du droit général pour toute sa seigneurie et soutenu que les dittes terres du Chapitre le doivent spécifier non-seulement en quantité mais à quelle mesure et d'où le droit leur vient et s'il est admorty d'autant que les dittes terres du Chapitre n'ont aucune maison forte au dit Vuarmeriville ni en lieux circonvoisins pour sauver et retirer les habitants. Comme aussi il s'est opposé pour ce qui est redevance qu'ils prétendent sa seigneurie être chargée laquelle il soutient être exempt de charge et de tout droict hormis un droict de relief envers Monseigneur le duc de Rethelois à cose de sa tour de

Rethel en laquelle il a droict de haulte, moyenne et basse et mouvante et non des dits sieurs du Chapitre. »

Dans les Plaids-Généraux du 20 Avril 1734, nous n'y avons lu d'autres changements que les noms des personnes, tous les droits dus au Chapitre qui sont encore les mêmes (1).

Justice locale

Les seigneurs de Warmeriville furent le Chapitre et les seigneurs du château. Ces seigneurs avaient des limites dans l'étendue de leur seigneurie. Ils rendaient la justice locale par l'entremise d'un lieutenant, d'un procureur fiscal, d'un greffier et d'un sergent. Le lieutenant était le juge, le procureur fiscal le ministère public, le sergent, l'huissier. Le greffier transcrivait les jugements rendus par le lieutenant et les autres actes émanés de lui. Les émoluments étaient 15 sols au juge, 10 sols au procureur et 15 sols au greffier. Les principales affaires soumises à cette juridiction locale étaient les actes concernant la nomination des garde-terroirs, des pitoyeurs, des collecteurs, des tuteurs, des curateurs. Ces officiers avaient encore à dresser des inventaires des biens meubles et immeubles, à faire des ventes de ces mêmes biens, à poser des scellés, à recevoir des plaintes en diffamation, enfin ils s'occupaient de tous les délits mentionnés dans le Règlement de police que nous avons cité en extrait.

Nous avons cité des Procès de la justice locale de Warmeriville à la date des 16 octobre 1663 et 15 Janvier 1664, concernant le droit de sauvement. Nous avons cité également un Procès du 12 décembre 1687, concernant la perception injuste des droits seigneuriaux sur la juridiction du Chapitre par le procureur fiscal ou co-seigneur. Parmi les propriétés que possédait le Chapitre en leur terre de Warmeriville, il y avait un fief dit : la Chanoinerie, lequel était au Pré. Cette propriété, qui était un jardin, était entourée de haies vives, une anticipation ayant eu lieu par le voisin, la justice locale rendit la Sentence suivante à la date du 22 mars 1688 : « La justice du Chapitre de Warmeriville, qui du consentement de Jean Maupinot, étaminier défendeur, donne main levée et abandonne à

(1) *Archives de Reims.* — Fonds du Chapitre.

Messieurs du Chapitre, demandeurs au lieu dit le hameau du Pré, paroisse de Warmeriville, la dite haie étant sur l'héritage des dits seigneurs du Chapitre, appelé la Chanoinerie, fief de mes dits seigneurs. Et ordonne qu'il sera planté une autre haie vive entre les parties avec les fossés sur leur héritage ».

En 1742, le 12 mars, les Officiers de la Justice dressèrent un Procès-verbal d'épalement des mesures chez Jean-Baptiste Lallement, cabaretier à Warmeriville, afin qu'il ait à l'avenir des pintes, des chopines et des demi-chopines, mesure du Chapitre. Une autre visite eut lieu chez Jacques Détouche, meunier. Ce dernier était en règle, il avait les mesures du Chapitre (1).

Liste de quelques Lieutenants de justice, Procureurs d'offices Greffiers et Sergents de justice de Warmeriville

Pierre Malingre était lieutenant du Chapitre en 1620.
Nicolas Conniart — 1671.
Jean Ligua — 1672.
Jean Champion — 1682.
Jean-Baptiste Grumelier — 1693.
Maurice Cochet — 1710.
Ponce Brimont — 1734.
Jean-Baptiste Brimont — 1747.
Jean-Sébastien Hanrot — 1756.
Nicolas Conniart, lieutenant de la seigneurie de Ragonet, 1682.
Nicolas Trichet, — 1710.
Jean Hautavoine, — 1735.
Hyerosme Camus était procureur fiscal en 1620.
Martin Mopinot — 1671.
Jacques Pocquet — 1710.
Vincent Pocquet — 1734.
Jean Cochet — 1747.
Adam Champion — 1756.
Noël Paulin était greffier en 1620.
Maurice Pocquet — 1645.
Nicolas Beaumont — 1665.
Jean Jaunet — 1671.

(1) *Archives de Reims*. Inventaire et Fonds du Chapitre.

Jean Grumelier, greffier en 1682.
Jean Gardebled — 1684.
Jean Wilmet — 1695.
Pierre Dot — 1711.
J.-B. Grumelier — 1734.
Noël Charlier — 1738.
J.-B. Lemarteleur — 1739.
Jean Champenois — 1747.
Gilles Destabay était sergent en 1620.
Antoine Pocquet, — 1671.
Nicolas Brisset, — 1695.
Pierre Dot, — 1734.
J.-B. Paulin, — 1747.

CHAPITRE SIXIÈME

L'Enseignement primaire à Warmeriville

SOMMAIRE. — Historique de l'enseignement populaire. — L'école primaire de Warmeriville sur la fin du xviiie siècle. — Achat d'une maison d'école. — Nomination et choix de l'instituteur primaire. — Les traitements successifs de l'instituteur et de l'institutrice. — Liste des instituteurs. — Liste des Institutrices. — L'instruction à Warmeriville. — École, Mobilier scolaire, Gymnase, Bibliothèque scolaire. — Caisse des écoles. — Caisse d'épargne scolaire. — Récompenses obtenues par l'instituteur.

Historique de l'Enseignement populaire

A l'époque gauloise, les druides laissaient le peuple croupir dans l'ignorance, ces prêtres dérobaient aux populations le secret de leur courte science. Dans la période romaine, nous savons que l'empereur romain Julien créa des écoles publiques dans toutes les cités des Gaules. A partir de l'évangélisation, nous voyons les ministres de la religion chrétienne s'occuper de l'enseignement populaire ; c'était une double nécessité d'instruire les catéchumènes et d'initier les clercs aux sciences ecclésiastiques. Dans notre contrée, Hincmar, le célèbre archevêque de Reims (847-882), enjoignait aux doyens ruraux de s'informer partout le diocèse si chaque curé avait une école et un clerc capable d'enseigner les lettres aux enfants de la paroisse. L'*Histoire littéraire de la France* (Tome v, page 29 de l'édition de Palmé), relate que Riculfe, évêque de Soissons (889) parlait : « de ces petites écoles dont les curés étaient ordinairement chargés. On avait soin pour la bienséance que les filles ne fussent pas mêlées aux garçons. » L'*Histoire de l'Eglise de Reims* (livre ii, chapitre xiv), rapporte un fait relaté par Flodoard qui prouve l'existence des écoles dans nos villages : « Un petit garçon du village de Gernicourt (Aisne), qui allait à l'école chez le curé du lieu, s'amusant un jour, dit Flodoard, à sauter sur la tombe du saint évêque de Reims, Rigobert (696-740) qui y était enterré, devint boîteux en punition de cette irrévérence. » Ce fait est cité encore dans l'*Eglise et les Campagnes au Moyen-Age*, par G. A. Prévost, page 147. Les incursions des Normands furent cause de l'anéantissement des écoles publiques pendant le x° siècle. Après cette période de troubles, les écoles se rouvrirent sous les auspices de l'Eglise. Suivant la jurisprudence établie, il n'appartenait qu'à l'Eglise seule de s'occuper des écoles. Les évêques, par leurs doyens, avaient le droit d'approuver les maîtres et d'inspecter les écoles.

Après les guerres de la Ligue, Henri IV ordonnait (1598) aux indigents d'envoyer leurs enfants aux écoles. Mgr d'Etampes (Archevêque de Reims 1747), prescrivait l'ouverture des écoles du 1er Octobre jusqu'à Pâques. Ce prélat composa ainsi un Règlement concernant la tenue des classes, la conduite des maîtres et le choix des livres (1). Le maître d'école une fois approuvé par le clergé était choisi aux soins de l'assemblée des villageois. Un Arrêt du Parlement de Tournay, en date du 11 Octobre 1596, dit : « que ceux qui paient les gages d'un maître d'école ont le droit de le commettre. » La faible rétribution scolaire était cause que les maîtres d'école étaient clers-chantres, sacristains, sonneurs. Quand les enfants ne fréquentaient plus l'école en été, les maîtres étaient obligés d'exercer une profession quelconque, serger, ouvrier de culture, etc. Les Déclarations royales du 13 Décembre 1698 et 16 Mai 1724, prescrivaient l'établissement d'écoles dans toutes les paroisses où il n'y en a point. Dans ces Déclarations, il est fait mention de la note suivante : « Il sera imposé sur les habitants 150 livres pour le maître et 100 pour la maîtresse. » Pour l'exécution de cette clause, nous voyons les communautés voter un traitement fixe en grain et voter la rétribution scolaire due par les familles suivant la classe à laquelle appartiennent leurs enfants.

Une disposition de l'Ordonnance du 13 Décembre 1698 enjoignait les parents d'envoyer leurs enfants à l'école et aux caté-

---

(1) *Archives de Reims. Actes de la Province de Reims.* Tome IV.

chismes jusqu'à 14 ans, sous peine d'amende et de poursuite devant les tribunaux. Si les maîtres d'écoles n'étaient pas bien rémunérés, on leur accordait une exception partielle ou totale des charges de la communauté. « Le maître d'école était déchargé en totalité ou en partie de la taille, de la corvée et des autres impôts et quand l'âge le forçait à se retirer, cette exemption lui était maintenue à titre de dédommagement. Il payait seulement une capitation de 5 à 6 sols. Les maîtres d'école étaient exempts aussi des fonctions redoutées de collecteur d'impôts. Les maîtres d'école régulièrement institués étaient privilégiés pour l'exemption du service de la milice. L'assemblée générale du clergé de France décida que les honneurs de l'Eglise seront rendus aux maîtres revêtus de surplis immédiatement après les ecclésiastiques et avant les seigneurs de paroisses (1).

L'école primaire de Warmeriville sur la fin du XVIIIe siècle

Dans le Questionnaire de 1774 *(Archives de Reims)*, nous relevons la note suivante : « Il y a un maître d'école non fondé, il a pour appointement 20 sols par ménage, il a un casuel qui peut monter à 12 livres par année ; c'est la communauté qui le nomme. Le maître d'école tient les garçons et les filles ; comme il n'y a point de lieu fixe assigné pour les écoles, il les tient chez lui ; il y a ordinairement une cinquantaine d'enfants. » Avant la Révolution et jusqu'en 1834, la commune de Warmeriville ne possédait pas de local pouvant servir à la tenue de l'école ; les maîtres durent se loger à leurs frais, comme l'indiquent le Questionnaire de 1774 et les Archives communales de Warmeriville.

Nous empruntons ce qui suit à une Monographie inédite de M. Jancenelle, instituteur, lequel, avec une bienveillance toute particulière, s'est mis à notre disposition pour ce travail : « Pendant très longtemps, sous M. Féry et ses prédécesseurs, l'école se trouvait près de l'église, au centre du village, dans une salle longue de 5 mètres environ, large de 4. Pour plancher, il y avait de la terre battue. On était très bien en été dans ce réduit, mais en hiver, malgré la bûche que chacun apportait pour alimenter le poêle, les enfants étaient littéralement gelés.

---

(1) *Le Village sous l'ancien régime*. Page 234. BABEAU.

Les murs décrépis du local étaient nus, sauf dans un coin plus obscur où l'on voyait suspendu 7 ou 8 branches bien flexibles de bouleau réunies par une ficelle : c'était le martinet, la férule du maître; dans ce coin caché, le maître d'école donnait le fouet ; et de temps en temps, il atteignait son instrument de supplice et passait entre les tables, distribuant de ci, de là, de place en place, de lourdes caresses pour adoucir le caractère de ses élèves. Les tables de l'école Féry étaient plates, larges d'un mètre, longues de trois ou quatre, irrégulièrement distribuées, de différentes hauteurs, selon la grandeur des enfants. Ceux-ci se plaçaient debout devant ces tables et restaient dans cette position pendant toute la durée de la classe. Ils n'avaient que rarement la permission de s'accroupir à terre. Et il était long le temps de l'étude. On entrait à six heures du matin pour sortir à la nuit. Chacun apportait son repas dans un petit panier et, vers le midi, on remplaçait le livre par un morceau de pain ou de sarrazin assaisonné d'un morceau de fromage. Qu'enseignait-on pendant ces longues heures ? La lecture, l'écriture, le catéchisme, quelques règles de calcul, mais point d'histoire, point de géographie. Une chose à remarquer, c'est que le maître montrait rapidement à lire; aussitôt qu'on savait syllaber quelque peu, on avait pour livre, *Le Devoir d'un Chrétien*, volume écrit en grosses lettres, en caractères bien formés, faciles à lire et à distinguer. Pour prix de son travail, le maître d'école percevait la même somme pour les deux sexes : 6 sous par mois quand on savait lire, 4 sous seulement quand on commençait à fréquenter l'école. Le maître d'école n'avait aucune rétribution de la commune. Aussi, comme il était joyeux, lorsqu'à Pâques, allant de porte en porte, le panier qu'il portait au bras était rempli d'œufs par les cultivateurs ; comme il était heureux, au moment de la moisson, si on lui donnait quelques gerbes de seigle pour un service rendu. Le maître d'école partageait les offrandes de l'église avec le marguillier ; c'était avec un soin jaloux que le premier jour de l'An ces deux commensaux du prêtre se partageaient les liards, les noisettes, les fruits qu'ils recueillaient à la messe, en passant avec un gracieux sourire devant tous les fidèles.

Achat d'une Maison d'école

Ce n'est qu'en 1834 que la commune fit l'acquisition d'une grange pour servir à la tenue de l'école. Ce local appartenait à M. Jean-François Rousseau, percepteur à Isles, à qui il fut acheté 4,000 francs (1). On y fit rapidement quelques réparations et le logement fut ainsi réparti : salle pour l'école au rez-de-chaussée ; habitation de l'instituteur partie Ouest de la maison, le logement de l'instituteur était séparé de l'école par un escalier conduisant à la mairie. Il a conservé son affectation jusqu'en 1882. Sur la délibération du Conseil, il est dit que la salle choisie était assez grande pour contenir 200 élèves. Or, elle n'avait que 9^{m}60 de longueur, 8^{m}10 de largeur, 3 mètres de hauteur. Cela n'aurait donc fait qu'un mètre cube et demi d'air environ par élève ! En tout cas, l'école de derrière l'église a reçu jusqu'à 300 élèves des deux sexes, lesquels étaient séparés les uns des autres par des planches de sapin. Ils avaient donc 0^{m}800 d. cube d'air ! Quand on pense que les enfants passaient jusqu'à 12 heures dans une telle salle, on se demande comment ces pauvres êtres ne succombaient pas tous par étiolement. Cette maison, réparée en 1882, est actuellement convertie en école maternelle. Mais la classe a 4 mètres de hauteur et ne reçoit plus que 50 à 60 enfants des deux sexes. La première maison d'école de filles fut tenue par Mlle Hécart, originaire de Reims, dans un local loué à la commune par M. Courty, instituteur ».

Nomination et choix de l'Instituteur primaire (2)

« Ce jourd'hui, premier novembre 1826, Nous Maire et membre du Conseil municipal de la commune de Warmeriville, étant assemblés à l'effet de procéder à la nomination et choix d'un instituteur primaire. Le Maire susdit nous ayant présenté la personne du sieur Jean-Baptiste Delacroix, ci-devant chantre et instituteur de la paroisse de Saint-Jacques à Reims, département de la Marne, arrondissement de Reims, lequel après l'avoir examiné dans ses mœurs et ses talents, nous l'avons accepté pour être instituteur de notre commune, à charge pour

(1) C'était l'ancienne grange dîmeresse.
(2) *Archives communales de Warmeriville*. Registre des délibérations.

lui de se procurer un logement convenable dans l'enceinte de la commune à défaut d'école communale et logement.

1° Il lui sera payé pour ses honoraires, la quantité de 25 septiers de seigle, mesure au marc de Rheims, à prendre sur les plus imposés en contribution de cette commune. En outre, il sera payé au dit instituteur un franc vingt-cinq par ceux qui ne seraient pas imposés au grain par chaque ménage et cotte personnelle. Les femmes veuves ne payeront que pour demi-ménage. Il sera fourni au dit instituteur par M. le Maire, chaque année, un état des particuliers qui doivent payer en grain, excepté les indigents qui seront reconnus par M le Maire. Il recevra en outre pour ses honoraires d'école, savoir : 1re classe, les enfants qui seront au syllabert payeront la somme de 35 centimes par mois ; 2e Ceux qui seront à la lecture payeront 40 centimes aussy par mois ; 3e Ceux qui seront à la lecture, arithmétique payeront la somme de 50 centimes aussi par mois. Il est accordé aussi au dit instituteur tant pour indemnité de logement que pour secrétaire de M. le Maire de la dite commune, que pour conduite de l'horloge, la somme de cent francs qui sera payée par mandat de M. le Maire. Les écoles commenceront le 1er novembre, date de son entrée, et sera tenu le dit instituteur de commencer à l'avenir le 1er octobre 1827 et à finir à la Saint-Jean-Baptiste, sonnera tous les jours, soir et matin, la prière appelé l'*Angelus*, le midy à onze heures, à l'usage du pays, s'oblige à conduire ses écoliers à l'église pour la prière quand M. le Curé l'exigera. Les écoles s'ouvriront tous les jours à six heures du matin jusqu'à onze heures à midy, et recommencera a une heure au son de la cloche jusqu'au jour failly, s'oblige d'aider les répartiteurs aux mutations, des répartitions tant directe que indirecte et assistera M. le Desservant dans toutes les fonctions de l'Eglise et recevra la rétribution ordinaire. Le dit instituteur entrera en fonction le 1er novembre présente année, et finira à pareille époque 1827, convenu que dans le cas que le dit instituteur voudra nous remercier dans le courant de l'année, il doit en prévenir trois mois d'avance, réciproquement des soussignés. Le dit instituteur s'oblige, après qu'il aura la quantité de 80 écoliers, de se munir d'un sous-maître pendant quatre mois, à commencer au 15 novembre jusqu'au 15 mars. Il a été convenu que le dit instituteur a droit de refuser les enfants au-dessous de six ans révolus. Et les dits pères et mères seront tenus de payer au dit instituteur les écolages de leurs enfants tous à la fin du mois de mars.

Fait et arrêté en la maison commune les jour, mois et an que sus-dits. Signé : Delacroix, Le Marteleur, Hanrot, Modaine, Payer-Chrétien, Le Marteleur, F.-N. Franqueville ».

Ce dit instituteur fut loin d'être à la hauteur de sa mission, car nous retrouvons dans le registre municipal de 1832 la délibération suivante :

« En 1832..... Délibération..... Le sieur Delacroix, instituteur de la dite commune, impossible à lui, vu son peu d'activité de donner de l'instruction à ses élèves qui doivent fréquenter son école, c'est au point que plusieurs écoliers sont plusieurs jours sans répéter leurs leçons. La tenue de son école est mauvaise en ce qu'il est souvent absent et que souvent aussi le sommeil vient le surprendre au milieu de ses occupations et le peu de sciences qu'il possède, il n'a pas le talent de le communiquer à ses élèves, surtout en arithmétique. Enfin sa moralité est loin d'être exemplaire, on le sait, et nous nous abstiendrons de nommer ses défauts. Quant au greffe, il lui est impossible d'en remplir les fonctions. Délibère demande d'établir un concours pour choix d'instituteur à M. le Sous-Préfet ».

Les Traitements successifs de l'Instituteur et de l'Intitutrice

Conformément à l'Ordonnance royale du 24 février 1830, le paiement en grain fut supprimé et par une Délibération en date du 10 novembre 1832, la commune de Warmeriville accorda à son instituteur un traitement fixe et annuel de 400 francs. Quant à la rétribution scolaire mensuelle, elle fut fixée à 0 fr. 60 pour les élèves de la première classe, 0 fr. 50 pour ceux de la deuxième et 0 fr. 40 pour ceux de la troisième. Comme disposition additionnelle, le Maire avait droit d'exempter de la rétribution scolaire 10 indigents.

En 1838, l'instituteur touche de la commune 510 francs seulement, le secrétariat de la Mairie et la conduite et entretien de l'horloge sont compris. Il instruit 170 enfants des deux sexes en hiver et 120 en été. Il a un sous-maître.

En 1852, l'instituteur a 1.170 francs de traitement en vertu de l'article 40 de la loi du 15 mars 1850. Il reçoit en outre 100 francs pour le secrétariat de maire et 80 francs pour la conduite et entretien de l'horloge.

En 1852, une institutrice est installée à Warmeriville, elle a un traitement fixe de 200 francs plus 200 francs d'indemnité de logement, sans compter la rétribution scolaire.

En 1852, l'institutrice occupe un local appartenant à M. Courty, instituteur, rue des Champs, et elle reçoit 200 francs pour indemnité de logement.

En 1858, l'institutrice se loge dans une maison de M. Simonnot (rue du Pont), et elle reçoit 325 francs d'indemnité de logement.

En 1860, l'institutrice reçoit encore 200 francs de traitement fixe mais 325 francs d'indemnité de logement.

En 1861, l'institutrice reçoit 800 francs de traitement fixe et 325 francs d'indemnité de logement.

En 1861, l'école de garçons a un instituteur-adjoint avec un traitement de 100 francs.

En 1869, l'instituteur a un traitement de 700 francs et 450 de supplément, 200 francs pour le secrétariat de mairie et 30 francs pour l'entretien de l'horloge. En cette même année, l'instituteur reçoit 400 francs et 100 francs de traitement supplémentaire. Depuis les nouvelles lois scolaires, cet ordre de choses est changé (1).

Liste des Instituteurs

En 1667, Nicolas Beaumont était maître d'école et greffier de la justice de Warmeriville.

En 1674, Jean Ollivier.

En 1675, Maurice Leriche.

En 1678, Jean Ollivier redevient maître d'école à Warmeriville, puis retourne à Saint-Brice, proche Reims.

En 1679, Jean Gardeblez, meurt à 35 ans, le 15 avril 1690. Enterré dans le cimetière.

En 1690, Antoine Barthellemy.

En 1693, Claude Lecoq. En 1697, il était maître d'école à Pomacle.

En 1697, Abraham Noizet.

En 1697, Claude Blond.

(1) *Archives communales de Warmeriville.* Registre des Délibérations.

En 1719, Gérard Bourgeois.

En 1721, Claude-Hubert Dupuis.

En 1728, Pasquier Leclère.

En 1773, Michaux.

En 1776, Discourt.

En 1778, Pierre-François Féry.

En 1792, Haimart.

L'an II, Ponce Renard.

En 1808, il était huissier aux contributions, demeurant à Reims.

L'an IV, Simonnet.

En 1797 Haimart.

En 1809, P.-F. Féry.

En 1812, Lacombe. Reste quelques mois.

En 1817, Catillon, âgé de 22 ans. En 1826, il est condamné aux galères pour faux en écriture.

En 1826, Jean-Baptiste Delacroix. En 1832, il est destitué pour inconduite.

En 1832, Jean-Evangéliste-Victor Lejeune, âgé de 23 ans. Il resta de janvier à mars.

En 1833, M. Simon-Magloire Courty, âgé de 21 ans. Le 12 novembre 1866, il meurt emportant les regrets d'une population sympathique et reconnaissante.

En 1866, M. Ponsart. Nommé à Reims en avril 1874, cet instituteur a été promu Officier d'Académie en juillet 1888. En retraite.

En 1874, M. Barrois était maître d'école à Warmeriville. Nommé à Reims à 1876, puis est devenu inspecteur primaire, actuellement à Bar-le-Duc.

En 1876, M. Thomas. Nommé à Reims en 1880, promu Officier d'Académie.

En 1880, M. Jancenelle-Henry. Titulaire de la médaille d'argent.

La commune de Warmeriville a fourni plusieurs instituteurs à l'enseignement primaire. Nous citons :

Foissier, Jean-Baptiste-Gustave, né le 21 mai 1840. Instituteur à Reims, Officier d'Académie. En retraite.

Lépargneur Nicolas-Gustave, né le 21 juin 1840. Instituteur en retraite au Châtelet-sur-Retourne. Titulaire de la médaille d'argent.

Charlier, Léon, né en 1860. Instituteur à Saint-Souplet, se marie à Sainte-Marie-à-Py et y meurt.

Liste des Institutrices

Mlle Hécart, Marie-Augustine, 10 août 1851.
Mlle Mathellier, Palmyre, 21 janvier 1869.
Mme veuve Lesecq, née Dervin, Césarine, 1er octobre 1874.
Mlle Bouquignon, Louise, 15 février, 1882.
Mlle Peuchot, Laure, 1er octobre 1883.
Mlle Minard, Mathilde, 15 octobre 1888.
Mlle Lallement, Lucie, 1er octobre 1892.

La commune de Warmeriville a fourni plusieurs institutrices à l'enseignement. Nous citons :

Mlle Emma Brimont, institutrice à Florent, près Sainte-Ménehould.

Mme Maget, née Doucet, Juliette, institutrice-adjointe à Reims.

Mme George, née Soyer, Angèle, institutrice-adjointe à Reims.

Mme Jacquot, née Paulin, Julie, institutrice-adjointe à la Villa-d'Ay.

Mme Gilmaire, née Boulanger, institutrice libre au Val-des-Bois.

Mme Soreau, née Paulin, Louise, économe à l'école normale d'Orléans.

Sœur Sainte-Elise, née Jeanne-Béatrix Hanrot, de l'Enfant-Jésus de Reims, institutrice à Reims.

L'instruction à Warmeriville

Nous terminons ce chapitre avec la fin de la Monographie inédite de M. Jancenelle, instituteur. L'enseignement primaire y est traité avec trop de compétense pour ne pas profiter de ce bon travail.

« En examinant les anciens registres de la mairie, il semble que sous le rapport de l'instruction, relativement au temps, la communauté de Warmeriville ait tenu un bon rang. Ainsi, dans les registres de l'état-civil de 1674 à 1800, on voit que bon nombre de personnes dénommées dans les actes, pères, mères, témoins, etc., ont su signer. Mais c'est surtout à partir de la

Révolution française que la proportion des illettrés a diminué. Voici à ce sujet un tableau qui témoigne l'importance du progrès accompli.

De 1790 à 1800. — 67 mariages ; conjoints ayant signé leur acte de mariage : hommes, 52, femmes, 27 ; total, 79 ; maximum, 134 ; rapport pour 0/0, 51.

De 1800 à 1810. — 66 mariages ; conjoints ayant signé leur acte de mariage : hommes, 59, femmes, 52 ; total, 111 ; maximum, 132 ; rapport pour 0/0, 84.

De 1810 à 1820. — 98 mariages ; conjoints ayant signé leur acte de mariage : hommes, 88, femmes, 71 ; total, 159 ; maximum, 196 ; rapport pour 0/0, 81.

De 1820 à 1830. — 114 mariages ; conjoints ayant signé leur acte de mariage : hommes, 97, femmes, 77 ; total, 174 ; maximum, 228 ; rapport pour 0/0, 76.

De 1830 à 1840. — 78 mariages ; conjoints ayant signé leur acte de mariage : hommes, 73, femmes, 67 ; total, 140 ; maximum, 156 ; rapport 0/0, 89.

De 1840 à 1850. — 109 mariages ; conjoints ayant signé leur acte de mariage : hommes, 97 ; femmes, 84 ; total, 181 ; maximum, 258 ; rapport pour 0/0, 83.

De 1850 à 1860. — 156 mariages ; conjoints ayant signé leur acte de mariage : hommes, 140, femmes, 122 ; total, 262 ; maximum, 312 ; rapport pour 0/0, 83.

De 1860 à 1870. — 168 mariages ; conjoints ayant signé leur acte de mariage : hommes, 153, femmes, 126 ; total, 279 ; maximum, 336 ; rapport pour 0/0, 83.

De 1870 à 1880. — 155 mariages ; conjoints ayant signé leur acte de mariage : hommes, 147, femmes, 143 ; total 290 ; maximum, 310 ; rapport pour 0/0, 93.

De 1880 à 1888. — 148 mariages ; conjoints ayant signé leur acte de mariage ; hommes 145, femmes, 141 ; total, 286 ; maximum, 297 ; rapport pour 0/0, 96.

D'autre part, si nous examinons le degré d'instruction des jeunes gens depuis le milieu de notre siècle, nous nous rendons un compte exact de la marche ascendante des études.

Degré d'instruction des conscrits depuis 1850 :

De 1850 à 1855. — 67 conscrits ; 18 illettrés ; 49 lettrés ; proportion, 73 conscrits lettrés.

De 1855 à 1860. — 72 conscrits ; 18 illettrés ; 54 lettrés ; proportion, 75 conscrits lettrés.

De 1860 à 1865. — 68 conscrits ; 12 illettrés ; 36 lettrés ; proportion, 82 conscrits lettrés.

De 1865 à 1870. — 74 conscrits ; 15 illettrés ; 59 lettrés ; proportion, 80 conscrits lettrés.

De 1870 à 1875. — 83 conscrits ; 14 illettrés ; 69 lettrés ; proportion, 83 conscrits lettrés.

De 1875 à 1880. — 66 conscrits ; 7 illettrés ; 59 lettrés ; proportion, 89 conscrits lettrés.

De 1880 à 1885. — 62 conscrits ; 2 illettrés ; 60 lettrés ; proportion, 97 conscrits lettrés.

De 1885 à 1888. — 33 conscrits ; 1 illettré ; 60 lettrés ; proportion, 97 conscrits lettrés.

Ces états font voir que les progrès ont été constants ; ils ont surtout été sérieux depuis 1870. Les résultats seront encore plus satisfaisants à l'avenir, car, depuis le vote de la loi sur l'obligation, tous les enfants fréquentent les écoles. En 1882, aucun enfant n'a quitté l'école sans savoir lire, écrire et compter. On peut donc compter qu'on ne verra plus d'illettrés.

Ecole

Le groupe scolaire de Warmeriville a été construit en 1882. La dépense totale s'est élevée à 86,938 fr. 85. dont 17,000 francs d'acquisition et 69,938 fr. 85 pour prix de la construction. A la même époque, la commune a dépensé 7,000 francs pour la transformation de l'ancienne école de garçons en salle d'asile. Ce n'est qu'à partir de la construction de ce groupe scolaire qu'ont été créés, dans la commune, les emplois d'instituteur-adjoint et d'institutrice-adjointe, et qu'une salle d'asile ou école maternelle a été fondée.

L'école est divisée en deux classes, l'une pour le titulaire, l'autre pour l'instituteur-adjoint ou stagiaire. Les classes renferment toutes les conditions désirables de commodité et d'hygiène : abondance de lumière et d'aération, dimensions convenables des salles, excellent état et bonne tenue d'un mobilier complet, parquet goudronné, préau couvert, vestibule, cabinets d'aisance bien disposés, pompe dans la cour, rien n'a été négligé pour rendre le séjour de l'école sain, plaisant et attrayant.

Mobilier scolaire

Tout le mobilier scolaire est en excellent état. Il a été acheté presque entièrement en 1882 et 1883 (dépense, 2750 francs). Il est composé des objets suivants :

1. — 20 tables à 2 places avec dossier, nouveau modèle, placées dans la classe de l'instituteur titulaire ;
2. — 10 tables à 5 places, avec bancs y attenant, placées dans la classe de l'adjoint ;
3. — Cartes géographiques suivantes : Mappemonde, planisphère, 2 d'Europe, 1 de la Marne, 1 de l'Algérie, 8 de Vidal Lablache (France) ;
4. — 6 tableaux noirs dont 2 sur chevalet ;
5. — Un boulier compteur ;
6. — 2 tableaux du système métrique et un compendium métrique, donné par la Ligue de l'Enseignement en 1883 ;
7. — Nécessaire scientifique Leblanc, prix 60 francs ;
8. — Musée scolaire du Docteur Saffray ;
9. — Méthode de dessin Pillet et Charvet ;
10. — Tableaux d'histoire naturelle ;
11. — Tableaux d'histoire de France ;
12. — 2 tableaux de lecture méthode Néel ;
13. — 24 fusils scolaires, 1 tambour et 2 clairons.

Gymnase

Les enfants sont exercés trois fois par semaine à faire de la gymnastique, mouvements de bras et de jambes, école du soldat, tir, escrime à la baïonnette. Un instructeur militaire, M. Collard Prudent, ex-caporal au 2º Zouave, donne chaque dimanche une leçon d'exercices militaires ; mais il n'y a ni gymnase, ni portique, ni agrès.

Bibliothèque scolaire

La bibliothèque scolaire de Warmeriville a été fondée en 1879. L'Etat lui a accordé une concession de livres (42 volumes le 21 mai 1879). Chaque année, le Conseil municipal vote une somme de 50 francs pour la bibliothèque. Aussi le nombre des livres augmente chaque année. En 1888, la bibliothèque contient 118 livres de classe destinés à servir aux élèves indigents et 268 volumes de lecture à prêter aux élèves et aux adultes. Ces ouvrages sont placés dans une très vaste armoire en chêne. La bibliothèque est bien suivie : la moyenne des prêts aux familles est de 600 par an. Les ouvrages les plus demandés sont ceux de littérature et ceux de voyages. On a surtout une grande prédilection pour les œuvres de Jules Verne et de Mayne-Reid.

Caisse des Ecoles

Une Caisse des Ecoles a été créée le 1er janvier 1883. Les ressources se composent :

1. — D'une subvention annuelle de 200 francs ;
2. — De produits divers tels que dons, quêtes au 14 juillet, etc.

La dépense annuelle est d'environ 200 francs pour achat de fournitures classiques aux élèves indigents des trois écoles. Actuellement, il reste en caisse 344 fr. 80, laquelle somme sera plus que suffisante pour solder les dépenses afférentes à l'exercice 1888.

Caisse d'Épargne Scolaire

Elle a été fondée le 1er novembre 1875. Nombre de livrets en 1888 : 83.

Sommes inscrites sur ces livrets au 1er septembre 1888 : 63.

Nombre des Élèves (École de Garçons)

1867, 77 élèves ; 1868, 78 élèves ; 1869, 77 élèves ; 1870, 74 élèves ; 1871, 74 — ; 1872, 92 — ; 1873, 86 — ; 1874, 85 — ; 1875, 72 — ; 1876, 68 — ; 1877, 70 — ; 1878, 72 — ; 1879, 75 — ; 1880, 77 — ; 1881, 71 — ; 1882, 74 — ; 1883, 69 — ; 1884, 78 — ; 1885, 83 — ; 1886, 84 — ; 1887, 86 — ; 1888, 88 — .

Récompenses obtenues par l'Instituteur

Cours d'adultes. — Gratification de 25 francs en 1877. Gratification de 50 francs en 1880. Gratification de 20 francs en 1882.

Lettres de félicitations. — 14 mars 1878.

Enseignement agricole. — Prix du Comice agricole de Sainte-Ménehould en 1875. Médaille de vermeil du Comice de Reims en 1877. Diplôme d'honneur du Comice central en 1877. Médaille d'or du Comice de Reims en 1885.

Société protectrice des animaux. — Médaille de bronze en 1878.

Exposition scolaire d'Epernay. — Médaille d'argent en 1884.

Récompenses ministérielles. — Prix consistant en un ouvrage relié en 1882. Mention honorable pour l'année 1884. Médaille de bronze 1891. Médaille d'argent 1897.

CHAPITRE SEPTIÈME

Agriculture. — *Industries*

SOMMAIRE. — L'agriculture dans le passé. — Géologie. — Terroir. — Cadastre. — Désignation des sections et des lieux-dits du terroir de Warmeriville. — Culture du terroir. — Statistiques agricoles de 1773. — Recensements de 1773-1828 et 1836. — Statistique décennale de 1882. — Les anciennes mesures à Warmeriville. — Le Moulin-de-Haut. — Le Moulin-de-Bas. — L'industrie lainière dans le passé.

L'Agriculture dans le passé

L'histoire de l'agriculture a subi bien des alternatives de prospérité et de revers à travers le cours des siècles. Les guerres furent toujours des périodes de misère, la paix ramena toujours la prospérité. L'histoire de l'agriculture, c'est l'histoire de l'humanité, toujours accélérée par le progrès, toujours ralentie par l'adversité. Sous les Gaulois et les Romains, la culture des terres était bien limitée ; c'était plutôt le système pastoral qui existait. Du ve au xe siècle, les populations rurales furent bien malheureuses, bien qu'associées avec les moines défricheurs, nos malheureux ancêtres ne travaillèrent que pour le gaspillage des guerres barbares. La plus belle époque où l'agriculture prospéra fut celle du xe au xive siècle. Bien qu'il y eut quelques escarmouches entre seigneurs, beaucoup allèrent concourir aux succès des croisades. Pendant deux siècles que durèrent ces expéditions lointaines, l'agriculture put reprendre un certain degré de prospérité. La meilleure preuve de l'aisance de nos populations d'alors fut la magnificence des églises de nos pays, qui datent toutes des xi, xii et xiiie siècles : Heutrégiville, Isles, Lavannes, Warmeriville, etc. S'il a fallu à nos pères beaucoup de zèle religieux, il faut admettre aussi qu'il leur a fallu beaucoup de labeurs. Les abbayes, les chapitres aidèrent assurément nos ancêtres à édifier tous ces monuments religieux, mais, d'un autre côté, il faut admettre que la population était à cette époque plus intense, que toutes les terres étaient cultivées et que les dîmes, par conséquent, rapportaient plus aux décimateurs. L'affranchissement des communes eut pour résultat de rendre la liberté du travail à nos populations rurales.

Cette liberté fut donnée en échange de plusieurs impôts d'Etat et de certaines redevances seigneuriales qui allèrent

Paysans français de la fin du xv° siècle.

toujours en augmentant. D'autres calamités arrivèrent encore, ce furent : les guerres de Cent ans, les guerres de la Ligue, les guerres de la Fronde et les guerres étrangères. Sous Louis XV, les nobles quittèrent le séjour du château, ils abandonnèrent leurs domaines pour les plaisirs et les fêtes de la cour, les charges augmentèrent et elles retombèrent sur l'homme des champs. Sur la fin du xviii° siècle, la misère arriva à son comble quand éclata la Révolution. La période révolutionnaire ne fut pas meilleure pour les habitants de nos campagnes, les guerres et les contributions entravèrent encore le progrès agricole. Aujourd'hui, une ère nouvelle et régénératrice se poursuit avec la paix. Les sciences et les arts ont donné une impulsion nouvelle à l'agriculture contemporaine.

Géologie

Le terrain de Warmeriville appartient au crétacé qui forme l'étage supérieur de la série des terrains de sédiments moyens ou secondaires. La terre végétale ou terre arable s'est constituée par des limons ou par des détritus de roches superficielles que les agents atmosphériques ont détachées et ont transportées dans les vallées. Le sol du terroir de Warmeriville, dans son ensemble, contient environ 70 0/0 de carbonate de chaux, 25 de silice, 3 d'alumine et 2 de phosphate de chaux et d'hydrate de péroxyde de fer. Les proportions de ces éléments varient suivant les vallées ou les collines. Ainsi, le long de la Suippe, s'étend une bande de terre qui donne un sol plus riche en argile et plus humifère. Plus loin, on trouve quelques veines d'un sable grossier ou de grève. Le sous-sol est un calcaire plus ou moins pur, puis des bancs de craie. Sur les bords de la Suippe, ce calcaire gît profondément au-dessous d'une épaisse couche de terre arable, mais partout ailleurs elle vient percer à la surface du sol, qui n'a pas 12 centimètres d'épaisseur en certains endroits. Sur le chemin de Warmeriville au Ménil-Lépinois, à moitié de distance de ces deux localités, il existe encore plusieurs carrières de craie où, pendant des siècles, les craies servirent à la construction de l'ancien Warmeriville.

Terroir

Le terroir de Warmeriville, qui contient 2,285 hectares, s'est formé par la réunion de plusieurs seigneuries mises en culture par une population stable. Les divisions terriennes sont postérieures aux anciens chemins gaulois qui allaient de village en village ; il en est de même des voies romaines. C'est à la disparition de la féodalité que nous devons le morcellement des propriétés foncières. Au Moyen-Age, les habitants étaient, avons-nous dit, attachés au sol ou à la glèbe. Si le fonds passait en d'autres mains, les serfs étaient heureux de rester sur la terre cultivée par leurs pères et ils mouraient tranquilles par la perspective que leurs enfants en jouiraient aussi. L'affran chissement des communes rendit les colons propriétaires. La propriété améliorée et agrandie fut toujours le mobile de l'homme travaillant et amassant pour les siens. Jusqu'à la guerre de Cent ans, toutes les terres étaient cultivées. Sur la fin du xiv° siècle, le royaume était en cendres. Le nom de bien des lieux dits indique l'existence de métairies, de hameaux et de villages disparus. La conséquence : une population diminuée, des terres non cultivées. Ces terres incultes appelées hautes terres devinrent des *usages*. L'Ordonnance de Blois (1578, art. 284) et Celle de Louis XIV, rendues pour la restitution des biens communaux, prouvent que les seigneurs s'étaient appropriés ces propriétés pendant les guerres. Ces usages communaux furent aliénés en raison d'un Édit royal de 1769, qui supprimait le droit de parcours en Champagne. Les nouveaux propriétaires, habitants de Warmeriville, conservèrent ces triots ou savarts jusqu'au milieu du xix° siècle ; ils furent enfin plantés de sapins.

Cadastre

Le cadastre, c'est le plan terrier des propriétés d'une commune ; celui de Warmeriville fut renouvelé en 1836 par M. Chalette, géomètre à Châlons. Le terroir de Warmeriville contient 2285 hectares 04 ares 20 centiares divisés en 10567 parcelles. Dans l'arpentage de 1836, le plan cadastral du terroir de Warmeriville fut divisé en huit sections. Ces sections cadastrales contiennent deux cent quarante-trois lieux dits. Bien des noms de ces lieuxdits remontent à la plus haute antiquité ; ils prirent leur dénomination soit d'un mont, d'une noue, d'un village détruit, d'un fait, d'une particularité quelconque (1). Par exemple, la place de la Rétesse signifie assurément la place de Rethel. On sait que dans l'origine on disait Retest et par corruption Retel, Rethel. D'autres lieuxdits appartiennent par leurs étymologies aux époques gauloises, gallo-romaines et franques.

(1) *Archives communales de Warmeriville.*

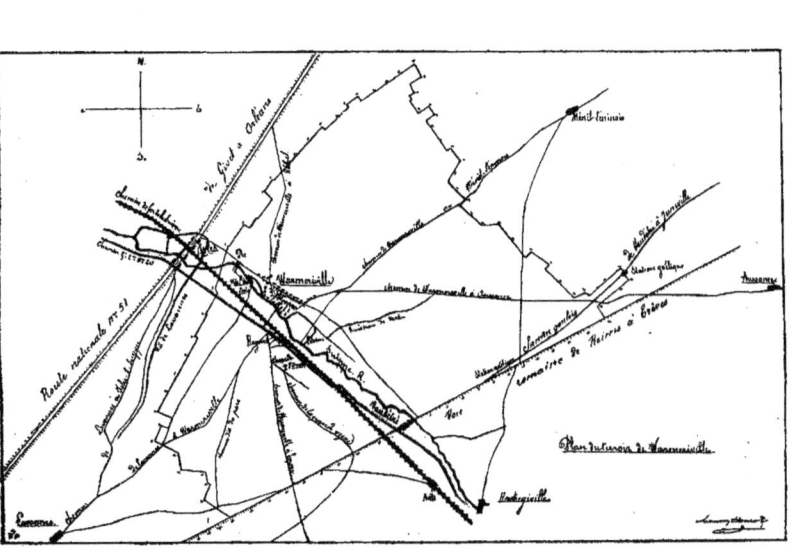

Désignation des Sections et des Lieuxdits du terroir de Warmeriville

Section A, dite de la Braille

Le bois Pocquet. La noue le Suisse. Le mont Moyen. La côte du Mont-Moyen. La côte du Terme-Mont-Moyen. La Clef. Buttant à la noue Balinet. La noue Balinet. Au-dessus de la noue Balinet. Les commes Saint-Pierre. La noue Piton. Le hôle Cerisier. La Braille. Le haut des commes Saint-Pierre. Le hôle Lamorlette. Le haut de la Braille. Les courtes Tournières. Au-dessus du champ Coquart. Le champ Coquart. Le bout du champ Letrain. Lormisset. L'entrée de la Braille. Le petit Vat. Le Vat. Le champ Letrain. Au-dessus du Pré. Le petit vallage. Les Censes. Au-dessus du Vat. Contenance totale. 314 hectares 58 ares 90 centiares.

Section B, dite du Fond-des-Indis

Les Croyns. La noue Cottret. Le revers du Mont-Moyen. Le fond de la Clef. Le mont de la Clef. Le tournant de la Clef. Le haut de la crayère Barbery. La crayère Mijeaux. Le mont Cliteau. Le fond des Indis. Le hôle du Pont. Le mont du Craye. Le chemin du Mesnil. Au-dessus des Indis. Les Crayères. Le Remont. Les Indis. Le chemin des Indis. La crayère Barbery. Sur le tournant de la Clef. La crayère du Coq. Les Boreaux. Le chemin de la Clef. Le hôle Cerisier. Le champ la Vache. Sur le chemin du hôle Colmin. Le bas du hôle Colmin. Le champ du Loup. Les Culées. Le chemin du hôle Colmin. La Chasure. Le haut de la Vingt-Gerbée. Le haut du Routy. La Croix-Champenois. Le Routy. La Vingt-Gerbée. L'entrée des Culées. Le chemin de la Procession. Le champ Bitat. La chaussée du Chapitre. Le chemin d'Aussonce. Le chemin du Poncet. Au-dessus du Rempart. Le chemin du Châtelet. Contenance totale : 361 hectares 51 ares 20 centiares.

Section C. Dite du Chelliaux

Le hôle du Pont. Le bout des bas des Crayères. Malgrange. Les Noëls. Les Abréas. La Tournière. Le champ Lagloye. Les buttants de la noue de Verd. Le chef de Verd. Le Grisonnet. La grande Forêt. La Fontaine-au-Pavillon. Le bout de Verd. La noue de Verd. Le chemin des Chelliaux. Le chemin d'Aussonce. L'entrée du chemin des Chelliaux. Le bas des Crayères. Le chemin des Crayères. La Croix-Champenois. La Chaussée-du-Chapitre. Le Poncet. Le Jardinet. Le gros Grélat. Près le Poncet. L'entrée du Grisonnet. Le Bauchet. Sur le chemin de Vaudétré. Contenance totale : 294 hectares 75 ares 30 centiares.

Section D. Dite de la Noue d'Arilleux

Batterie Moucherie. Le buisson Coureu. Le bas du mont d'Aussonce. Le mont d'Aussonce. Le chemin de Juniville. Au travers du chemin de Juniville. Le Bas-Mont. La Tournière le Bœuf. Le haut de la Tournière le Bœuf. La Mottelle. Mont-Frais. Le bas de la Tournière le Bœuf. La noue Marmageat. La haie du Berger. La noue Roulot. La noue Caurette. Le Chef-de-Verd. La Grosse-Racine. Le haut du Bauchet. Sur le Bauchet. La noue d'Arilleux. Sur la noue Caurette. Le haut d'Arilleux. Les Aisements. Sous la Mottelle. Sur le pont de Vaudétré. Près Vaudétré. Sur le chemin de Vaudétré. Contenance totale : 481 hectares 73 ares 40 centiares.

Section E. dite du Prélet

Sur les Grands-Cheminaux. Les Grands-Montys. Les Marquillons. Les Montys. Entre les deux rivières. Le Moulin-de-Haut. La Fosse-aux-Verrats. La Neuve-Rivière. La Culée-d'Orimby. Les Rondeaux. La Petite-Culée. Le Trou-d'Enfer. La Hutte-du-Bouvier. Le Poncet. Le Prélet. Le Grand-Prélet. Entre le gué Mousset et le Trou-d'Enfer. Le gué Mousset. Derrière les Ecuries. Vaudétré. Derrière les Jardins. Près Vaudétré. Contenance totale : 116 hectares 45 ares 10 centiares.

Section F. Dite de la Noue Garin

Le champ du Hussard. La culée d'Orimby. Le fond de la Mazelle. La Mazelle. Au-dessus de Saint-Druon. La noue Garin. Au-dessus de la culée d'Orimby. Le Trou-d'Enfer. Sur le Trou-d'Enfer. Le chemin des Canons. Le Gué-Mousset. Le chemin de Warmeriville. La Maison-Blanche. Macréchu. Sur le chemin des Canons. Sur la Comme. Le fond de la noue Garin. Au-dessus du hôle l'Abbé. Le champ des 10 septiers.

Les Quartiers. Les hôles Jean-Legros. Sous les hôles Jean-Legros. Le bout du hôle de la Grande-Vigne. Sous la Grande-Vigne. Le chemin d'Epoye. La noue Hardie. La Boëtte. Contenance totale ; 307 hectares 66 ares 15 centiares.

Section G. Dite de la Grande-Pièce

La Fosse-Pichet. La Fosse-aux-Loups. L'Ormantin. Le Buisson-Galand. Sur la Grande-Pièce. La Grande-Pièce. Le chemin de Reims. Ragonet. Le Naux. La Garenne. Saint-Druon. Le Trou-des-Fées. Le bas de Saint-Druon. Au-dessus de Ragonet. Le Haut-Champ. Sur le chemin de Reims. Le montant du Mont-des-Vins. Le chemin des Epinettes. Le bas de la Petite-Vigne. La Petite-Vigne. La Grande-Vigne. La côte de la Grande-Vigne. Les Lignements. Le Parc. La noue de Vin. Le hôle Fortier. Le Mont-de-Vin. Le vieux Craie. Contenance : totale : 344 hectares 36 ares 10 centiares.

Section H. Dite du Village

Le Petit-Vallage. Le Bois de la Demoiselle. La Chanoinerie. Les petits prés d'Isles. La Peau-Cumin. Les Gaudaines. La Petite-Bassière. Les Plantes. Le Moulin-de-Bas. La place de Rétesse. Les Bédies. Le Pré. Les Censes. Le chemin du Châtelet. Le Village. Le Gué-Picart. La rue des Champs. Le Pot-de-Chambre. La Planchette. Les petits Cheminaux. Les petits Montys. Le bois de la Pompe. Les Grands-Coupés. Le bois d'Enfer. Les Oseraies. Le bois Quantenois. Derrière le Four. La Culée. Le bois Clos. Le bois de la Roise. Les Vagériaux. Le bois de Rétesse. La Barraque. Le bois Paradis. Les Marais. Derrière les Marais. Le bois du Tourniquet. Le Tourniquet. Le pré Saint-Pierre. Les petits Coupés. La Bourinnerie. Le jardin des Nains. La Basse-Cour. Le grand jardin. Le bois du Moine. Le Sainfoin. Les Plantes. Le Pré. Contenance totale : 105 hectares 55 ares 25 centiares.

Culture

Le terroir de Warmeriville, comme bien d'autres de la contrée, fut divisé en trois différentes soles ou royes. La première année, une partie des terres était empouillée en froment ou en seigle ; l'année suivante, la même partie recevait l'orge et l'avoine ; enfin, la dernière année, les terres restaient en jachère ou versaine pour recevoir à nouveau le froment et le seigle et ainsi de suite.

D'après les vieux documents que nous avons consultés, les dîmes et les redevances seigneuriales se payaient toujours en nature ; le froment n'y figure presque pas, le seigle et l'avoine étaient les grains les plus employés. Les autres plantes, comme l'orge, le sainfoin, la luzerne, le trèfle, les lentilles, etc., ne furent cultivées que dans les XVIIe et XVIIIe siècles. La versaine, quoique blâmée par les théoriciens de nos jours, avait sa raison d'être à ces époques de misère. Le sol est ingrat par lui-même,

Plaque de Borne trouvée à Lavannes.

les laboureurs n'avaient pas de bonnes voies de communication et peu d'engrais à donner à la terre. Nous ne passerons pas sous silence la culture de la vigne au Moyen-Age, Il est incontestable que la vigne fut cultivée à Warmeriville ; les lieux-dits suivants : la Grande-Vigne, la côte de la Grande-Vigne, sous la Grande-Vigne ; le bas de la Petite-Vigne, le montant du mont des Vins, le mont des Vins et la noue des Vins le prouvent certainement. Du reste, nous avons relaté différents documents où il est parlé de dîmes de vins. Les causes qui amenèrent le défrichement de ce précieux arbuste furent deux Arrêts du Conseil d'Etat, rendus en 1729 et en 1731. Dans l'Arrêt du 17 avril 1731, nous lisons les lignes suivantes : « Un des principaux motifs qui ont engagé Sa Majesté à défendre la plantation des vignes en Champagne a été la trop grande abondance des vins qui s'y recueillaient, laquelle causait une augmentation dans le prix des futailles et une diminution considérable dans celui des vins. Ces inconvénients ne se font aujourd'hui que trop sentir ; les pays vignobles, autrefois les meilleurs de la Champagne, sont devenus les plus misérables. »

Une remarque, que les touristes constatent dans les rues de Warmeriville, est le scellement dans les vieux murs d'os de bœuf, dont la partie saillante servait à attacher les nombreuses treilles qui tapissaient les maisons dans la première moitié du siècle.

Les pommes de terre et les betteraves sont des plantes qui entrèrent dans l'alimentation au commencement du XIXe siècle ; leur culture n'a été jusqu'ici que pour les besoins de la consommation. La pomme de terre est cultivée sur une superficie d'environ 8 hectares ; elle donne en moyenne par an 102 quintaux de tubercules par hectare. De nos jours, par suite de la facilité des débouchés, la betterave se cultive pour l'industrie sucrière. Les prairies, à Warmeriville, sont presque toutes naturelles et permanentes ; elles occupent une étendue d'environ 57 hectares. Les prairies temporaires occupent seulement 8 hectares. Anciennement, le fumier était l'engrais seul employé ; par suite des nouvelles facilités de transport, les fumiers de ville et ceux des Ardennes, ainsi que les engrais chimiques, sont employés par des quantitées relativement considérables.

Statistique agricole de 1773

En 1773, sur le terroir de Warmeriville, il a été cultivé 2946 arpents.

Il a été semé : 495 boisseaux de froment du poids de 20 livres l'un ; 8,996 boisseaux de seigle du poids de 18 livres l'un ; 480 boisseaux d'orge du poids de 16 livres l'un ; 5,512 boisseaux d'avoine du poids de 12 livres l'un ; 704 boisseaux de sarrazin du poids de 10 livres l'un.

En cette même année de 1773, le rapport du froment était de 4 pour 1 aux prix de 9 fr. 60 à 14 fr. l'hectolitre. Celui du méteil était de 4 pour 1 aux prix de 8 fr. à 9 fr. l'hectolitre. Celui du seigle était de 3 pour 1 aux prix de 4 fr. 50 à 10 fr. l'hectolitre. Celui de l'orge était de 3 à 5 pour 1 aux prix de 4 fr. 20 à 7 fr. l'hectolitre. Celui de l'avoine était de 11 pour 1 aux prix de

3 fr. 60 à 7 fr. 50 l'hectolitre. Celui du sarrazin était de 3 à 5 pour 1 aux prix de 3 fr. 50 à 7 fr. 50 l'hectolitre.

Warmeriville récoltait assez de bois pour sa consommation. Les prix variaient entre 30 et 40 francs les 100 fagots.

Recensements de 1773-1828-1836

Désignations :	1773	1828	1836
Laboureurs	»	»	68
Chevaux	81	132	70
Juments	»	»	40
Poulains	»	»	6
Mulets	»	3	2
Anes	»	41	44
Bœufs	»	»	6
Taureaux	»	»	3
Bêtes à cornes	112	»	»
Vaches	»	235	400
Veaux	»	»	300
Béliers	»	8	10
Bêtes à laine	603	»	»
Moutons	»	600	1000
Brebis	»	500	1000
Agneaux	»	300	600
Porcs	»	»	350 (1).

Extrait de la Statistique décennale de 1882

Sur 2.274 hectares de superficie cultivée, la statistique décennale de 1882 donne pour chaque céréale les proportions suivantes :

Désignations :	Nombre d'hectares cultivés	Rendement moyen d'un hectare	
		Grain en hectol.	Paille en quint.
Seigle	560	17	25
Avoine	504	20	16
Blé	217	15	25
Orge et escourgeon	172	16	14

(1) *Annuaire de la Marne*, années 1837-1838.

Les cultures alimentaires et industrielles ont peu d'importance. Il est cependant à constater que la culture de la betterave à sucre a pris depuis quelques années une extension assez considérable, ainsi en 1897, il a été expédié 432.900 kilos de betteraves.

Les prairies artificielles occupent 226 hectares et consistent dans la culture :

De la luzerne, 82 hectares rendant en moyenne 28 quintaux à l'hectare ;

Du trèfle, 74 hectares rendant en moyenne 28 quintaux à l'hectare ;

Du sainfoin, 70 hectares rendant en moyenne 28 quintaux à l'hectare.

En 1882, il existait à Warmeriville 151 chevaux dont 111 chevaux hongres, 33 juments et 7 poulains. Anes et ânesses, 12. Dans l'espèce bovine, il y avait deux taureaux, 225 vaches dont 175 laitières, et 48 veaux.

L'espèce ovine comprend 2 béliers, 609 moutons, 807 brebis et 208 agneaux.

L'espèce porcine se composait de 60 porcs.

L'espèce caprice était un bouc, 11 chèvres et 6 chevreaux.

Volailles. — 1705 poules, 197 oies, 256 canards, 51 dindes et dindons, 1524 pigeons et 2400 lapins.

Abeilles. — 82 ruches en activité.

Ces différents animaux domestiques : moutons, vaches, abeilles ont donné les produits suivants :

Laine par mouton, 3 k. 500 de laine en suint.

Lait par vache, 19 hectolitres.

Cire par ruche, 3 k. 500.

Miel par ruche, 4 kilos (1).

Les anciennes Mesures à Warmeriville

Mesures de longueur : La ligne valait 0 m. 002; le pouce, 12 lignes ou 0 m. 024; le pied, 12 pouces ou 0 m. 325; l'aune, 1 m. 18; la toise, 6 pieds ou 1 m. 949.

Mesures itinéraires : La lieue de poste était de 2000 toises ou 3798 mètres, la lieue commune 4238 mètres.

(1) *Archives communales de Warmeriville.*

Mesures agraires : La verge valait 20 pieds ou 5 mètres 63 et comme surface 31 centiares 70. Le boisseau valait 6 verges 2/3 ou 2 ares 11, il en fallait 4 pour un quartel et 16 à l'arpent ou septier. Le quartel valait 26 verges 2/3 ou 8 ares 45 centiares ; il en fallait 4 à l'arpent ou septier. L'arpent ou septier valait 106 verges 2/3 ou 33 ares 82 centiares.

Mesures de capacité : L'écuelle valait 1 litre 625, il en fallait 16 au quartel. Le grand quartel valait 25 litres, il servait à mesurer le grain (orge et avoine) Le petit quartel valait 20 litres ; c'était pour le froment et le seigle.

Le septier valait 4 fois le quartel, le muid contenait 12 septiers.

Pour les liquides, la bouteille ou pinte valait 0 lit. 93, le pot 2 litres, la queue ou double pièce contenait 384 bouteilles ou 357 litres, le muid ou poinçon, 200 litres et la caque 100 litres.

Mesures de volume : La solive avait 12 pieds de long, sur 6 de côté, elle équivalait à 1 décistère 028. Le fagot du pays portait 33 pouces de tour et 5 pieds de haut. La corde mesurait 8 pieds de long, la bûche ayant 3 pieds et demie, elle valait 3 stères 84.

Mesures de poids. — Le grain valait 0 k. 000 gr. 053 ; le denier, 24 grains ou 1 gr. 276 ; le gros, 72 grains ou 3 gr. 828 ; l'once, 8 gros ou 30 gr. 594 ; la livre, 16 onces ou 489 gr. 105. Les œufs et certains fruits se comptait par quarteron, avec une unité pour les 4 au cent. Les bottes de paille devaient peser 10 livres.

Monnaies. — L'obole était la moitié du denier ; il fallait 12 deniers pour un sou. Le liard était le quart d'un sou et il fallait 20 sous pour une livre. Au pouvoir de notre monnaie actuelle, la livre tournois valut successivement 27 fr. 34 de 1322 à 1461 ; 11 fr. 35 de 1515 à 1548 ; 7 fr. 90 de 1548 à 1560 ; 4 fr 50 de 1560 à 1574 ; 3 fr. 83 de 1574 à 1589 ; 3 fr. 66 de 1589 à 1610 ; 3 fr. 07 en 1615 ; 2 fr. 47 de 1662 à 1683 ; 1 fr. 80 en 1684 et 1 fr. 44 sur la fin du XVIIIe siècle. La livre parisis valait un quart plus que la livre tournois.

Le Moulin-de-Haut

Le Moulin-de-Haut existait en un lieudit du terroir de Warmeriville appelé le Moulin-de-Haut. Au xviii° siècle, Cassini le signale sur ses cartes. En 1835, il figure sur les cartes d'état-major sous le nom de Moulin-d'en-Haut. Dès le xiii° siècle, des moulins à eau existaient déjà à Warmeriville. En 1249, le Chapitre de Reims possédait déjà une part dans les moulins à blé au lieudit « les Monticus », dénommés dans la suite Moulin-de-Haut. Ces moulins, avons-nous vu, furent loués en cette même année de 1249 par un bail à cens annuel et perpétuel de 4 des parts et portions que possédait l'Eglise de Reims à Robert de Neufchâtel. En juillet 1250, Laurent de Warmeriville, chanoine de Laon, donnait à l'Eglise de Reims tous les droits de propriété qu'il avait sur les moulins de Warmeriville. Plus tard, Renaud de Warmeriville, frère de Laurent, donnait également à l'Eglise de Reims la part qu'il possédait aussi sur les dits moulins.

Une Charte de 1279 nous fait connaître que l'église Saint-Pierre-aux-Dames de Reims possédait une place et lieu où était autrefois un moulin situé à Warmeriville, proche les moulins du Chapitre, que le dit moulin était tombé en ruines. Nous retrouvons encore dans l'Inventaire du Chapitre (1), à la date du 24 juin 1492, un extrait d'un bail à surcens dont la teneur suit : « Bail à surcens fait par Mlle Jacqueline du Bas, abbesse et tout le couvent de Saint-Pierre-les-Nonnains à MM. du Chapitre de la place où jadis souloit avoir un moulin à foulon séant au terroir de Warmeriville, au lieudit « En Monticus », auquel lieu iceulx sieurs du Chapitre de l'autre part de la rivière ont eu des moulins à bled étant de présent en ruines joignant du dit moulin à foulon au-dessus du lieu ou souloit être notre molin à bled de Pilas étant les dits molins sur la rivière de Suippe, plus la chaussée à prendre au dit molin à foulon qui n'est selon l'eau en montant et l'eau appartenant au dit molin à foulon et ses appartenances..... Item : Un petit jardin plein d'eau, mais assez près de la rivière..... Item : En dehors du dit Warmeriville, au lez devers Heudrégiville, une chaussée et

(1) *Arch. de Reims.*

fossés ez marets où sont les saulx de l'abbesse joignant aux aisements du dit Warmeriville. A charge par le Chapitre de payer tous les ans, perpétuellement, au jour de Saint-Martin, 32 sols par assignés sur les moulins qu'il réédifiera et d'acquitter 40 deniers par an dûs au Chapitre Saint-Remy (1). »

Ce bail à surcens nous révèle l'existence d'un ancien moulin à blé dénommé le Pilas. De nos jours, la tradition nous a conservé le nom de Pilas à un chemin qui conduit assurément à l'emplacement où autrefois existait le moulin dont nous parlons.

La redevance annuelle de 40 deniers due au Chapitre Saint-Remi de Reims s'explique parce que celui-ci était propriétaire des moulins d'Isles-sur-Suippe. Deux ans après, les Dames de Saint-Pierre, par une Reconnaissance donnée le 31 mai 1492, affirmèrent qu'elles avaient donné à surcens leur moulin de Warmeriville à l'Eglise de Reims.

Les moulins ayant été réédifiés dans cette même année de 1492, nous retrouvons une Reconnaissance en date du 21 novembre 1492, donnée devant Charlot, notaire à Reims, par laquelle ».

« Noble homme Philippe de Bezannes, escuyer seigneur de Sapigneul et Elu pour le Roy de ses aydes et élection de Reims comme administrateur de Nicolas de Bezannes, âgé de 6 ans, son fils, et Demoiselle Marie Horis, fille de feu Pierre Horis et de Demoiselle Marie de Laval. Qu'il est et a esté loisible aux dits sieurs du Chapitre de réédifier et réparer les dits molins en comprenant et en embrassant tout le travers de la dite rivière de Suippe en la meilleure et plus proufitable manière et aux uz et coutumes, droits et proufits que les dits sieurs du Chapitre y ont de toute ancienneté et pour le temps à venir. Et ne pourront mes dits sieurs aultres de par eux en la rivière du dit de Bezannes et a promis icelluy de Bezannes n'empêcher aux temps advenir icelles réparations des moulins et appartenances (2).

L'Inventaire du Chapitre contient encore un Procès-verbal d'information portant la date du 25 may 1494. Ce Procès-verbal

(1) *Archives de Reims.* Inventaire du Chapitre.
(2) *Archives de Reims.* Inventaire du Chapitre.

a été fait en vertu de Lettres royales en forme de relief d'appel impétrées par Messieurs du Chapitre. Il contient la déposition des témoins sermentés, lesquels ont déposé unanimement :

« Que les dits sieurs du Chapitre ont fait réédifier leurs moulins, qui avaient été détruits par les guerres, dont deux moulins à bled et un moulin à foulon ou à drap qui leur avaient coûté 15 ou 1600 livres (40,000 francs environ de notre monnaie), lesquels ont été reconnus par les experts bien faits et assis, sans aucune entreprise sur autrui et par spécial que le seuil et ventillerie d'iceulx étaient mis et apposés en toute raison et plus bas, un pied ou environ, que ne l'était le seuil ancien des dits moulins comme appert par les vieils stocqs, lesquels y sont encore plantés et sans que par la dite visitation y ait été trouvée aucune chose préjudiciable à autruy, notamment aux Religieux de Saint-Remi de Reims, qui ont deux moulins en la dite rivière, à Isles et à Bazancourt, au-dessous de ceux du Chapitre. »

A la date du 3 août 1494, un acte de notoriété porte :

« Que la part et portion de rivière de Suippe appartenant aux Religieux de Saint-Remi de Reims est depuis le pont de Vaux-d'Estrez, bout des dits bois et fossé appelé le grand trait sont assis au-dessus des moulins de nouvel refait par MM. du Chapitre et y a distance, depuis le dit bout de bois et fossé qui est la motte (borne), et fin de la dite portion de rivière appartenant aux dits sieurs Religieux, jusqu'aux moulins du Chapitre, de 300 pas ou environ. »

Un Arrêt du Parlement de Paris, en date du 9 juillet 1495, nous fait connaître par extrait :

« Qu'il homologue une transaction passée entre les Religieux, abbé et couvent de Saint-Remi, complaignants et demandeurs d'une part, et MM. du Chapitre de Reims, défendeurs et opposants d'autre, au sujet de la hauteur du seuil des moulins du Chapitre, reconstruits au lieudit es-monteux, anciennement dit : la sénéchaussée, par laquelle transaction il a été accordée, c'est à savoir que les dits moulins de Warmeriville se réédifieront et resteront par les dits apposants défenseurs en telle façon et manière qu'ils étaient auparavant la dite démolition, sauf tant que les ventaux molans assis au-devant des rocs, tant des dits moulins de Warmeriville que des moulins d'Isles, seront de pareille et raisonnable hauteur les uns comme les autres. Et au regard des autres ventaux dormants des dits moulins de Warmeriville, ils seront et pourront être plus hauts que les ventaux dormants des moulins du dit Isles de deux ou trois pouces et non plus. Et se pourront iceux défendeurs rabaisser ou ravaler les fonds des baissinages de leur moulin, si bon leur semble. Et ce, moyennant ce dit traité, les dits complaignants et demandeurs seront tenus rendre et payer aux dits opposants et défendeurs la somme de 60 livres tournois pour les réparations et dommages et intérêts requis par iceulx défendeurs (1). »

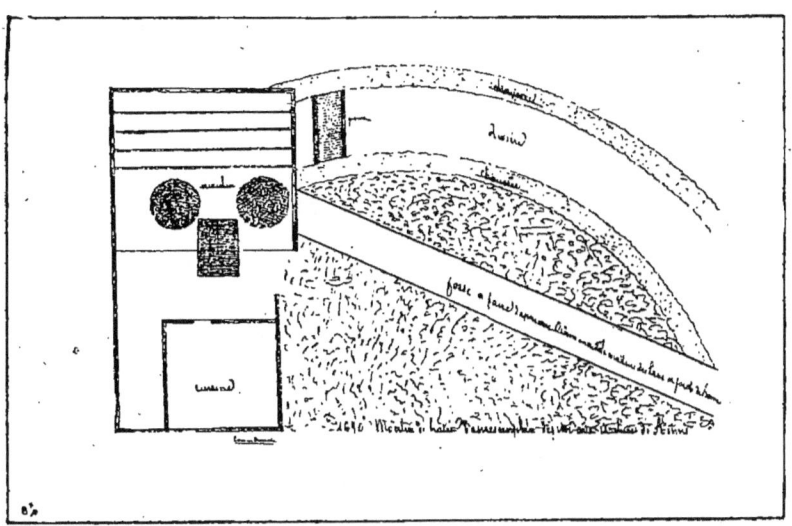

Plan du Moulin-de-Haut.
Ouverture d'un Canal appelé la Neuve-Rivière, 1690.

L'Inventaire du Chapitre fait mention de plusieurs baux en date de 1525, 1529, 1534, 1556 et 1565, concernant les moulins, les fouleries et les appartenances ; le tout situé à Warmeriville et loué aux uz et coutumes. Ces baux pour 4, 6 et 9 ans furent passés devant MM^{es} Augier, Taillet et Savetel, notaires à Reims. Dans le bail de 1565, le prix locatif fut de 9 vingt ou 180 livres tournois, ce qui revient à près de 700 francs de notre monnaie.

Le 11 mars 1573, devant Savetel, notaire à Reims, MM. du

(1) *Archives de Reims.* Inventaire du Chapitre.

Chapitre firent un traité avec le meunier entrepreneur des réparations des moulins de Warmeriville, foulerie et chaussée du dit lieu, moyennant 35 livres que le dit Chapitre payerait au dit entrepreneur de toutes les réparations dont ce dernier s'est chargé de faire tel qu'il en a été convenu dans le bail des dits moulins.

Parmi les améliorations qui furent faites près des moulins, nous citerons le sens d'une Ordonnance de la Maîtrise des eaux et forêts en date du 10 mai 1690, qui permet à MM. du Chapitre de faire un canal de 15 pieds de largeur sur 10 de profondeur, en dédommageant les particuliers intéressés. De nos jours, ce canal est encore appelé la Neuve-Rivière. A la Révolution, les moulins et les appartenances étaient loués 400 livres (1).

Noms de quelques meuniers qui exploitèrent le Moulin-de-Haut : Vers 1682, Jean Ligna ; 1685, Jean Charlier ; 1716, Nicolas Charpentier ; 1735, Jacques Délouche ; 1754, Pierre Hubert ; 1791, Thierry-Démogue (à la Révolution, Thierry-Démogue acheta les moulins, dont il était le fermier, pour le prix de 22,000 francs) ; 1821, Payer-Chrétien ; 1850, Payer-Payer ; 1868, Pierre-Honoré Simonnet, fondateur de l'usine Simonnet (2).

Biographie de M. Payer-Chrétien, Jean-Baptiste, Meunier

M. Payer, Jean-Baptiste, est né à Balham (Ardennes), le 3 février 1797. Il a débuté dans l'administration des droits réunis et des impositions indirectes. Pendant dix ans, il exerça ces fonctions en Hollande. Le 27 mars 1821, il devint propriétaire meunier et foulonnier à Warmeriville (Moulin-de-Haut). Le 18 juillet 1822, il se marie à Marie-Jeanne-Antoinette Chrétien, de Berméricourt (Marne). Conseiller municipal de 1824 à 1856, sergent-major à la création de la garde nationale, capitaine en 1833, chef de bataillon de 1836 à 1849, nommé fabricien en 1860, il est réélu en 1866. Il est le donateur du buffet de l'orgue de l'église, 1856.

M. J.-B. Payer eut un neveu qui fut secrétaire en chef du ministre des affaires étrangères, représentant national du peuple dans les Ardennes et professeur à la Sorbonne. (Fin du XVIIIe siècle).

(1) *Archives de Reims*. Inventaire et Fonds du Chapitre.
(2) *Archives de Warmeriville*. Registres paroissiaux.

Le grand-père de M. Jean-Baptiste Payer était marié à Marie-Louise Savary, sœur de Savary, duc de Rovigo, ancien général, ministre sous Napoléon Ier (1774-1833).

Dans la famille Chrétien, Mme Payer était la petite-nièce de Pierre Rouget, né à Courcy (Marne), inspecteur des magasins de lingerie à l'Hôtel des Invalides, à Paris, et de Jean-Baptiste Rouget, valet de chambre de demoiselle Elisabeth de France, émigré en Angleterre pendant la Révolution, décédé à Courcy en 1830 (1).

Le Moulin-de-Bas

Le Moulin-de-Bas était d'une origine plus moderne que celle du Moulin-de-Haut. Dans l'Arrêt du Parlement de Paris en date du 6 juillet 1495, cité plus haut, il n'est pas question de moulins existant entre ceux du Chapitre de Reims (Warmeriville), et ceux de l'Abbaye de Saint-Remi de Reims (Isles) ; nous concluons que le Moulin-de-Bas fut construit dans le courant des XVIe ou XVIIe siècle. Dans le Décret et adjudication de la terre et seigneurie de Warmeriville pour Robert de Joyeuse (1630), nous voyons un passage où il est dit : « Sur l'enclos du pré appelé les Marais du Pré : droit de haute, moyenne et basse justice, et sur le moulin foulerie (2). » De toutes les propriétés qui composaient la terre seigneuriale de Ragonet était l'enclos du Pré, cité dans tous les cœuillerets du Chapitre (années 1642, 1645, 1671, 1672, 1682, 1684, 1708, 1738, 1747 et 1756) et formant une portion seigneuriale appartenant au co-seigneur. Il est à supposer que le titulaire de la seigneurie laïque de Warmeriville, Jacques de Tisserot, a fait construire le Moulin-de-Bas. Nous avons cité dans son passage à la seigneurie un Procès en date du 11 août 1609, qui lui fut intenté par les Religieux de Saint-Remi de Reims, propriétaires des moulins d'Isles, pour avoir détruit un reversy (déversoir) en aval d'Isles. Quelle en était la nécessité si le seigneur Jacques de Tisserot n'en avait pas trouvé un profit pour ses propriétés qui étaient en amont.

Noms de quelques meuniers qui exploitèrent le Moulin-de-Bas : Vers 1620, Jean Lefèvre ; 1630, Pierre Leconte ; 1687,

---

(1) Papiers de famille fournis par M. Anatole Berthe, ancien maire de Montlaurent (Ardennes), petit-fils par sa mère de M. et Mme Payer-Chrétien.

(2) *Archives de Reims*. Inventaire et Fonds du Chapitre.

Lefranc ; 1689, Jean Rousseau ; 1715, Jean Charlier ; 1733, Guillaume Tristant ; 1735, Christophe Tristant ; 1763, Thierry-François Demain ; 1794, Pascal Demain (à la Révolution, Pascal Demain acheta le Moulin-de-Bas pour 46,000 livres). A la mort de ce dernier, le 28 ventose an 13, Jean-Baptiste Blavier acheta le Moulin-de-Bas pour 47,562 fr. 50. Enfin, le 10 juin 1840, MM. Jacques-Joseph Harmel, Hubert Harmel et Joseph-Félix Harmel, tous trois frères, filateurs associés de Boulzicourt (Ardennes), achetèrent le Moulin-de-Bas pour 70,000 francs. Ce moulin a été aussitôt transformé en usine pour le travail de la laine (1).

L'Industrie lainière dans le passé

L'industrie lainière a existé dès la plus haute antiquité dans nos pays. La fabrication des étoffes de lin, de soie et de laine se faisait alors bien grossièrement. Les fusaïoles que retrouve l'archéologue dans ses fouilles démontrent le filage primitif de nos ancêtres. Nous ne nous arrêterons pas plus longtemps à cette industrie naissante, les arts mécaniques leur ont fait faire trop de progrès dans la suite des temps. Reims a été de temps immémorial un centre commercial et industriel. Son importance a été une conséquence des grandes voies de communication qui y ont abouti, depuis les chemins gaulois, les chaussées romaines, les routes royales, aujourd'hui nationales, jusqu'aux voies fluviales et aux chemins de fer. Par suite de cette situation, Reims est devenu un centre de production, de fabrication et un grand marché. La région environnante a été de tout temps un auxiliaire de la métropole industrielle. A l'époque romaine, Reims fabriquait déjà des étoffes. Au Moyen-Age, l'industrie lainière prit une extension considérable par suite des Croisades. Les communes de la Suippe furent associées à la fortune de l'active et industrieuse cité rémoise. Non seulement les cours d'eau servirent de moteur aux moulins, mais ils servirent à l'établissement des fouleries. « C'est vers 1560, dit un Rapport à l'Intendance, que les fabricants commencèrent à négliger le travail des grosses draperies et des toiles pour s'appliquer à

(1) *Arch. départ.* Ventes des biens nationaux. — *Arch. de Reims.* Inventaire de Saint-Remi. — *Arch. communales de Warmeriville.* Registres paroissiaux. — Papiers de la Famille Harmel.

d'autres étoffes plus légères et plus fines, dont ils crurent que la consommation serait plus considérable et plus avantageuse. Les habitants d'un grand nombre de villages situés sur la rivière de Suippe s'appliquèrent plus particulièrement aux fabriques des étamines blanches, dites étamines fortes, des étamines demi-fortes et autres (1). » Cet article prit un grand développement ; le grand Colbert voulut que cette industrie n'eut pas de rivale en Europe, il organisa le système protecteur. A cette époque, l'industrie lainière de Reims et des environs occupait plus de 1800 métiers. Les Ordonnances de 1669 fixaient la longueur des pièces d'étamine à 21 aunes, sur un tiers de largeur ; les pièces à demi, 17 aunes un quart de long et une demi-aune un seizième et demi de large. Les simplis avaient une aune et demie de long sur une demi-aune un seizième de large. On imita les toiles et les serges de Hollande, on fabriqua des petits draps, dit droguets. Malheureusement, Colbert, dans le but de bannir la fraude du commerce, réglementa le travail de la laine. Les maîtres devaient faire un apprentissage de trois ans et il leur était défendu d'avoir plus de six métiers, quatre peigneurs et un apprenti. Ce système devint vexatoire, dès qu'il fut confié à des fonctionnaires plus ou moins justes. En 1725, les fabricants de Reims dénoncèrent leurs confrères de la campagne à l'Administration supérieure : « Je suis informé, écrivait l'Intendant au sieur Callou, inspecteur des manufactures au département de Reims, qu'il se fabrique, dans plusieurs villages, des toiles, des serges et autres étoffes de laine par nombre de particuliers qui, ne se trouvant pas sujets à aucune visite ni règlement, n'emploient que de mauvaises matières premières et trompent les paysans et autres particuliers. D'ailleurs, cet abus fait un tort considérable aux fabriques et aux communautés de ville et donne lieu à l'abandon des terres. Les gens de la campagne ne doivent s'occuper que de leur culture, les manufactures devant être enfermées dans les villes et autres lieux permis, afin d'y faire subsister beaucoup d'habitants qui y font leur occupation. » Voici ce que répondait Callou dans un Rapport du 30 octobre 1735 : « On observe que les maîtres fabricants occupent dans les villages de la Suippe un

(1) *Arch. dép.* à Châlons. C. 499.

grand nombre d'ouvriers tisseurs, cardeurs, pour différentes petites étoffes du dit Reims ; presque toutes les femmes et enfants sont occupés du filage de la laine pour les chaînes des étoffes de ces manufactures. Ce serait donc porter un grand préjudice à la subsistance des habitants que d'ordonner la suppression des fabriques établies sur la Suippe et d'empêcher le travail des femmes et des enfants et même des vieillards et gens impotents, qui n'auraient point d'autres ressources pour gagner leur vie. On ne connait dans ces villages aucune fabrique d'étoffe de grosse draperie, les fabriques de toiles y sont peu considérables et les tisserands qui y vendent y fabriquent seulement des toiles pour l'usage des habits ; ces toiles ne sont ordinairement travaillées que par les fils des particuliers qui en ont besoin pour leur consommation..... Elles sont le fruit des veillées et n'entrent jamais dans le commerce (1). »

Dans un autre Rapport, l'inspecteur Callou disait encore :

« Les fabriques de la Suippe se sont étendues dans ces derniers temps (1720-1725) ; on peut dire qu'elles fournissent à la nourriture d'un grand peuple, qui ne peut trouver des ressources dans la culture des terres, d'autant que, dans les territoires situés près de la rivière, les fourrages n'y sont pas assez abondants pour nourrir les bestiaux. »

En 1732, Reims et la banlieue fabriquaient toutes sortes d'étoffes de laine, droguets, serges croisées, burats blancs, étamines rayées et quadrillées, flanelles croisées, étamines buratées, étamines à voiles de religieuses, draps de filerie, etc. Dans les comptes de MM. Savoye et Cadet, relatifs aux secours distribués aux inondés de 1784, nous voyons que la vallée de la Suippe avait 517 fabricants et 946 métiers produisant 12,764 pièces d'une valeur de 1,429,340 livres. Warmeriville entre dans ces totaux pour 50 fabricants, 100 métiers, 1200 pièces et 130,000 livres.

En 1732, Reims et la région environnante fabriquaient plus de 100,000 pièces. Dans un Mémoire de l'Intendant de la province de Champagne, qui date du commencement du XVIIIe siècle, nous lisons :

« Outre les étoffes qui se fabriquent dans la ville de Reims, il

(1) *Archives départementales.* C.499.

y a plusieurs villages des environs qui dépendent de cette manufacture et qui fabriquent les mêmes étoffes que les maîtres fabricants de la ville, emploient les mêmes matières et sont obligés de se conformer aux longueurs et largeurs présentes de la manufacture de Reims. » *(Annuaire de la Marne,* par Chalette, années 1737-38).

Le 24 janvier 1668, par Arrêt du Parlement de Paris, tous les ouvriers de métier à tisser furent reconnus taillables avec un droit annuel de 15 sols ou une amende de trois livres contre les délinquants. En cette même année de 1668, un grand nombre d'ouvriers tisseurs de Warmeriville, de Lavannes, d'Heutrégiville, etc., subissent des jugements de police pour la non déclaration de leur métier. Jusqu'au commencement du xixe siècle, le peignage, le filage et le tissage de la laine étaient faits avec des appareils bien peu perfectionnés. Les tissus de laine étaient non seulement fabriqués, mais les toiles de chanvre dans des proportions bien moindres.

Ce fut vers 1804 que les mérinos commencèrent à se fabriquer avec des métiers à la main. Cette invention fut faite par la maison Jobert, Lucas et Cie, dont le directeur était Benoit-Malot. A cette même époque avait lieu l'introduction en France de la filature mécanique. Des essais eurent lieu à Reims vers 1801, mais les résultats furent mauvais. Ce ne fut qu'en 1812 que la maison Jobert et Lucas installa à Bazancourt une filature mécanique de laine peignée. Cette dernière industrie ne reçut ses perfectionnements que dans la suite des années.

Enfin, vers 1838, se créait à Reims le premier tissage mécanique de laine. Par suite de tous les perfectionnements, l'industrie lainière a pris la physionomie que nous lui connaissons. Les tissus fabriqués aujourd'hui portent les noms suivants : mérinos, cachemire, sergés, tissus fantaisie en laine peignée, nouveautés en tout genre pour robes, molletons et confections, flanelles lisses et croisées, oxfords et flanelle fantaisie. Les travaux manuels de la laine ont été une source de revenus pour les populations de nos pays depuis très longtemps. La matière première était fournie par des maîtres, moyennant un salaire convenu. La laine était ou peignée, ou filée, ou tissée. Ces travaux manuels étaient non seulement exécutés par la classe ouvrière, mais les laboureurs y employaient en hiver leur femme et leurs enfants, en été, leurs peignes, leurs rouets étaient délaissés. En 1836, ce fut une des périodes les plus prospères du tissage à la main. A Warmeriville, il y avait 155 métiers et 50 maîtres tisseurs, qui fabriquaient avec leurs ouvriers ou leur famille 1980 pièces par an. Après les mérinos vinrent les molletons, les bolivars, les flanelles, etc. Ces tissus se faisaient par l'entrecroisement des fils de chaîne avec les fils de trame ou duites. Les tissus simples se faisaient sur des métiers à la marche. Les tissus ayant des dessins se fabriquaient sur les métiers Jacquart et sur les métiers à armures. Les nouveautés, qui furent en vogue pendant quelques années, étaient fabriquées par les ouvriers les plus habiles sur des métiers à la main. Aujourd'hui, le tissage à la main est pour ainsi dire abandonné pour faire place à la fabrication mécanique (1).

(1) Extrait d'une *Notice sur l'industrie de la ville et de l'arrondissement de Reims*, 1876, par A. PORTEVIN, ingénieur.

CHAPITRE HUITIÈME

Histoire générale

SOMMAIRE. — Histoire de notre contrée jusqu'à la guerre de Cent ans. — La guerre de Cent ans. — Les guerres de la Ligue. — Les guerres de la Fronde. — Guerre de la Succession d'Espagne. — Inondation de 1784. — Mœurs, usages et croyances populaires. — Etat-civil de Warmeriville. — Warmeriville et ses rapports avec la haute société. — La foire de Warmeriville. — Ragonet. — Le Château. — La ferme. — Vaudétré. — La Croix-Rouge. — Mouvement de la population.

Histoire de notre Contrée jusqu'à la Guerre de Cent ans

A l'époque de l'indépendance gauloise, les habitants de nos pays étaient assez tranquilles chez eux. Vinrent ensuite les invasions romaines et franques, ainsi que toutes les luttes qui sont la conséquence de nouveaux maîtres. La civilisation ne marcha-t-elle pas bien souvent que par des secousses dont le feu et le sang étaient les moyens employés, surtout à ces époques, où la barbarie régnait encore en maître. Les luttes religieuses, dans la suite, ne furent pas moins cruelles, le vieux monde n'abdiqua pas ses croyances sans de nombreuses persécutions ; c'est pourquoi le paganisme dura à peu près jusqu'au IXe siècle. Plus tard, quand le christianisme fut établi, ce furent des hérésies qui se produisirent, avec des effets toujours funestes pour le peuple.

Warmeriville, à 19 kilomètres de Reims et à 3 kilomètres de la voie romaine de Reims à Trèves, a donc pour histoire générale l'histoire du pays rémois dans le cours des siècles. 50 ans avant Jésus-Christ, l'invasion romaine. En 407, les Vandales mettent Reims et ses environs en ruines. En 486, ce sont les troupes de Clovis ; en 566, ce sont celles de Chilpéric ; en 723, c'est Charles-

Martel ; en toutes ces occasions, la ville de Reims et les campagnes environnantes furent livrées au pillage. Au IXe siècle, ce sont les incursions des Normands. En 931, siège de Reims par Hugues-le-Grand. En 937, ce sont les Hongrois qui envahissent et ravagent nos pays. Un historien dit à ce sujet : « Il n'y eut pas en France ni une église, ni un monastère qu'ils ne pillèrent ou détruisirent ; pas une ville qui ne fut rançonnée, livrée au pillage ou aux flammes. » En 988, nouveau siège de Reims par Charles de Lorraine. Durant ces quelques siècles, on peut comprendre quel était l'état des habitants de nos campagnes : les moissons étaient ravagées, les villages brûlés, les habitants rançonnés ou tués. Les seigneurs profitèrent aussi de la misère générale pour se faire la guerre et piller les campagnes ; leurs vassaux les imitaient et chacun voulait punir son voisin des maux qui l'accablaient. La Trêve de Dieu, prononcée en concile en 1041, fut accueillie avec enthousiasme ; les marchands, les laboureurs et les artisans, qui cherchaient le moyen de vivre et de faire vivre leurs familles par leur négoce et leur travail, entrevirent comme possible la fin de leurs misères séculaires. Il est certain que l'action des conciles fut bienfaisante et diminua dans une notable proportion les guerres sans nombre qui formaient l'occupation des seigneurs du temps.

Pendant la période des XI et XIIe siècles, l'Europe entreprenait les Croisades ; les souverains, en protégeant ces expéditions lointaines, s'entourèrent des seigneurs de la campagne qui, avec le zèle religieux, aimaient néanmoins les aventures guerrières. Les Chapitres, les Abbayes s'enrichirent considérablement à cette époque, en achetant aux seigneurs laïques, qui avaient besoin d'argent pour aller en Terre-Sainte, une partie de leurs droits seigneuriaux ou de leurs biens patrimoniaux. C'est pendant cette époque que le Chapitre de Reims a reçu et acquis la plus grande partie de ses droits sur Warmeriville. Pendant deux siècles que durèrent les croisades, nos populations agricoles atteignirent le plus haut degré de prospérité. Aussi, on peut comprendre pourquoi des villages environnants comme Heutrégiville, Boult, Lavannes, Warmeriville, purent édifier des monuments aussi imposants que leur église. Ne fallait-il pas, outre beaucoup de zèle religieux et de foi, beaucoup de revenus, et ces revenus n'arrivaient assurément que par un travail productif et une paix continue.

La Guerre de Cent ans

La fin des XIIIe et XIVe siècles fut encore troublée par des guerres intestines de seigneurs et par la guerre de Cent ans. La France, dans l'état prospère et florissant où Edouard d'Angleterre la trouva en l'envahissant, fut bientôt un royaume en ruines ; ne furent debout que les demeures qui étaient fortifiées et qui résistèrent. En 1380, le comte de Buckingham détruisit 60 villages aux environs de Reims. Plusieurs se relevèrent sur leurs ruines ; mais que d'autres disparurent pour toujours. Au Moyen-Age, les centres d'habitation étaient beaucoup plus nombreux que nos localités actuelles. Des agglomérations d'habitants existaient dans bon nombre de lieuxdits, beaucoup disparurent à ces époques désastreuses. Sur le terroir de Warmeriville, plusieurs localités ont disparu. Varin mentionne un Obit de 1229 où il est parlé de Juvigny, près Warmeriville (1). L'Inventaire du Chapitre relate deux Chartes de 1234 et 1268 où il est fait mention des habitants de Warmeriville et de Chaingny. Dans une Charte de Guillaume, archevêque de Reims, en 1189, il est également mention de Villeneuve qui est auprès de Warmeriville. Voilà trois localités : Juvigny, Chaingny et Villeneuve, qui existaient auprès de Warmeriville ; aucun document ne nous permet de dire où ces centres d'habitations existaient.

Cependant, quelques fouilles faites par M. Bosteaux-Paris, archéologue, maire de Cernay-les-Reims, et par un examen attentif en plusieurs lieuxdits du terroir, nous pouvons faire quelques suppositions. Sur le chemin de Warmeriville au Mesnil Lépinois, au-dessus des crayères, existent plusieurs hectares de terrains mouvants, ce qui indique probablement un lieu habité. Dans le Fond-de-la Clef, on retrouve sur le sol des débris de tuiles et certains indices d'anciennes habitations.

Villeneuve semble pour nous être le Pré ou Ragonet.

Chaingny, ou par altération Chigny, semble être le Chigny qui a été détruit entre Isles et Bazancourt. Une croix érigée par

---

(1) VARIN, *Arch. lég.*, Ire partie; Statuts, Ier vol., page 174.

M. Dauphinot, d'Isles, en indique l'emplacement. Reste Juvigny, serait-ce l'emplacement de la chapelle Saint-Druon ? Nous ne pouvons l'affirmer. En tout cas nous disons que des habitations ont existé en cet endroit, on voit autour de la chapelle plusieurs dépressions de terrain, voir même des fragments de tuiles romaines. Au-dessus de la chapelle Saint-Druon, un lieudit porte le nom de : le Trou-des-Fées. Quand on approfondit le sens de cette désignation et quand on entend des personnes dignes de foi dire qu'il existe à cet endroit une galerie souterraine se dirigeant vers l'Ouest, on peut assurément dire que ce lieu a été habité. D'un autre côté, la tradition dit que saint Druon, en faisant ses pèlerinages à Rome, s'arrêtait à cet endroit. Pourquoi s'y serait-il arrêté plusieurs fois, s'il n'existait en ce lieu quelques habitations. Revenons à cette excavation souterraine, qui ressemble à celles qui existent dans les pays de Champagne, notamment à Lavannes, Beine, Nauroy, Ormes, Bergnicourt, Tagnon, Perthes, Le Ménil-Lépinois, Aussonce, Machault, Avançon, etc. Ces souterrains sous les villages convergent tous vers le centre, dehors, ils aboutissent à des chemins couverts et tortueux appelés Naux ou Noues. Il y a quelques années, nous avons pénétré dans un de ces genres de souterrains, nous ne pouvions y avancer que dans une posture presque horizontale. De distance en distance, ces couloirs étroits s'élargissent et prennent la forme de chambres. L'origine de ces excavations souterraines remonte probablement à l'établissement de la monarchie ; on sait que les peuples du Nord se creusaient des souterrains pour mettre leurs personnes et les victuailles à couvert du froid et du pillage des ennemis (1).

Pendant les invasions des Normands et les guerres intérieures, il est à supposer que nos ancêtres se réfugiaient dans ces cavernes.

La création des défenses autour de presque tous nos villages remonterait, d'après plusieurs auteurs, aux guerres de Cent ans et la Ligue, les fossés et remparts de Warmeriville dateraient donc d'une de ces époques. Par leurs vestiges, on peut supposer qu'ils n'étaient ni si larges, ni si profonds que ceux de Beine,

---

(1) *Histoire de France* de Mezeray. Ch. 1, page 5.

Lavannes, Witry-les-Reims, etc., seulement ils avaient un avantage très précieux, c'est qu'ils pouvaient être inondés.

Les Guerres de la Ligue

On sait que la Réforme date de 1517. A Reims, différentes notabilités adoptèrent ces idées nouvelles, nous citerons : Jean de Paris, sieur de Branscourt, résidant au pont de Muire (Reims), Thomas de Boham, baron de Nanteuil-la-Fosse, sa femme et ses enfants, les sieurs d'Aulnay, de Bezannes, de Lavannes, Claude Pioche, sieur de Warmeriville, etc. Les lieux de leurs assemblées étaient : les crayères, derrière Saint-Nicaise de Reims, le bois de Muire, le château de Bezannes, Ay, Nanteuil-la Fosse et Warmeriville. Ces endroits devinrent tour à tour le rendez-vous de leurs prêches secrets (1543). Bientôt les croyances devinrent publiques ; leurs adhérents se recrutaient principalement chez les nobles et les lettrés. En 1564, de nouvelles réunions avaient lieu à Warmeriville ; on comptait, tant à Reims que dans le pays rémois, 3 ou 400 partisans de l'Eglise nouvelle (1). Parmi les victimes de la Saint-Barthélemy (24 août 1572), on n'en connait que deux à Reims : MM. de Lavannes et de Nouvion. Jean Pussot, dans son *Journalier*, en fait le récit suivant : « 22 août 1572. — Ceste année se fict en ce pays plusieurs meurtres merveilleux, assavoir : de Nouvion et celluy de Lavannes exécutés en ceste ville de Reims (2). »

Pendant cette époque de troubles, nos populations furent victimes de bien des spoliations de la part des Huguenots ainsi que des Ligueurs, faction politique qui avait de bonnes dispositions au début, mais qui se laissa corrompre par le parti espagnol. Pendant les guerres de Religion, 100,000 hommes étrangers au métier des armes, périrent ; 200 villages et 5000 maisons rurales furent brûlées et démolies, les taxations diverses s'élevèrent à 10 milliards (3). Pour notre contrée, les deux puissants protecteurs des réformés : le prince de Porcien et le duc de Bouillon étaient à la tête des réformés ; ils tenaient leurs conventicules à Rethel, au château de Warmeriville et en

---

(1) *La Réforme en Champagne et à Reims*, par M. E. Henry, 1867.
(2) *Bibliothèque de Reims*.
(3) *Secret des Finances*, par Fromenteau.

d'autres lieux près de Reims. C'était dans ces réunions que se tramaient tous les projets audacieux qui avaient pour but la dévastation des églises et des campagnes. Dans une notice sur Sermaize, nous extrayons le passage suivant : « Les événements locaux n'ont rien d'assez curieux quand nous aurons cité les désastres causés par les bandes protestantes sous les ordres du prince de Porcien et du seigneur de Warmeriville. Les *Actes de la Province de Reims*, tome IV, relatent que les villageois délaissant tout labourage, accablés de charges de plus en plus lourdes, sans salaire et sans nourriture, allaient mendier dans les villes ; privés de travail et de commerce, ils étaient réduits à paistre l'herbe des champs comme bestes brutes ». La présence de ces reîtres dans nos contrées rendait nos terroirs incultes. Inévitablement, la cherté des denrées et les maladies furent la conséquence de ces temps d'anarchie. La paix de Vervins (2 mai 1598), vint enfin mettre un terme à toutes ces calamités.

En 1636, la guerre à l'Espagne eut pour effet l'envahissement de la Champagne et de la Picardie. Les troupes étrangères y répandirent le feu et le sang. En juin 1637, le Conseil de la ville de Reims délibérait sur les moyens à prendre concernant l'enlèvement par les soldats des chevaux des laboureurs.

Les Guerres de la Fronde

Nos pays furent encore bien éprouvés par les guerres de la Fronde. Ce furent des marches et des contre-marches exécutées pour satisfaire les visées des intrigants de la Cour. Ces discordes civiles replongèrent nos pays dans une longue série de maux. En mars 1649, l'archiduc Léopold entre en Champagne. Condé qui craint les Espagnols, envoie 4 000 hommes qui vinrent s'établir de Fismes à Pont-à-Vert sous les ordres du maréchal Du Plessis-Praslin. Toutes ces troupes, amies ou ennemies, se comportaient comme en pays de conquête.

Pour ce qui concerne tous les villages de la région, nous rapportons ce qu'en dit le chanoine Lacour, chroniqueur de Reims :

« Le 1er avril 1649, on eut la nouvelle à Reims que Erlasts, général allemand, attiré par le prince de Condé, s'avançait avec un corps d'Allemands et de Suédois, et qu'il était descendu de

Sainte-Menehould à Suippe. Les coureurs de son armée s'étaient étendus jusqu'à Prosnes et Sept-Saulx pendant qu'un autre détachement passait la rivière de Vesle et vint à Villers-Marmery, Verzy et Verzenay. Le village de Prosnes fut pillé et la noblesse de Champagne dépouillée, battue et traitée avec les dernières indignités (1er avril 1649). On redoutait ces troupes auxiliaires plus que l'ennemi même. Les habitants prirent l'alarme, on se tint de plus près à la garde ; on ordonna que le 4 avril, jour de Pâques, on ne sonnerait point les cloches le matin et qu'on ne commencerait la procession qu'à six heures au lieu de la faire à quatre heures comme on a accoutumé. On n'était occupé qu'à ouvrir les portes aux gens de la campagne qui se réfugiaient de tous côtés dans la ville avec leurs bestiaux (4 avril 1647, jour de Pâques). On apprit le même jour que les Allemands avaient brûlé Aussonce, irrités de la résistance des habitants qui s'étaient retranchés dans l'église et leur avaient tué six hommes. On lit dans le clocher de cette commune : « Le 3 avril 1649 a eu lieu la bataille d'Aussonce entre les Allemands et les habitants. Elle a duré depuis neuf heures du matin jusqu'à sept heures du soir. Les habitants ayant été battus ont été obligés de fuir. Le feu a été mis au village et il n'en est resté que quelques maisons et quatre granges. Les Allemands attaquèrent en même temps le château de Selles. Le sieur de Rabutin, seigneur du village, soutint leur effort ; et comme ils n'avaient pas d'artillerie, ils furent obligés de battre en retraite. Le corps d'Erlasts changeait de poste et ne cessait de fatiguer le pays. Ils passèrent à Neufchâtel et allèrent à Saint-Germainmont et à Villers-devant-le-Thour. Ils vinrent ensuite à Alland'huy et à Saint-Lambert appartenant au sieur Robert de Joyeuse, seigneur en partie de Warmeriville. Ce lieu servait de refuge aux environs et était rempli des meilleurs effets du pays. Erlasts, animé par l'espoir du butin, assiégea le château les 29 et 30 avril et le mit au pillage. »

Dans la *Revue de Champagne et de Brie*, page 408, nous lisons :

« En 1649, les villages des bords de l'Aisne furent la plupart pillés et brûlés, et le château de Saint-Lambert lui-même fut forcé et pillé ; les personnes qui y étaient restées furent massacrées et Messire Robert de Joyeuse n'eut que le temps de s'enfuir à Warmeriville. » Repassant ensuite l'Aisne le 3 mai, Erlasts vint brûler Elincourt, près de Machault, et menaçait de faire un pareil traitement de Warmeriville, sur la Suippe, pour se venger de la résistance qu'il y avait trouvé dans sa première course (1). Cette nouvelle, jointe au bruit qui courait qu'un nouveau corps d'armée de Suédois venait se joindre à ceux-ci, acheva d'accabler les peuples. Jusqu'au douzième du même mois, on fut dans de continuelles alarmes. Les Allemands se rapprochèrent et parurent à Sept Saulx, Wez, Thuizy, Beine, Pontfaverger. Ce torrent laissa partout des vestiges de désolation. Les chemins étaient couverts de villageois fugitifs qui se retiraient dans Reims avec le peu qu'ils avaient eu le temps d'emporter. Du côté de la Montagne, depuis Rilly jusqu'à Villers-Marmery, les paysans se sauvaient dans les bois avec les bestiaux, aimant mieux exposer leurs maisons au danger d'être brûlées que de se voir chaque jour menacés, volés et prêts à perdre la vie, après avoir été saccagés. Jusqu'à Reims, on comptait plus de 150 meurtres qu'ils avaient commis impitoyablement et dans les villages de Cernay, Wez, Thuisy, Beine, Pontfaverger, ils avaient exercé des barbaries inouies (Lacour). »

En août 1650, Turenne pénétrait dans nos pays ; les courses de ses hommes s'étendaient à plusieurs lieues à la ronde. La paix avait bien été signée le 1er mai 1650, mais les armées avaient reparu quand même et elles ravageaient les villages compris entre Rethel, Attigny et Reims. Le 25 mars 1650, l'armée royale avait imposé tous les villages au-dessous de la rivière d'Aisne et de la montagne de Reims à une contribution de guerre de 50 livres par jour. Selon une relation de ce temps, des villages étaient réduits en cendres, les terres demeuraient incultes, les habitants mangeaient du pain d'avoine.

A cinquante lieues à la ronde, on ne racontait que meurtres, pillages, voleries, violences et sacrilèges Les incendies étaient le passe-temps de ces soudards inconscients de leurs cruautés.

(1) En 1649, le château de Saint-Lambert ayant été pillé par l'armée d'Erlach, Robert de Joyeuse s'enfuit à Warmeriville « mais ce matin, il s'y est trouvé surpris par 2,000 hommes qui le poussent fort et ont déjà tué 20 paisans des siens. » Signé : d'Alincourt. *La Champagne désolée par l'armée d'Erlach*, Paris 1649, 12-4°.

Le manque des récoltes et la rareté du bétail avaient élevé les cours des denrées à des prix exhorbitants. A la suite de tant de souffrances, les maladies vinrent et elles décimèrent toutes nos populations. A cette époque, la population de Warmeriville fut réduite à 100 feux ou 350 habitants.

En 1652, les Lorrains reparurent dans nos pays, et, comme les années précédentes, nos campagnes furent ravagées. A la suite de tant de misères, dans bien des paroisses, tous les services communaux furent désorganisés ; la justice ne se rendait plus, faute d'officiers municipaux, les offices religieux ne se faisaient plus : plusieurs curés avaient été ou tués ou obligés de se sauver.

Guerre de la Succession d'Espagne

Le commencement du XVIIIe siècle ressemble beaucoup aux siècles précédents, la situation matérielle des habitants de Warmeriville ne fut pas meilleure. Trop de ruines s'étaient amoncelées pendant les guerres de la Ligue et de la Fronde. Le travail réparateur d'une population misérable ne produit l'aisance qu'après de longues années. Si le travail est une loi naturelle, l'homme des champs en s'y soumettant a aussi à compter avec les influences atmosphériques. Le 6 janvier 1709, tous les grains gelèrent ; l'orge, au mois de mars, valait 33 livres ; le sarrazin, 15 livres ; l'avoine, 6 livres ; le seigle, 9 livres et le froment, 15 livres le septier. La misère était si grande cette année-là, qu'une sédition populaire éclata à Reims. En automne, on ne put ensemencer que le quart des terres, faute de semences. En 1712, malgré les succès de Villars à Denain, le major hollandais Growesteins, du parti du prince de Savoie, à la tête de 2,200 hommes à cheval, trompa la surveillance de l'armée française et fit une course des plus audacieuses en France en pillant et en jetant l'épouvante sur tout son passage. Jean Lacour, chanoine de Reims, recteur de l'Université, auteur de plusieurs chroniques, cite le passage suivant relatif à Growesteins et ses hommes : « A partir de Neuchâtel, le 12 juin 1712, ils ravagèrent tous les villages où ils passèrent, le long de la Suippe ; ils emportèrent tout ce qu'ils purent d'argent, jusqu'aux vaisseaux de l'église. Ils ne tuaient personne, à moins qu'on ne fît résistance. Ils ne firent aucun torts aux fruits de la terre, mais ils commirent des impiétés dans quelques églises et foulèrent aux pieds, dans celle de Bazancourt, les saintes Hosties. L'on ne tua pas beaucoup de ces gens-là, sinon ceux qui étaient surpris par le vin. » On sait que les Hollandais étaient protestants ; c'est pourquoi ils n'avaient pas de scrupules en commettant des impiétés. Si nous consultons un autre auteur, nous lisons une version à peu près semblable : « Le 12 juin 1712, Growesteins investit Neuchâtel, passa l'Aisne et prit le curé pour otage ; après, a prélevé une contribution qu'il perçut de village en village, après avoir rafraichit pendant une heure de l'autre costé de la ville, et que le lieutenant-collonel Villems Dap fut rejoingt, on continua la route sur les village de Lisle (Isle), Warmeriville (Warmeriville), Sille (Selles), Pontfaverge (Pontfaverger), Bestenville (Bétheniville), Le Petit-Saint-Hilaire, Rentsincourt, Vaudelaincourt, Grand-Saint-Hilaire, Jonchery ; tous ces villages sont sur la rivière de la Suippe ; à chaque village, on prenait des otages » (1).

Le 12 juin 1712, ces ennemis étaient à Warmeriville, avons-nous dit ; ils firent le pillage de la paroisse et de l'église. Les registres paroissiaux mentionnent ce fait par la note suivante : « 13 juin 1712, baptême de..... fait prématurément par Claude Blond, maistre d'école de cette paroisse, dont la crainte qu'on aurait pas le temps de la porter (l'enfant), à l'église, à cause du puillement que les ennemis ont fait à la dite église et à toute la paroisse ce jour là. »

Dix mois après, le 11 avril 1713, la paix était signée entre la France, la Hollande, l'Angleterre et la Savoie. Cet évènement ramena l'espoir et la sécurité.

Inondation de Février 1784

Au commencement de 1784, la gelée avait durci le sol, ensuite la neige était tombée en si grande abondance qu'elle couvrait la terre de plus de deux pieds d'épaisseur. Vers le 20 février, une pluie torrentielle, qui dura deux jours, occasionna la fonte rapide des neiges et un débordement de toutes les rivières. Voici comment l'*Almanach de Reims*, de 1785,

(1) *Revue de Champagne et de Brie*, page 396.

raconte ce sinistre : « C'est surtout dans ces temps malheureux, où des fléaux terribles affligent l'humanité, que l'homme se montre tel qu'il est naturellement, bon et sensible. En vain, voudrait on le calomnier, jamais on ne verra ces sentiments entièrement bannis de son cœur. L'année 1784, dont les malheurs nous rappelleront longtemps les souvenirs, a été surtout remarquable par l'abondance des neiges, par l'intensité du froid et par un dégel plus désastreux encore. Après une gelée très longue, le dégel commença le 22 février. Les neiges, se fondant avant que la terre fut dégelée à fond, ne purent la pénétrer. Elles grossirent l'Aisne, la Marne, la Suippe débordèrent et ne représentèrent aux yeux qu'une vaste mer. Les villages de Bazancourt, Boult, Bétheniville, Isles, Selles, Warmeriville, Balham, Blanzy, Vieux-les-Asfeld, dont le nombre 67, furent les plus maltraités. Ils furent aussi le théâtre d'une multitude d'actions héroïques et bienfaisantes. Leurs malheureux habitants, enfermés par les eaux, étaient exposés à périr de faim ou à être submergés. Les maisons s'écroulaient, les meubles, les grains, les bestiaux, tout était entraîné. Des hommes bienfaisants et courageux se dévouèrent au salut des infortunés. Ils exposèrent mille fois leur vie pour sauver celle de leurs frères.

On a vu avec une admiration dont on ne revient pas, le zèle qu'ont témoigné les habitants de Witry, Caurel, Lavannes, Pomacle, Bourgogne, pour aller au secours de ceux qui étaient exposés en pleine campagne aux injures de l'air. On voyait de toute part des chevaux, des charrettes qui transportaient et les femmes et les enfants, et tous les tristes débris de ces familles infortunées. Le lieutenant de Lavannes, Etienne Roucy, au nom d'un roi bienfaisant, dont il interprétait si bien les sentiments, ordonna à tous les habitants de son village de partir avec leurs chevaux et leurs chariots et, pour ajouter son propre exemple aux ordres qu'il donnait, il réfugia chez lui plus de 60 personnes. Ceux qui par eux-mêmes ne pouvaient avoir part à ces actes de bienfaisance y contribuèrent de leurs bourses. »

Le Rapport de Polonceau, subdélégué de Reims, au secrétaire en chef de l'Intendance dit : « 25 février 1784. — Pontfaverger a un grand nombre de maisons endommagées ainsi que deux ponts ; à Bazancourt et aux communes en amont, Isles, Boult,

Saint-Etienne, les deux tiers des habitations sont emportées par les eaux. Le curé de Bazancourt s'est retiré dans l'église avec plus de 300 de ses paroissiens, peut-être sans pain depuis trois jours, sans qu'il soit possible de leur porter secours ; d'autres malheureux sont sur les arbres et sur les toits de leurs maisons qui s'écroulent. Je n'ai pas la force de vous en dire davantage ; mon fils et moi, nous faisons tout ce qu'il est possible, mais nous sommes encore loin de l'espoir de satisfaire à notre zèle.

27 février. — Plus de 15 paroisses sont dans l'état le plus effrayant, sans logement et manquent de tout ; vous ne pouvez vous imaginer l'état affreux de ces misérables ; je ne sais auxquels répondre, les moulins sont presque tous détruits et dans l'impossibilité de moudre de longtemps (1). »

Sur la recommandation de Monseigneur Talleyrand-Périgord, archevêque de Reims, une collecte générale fut faite dans tout le diocèse par MM. les Curés le lundi de la Quasimodo. Elle produisit 79,301 livres, qui furent distribuées à proportion des pertes aux 67 villages victimes de ce fléau.

Dans l'État du produit des aumônes faites en faveur des 67 paroisses inondées (79,301 livres), Mlle Adélaïde de France figure pour 1200 livres ; Mlle Victoire de France, 1200 livres ; Monseigneur l'Archevêque, 15,000 livres ; le Chapitre de la Cathédrale de Reims, 6000 livres ; les commerçants de Reims, 6,658 livres ; le doyenné de Lavannes, 2,185 livres 1 sol 6 deniers. Parmi les communes qui donnèrent le plus, citons : Witry-les-Reims, 294 livres ; Caurel, 179 livres ; Lavannes, 165 livres ; Pontfaverger, 142 livres ; Warmeriville, 53 livres 12 sols 6 deniers. Le doyenné de Lavannes, pour les 13 paroisses inondées, reçut 44 557 livres. Nous citons les paroisses et les sommes reçues :

Auménancourt-le-Petit............	419 livres.
Auménancourt-le-Grand..........	370 —
Bazancourt, 121 personnes........	10.941 —
Boult, 297 personnes.............	13.696 —
Heutrégiville, 24 personnes.......	597 —
Houdilcourt, 25 personnes........	531 —
Isles, 65 personnes..............	8.832 —

(1) *Archives départementales*, dossier C, 955.

Poilcourt, 11 personnes............ 252 —
Pontfaverger, 15 personnes....... 732 —
Saint-Etienne, 30 personnes....... 993 —
Saint-Masme, 6 personnes........ 203 —
Selles, 39 personnes.............. 3.206 —
Warmeriville, 133 personnes...... 3.794 —

Les personnes ou du moins les chefs de famille les plus éprouvés c'est-à-dire ceux qui reçurent le plus à Warmeriville, furent :

Jean-Baptiste Champenois...... 212 livres.
Nicolas Lemarteleur........... 130 —
F. Franqueville............... 120 —
Lambert-Boucton.............. 116 —
N. Glatigny................... 116 —
Jean Pocquet.................. 104 —
Jean-Pierre Larbre............. 102 —

etc., etc. (1).

La destruction des villages de la vallée de la Suippe avait une conséquence désastreuse pour le commerce de tissus de Reims. Les commerçants, réunis à l'Hôtel de Ville le 4 mars, firent une souscription entre eux pour venir en aide à leurs malheureux ouvriers sans asile, sans métiers et sans vêtements. Le produit de cette souscription fut de 19.157 livres 11 sols ; à cette somme, le Roi y ajouta 13,000 livres, soit en tout 32,157 livres 11 sols. La répartition fut faite de la manière suivante :

(1) *Archives départementales*, dossier C, 1971.

PAROISSES	FABRICANTS	MÉTIERS	PIÈCES fabriquées par an	LEURS PRODUITS (Livres)	PERTES pour objet de commerce (Livres)	SECOURS donnés en laines & métiers (Livres)	RÉPARATIONS des métiers (Livres)
Saint-Hilaire-le-Petit......	2	3	36	4.000	30	24	»
Juniville................	3	5	60	8.000	103	96	»
Poilcourt................	5	12	132	15.840	324	216	»
Isles....................	9	12	144	7.500	369	336	83
Vieux-les-Asfeld.........	10	24	264	32.000	372	336	3.695
Saint-Étienne............	11	24	324	40.000	734	516	300
Auménancourt............	12	24	288	32.000	257	216	»
Saint-Masmes............	20	31	369	42.000	174	144	»
Saint-Loup..............	26	36	432	60.000	258	192	»
Heutrégiville............	30	60	2.400	15.000	285	216	»
Bétheniville.............	31	63	685	80.000	2.012 14	1.566	969 10
Selles...................	35	90	900	150.000	2.119	1.716	699
Warmeriville............	50	100	1.200	130.000	2.332	1.696	233 12
Bazancourt..............	50	104	1.250	140.000	4.837 10	4.212	1.518 7
Neuflize................	60	80	1.280	120.000	1.323 10	768	89 5
Pontfaverger............	80	100	1.200	130.000	50	48	»
Boult...................	80	178	1.800	28.800	8.980 10	7.134	1.614 4
Totaux.....	517	946	12.764	1.429.340	24.570 44	19.428	5.876 4

A ces totaux, il faut ajouter 175 livres 7 pour frais de voyages, copistes, etc., plus 6,658 livres pour secours aux malheureux, soit en tout 32,157 livres 11 sols, total égal aux recettes.

Si tant de misères n'avaient pas été soulagées à la suite de cette catastrophe, que de morts, que d'ouvriers auraient été obligés de s'expatrier et porter ailleurs le secret de l'industrie rémoise (1).

En résumé, le total des pertes générales subies par la province de Champagne fut de 992,409 livres 17 sols. Dans les secours qui furent distribués, le Roi accorda 350,000 livres. Par suite de cette inondation, un Arrêt du Conseil accorda aux paroisses de la Généralité de Châlons une diminution de 185,000 livres sur la taille de 1785 ; Warmeriville fut entièrement exempt de la taille, cette année-là.

Mœurs, Usages et Croyances populaires

Depuis la Révolution, bien des usages ou des croyances séculaires tendent à disparaître. Ces épaves du passé étaient ou d'origine chrétienne ou elles portaient la trace du paganisme et de la superstition. Le christianisme, en supprimant les dieux de l'Olympe, les remplaça par le culte des saints, mais à côté du culte des saints, la crainte du diable prit une grande extension. Le peuple, au Moyen-Age, avait une foi vive, mais près de la religion, les croyants, avec leur crédulité profonde, irréfléchie et aveugle, arrivaient parfois au fanatisme et aux superstitions les plus grossières. Nous avons relevé un certain nombre d'usages religieux, d'autres qui avaient pour origine l'ignorance des temps, enfin des croyances populaires et des coutumes qui, par elles-mêmes, montrent les mœurs de nos pères.

Les fêtes patronales. — Les fêtes patronales remontent à l'établissement des paroisses. Anciennement, ces fêtes se faisaient le jour du patron, le lendemain était consacré aux membres défunts des familles.

A la Révolution, ces fêtes furent remises au dimanche qui suit l'incidence de la fête. Depuis une cinquantaine d'années, bien des fêtes patronales furent remises à une époque qui

---

(1) *Archives départementales,* dossier C, 1971.

semblait moins gêner les travaux des champs ou qui permettait d'avoir une température moins rigoureuse. C'est ainsi que Warmeriville célèbre sa fête le dimanche après l'Ascension, au lieu du dimanche qui suivait la fête de saint Martin. Les plaisirs en ces jours de fêtes furent toujours les réunions de famille et d'amis accompagnées de festins et de danses.

La Sainte-Catherine. — Le 25 novembre, c'était la fête des petites filles ; elles parcouraient le village en chantant à chaque porte la légende suivante :

I

N'avez-vous pas vu
Sainte Catherine
Aux pieds de Jésus
Couronné d'épines.
    Ave Maria
    Sancta Catherina.

II

Courage, Catherine,
Couronnée tu seras
Et ton barbare père
Dans la chaudière
Il bouillira.
    Ave Maria
    Sancta Catherina.

III

Apporte-moi ma roue
Et mon grand coutelas,
Que je tranche la tête
A ma fille que voilà.
    Ave Maria
    Sancta Catherina.

IV

Du Ciel descendirent
Des Anges en chantant,
Au Ciel ils la ravirent
En disant : Alleluia
    Ave Maria
    Sancta Catherina.

La Saint-Nicolas. — C'était le 6 décembre que les écoliers fêtaient leur patron, saint Nicolas. De porte en porte on entendait les strophes suivantes :

I

Du grand saint Nicolas
Célébrons la mémoire ;
Sur l'éclat de sa vie
Ayons toujours les yeux.
Pas plus d'une victoire
Vivant dans ces bas lieux,
Il a mérité la gloire des Cieux.

II

Il aima la vertu
De l'âge le plus tendre,
Tout innocent qu'il fut,
Il se traita en pêcheur.
Il ne veut pas entendre
L'amour plein de douceur,
L'amour se réduit dans son cœur.

    Sancte Nicolas, ora pro nobis

La Saint-Eloi. — Les cultivateurs fêtent saint Eloi le 1ᵉʳ décembre. Une messe est dite à son intention.

La Saint-Blaise. — Les tisseurs ont pour patron saint Blaise, qu'ils fêtent le 3 février. En 1669, les marchands de draps, serges ou étamines, firent un règlement dont un des articles renfermait l'obligation pour tous les maîtres et ouvriers de célébrer la Saint-Blaise le 3 février de chaque année.

La Saint-Agathe. — C'est la fête des femmes. Elle se célèbre le 5 février de chaque année : le matin, c'est la messe ; le soir, la veillée.

Confréries. — Au Moyen-Age, on sait que les ouvriers ne travaillaient pas isolés, mais groupés en corporations obligatoires. Dans la suite, la liberté du travail étant une cause de progrès industriel, les corporations se confondirent avec les confréries, qui eurent alors un caractère religieux. Ces associations avaient toutes pour patrons des saints qui, dans leur vie, avaient exercé une profession similaire.

A Warmeriville, deux confréries existaient : l'une de Saint-Druon, l'autre de Saint-Nicolas.

Laisses. — Une coutume très ancienne est celle qui permet de sonner les cloches la veille du 2 novembre. Ces sonneries, appelées laisses *(relictus)*, se pratiquent encore de nos jours quand une personne est décédée. La fête de la Toussaint a été instituée par Boniface IV au VIIᵉ siècle, mais elle portait alors le nom de fête de Notre-Dame aux Martyrs. Grégoire IV, au IXᵉ siècle, la changea de mai en novembre, en l'intitulant fête de la Vierge et de tous les Saints.

Pèlerinages. — Les voyages religieux ou pèlerinages remontent à la plus haute antiquité. Nous ne discuterons pas les affaires surnaturelles ou mystiques, seulement, nous dirons que les croyants espéraient obtenir du soulagement dans leurs maladies, dans leurs infirmités, ou toute autre grâce. A Warmeriville, nous avons dit qu'une chapelle dédiée à Saint-Druon était le but d'un pèlerinage depuis plusieurs siècles.

Les Rogations. — Les processions des Rogations se faisaient les lundi, mardi et mercredi avant l'Ascension ; elles avaient le but d'implorer la bénédiction et la protection de Dieu sur les fruits de la terre. Ces fêtes datent de 474 ; elles furent instituées par saint Mamert, archevêque de Vienne (1).

Les eaux. — La confiance dans les propriétés salutaires des eaux se retrouve chez tous les peuples. Dans le paganisme, certaines fontaines étaient dédiées à des naïades. A l'établissement du christianisme, ces mêmes fontaines furent mises sous la protection des saints.

Calvaires. — La coutume d'établir des calvaires est très ancienne. Le concile de Clermont, tenu en 1095, décida : « Que les croix des champs jouiront d'un droit d'asile inviolable. »

On sait que la croix était un instrument de supplice à l'époque de l'établissement du Christianisme; depuis, elle est devenue le signe du chrétien. On l'emploie dans le plan des monuments religieux, dans la signature, dans les monnaies et dans les écussons. Elle figure comme marque de distinction au cou des femmes, aux habits des religieux et des religieuses ou sur la poitrine des braves. Ailleurs, elle surmonte l'asile de la prière et de la charité, ou elle protège les tombeaux, les fontaines, etc.

Un Arrêt du Parlement de Bezançon (1674), prescrivait que les croix soient entretenues, parce qu'elles servaient de limites aux terroirs, aux dîmeries, justices, fiefs et autres droits. Depuis le XVIe siècle, les manifestations extérieures du culte se firent par des processions aux lieux où existaient des croix.

Différentes croix ont existé à Warmeriville ; plusieurs, après leur disparition, laissèrent un souvenir traditionnel en laissant un nom de lieudit, comme la Croix-Champenois.

Sur le chemin de Reims (ou de Lavannes), à un kilomètre et demi, se trouve une croix en fonte avec une assise de pierre. L'inscription rappelle le souvenir d'une femme née Remiette Villain, morte par accident de voiture.

En 1856, la famille Harmel fit ériger un calvaire près du chemin de grande communication n° 20, en face de la chaussée conduisant au Val-des-Bois. Cette croix de grandes dimensions remplaça une autre croix tombée en ruines quelques années auparavant.

---

(1) CHÉRUEL. *Dictionnaire historique des Institutions, Mœurs et Coutumes de France.* Art. Quatre-Temps et art. Rogations.

En 1896, la famille Harmel, après une mission, fit ériger une grande croix sur le chemin de Rethel, à un kilomètre environ.

Les Bergeoteries. — Les bergeoteries se faisaient la veille de Noël. Cette coutume dégénéra en abus parce que ces représentations ridiculisaient les mystères de la foi et étaient trop bruyantes et trop indécentes dans les églises.

Pains bénits. — L'usage de présenter un pain bénit pendant la messe ressemble à cette institution connue dans l'église primitive sous le nom d'eulogies. Hincmar, dans ses *Capitula*, publia une Instruction synodale en 17 articles, dont nous extrayons le passage suivant :

« Tous les dimanches, avant la messe, chaque prêtre fera l'eau bénite, en aspergera les fidèles à leur entrée et il sera loisible à chacun d'en emporter pour la répandre sur les champs, les vignes, les bestiaux et même les aliments. Tous les dimanches et fêtes, le prêtre bénira de petits morceaux de pain qui seront, à l'issue de la messe, distribués à ceux qui n'ont pas communié, afin qu'ils soient pour eux un principe de force spirituelle, aussi bien qu'un aliment corporel (1).

La paix. — Dans bien des paroisses, la coutume de se passer la paix pendant la messe existe encore ; elle rappelle l'union qui doit exister entre tous les fidèles.

Dans bien des paroisses encore, au commencement de la messe, les enfants de chœur se rendent dans la sacristie, ils prennent chacun un objet servant au Saint Sacrifice de la messe et l'apportent processionnellement dans le sanctuaire pour le déposer sur l'autel.

Croyances populaires. — Nous nous arrêterons bien peu sur les croyances populaires, tant elles sont aujourd'hui ridicules. En médecine, les cures étaient un ensemble de recettes où les préjugés et les superstitions se mêlaient. La lune, suivant ses phases, avait différentes influences sur les parties du corps et dans les maladies. La médecine populaire était exercée par des chirurgiens, des barbiers, des bonnes femmes, des sorciers et des rebouteux. A ces croyances populaires, nous ajouterons encore

---

(1) HINCMAR, t. 1, page 773.

différentes superstitions, telles que la croyance absolue au surnaturel, aux fées, aux nains, aux vampires, aux loups-garous, aux feux-follets, aux charmeurs, etc. Les faux prodiges opérés par ces magiciens étaient presque toujours crus, parce que l'ignorance des masses ne pouvait les expliquer.

Carnaval. — Avant l'observance plus ou moins rigoureuse du Carême, la jeunesse, généralement, prenait part aux divertissements les plus burlesques du carnaval. C'étaient des déguisements, des cris plus ou moins humains et des scènes de bacchantes et de satyres qui rappelaient l'époque du paganisme.

Bataille des coqs. — Un divertissement pour les écoliers consistait à un rassemblement, le lundi de Pâques, afin de voir se battre des coqs surexcités par quelques gouttes d'eau-de-vie.

L'oiseau victorieux était promené dans les rues du village et les enfants chantaient :

> Notre coq est couronné,
> De ce jour comme en été.
> Donnez-nous un jambon,
> S'il est gros nous le prendrons,
> S'il est petit qu'en ferons-nous ? etc.

Les Brandons. — D'autres réjouissances se faisaient encore le premier dimanche de Carême, qu'on désignait par le nom de brandons ; la jeunesse avait coutume de faire des feux de joie. Sous Charlemagne, ces feux, appelés Nedifri, se pratiquaient déjà.

Le Réveillon. — Tout le monde connaît les joies de la famille par le réveillon de la nuit de Noël et par celui des Rois.

Les Étrennes. — Les étrennes et les œufs de Pâques furent toujours la convoitise et la joie des enfants.

Les Noces. — De tous temps, en signe d'honneur, la porte de la fiancée fut décorée de guirlandes, de fleurs et de feuillages.

Les Baptêmes. — Dans nos pays, les baptêmes furent toujours égayés par des sonneries et par des distributions de dragées et de pièces de monnaie. Anciennement, cet usage se pratiquait déjà (les églogues de Virgile et les épithalames de Catulle en font mention). Au Moyen-Age, nos rois faisaient de ces largesses appelées Nobilitates.

La Trémousette. — Nous terminons cette série de fêtes populaires par un extrait d'un article dû à la plume de M. Alexandre Harmel, de Paris, article paru dans l'Illustré *Soleil du Dimanche*, 7 juin 1896.

Les « Trémousez »

C'était le premier dimanche de mai ! La vieille église de Warmeriville était en fête. Tout est fleuri, à l'autel de la Vierge ; tout est fleuri, aux abords de l'église ; car aux chères tombes de ceux qui dorment sous l'herbe drue, de pieuses mains ont fait jonchée de lilas et d'épines blanches. « Trémousez » ! ballez ! dansez ! belle jeunesse. C'est le mai, mois de mai : c'est le joli mois de mai. Les cloches ont carillonné le dernier coup : la grand'messe va commencer.. .. Et peu à peu, sous les vieilles voûtes, se pressent les fidèles. Trois fauteuils ont été placés devant l'estrade des chantres, près du sanctuaire. Les Trémousez vont les occuper. Les deux « meneuses », des grandes de 17 à 18 ans, encadrent une petite, toute petite (4 à 5 ans), un gentil bébé, mignon, tout en blanc, fleuri sur la tête, robe, bas, souliers, tout en blanc. Comme elle est jolie !...

« Meneuses » et « Trémousez », toutes les trois sont les élues des petites filles de la première communion, et c'est un grand honneur d'avoir été choisi pour le grand mois de Notre-Dame. L'office commence ; en de maternelles attitudes, les deux « meneuses » se pressent autour du baby : on lui donne un livre, un gros livre .. plein de merveilleuses images. On a été à l'offrande, on a eu le pas sur la famille qui offre ce jour-là le pain bénit, mais office et sermon ont paru bien longs à la petite blanche. Il est temps que ce soit fini... Et les grandes, les « meneuses », l'accompagnent sur la tombe du grand-père, là, tout près du porche de l'église. Elle se recueille, la fillette, et, gravement, balbutie sa petite prière.

II

Vite, vite, hâtons-nous, « Trémousez », disent les grandes, en remettant la petite aux mains de ses parents, il nous fait brûler le déjeuner, car nous revenons tout à l'heure vous chercher pour la tournée des trémousez. C'est chez M. le Curé que la petite troupe se rend, car les fillettes de la première communion accompagnent les « Trémousez ». Les Trémousez sont annoncées à M. le Curé par sa sœur; le cortège se range en ovale dans le salon, la petite blanche entonne alors la vieille chanson :

I

Belle Dame de céans,
En revenant de par ces champs,
Nous avons trouvé les blés si grands,
Les avoines en l'avenant,
La blanche épine fleurissant.
  Trimousette !
C'est le bai beau mois de Mai.
C'est le joli mois de Mai.

II

Quand vot' mari s'en va dehors *(bis)*
. . . .
Que Dieu lui souhaite son accord
Et l'accord de son Fils
Jésus-Christ.
  Trimousette !
C'est le bai beau mois de Mai.
C'est le joli mois de Mai.

III

Quand vous couchez vot' bel enfant *(bis)*
. . . .
De la main de Dieu doit être sagné,
Au coucher, au lever, à toute heure de la journée,
Devant Dieu.
  Trimousette !
C'est le bai beau mois de Mai.
C'est le joli mois de Mai.

IV

Un petit brin de vot' farine
Un petit œuf de vot' jolie ;
Ce n'est pas pour boire ni pour manger,
C'est pour avoir un joli cierge
Pour lumer la Sainte Vierge.
  Trimousette !
C'est le bai beau mois de Mai.
C'est le joli mois de Mai.

Alors, la petite présente à M. le Curé une bourse ; M. le Curé y laisse tomber une belle pièce blanche. La bourse devient lourde ; c'est bien sûr une fortune ! que la fillette, rougissante, remet aux mains de la première « meneuse » ; alors, toutes les petites voix en chœur :

V

Monsieur (ou Madame), nous vous remercions *(bis)*,
Nous prierons Dieu pour vot' maison
Notre-Dame est bonne assez
Pour bien vous récompenser.
  Trimousette !
C'est le bai beau mois de Mai.
C'est le joli mois de Mai.

Et les petites voix babillardes s'éloignent. La petite troupe très confuse et très entremêlée, au grand mépris de l'autorité des « Meneuses », s'en va par les chemins, bordés de haies fleuries, continuer son pieux pèlerinage. On arrive chez M. le Maire, on les attend devant la porte cochère de la ferme..... Le petit groupe de fillettes s'est formé ; la chanson recommence :

Belle Dame de Céans, etc., etc...

A la quête, la seconde « Meneuse » s'est avancée : ce sont des œufs frais qui commencent à emplir le grand panier dont elle a la charge. Les vêpres carillonnent, alerte « Trémousez », il ne faut pas être en retard ; et la petite troupe détale par les sentes embaumées jusqu'à l'église. La petite « blanche » est fatiguée ; les vêpres lui semblent longues et les jolis yeux vont plus d'une fois se refermant. La première « Meneuse » la prendra dans ses bras tout à l'heure pour la remettre aux soins de sa maman, puis, toutes ensemble, viendront compter à M. le Curé la recette de la journée.

Le prochain dimanche, on continuera les visites et ainsi tous les dimanches de mai : « Trémousez », c'est le mai, mois de mai, c'est le joli mois de mai.

C'était ainsi il y a cinquante ans. Aujourd'hui les pauvres morts ont été chassés, loin, bien loin de l'ombre de l'église, tout à fait hors du village. Les bégayantes voix des « Trémousez » se sont tues.

A. HARMEL.

État-Civil de Warmeriville

Il est surprenant que les registres de l'état-civil n'aient pas été tenus plus tôt. Au XIIIe siècle, on n'avait d'autre moyen pour constater officiellement l'état-civil d'une personne que de s'adresser à la famille ou au curé de la paroisse. Un des plus anciens documents connus qui mentionnent la tenue d'un registre de baptême est un Statut de l'évêque de Nantes, Henri le Barbu, en 1406. Il prescrit ou il rappelle aux curés de consigner des baptêmes sur des registres et d'y mentionner les noms des parrains et des marraines (1). La tenue d'un registre sur les baptêmes semble avoir pour but de faire connaître les généalogies des familles. Quant aux registres de mariages et de décès, il semble qu'ils n'aient eu, primitivement, d'autre but que de connaître le détail et le total du casuel de chaque curé de paroisse. Ce fut seulement à partir de François Ier que ces registres commencèrent à être tenus régulièrement (Ordonnance d'août 1539, art. 50, 51 et 52). Nous ne pouvons pas parler des noms de famille existants à Warmeriville au Moyen-Age. A cette époque, les nobles, aussi bien que les roturiers, ne portaient que leur nom de baptême. C'étaient des Jehan, des Pierre, des Laurent, des Renault, des Henri, des Carl, etc., etc. Dans la suite, les seigneurs ajoutèrent à leur nom de baptême le nom de leur terre et de leur habitation ; les roturiers prirent les noms de leur profession, de leurs qualités physiques et

---

(1) P. VIOLLET. *Précis de l'Histoire du Droit français*, T. I., page 384.

morales, de certaines particularités corporelles, etc. Les documents les plus anciens qui nous donnent les noms des familles de Warmeriville sont les Procès-verbaux des visites des doyens, les Cœuillerets du Chapitre, les Registres paroissiaux du Palais de Justice de Reims et ceux de Warmeriville, enfin les Procès-verbaux des Plaids-Généraux et autres documents.

Les noms de familles que nous avons relevés dans ces vieux documents sont :

15 à 1600. — Les : Aubry, Grumelier, Poncelet, Mopinot, Raulin, Goulin, Galand, Roquet, Malingre, Champion, Riflart, Charlier, Allart, Boileau, Jolivet, Cogniart, Lespagnol, Pocquet, Orblin, etc.

16 à 1700. — Wilmet, Tricot, Logeart, Huart, Boudin, Foissier, Lallemant, Benoit, Nouvelet, Cochet, Charpentier, Champenois, Vasseur, Wuarmont, Forêt, Delabarre, Trichet, Demain, Lecoq, Villet, Paulin, Legros, Randoulet, Dot, Brimont, Détouche, Moreau, Thierry, Hubert, Rôle, Ponsinet, Moisnet.

17 à 1800. — Hanrot, Cousin, Lemarteleur, Franqueville, Henart, Modaine, Griffon, Gaidoz, Pothier, Masson, Bouchez, Simonet, Hautavoine, Leclère, Recorda, Marniquet, Tocu, Lefèvre, Thumis, etc., etc.

Warmeriville et ses Rapports avec la haute Société

Warmeriville n'a pas été un coin de terre ignoré. Depuis le Moyen-Age, nous avons vu ses habitants être en rapports avec un grand nombre de seigneurs D'abord, ce fut des seigneurs féodaux, puis des seigneurs fonctionnaires du roi ; nous avons vu aussi des militaires, dont plusieurs occupèrent des situations les plus élevées du royaume, D'autres relations existèrent avec la haute bourgeoisie de Reims ; nous avons cité les causes à l'article cimetière. Nous relaterons encore les rapports entre les habitants de Warmeriville et deux hautes personnalités de Reims, dont nous donnons une courte biographie.

Godinot, Jean, docteur en théologie et chanoine de la métropole de Reims. Il donna 100,000 livres pour amener les eaux de la Vesle à la première fontaine de la ville (fontaine Saint-Timothée), et le surplus de ce qu'il possédait, après ses diverses donations, pour l'entretien de ces fontaines. Il mourut en 1749. De Prouilly, lieutenant de la ville de Reims, a prononcé son éloge en 1750. Il appartenait à un littérateur de premier rang et à un administrateur actif et éclairé de louer l'homme généreux auquel Reims devra toujours la reconnaissance.

Etat des rentes constituées procédantes de la succession de M. Godinot, chanoine de l'église de Reims, 1750.

Warmeriville, n° 59. — Quatre livres dix sols de rente au principal de 90 livres, constituée par Elisabeth Cochet, veuve Pierre Forêt, par billet du 1er juin 1743.

N° 60. — Cinq livres de rente au principal de 100 livres, constituée par Remy Cochet, par billet du 3 novembre 1743.

N° 61. — Dix-huit livres 15 sols de rente au principal de 375 livres, constituée par J.-B. Paulin, étaminier, par contrat du 7 décembre 1743 passé devant Mercier.

Par délibération du 16 février 1750, le Conseil de Ville de Reims a donné pleins pouvoirs à MM. de Prouilly et Roger, exécuteurs testamentaires de l'abbé Godinot, pour le règlement et la vente, au mieux des intérêts publics des rentes constituées (1).

Linguet, Simon-Nicolas-Henri, avocat, écrivain fécond et original, historien, orateur, poète, publiciste, critique et journaliste. Il fut d'abord sous-principal du collège de Beauvais. A Paris, Linguet est une des personnalités les plus curieuses et les plus intéressantes du xviiie siècle. Sa vie fut une lutte continuelle, se contredisant parfois. On a de lui une foule d'écrits, remarquables par l'énergie du style, mais plein de fiel et contenant des paradoxes les plus révoltants. Il ne se gênait pas de soutenir alternativement le pour et le contre. Il se rendit odieux aux avocats par ses sarcasmes et ses injures et fut rayé du tableau de l'ordre en 1774. Journaliste, il se fit exiler, puis enfermer à la Bastille en 1780. Il alla à Londres, à Bruxelles, à Vienne, revint en France en 1791, se déclara contre les idées révolutionnaires, défendit sans succès Louis XVI et ses écrits l'envoyèrent à l'échafaud le 27 juin 1794, à l'âge de 53 ans. Il

(1) *Arch. de Reims.* Registre des conclusions du Conseil de ville.

était fils de Jean Linguet, avocat au Parlement de Paris. Celui-ci étant exilé de Paris, revint dans son pays natal, à Reims, comme greffier en chef de l'Election de Reims. Relativement à cet exil, Simon Linguet disait : « C'est une Lettre de cachet qui me fit naître champenois. »

Nous citons l'extrait de baptême de Simon Linguet :

« Extrait du registre pour servir à écrire les baptêmes, mariages et sépultures qui se feront en la paroisse de Saint-Hilaire de Reims, pendant l'année 1736, folio 31.

« L'an de grâce mil sept cent trente-six, le quinzième jour du mois de juillet, je, Lancelot-Bourquet, prêtre docteur en théologie et curé de la paroisse de Saint-Hilaire de Reims, soussigné, ai baptisé le fils de M. Jean Linguet, greffier en l'élection de Reims, et de demoiselle Marie-Louise, ses père et mère, mariés ensemble, habitants de cette paroisse, le dit enfant né le quatorzième du présent mois et an, auquel on a imposé les noms de Simon-Nicolas-Henri, le parein M. Simon Lemarteleur, la mareine demoiselle Marie-Béatrice Linguet, son épouse, de la paroisse de Warmeriville, qui ont signé avec le père. Signé : S. Lemarteleur, Marie-Béatrix Linguet, Linguet et Bourquet (1).

Le Catalogue historique et descriptif du Musée de Reims, par Ch. Loriquet, 1881, page 115, fait mention d'un portrait de M. Lucas, conseiller au Parlement. Il y a eu à Reims, en 1768, un juge conseil de ce nom. Derrière la toile, on lit : peint par Chape, 1715. Offert par M. Chevallier-Prévoteau, ouvrier mécanicien au Val-des-Bois (Warmeriville), arrière-neveu de M. Lucas.

M. Chevallier-Prévoteau était le père de M. l'abbé A. Chevallier, curé de Montbré (2).

La Croix-Rouge à Warmeriville

Plusieurs habitants de Warmeriville ne restèrent pas indifférents à l'Œuvre de la Croix-Rouge française, reconnue comme établissement d'utilité publique par Décret du 23 juin 1866 et réglementée par Décret du 3 juillet 1884.

(1) Par ce qui précède, on peut supposer que Simon-Nicolas-Henri Linguet était en famille avec Simon Lemarteleur et Marie-Béatrix Linguet, de Warmeriville, et que des relations de famille existèrent.
(2) *Bibliothèque de Reims.*

On sait que nous appartenons à la 6e région militaire, laquelle est subdivisée en un certain nombre d'arrondissements, dont celui de Reims.

La subdivision de Reims est également divisée en dix comités et quatre groupes. Warmeriville figure dans le Comité de Bazancourt. Dans ce comité, nous relevons les noms de MM. Harmel, maire de Warmeriville ; Huet-Thibault, adjoint ; Camille Simonnet, industriel, et Harmel frères, industriels, tous membres conseillers.

Le Val-des-Bois est indiqué avec une ambulance de 25 lits, établis dans les locaux de MM. Harmel frères et entretenus par eux, tant au point de vue du matériel que du personnel.

Cette ambulance ne pourra être déplacée (Lettre de M. le comte de Beaufort, secrétaire général, 17 juin 1890), de la Société française des Secours aux blessés militaires).

Sans vouloir faire l'historique de la Croix-Rouge, nous croyons néanmoins en dire un mot, à cause de son origine. Nous connaissons le but de cette œuvre et nous citerons seulement deux passages de l'*Historique de la Croix-Rouge*, par M. le docteur Colleville, 1890, pages 9 et 10, dont la lecture fut faite à l'Académie nationale de Reims, le 13 juin 1890 :

« La première idée, un peu générale, de préserver les blessés des horreurs des représailles, du massacre, du pillage, ou de l'abandon, en déclarant les hôpitaux inviolables en temps de guerre remonte à l'an 1743. Elle est due au maréchal français duc de Noailles et au comte de Stair. »

« Ce qui donne le beau rôle et la priorité au maréchal de France, c'est que, deux mois environ avant ce trait d'humanité, il battit les troupes anglo-autrichiennes et que le roi Georges II d'Angleterre, qui les commandait, échappa à grand'peine, avec 40,000 Anglais et Autrichiens, au duc de Noailles, qui l'avait enfermé entre Aschaffenbourg et Dettinger, sur la rive droite du bas Mein. »

Si nous avons cité ces quelques lignes, c'est parce que le maréchal duc de Noailles était le même que Mgr Adrien-Maurice de Noailles, seigneur de Warmeriville (1).

---

(1) *Nouvelle Bibliographie générale,* publiée par Firmin DIDOT frères, tome 37, page 218. — *(Bibliothèque de Reims).*

La Foire de Warmeriville

Au Moyen-Age, le commerce était restreint par suite du manque des voies de communication. Les produits agricoles et autres se vendaient principalement à certains jours de l'année appelés foires. A Warmeriville, une foire fut établie à une époque dont il nous a été impossible de retrouver la date. Ce que nous savons, c'est que les seigneurs accordaient généralement cette autorisation avec certains privilèges qu'ils se réservaient, comme droits de places, etc. La foire de Warmeriville avait lieu le samedi qui suivait l'Ascension, c'est-à-dire qu'elle coïncidait avec le pèlerinage de Saint-Druon. Le principal des droits de foire revenait au Chapitre Notre-Dame de Reims. Cette foire se tenait en haut de la rue des Champs. Ces droits étaient toujours affermés, c'est ce qui produisait souvent des disputes, parce que les fermiers étaient souvent de mauvaise foi, soit dans leurs mesures, soit dans leurs comptes ; d'un autre côté, les vendeurs n'étaient pas toujours francs dans la déclaration de leurs marchandises. Au commencement du xixe siècle, les droits de place sur la foire appartenaient à la commune. Par une Délibération de 1826, nous voyons qu'un cheval payait 0 fr. 30 ; un âne ou un mulet, 0 fr. 20 ; une bête à corne, 0 fr. 20 ; un porc, 0 fr. 15 (1).

Depuis une quarantaine d'années, cette foire n'existe plus.

Ragonet

Ragonet, dépendance de Warmeriville, a une importance historique, parce qu'il renfermait le Moulin-de-Haut et le domaine seigneurial, se composant du château et de la ferme.

Ragonet a, d'après certains érudits, une étymologie dont le sens signifie *lieu de guerre*. Le Moulin-de-Haut, avons-nous dit, a été transformé en une usine industrielle pour le travail de la laine.

Le Château

L'emplacement du château figure encore sur le plan cadastral de 1836 ; il était situé à l'Est, derrière la ferme actuelle, faisant face à Warmeriville et à une section de chemin partant

(1) *Archives communales* de Warmeriville.

du chemin de grande communication n° 20 et aboutissant à la rivière. A ce dernier endroit un pont existait ; on en voyait encore les vestiges il y a une trentaine d'années. De Warmeriville, le voyeux dit du Pilas conduisait à ce pont, de là au château. L'emplacement du château contenait près de 12 ares. Il était sur une butte très élevée, appelée la Motte-aux-Griffons, laquelle avait été amenée au milieu d'un grand terrain marécageux. Quatre grands fossés entouraient le terrain dans lequel se trouvait, au centre, le manoir ; un canal amenait les eaux de la rivière dans les fossés, lesquels sont encore bien conservés. Plusieurs pont-levis permettaient la sortie de cette enceinte forti-

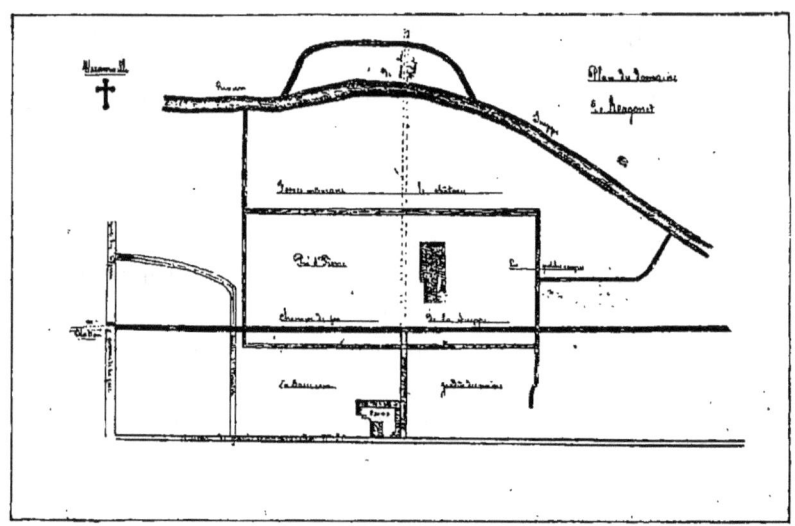

fiée. Le château était composé de trois pavillons en pierres ayant ensemble une longueur de 23 toises 2 pieds ; le tout, composé de chambres hautes et basses, cuisine et étables. Dans la première moitié du XIXe siècle, on voyait encore les vestiges de ce manoir par des murs en ruines ayant encore plusieurs mètres de hauteur. A quelle date ce château a-t-il été construit ? Aucun document ne nous l'indique. Ce que nous pouvons supposer, c'est qu'il aura été construit à la même époque que ceux de Selles, de Bétheniville, de Saint-Souplet et autres lieux. On sait qu'à cette époque, les seigneurs féodaux, comme écuyers, avaient, avec leur sujets, à défendre leurs domaines personnels et les frontières de certaines grandes divisions territoriales comme le Rémois et le Rethélois. Dans la *Notice du Cartulaire de Rethel (Archives nationales*, Paris), nous trouvons, au n° 215, la mention concernant le château de Warmeriville : « de la maison et les fossés entour », année 1332. En 1557, dans une procédure judiciaire, on parle de la maison seigneuriale. Dans les guerres de la Ligue, on sait que le château de Warmeriville était un lieu de réunion pour les réformés. En 1671, différents actes sont finis par ces mots : Fait au château de Warmeriville. En 1774, nous voyons dans un document que le comte de Noailles, seigneur de Warmeriville, fait ordinairement résidence à Paris.

A la Révolution, le nouveau propriétaire, Messire Joseph Aubry d'Arancey, ayant émigré, le District de Reims délégua la municipalité de Warmeriville, assistée de deux experts, à l'effet de faire l'estimation du vieux manoir. Le Procès-verbal dit ceci : « C'est une vieille mazure, située au dit Warmeriville, provenant de l'émigré d'Arancey, étant dans l'enceinte de la ferme. Les matériaux valent 5,300 livres. La longueur de la mazure, vers le levant, est de 23 toises 2 pieds (1). »

La Ferme

La ferme, attenant au château, fait face au chemin de Reims et longe le chemin de grande communication n° 20. Le pignon de la maison d'habitation donnant sur le chemin porte la date de 1744 ; les autres constructions, la grange, les écuries, les bergeries et le colombier sont de dates différentes. L'ensemble du domaine était de 300 hectares environ ; il existait un grand nombre de parcelles, dont une de 30 hectares se trouvant face à la ferme et longeant le chemin de Reims. Ces propriétés étaient des terres, des bois, des prés et des marais. Quelques années après la mort de M. Raoul de Rémont, on vendit 176 hectares de ces biens, de sorte qu'aujourd'hui la ferme ne se compose plus que de 124 hectares.

(1) *Archives départementales* à Châlons. Biens nationaux. Section Warmeriville. Procès-verbal du 8 floréal an III. Signé : Rogelet, agent national ; Modaine, maire ; J. Hénart et Hubert-Pocquet, municipaux ; Guillaume Détouche et Benoit, experts.

Liste des Fermiers

Vers 1612, Jean Conniart ou Cogniart ; Nicolas Conniart, son fils ; 1650, Jean Conniart, son fils ; 1667, Nicolas Josnet ou Jaunet ; 1678, Jean Jaunet, son fils ; 1684, Gérard Huart ; 1699, Simon Lemarteleur ; 1744, Nicolas Lemarteleur, son fils ; 1762, Jean-Baptiste-Nicolas Lemarteleur, son fils ; 1810, Jean-Baptiste-Symphorien Lemarteleur, son fils ; 1844, Remi-Lambert Randoulet ; 1855, Gobron ; 1876, Robert ; 1888, Champion-Robert.

Vaudétré

A trois kilomètres Sud de Warmeriville, sur la voie romaine de Reims à Trèves, se trouve le hameau de Vaudétré, agglomération de 14 maisons et de 50 à 60 habitants. La partie Nord dépend de Warmeriville et c'est la plus faible, l'autre d'Heutrégiville. Ce hameau avait autrefois une certaine importance. En dehors de son étendue actuelle, on retrouve des fondations de maisons. Au xive siècle, des moulins existaient à Vaudétré, sur la rive gauche de la voie romaine, à l'angle de l'ancien chemin de Warmeriville. M. Bosc, curé d'Heutrégiville, mentionne dans son Histoire inédite de sa paroisse un document que nous reproduisons : « *Feria VI post Jubilate anno* 1312 (vendredi du troisième dimanche après Pâques). — Le Chapitre de Sainte-Balzamie de Reims donne à rente viagère, moyennant 4 livres parisis par an, à Me Beaudoin, d'Heutrégiville, clerc de la Cour de Reims, toute la terre appelée terre de Gaultier, qu'il avait acquis de Renaud de Selles, écuyer, fils de noble homme Servinus-Germain de Bouclenay, consistant en 18 sous de cens annuel à lever dans les villages d'Heutrégiville, Saint-Masmes et Epoye, investitures, reprises, amendes, hommages, droit de pêche dans la Suippe, depuis le pont de Romagne jusqu'aux moulins de Vaudétré. »

Le pont de Romagne existe encore près de la filature de Saint-Masmes ; quant aux moulins de Vaudétré, ils ont disparu depuis longtemps et n'ont laissé aucun souvenir dans le pays.

La voie romaine, qui était très fréquentée par les Romains, sortait de Reims par la porte Cérès, autrefois porte de Trèves, passait au Linguet, Vaudétré, Voncq-sur-Aisne, Ivois, traversait la forêt des Ardennes et se rendait à Arlon, Echternach et Trèves.

Dom Marlot, dans son *Histoire de Reims*, livre I, chap. 28, donne quelques renseignements sur les voies romaines. Ces routes avaient ordinairement trois couches différentes de pierres et de ciment, dont l'épaisseur totale était de trois pieds. On voyait anciennement, sur les bordages, deux sortes de pierres élevées. Les unes servaient pour descendre de cheval et pour remonter, car les Romains ne connaissaient pas les étriers, et les autres pour marquer les distances que les Italiens appelaient, à ce sujet, MILARIA ; les Gaulois, LEUQUES et aujourd'hui LIEUES, qui ne signifient autre chose, en vieux langage, que LAPIS, d'où est venu le mot latin LEUCA que tous les auteurs latins tiennent être gaulois.

En 1822, on trouva à Brimont une borne miliaire, que nous reproduisons. Cette pierre carrée est à pans coupés ayant près de cinq pieds de haut.

Voici l'inscription relevée en 1822 sur une de ses faces :

En abrégé	complète
Imp. CÆS, mar	Imperatori Cæsari marco
Pravonio victo	Piavonio victo
Rino PFINAVG	Rino pelici invicto augusta [consuli
PM TRIB. P. COS	Pontifici maximo tribunita potestate
PP. PROCOS. C. REM	Patri Patriæ proconsuli civitas remorum
L. IIII	Leugæ IIII

Traduction

A l'empereur César, Marcus diavonius
Victorinus, le pieux, l'heureux, l'invincilbe,
L'Auguste Souverain-Pontife, exerçant la puissance
Tribunitienne, Consul, Père de la Patrie, le ou les
Préconsuls de la ville de Reims, à quatre lieues
de cette ville (1).

D'après Batissier (2), les routes romaines, aux approches des villes, offraient un aspect imposant. Elles étaient bordées de tom-

(1) *Etude nouvelle sur la Campagne de J. César contre les Bellovaques*, par M. PRIGNÉ-DELACOUR, 1869. Senlis, page 49.
(2) *Eléments d'archéologie nationale*, art. 8, voies.

beaux, de villas, de temples et décorées d'arcs de triomphe. On trouvait encore de distance en distance des MUTATIONES, relais où l'on prenait des chevaux de poste appelés AGMINALES et conduits par des postillons VEREDARU. Ces établissements étaient tenus par les STATARES. Il y avait enfin des hôtelleries, MANSIONES, séparées

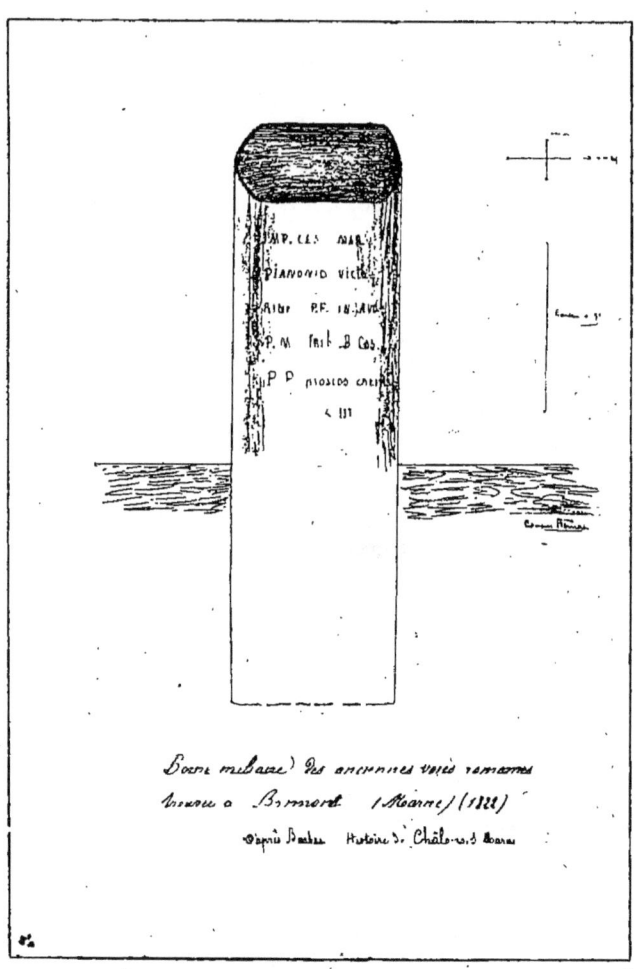

les unes des autres par une journée de marche, auxquelles étaient préposés des MANCIPES qui inspectaient les passeports, DIPLOMATA des voyageurs. Les DIVERSORIA, étaient des maisons où l'on donnait l'hospitalité, de véritables hôtelleries. Ceux qui les tenaient, prenaient le nom de DIVERSORES. D'après ce qui précède,

Vaudétré serait d'une origine très ancienne, il daterait probablement de l'établissement du chemin des romains et il devrait son nom à une hôtellerie qui y aurait été fondée à cette époque.

Ce qui nous le fait supposer, c'est qu'en raison de la construction de ces routes, qui étaient rigoureusement droites du lieu de départ au lieu d'arrivée, peu de villages s'y trouvaient assis. La première localité que l'on rencontrait après Reims sur la voie romaine était Voncq-sur-Aisne ; c'était une bien longue étape pour les voyageurs ou les légions romaines qui passaient sur cette route. La première construction de Vaudétré aura pris ce nom à cause de son étymologie qui serait : val ou vallée de la voie ferrée, *vallis ad viam stratam*. D'après Dom Grenier (1), d'Estré, d'Estrelle, d'Etraon seraient des noms de villages assis sur une voie large. De là Val d'Estré, Vaudétré dans la suite. La vie communale de Vaudétré a été celle de Warmeriville et d'Heutrégiville ; on pourrait même dire qu'à cause de sa position sur une route très fréquentée, il a été peut-être plus éprouvé que ces deux derniers villages. Dans le cours des siècles, les habitants de Vaudétré eurent à supporter les charges fiscales des communautés auxquelles ils appartenaient. A différentes époques, plusieurs contestations existèrent entre les habitants de Warmeriville et ceux de Vaudétré au sujet de la jouissance des usages et de la participation aux charges de la communauté. Quand un Rôle de répartitions d'impôts était dressé par Ordonnance de l'Intendant pour subvenir aux charges des communautés de Warmeriville et d'Heutrégiville, les habitants de Vaudétré figuraient toujours sur ces Etats. D'un autre côté, les habitants de Vaudétré, qui avaient pour ainsi dire leur petit terroir à eux, avaient besoin que les communautés de qui ils dépendaient, vinssent à leur secours pour l'entretien et la reconstruction de leur pont. Les habitants de Warmeriville comme ceux d'Heutrégiville, répondaient toujours que la voie romaine ne leur était d'aucun usage, que le pont de Vaudétré était uniquement fatigué par les habitants des communautés sises à droite et à gauche de la voie romaine venant à Reims. Avant la suppression des droits de péage en 1738, le Chapitre,

(1) *Documents inédits de la Picardie*, page 422.

propriétaire de ces droits, était tenu de construire et d'entretenir les ponts.

En 1759, les ponts de Vaudétré étaient en mauvais état. Un Arrêt du Conseil confirma une adjudication nécessaire à la reconstruction d'un grand pont et de deux petits en charpente près de Vaudétré. Deux petits ponts étaient nécessaires près du grand pont parce que les eaux de la rivière s'étaient répandues et avaient considérablement élargi la rivière. Pour la reconstruction de ces ponts en 1757, à l'exception de Warmeriville, Heutrégiville et Vaudétré, trente-cinq communautés contribuèrent à la dépense et cela par ordre de M. l'Intendant. Des Rôles de répartition étaient envoyés en conséquence dans toutes les communautés. En 1774, il était encore nécessaire de réparer ces ponts, le devis se montait à 2231 livres, 2 sols, 6 deniers. Le grand pont coûta 1231 livres, 2 sols, 6 deniers, les autres mille livres servirent à faire des travaux de terrassement destinés à boucher l'emplacement où étaient les deux petits ponts. L'entrepreneur de ces travaux fut Antoine Bertrand de Brimont. Les communautés qui participèrent à cette dépense, furent encore par ordre de M. l'Intendant : Warmeriville et Heutrégiville par moitié, soit 1115 livres, 11 sols, 3 deniers, et le reste fut réparti entre : Aussonce 133 livres, 2 sols ; La Neuville 272 livres, 16 sols, ; Chuffilly, 58 livres, 13 sols ; Saulce-Champenoise, 194 livres, 9 sols ; Vaux-Champagne, 133 livres, 16 sols ; Marquigny, 34 livres, 16 sols ; Sainte-Vaubourg, 132 livres, 10 sols ; Coulommes, 100 livres ; Pauvres, 65 livres. Total : 1115 livres, 11 sols, 3 deniers (1).

En 1784, lors de l'inondation, le pont de Vaudétré fut détérioré. 500 livres furent nécessaires pour le réparer (2).

Le pont de Vaudétré était en ruines en 1836, les habitants s'adressèrent naturellement aux autorités municipales de Warmeriville et d'Heutrégiville ; celles-ci reculèrent encore ces travaux prétextant que ce pont ne leur était d'aucune utilité, etc..... Enfin..... la reconstruction du pont eut lieu en 1847 pour la somme de 8500 francs. En 1884, le pont avait besoin de quelques réparations. Les travaux furent confiés à M. Griffon-Champenois de Warmeriville. La dépense fut de 1300 francs

(1) *Archives départementales* à Châlons. 6. 1690.
(2) *Archives départementales*. C. 1971.

payés par moitié par les communes de Warmeriville et d'Heutrégiville (1).

En compulsant les registres paroissiaux de Warmeriville, nous avons constaté bien des actes d'état-civil de plusieurs membres de la famille Grumelier, lesquels étaient laboureurs, *hôtelains* ou hôteliers à Vaudétré. La maison habitée par cette famille a existé jusqu'en 1898 ; elle était située au milieu de Vaudétré, sur la rive gauche de la chaussée romaine. Deux grandes portes cochères permettaient aux voitures d'entrer dans la cour. Un colombier indiquait la puissance des anciens propriétaires. La maison d'habitation, qui était entre les deux portes cochères, était pour ainsi dire un petit monument archéologique. Plusieurs pierres originales taillées en relief formaient un petit porche dont la clef de voûte séparait en deux le millésime en relief de 1691. Au-dessus de cette porte d'entrée se trouvait une petite niche ayant une statuette de la Sainte Vierge, qui était moderne et en plâtre (2). Si on entrait dans la grande pièce intérieure, on voyait une porte à panneaux richement sculptés. En inspectant l'intérieur de cette place, on voyait une cheminée dont le fronton avait, au milieu, un cœur sculpté en relief et le millésime de 1691 en deux parties, 16 et 91. Sous la table de la cheminée étaient de petits modillons qui produisaient le meilleur effet. La plaque de cheminée, qui était ornée de trois chevaliers, paraissait être du XVIIe siècle. L'escalier, au fond, était à balustres. Enfin, on voyait un buffet Empire, une horloge demi-moderne, une planche à pains et un séchoir à pendre les graines.

Au commencement du siècle et jusqu'à nos jours, cette maison appartenait à la famille Bouchez. Aujourd'hui, l'emplacement de cette maison appartient à M. Baudesson, de Reims, qui a fait de vastes et belles constructions que l'on pourrait qualifier de ferme modèle.

Parmi les membres de la famille Bouchez, nous citerons celui dont l'annuaire Matot-Braine, année 1896, page 304, fait l'éloge funèbre en ces termes :

« Bouchez-Levernieux, Jean-François, avoué honoraire, né à

(1) *Archives communales* de Warmeriville.
(2) Les pierres de cette porte d'entrée ont été reposées dans la nouvelle construction de 1898, sauf le millésime et la niche.

Vaudétré, dépendance de Warmeriville le 2 juillet 1823, mort à Charleville (Ardennes), le 26 février 1895. Pendant 32 ans qu'il exerça les fonctions d'avoué, il fut un modèle de correction et de loyauté en même temps que son affabilité et son égalité d'humeur le rendaient d'un commerce agréable et sympathique.

..... M. Bouchez-Levernier est le père de M. Bouchez-Leheutre, maire actuel de Charleville. »

Près de la famille Bouchez, habitait la famille Rogelet. En 1792, Robert Rogelet partit comme soldat ; à son retour, il était lieutenant de dragons, chevalier de la Légion d'honneur. Son corps repose dans le cimetière de Warmeriville. M. Robert Rogelet eut un fils, Victor Rogelet. Dans l'annuaire Matot-Braine, année 1882, page 205, nous extrayons le passage suivant, qui résume sa biographie :

« Rogelet, Victor, chevalier de la Légion d'honneur, ancien manufacturier, ancien président du Tribunal de commerce, ancien membre de la Chambre de commerce et du Conseil municipal de Reims, né à Vaudétré le 12 mars 1814, décédé à Reims le 6 juin 1881. Enfant de la Suippe, ce pays éminemment laborieux et industriel, M. Rogelet vint de bonne heure à Reims, avec un mince bagage, débuta par les emplois les plus modestes, sut bientôt se faire, grâce à son intelligence, une haute position dans le commerce et l'industrie. M. Rogelet fut envoyé de bonne heure par ses concitoyens au Conseil municipal, de là au Tribunal et à la Chambre de commerce. En 1877, il fut élu président du Tribunal de commerce, où il montra les capacités que sa modestie s'obstinait à cacher. Si sa vie publique fut utile, sa vie privée n'était pas moins honorable. Parvenu à la fortune, il n'oublia pas ceux qui avaient aidé à la faire. A Warmeriville, il laissa une certaine somme qui servit à la création du Bureau de bienfaisance ».

Mouvement de la Population

1234. — 100 chefs de famille ou 350 habitants environ.
1363. — 100 vaillans   350   —
1629. — 138 feux   483   —
1669. — 80 feux   280   —
1675. — 300 communants   394   —
1683. — 330   —   434   —

1697. — 270 communiants   355 habitants environ.
1714. — 250   —   328   —
1726. — 132 feux   452   —
1742. — 149 —   522   —
1773. — 887 habitants.
1789. — 665   —
1829. — 975   —
1836. — 1134 —
1856. — 1524 —
1862. — 1529 —
1868. — 1994 —
1873. — 1994 —
1885. — 2044 —
1891. — 2254 —
1896. — 2381 —

CHAPITRE NEUVIÈME

Warmeriville pendant la Révolution

SOMMAIRE. — La convocation des Etats-Généraux. — Le Cahier des doléances. — Premières organisations municipales. — Vente des biens dits nationaux. — Les actes révolutionnaires à Warmeriville. — Mouvement patriotique de 1792.

La Convocation des Etats-Généraux

Nous n'avons pas à parler de la situation matérielle et morale de la France en 1789 ; cependant, de toutes parts, l'esprit public et l'exigence des temps demandaient des réformes. Dans les moments difficiles, la royauté avait toujours consulté les trois ordres du royaume par la réunion des Etats-Généraux. Les trois ordres, le Clergé, la Noblesse et le Tiers-Etat, avaient été réunis en 1302, 1355, 1357, 1439, 1484, 1506, 1594, 1614 ; enfin, on était en 1789. Les Lettres patentes de Louis XVI, en date du 24 janvier 1789, ordonnaient la convocation des trois ordres du royaume. Le dimanche 1er mars 1789, à la sortie de la messe paroissiale, fut lu l'article 25 du Règlement royal, lequel était ainsi conçu : « Les paroisses et communautés... s'assembleront dans le lieu ordinaire des assemblées devant le juge du lieu où, en son absence, devant tout autre officier public, à laquelle assemblée auront le droit d'assister tous les habitants composant le tiers, nés français ou naturalisés, et compris au rôle des impositions, pour concourir à la rédaction des cahiers et à la nomination des députés. »

Les habitants de Warmeriville se réunirent le 8 mars 1789, devant Charlier, syndic, dans l'auditoire de la commune, lequel était la grange dîmeresse. Après la lecture de la Lettre du Roi, les assistants exposèrent les réformes qu'ils crurent nécessaires pour améliorer l'organisation et l'administration du royaume. L'assemblée devait aussi procéder à la nomination des délégués qui devaient porter à Reims le Cahier des doléances de la communauté. Conformément à l'art. 31 de l'Ordonnance, ces derniers devaient aussi concourir à la nomination des députés du Tiers-Etat. L'art. 31 était ainsi conçu : « Le nombre des députés qui seront choisis par les paroisses et communautés de campagne pour porter leur cahier sera de deux à raison de 200 feux et au-dessous, de trois au-dessus de 200 feux, de quatre au-dessus de 300 feux et ainsi de suite. » Warmeriville comptait alors 190 feux ; les deux délégués, Jean-Baptiste Champenois et François-Louis Franqueville, se rendirent à Reims le lundi 16 mars 1789, en l'Assemblée générale de tous les délégués qui devaient s'y réunir, à huit heures du matin, en l'église des Révérends Pères Prêcheurs. Nous croyons être agréable à nos lecteurs en reproduisant *in-extenso* le Cahier des doléances de la communauté de Warmeriville en 1789.

Cahier des Doléances de la Communauté de Warmeriville

« Le Syndic, Membre municipal, corps et Communauté de Warmeriville aux pieds de Votre Majesté, osent vous témoigner la respectueuse reconnaissance dont il sont tous pénétrés. D'après la connaissance qu'ils ont pris de Votre Lettre de convocation, et de le dit pour l'assemblée des Etats-Généraux du 24 janvier dernier, Votre Majesté, toujours guidé par la justice pour le bien, animé par Son amour pour le Bonheur de ses peuples, de ce que près de deux siècles rend à la Nation, les Etats-Généraux, auxquels nous sommes appelés, en rétablissant la partie la plus nombreuse de ses sujets dans les droits que leur donne la Nature, la législation des Lois et les anciens usages du royaume. Ouy, Sire, il n'y a aucun citoyen qui N'aime à se présenté à Votre Majesté comme le régénérateur de la nation Et le père du peuple, Votre Nom n'est prononcé que avec attendrissement. En vous offrant nos vœux, nous pouvons assurer à Votre Majesté que nos Souhaits ne tendent qu'au bien commun de tous les ordres de l'Etat et pour l'honneur de la nation, les dettes de l'Etat doivent être regardées comme dettes nationales.

Pour l'éteindre en faire le Choix des Impôts, le nom onéreux dans leur perception, que la répartition soit généralisées sur tous les biens quelconques des trois Ordres, sans distinction d'aucun privilège. Les Biens du Clergé, notamment du haut clergé, et de la Noblesse supportant les impôts à la balance d'égalité de leur possession, comme le Tiers-État, produirait les deux tiers plus de revenus à Votre Majesté et, en peu de temps, les dettes de l'Etat seroient acquittées. Les deux premiers ordres, qui n'ont jamais venu au secours de l'Etat, quy ne jouissent que des privilèges quy ont été accordés à la noblesse, jadis que pour les frais de la guerre qui étoient à leur charge. Depuis deux siècles que tout est au Compte de Votre Majesté, profitent des mêmes avantages attribués aux Charges d'officiers suivant ses grades, N'exercent leurs talents qu'avec des récompenses, ne sacrifiant Aucun Intérêt, Doivent Supporter, Ainsi que Ceux qui ont acquis la noblesse sans jamais avoir rendu Service à l'Etat. L'impôt d'égalité, comme le tiers-état. Il en est de même du Clergé, des Bénéficiers et des puissantes Maisons religieuses, possédant de grands Biens ; A quel titre Jouissent-ils des privilèges, quel bien ont-ils fait à la France, quel est leur secours pour l'Etat ? Il n'y a pas de Comparaison aux Tiers-Etat quy a supportés en tous temps les frais de guerre et de toutes impositions Et sont épuisées au préjudice des deux premiers ordres, dont les avantages sont sy grands, les intérêts sy éloignées de celuy du troisième que Bien loin de nous Élever contre les distinctions et les prérogatives du Clergé, nous voyons sans Jalousie les honneurs, la prééminence dont ils jouissent, les préférences quy leur sont acquises doivent Être le seul avantage, et les Impôts doivent être réparties sur tout le corps des Biens nationaux, et personne ne doit S'occuper d'intérêts des prétentions particulières. Un corps pour l'impôts d'une forme régulière, stables pour le Bien de l'Etat et en acquitter les dettes, promet à la France une constitution quy fassent respecter les droits du Monarque et protéger ceux de ses sujets. Pour la répartition des Impôts, quel se fasse plus Également, que la levée des impôts soit limitée sur une paroisse privilégiée, Noble et roturière, comme impôts pécuniaire payé es mains du collecteur de paroisse pour être passé au Bureau Royal et de suite au Trésor Royal sans frais. Anéantir la Taille, Capitation et toutte impositions accessoire ; L'industrie de tous quy est un impôt de sang, telle que celle des Malheureux de cette paroisse, dans l'indigence, ne possédant rien, payant douze à quinze livres d'impositions pour leur Industrie, Non compris la corvée, seroient-ils possible dans leur misère, aux quy à peine ont du pain pour donner la subsistance à leurs Enfants, puissent supporter le moindre Impôt pour payer les dettes de l'Etat, mais seulement l'Impôt Tribulitaire de reconnaissance. Seroit-il possible que la paroisse de Warmeriville payat à Votre Majesté la somme de 3,585 livres pour Taille, Capitation et accessoire ; Celle de 1,400 livres pour vingtième et celle de 605 livres pour la corvée, et en outre payé à MM. du Chapitre de l'Eglise Cathédrale de Reims et autres Bénéficiers le treizième de la récolte du Terroir. Excepté le cinquième du droit appelée dixmes que M. le Curé persoit pour le gros de son bénéfice, Plus un droit appelé Sauvement de 52 septiers d'avoine tous les ans, et Aussy partie des lots et rante à mes dits Sieurs du Chapitre, se disant Seigneur en party de ce lieu. Indépendamment d'une autre partie des droits de lots et rante à Monseigneur le Maréchal de Mouchy, seigneur et vicomte du dit Warmeriville. Lesquels droits de lods et ventes contestés par la Communauté, qui désireroit qu'ils soient supprimés comme croyant n'être point légitiments dûs aux dits seigneurs. Est-il possible qu'au Moyen de toutes ses sommes et Charges, que la ditte communauté supportent encore de Nouveaux Impôts pour payer les dettes de l'Etat. D'autant plus que leurs impositions emporte le revenu de leur patrimoine qu'ils font valoir de leurs mains pendant que le haut Clergé, la Noblesse, Les riches Maisons des moines, qui possèdent de grands Biens, des trésors Immenses, ne viennent pas au Secours de l'Etat, pour conserver l'Intérêt d'une Maison riche se détachent du Tiers-État pour le vexer, supporte touttes les Charges en oubliant leur origine du même père et partant de ce dernier principe, l'Impôt seul et unique reparty sur leurs Biens comme sur le Tiers-État seroit-il Bien de l'Etat. Donneroit des heureux jours à Votre Majesté et à touttes la France, Retireroit le pauvre de l'indigence, la Mendicité aurait moins lieu, les hauts bénéficiers qui annoncent la Doctrine par le ministère des Curés de paroisses partie en portion congrue à charge d'âme, dont ils jouissent des revenus. Excepté tels d'acquitter les dettes de l'Etat par leurs privilèges, les prophètes, les apôtres, les grands ne payoient-ils point les Tribut à Cézar, avoient-ils des privilèges, ont-ils souffert que le Tiers-État soit vexée. De l'hothorité seul de Votre Majesté peut protéger les droits de la Nation demandés par le Tiers-Etat et Notamment par nos concitoyens de la province du Dauphiné, à laquel nous unissons nos mêmes vœux de délibérations. Les Corvée sont un impôt quy doit être supporté pour Tous un Chacun, Comme profitant à tous, et la réparation doit être faite sans distinctions sur les trois ordres. Pour obvier à touttes les vexations dont le peuple Souffre, que les Traites et Gabelles soient supprimées le nom des personnes qui y sont employées. La dépense y Multipliez est une charges à l'Etat et donne lieu au réclamations de la Nation. Il est de l'Intérêt de Votre Majesté que les Barrières soient éloignées et d'en faire le Reculement aux Frontières, que la Nation ne soit plus Etrange en elle-même. Que la vente du sel soit volontaire et au poids ; En calculée le prix de façon que de province en province il n'y ait pas d'appas pour la contrebande en manière quelconques, que les choses soit réglées de façon que les Etrangers soient nos Tributaires. La multitude employée dans les Aydes, la vocation y exercée contre, la nation Estime qu'il n'y ait qu'une seule et unique perception sur la vante et revante des vins. La suppression des Aydes totalement, des droits de gros, jauge, Courtage, Courtiers, jaugeurs, Inspecteurs au Boisson Gros Manquant annuels ; Droits de rivière, droits d'arrivée, octrois, la Marque des cuirs, et Généralement tout ce quy tient à la partie des Aydes. Supprimée et comme destructif de l'industrie nationale et des manufactures de ce genre, dont l'échange profite en enlevant les Matières premières, les réunire en un seul droit. La réformation du tarif pour le controlle, Et donner un nouveau clair et précis uniforme, pour assurer la datte des actes et non pour vexer. La vérification dans la justice, Etablir une cour souveraine, régler le temps d'étude d'exercice dans la profession d'avocat, pour devenir Magistrat dans la ditte cour. En établissant des Baillages Royaux, point de prévoté, point de réforme dans les Nottaires Royaux ny d'arrondissement fixe. Ce seront ôter à la nation et au peuple la liberté de se choisir son Homme de confiance et le forcer à prendre le notaire de l'arrondissemement, qui n'auroit point sa confidence, quelquefois au préjudice de ses intérêts, dont il pourrait en résulter quelque inconvénient. Il est de la législation de laisser au public la liberté de ses affaire, le nombre des Notaires Royaux n'est qu'un bien pour le public et le peuple. Mais les interdire de faire des fonctions de procureurs et postulants, ny de posséder aucune charges d'huissiers, Vûe qu'exerçant les autres charges sur l'intérêt d'une affaire rend la publicité du Secret de la confiance Supprimée, les huissiers royaux dans les campagnes qui donne lieu au premier genre de procès. N'est établie que dans les Villes et Bourg. Sy on en laisse subsister, les tenir en deffense d'être greffier n'y procureur dans les affaires qu'ils auront Instrumentés. Supprimées les huissiers-priseurs quy sont pour tout le monde un nouveau Genre de Vexation Contre lesquels ils ont a réclamés la suppression. Donner un nouveau Réglement pour les frais de la justice relatif à chaque justice et Localité.

Daignez, Sire, exaucer nos vœux. Daignez jeter les Yeux, Monarque Chéry, qui travaillez au Bien général, au Bonheur et à la tranquillité du peuple. Agréez les témoignages de nos plus humbres reconnaissance des habitants de la communauté de Warmeriville, En assemblée, convoquez ce huitième mars 1789, minute des présente remises aux sieurs Jean-Baptiste Champenois et François-Louis Franqueville, leurs députés, et le double déposé au greffe de la communauté.

Signatures : Féry ; N. Lemarteleur ; Charlier, syndic ; Pocquet ; V. Champenois ; Modaine ; N. Foissier ; J.-B. Randoulet ; P. Villet ; V. Pocquet ; J.-B. Charlier ; Jean-Pierre Hanrot ; Pierre Franqueville ; Baptiste Hanrot ; B. Hubert ; Pocquet ; J. Henart ; J.-B. Deviller ; J.-B. Adam-Lecoq ; Guillaume Fortié ; Lacombe ; Hubert ; F. Pocquet ; B. Roquet ; J.-B. Poinsinet ; H. Dot ; J.-B. Magot ; Leclère ; Nicolas Pocquet ; P. Champion ; M. Simonet ; Antoine Cochet ; N. Masson ; Adam-Lecoq ; Jacques Dot ; Noël Charlier ; Jean Logeart ; Louis Champion ; Albert Paulin ; Derceims-Drouart ; Jean-Sébastien Hanrot ; Henry Champion ; R. Moreau ; Jean-Baptiste Champenois et François-Louis Franqueville. »

Les Lettres-patentes de Louis XVI convoquaient également les deux autres Ordres du Bailliage pour rédiger leurs plaintes, demandes et remontrances, et nommer leurs députés. Le nombre des délégués du Clergé était de 374 membres, dont M. Cantinet, curé de Warmeriville, représenté par M. Romain, prêtre habitué de la paroisse Saint-Jacques de Reims. Les membres de la Noblesse étaient au nombre de 88. Parmi les membres de la Noblesse, il est à remarquer que M. le maréchal de Mouchy, seigneur de Warmeriville, ne siégea pas à cette assemblée des délégués du Bailliage de Reims et qu'il fut considéré comme non-comparant. Sur ces entrefaites, il vendit sa seigneurie de Warmeriville, le 29 mars suivant, à M. Joseph Aubry d'Arancey. Ce dernier était dans le nombre des députés de la Noblesse réunis à Reims. Les délégués du Tiers-Etat étaient au nombre de cinq cents. Cette assemblée générale, qui eut lieu le 16 mars 1789, fut présidée par Nicolas-Louis Jouvant, lieutenant particulier au siège présidial de Reims, assisté de Guillaume-Nicolas Marlot, procureur royal, et de Nicolas-Auguste Féval, greffier du dit siège. Après le règlement des travaux de l'Assemblée, il fut décidé que les trois ordres ne délibéreraient pas ensemble. Le Clergé siégea à l'Archevêché, la Noblesse à l'Abbaye de Saint-Denis et le Tiers-Etat continua de siéger dans l'église des Révérends Pères Prêcheurs. L'art. 34 du Règlement royal disait : « que le nombre des délégués ne devait pas dépasser deux cents. » Les délégués des campagnes, pour la plupart des cultivateurs, s'assemblèrent en séance particulière le 18 mars ; leur première pensée pour beaucoup était de retourner à leurs travaux ; ensuite, ils s'occupèrent de réduire le nombre de leurs membres et de les ramener à deux cents. Pour opérer cette réduction, on partagea le Tiers-Etat en 16 bureaux ou départements, non compris les délégués de Reims. Warmeriville fit partie du 7ᵉ département avec les communes de Charbogne, Allend'huy, Attigny, Juniville, Saulce-Champenoise, Ecordal, Givry, Rilly-aux-Oies, Suzannes. Le 7ᵉ département, avec 36 délégués, se trouva réduit à 10, dont François-Louis Franqueville, de Warmeriville. Ces dix membres restants désignèrent à leur tour M. Henrat de Charbogne, pour concourir à la rédaction du Cahier des doléances du Tiers-Etat (1). Après les travaux de chaque assemblée, il fut

(1) *Les Cahiers du bailliage de Reims aux Etats-Généraux de 1789*, H. PARIS. 1869.

procédé à la nomination des députés des trois Ordres. Les députés de la Noblesse furent MM. d'Ambly et de Sillery, ayant pour députés-adjoints : MM. Duham de Mazermy et de Thuizy. Le Clergé porta son choix sur M. Talleyrand-Périgord, archevêque de Reims; et M. Dumont, curé de Villers-devant-le-Thour. M. Dumont ayant opté pour le Bailliage de Vitry, il fut remplacé par son suppléant, M. Nicolas Legoille, de Loche-Fontaine, docteur en Sorbonne, chanoine de la cathédrale et sénéchal du Chapitre. Enfin, le Tiers-État eut pour députés MM. Raux, maître de forges aux Hurtaux, paroisse de Signy-l'Abbaye ; Vieillard, professeur de droit à Reims ; François Laberte, bourgeois de

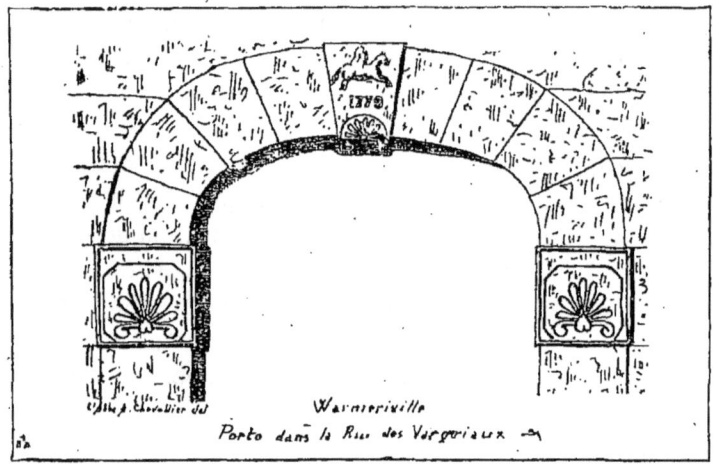

Warmeriville
Porte dans la Rue des Vergniaux

commerce de Reims, et Louis-Gérome Baron, avocat à Reims. Les États-Généraux s'assemblèrent à Versailles le 27 avril 1789 ; après plusieurs mois d'agitation et de troubles, l'assemblée des députés du Tiers, à laquelle étaient venus s'adjoindre des membres du Clergé et de la Noblesse, s'érigea en Assemblée constituante. Les premières réformes de la Constituante furent très radicales. Les dîmes et les droits féodaux furent abolis par la Loi du 21 septembre 1789. Par la Loi du 16 octobre suivant, furent établies les premières impositions foncières, les contributions personnelles, mobilières, les prestations et les deniers pour livre ou centimes additionnels. Le 2 novembre suivant, tous les biens ecclésiastiques furent mis à la disposition de la nation, à charge par elle de pourvoir aux frais du culte et aux traitements des ministres. La réforme municipale se fit par le Décret du 14 décembre 1789.

Premières Organisations municipales

Un maire était placé à la tête de toutes les communes ; il était assisté de deux membres, appelés officiers municipaux ; tous trois formaient le bureau. Le bureau était chargé de veiller à l'exécution des délibérations municipales. Le corps municipal appelé conseil général de la commune, était composé de douze notables, élus directement par les habitants à la pluralité des

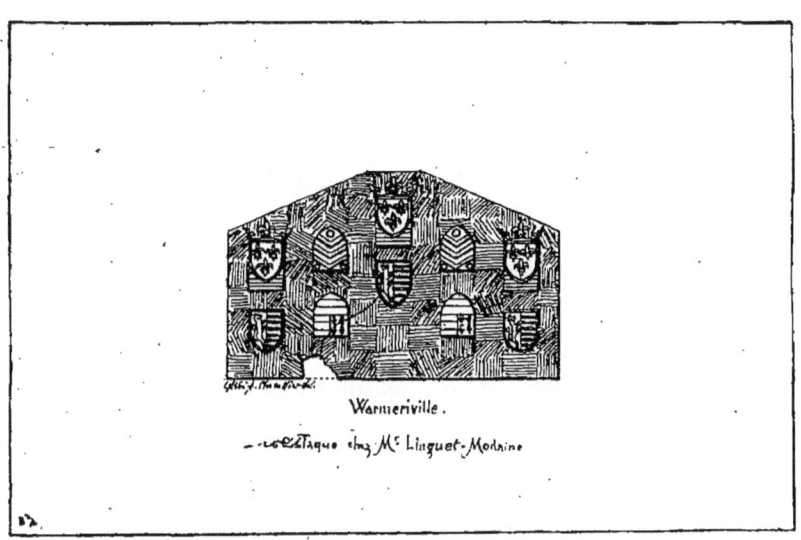
Warmeriville.

voix. L'administration communale, créée par le décret précité, devait se renouveler tous les deux ans. Le nouveau maire de Warmeriville fut M. Pocquet. Son élection, celle des officiers municipaux et celle des notables eurent lieu dans l'église, en janvier 1790. Ces élections se terminèrent par le chant du *Te Deum*. En dehors du corps municipal, existait le procureur ; c'était l'agent du gouvernement, il était chargé de recevoir les lois et décrets et d'en donner connaissance aux habitants. L'organisation municipale du 14 décembre 1789 subit bientôt une innovation sur la fin de 1794. Le nouveau système municipal était la réunion de plusieurs communes en une seule municipalité siégeant au canton. Le président était nommé par les agents municipaux. Ceux-ci, réunis, prenaient leurs délibérations à la pluralité des voix et ils les faisaient exécuter dans leurs communes respectives. Le premier président du canton de Witry fut M. Marquant, lequel parapha les registres de l'état-civil. Le Décret du 14 décembre 1789 avait été suivi de Celui du 22 suivant, lequel divisait la France provinciale en départements, le département en districts. Châlons devint le chef-lieu du département de la Marne. La Marne eut six districts : Châlons, Reims, Sainte-Ménehould, Vitry le François, Epernay et Sézannes. De plus, les districts furent divisés en 73 cantons, 694 communautés et 99 assemblées primaires. Ces assemblées primaires nommèrent à leur tour 541 électeurs qui, réunis le 17 avril 1790, en assemblée générale, dans une des salles du collège de Châlons, approuvèrent, le 21, la formation du département et l'organisation de son administration. Quinze cantons formèrent le district de Reims : Reims, Saint-Brice, Auberive, Beaumont-sur-Vesle, Verzy, Rilly, Ville-en-Tardenois, Chaumuzy, Fismes, Faverolles, Gueux, Cormicy, Saint-Thierry, Bourgogne et Witry-les-Reims.

Le canton de Witry-les-Reims se composait des communes suivantes : Epoye, Cernay-les-Reims, Caurel, Lavannes, Berru, Isles, Warmeriville, Selles, Saint-Masmes, Heutrégiville et Pontfaverger.

Par le Décret du 16 août 1790, une nouvelle organisation judiciaire fut donnée au pays. Warmeriville dépendit de la justice de paix du canton de Witry-les-Reims et des tribunaux correctionnels et criminels de Reims. A Witry-les-Reims, il y avait une assemblée primaire qui nommait les délégués chargés d'aller à Châlons nommer les députés du corps législatif ; elle élisait également pour deux ans le juge de paix. Le premier juge de paix fut M. Raquiart, maire et notaire de Witry-les-Reims. Il fut remplacé en 1793 par M. Fovet, ancien instituteur de Vitry-les-Reims ; ce dernier exerça la magistrature jusqu'en 1800.

Les Prêtres de Warmeriville pendant la Révolution

Le 26 décembre 1790, le clergé fut mis en demeure de prêter le serment de fidélité à la Constitution ou de prendre le chemin de l'exil. Le culte public n'étant seul permis qu'avec des prêtres assermentés ; on peut supposer que M. Cantinet, alors curé de la paroisse, s'est vu obligé de prêter ce serment. Dans un acte de mariage de 1791, nous relevons les mots suivants : « par la permission de M. Diot, évêque métropolitain de la Marne. » On sait que la constitution civile du clergé (loi du 24 août 1790), avait pour but de mettre en rapport les circonscriptions ecclésiastiques avec l'administration civile. C'est pourquoi on créa un évêché par département ; Reims devint le chef-lieu métropolitain du diocèse de la Marne. Le premier évêque nommé par les électeurs de Châlons fut M. Diot, curé de Vendresse (15 mai 1791). Bien des prêtres refusèrent le serment et se démirent de leur ministère ; on les appela prêtres orthodoxes ou réfractaires ; ceux qui adhérèrent à la nouvelle institution furent qualifiés de prêtres assermentés ou constitutionnels.

En 1792, M. Gabriel Raulin prit possession de la cure de Warmeriville. Aucun document ne nous indique le temps qu'il y est resté.

Pendant la Révolution M. Pierre Perseval, curé assermenté d'Heutrégiville, desservit plus ou moins régulièrement plusieurs paroisses des environs dont Warmeriville (1).

Ventes des Biens dits nationaux

Le 12 mars 1791, on procédait à la vente des biens immeubles dits nationaux appartenant au Chapitre de la cathédrale de Reims, à l'Abbaye de Saint-Pierre, à la Cure, à l'Abbaye de Saint-Remi et à la Collégiale de Saint-Symphorien. Quant aux immeubles de la Fabrique, ils ne furent vendus que le 13 décembre 1791.

Vente du 12 mars 1791. — Le premier lot, comprenant le Moulin-de-Haut, ayant deux tournures, cinq ventaux, les bâtiments, le jardin, la chaussée, trois setiers bois et broussailles en plusieurs pièces, dix setiers deux quartels deux boisseaux de terre en dix pièces, le tout appartenant au Chapitre de la cathédrale, étant loué 400 livres par an. Estimé 18,000 livres ; est adjugé au citoyen Démogue pour 22,000 livres.

Le deuxième lot, comprenant une grange (grande dîmeresse),

---

(1) Registres paroissiaux de Warmeriville.

appartenant au Chapitre de la cathédrale. Estimé 1,300 livres; est adjugé au citoyen Gaidoz pour 2,075 livres.

Le troisième lot, comprenant une place appartenant au Chapitre de la cathédrale, estimé 75 livres; est adjugé au citoyen Glatigny pour 150 livres.

Le quatrième lot, comprenant deux quartels de pré au lieu dit le Pré Saint-Pierre, un quartel et demi de Bois au Pilas et 12 verges de bois au Crapaud appartenant à l'Abbaye Saint-Pierre-les-Dames, est adjugé au citoyen d'Arancey pour 245 livres.

Le cinquième lot, comprenant un bois appartenant à la Cure, estimé 25 livres, est adjugé au citoyen Guilpin pour 25 livres.

Le sixième lot, comprenant une grange appartenant à l'Abbaye de Saint-Remy, estimé 900 livres, est adjugé au citoyen Démogue pour 1,500 livres.

Le septième lot, comprenant des terres appartenant à la Collégiale de Saint-Symphorien de Reims, estimé 1,400 livres, est adjugé au citoyen Gangand pour 2,150 livres.

Le huitième lot, comprenant un bois appartenant à la Cure, estimé 35 livres, est adjugé au citoyen Noizet pour 60 livres.

Le neuvième lot, comprenant deux bois, un de dix verges et un autre de trois verges, appartenant à la Cure, estimé 85 livres, est adjugé à..... pour 105 livres.

Vente du 15 décembre 1791. — Le premier lot, comprenant onze setiers un quartel de terres appartenant à la Fabrique de Warmeriville, estimé 423 livres, est adjugé au citoyen Champion pour 1,400 livres.

Le deuxième lot, comprenant cinq boisseaux de bois appartenant à la Fabrique, estimé 40 livres, est adjugé au citoyen Lecoq pour 130 livres.

Le troisième lot, comprenant un boisseau et demi de bois appartenant à la Fabrique, estimé 50 livres, est adjugé au citoyen Charlier pour 75 livres.

Le quatrième lot, comprenant huit verges de bois, appartenant à la Fabrique, estimé 30 livres, est adjugé au citoyen Champion pour 65 livres.

Vente de l'an III. — Par la Loi du 28 mars 1793, les biens appartenant aux émigrés furent reconnus biens nationaux. La vente des biens de l'émigré Joseph Aubry d'Arancey, exseigneur de Warmeriville, eut lieu en 1794 ; elle comprenait :

1° *La Ferme de Ragonet*, comprenant les terres et les bâtiments, le tout estimé 36.382 livres 10 ; elle était louée 1,800 livres par an à M. Jean-Baptiste-Nicolas Lemarteleur par bail du 29 novembre 1783.

2° *Le Château*, qui était en ruines, fut vendu pour ses matériaux pour la somme de 5,300 livres.

M. Lemarteleur se rendit acquéreur de ces propriétés par procuration et pour le compte de Mme d'Arencey, née Anne-Thérèse-Joséphine Coquebert. Les prix furent ceux de l'estimation, 36,382 livres 10 pour la ferme et 5.300 livres pour le château.

3° *Le Moulin-de-Bas*, ayant trois tournures, les bâtiments, deux quartels bois et broussailles, un boisseau terrain, les saules et les peupliers qui garnissaient la chaussée et trois pièces de terre contenant chacune un septier. Toutes ces propriétés, louées 700 livres par an, furent estimées 15,000 livres et vendues 46,000 livres à Pascal Demain.

Vente du Presbytère. — Le presbytère fut également vendu à Détouche ; estimé 2160 livres, il lui fut adjugé pour 2,314 livres (1).

En résumé, il a été vendu à Warmeriville des biens dits nationaux pour la somme totale de 119,946 livres 10, dont la désignation suit :

Chapitre de Reims, 24,225 livres ; Abbaye de Saint-Pierre, 215 livres ; Collégiale de Saint-Symphorien, 2150 livres ; Abbaye Saint-Remi, 1,500 livres ; Curé, 190 livres ; Fabrique, 1670 livres ; d'Arancey (2) ; Presbytère, 2314 livres ; total, 119,946 livres 10 sols (3).

Par rapport à la vente des biens de l'émigré d'Arancey, nous avons remarqué, dans le dossier des *Archives départementales (Biens nationaux Warmeriville)*, une supplique de Mme d'Arancey, s'adressant aux membres du District de Reims, où elle faisait valoir que tous leurs biens sis à Warmeriville avaient été acquis à M. le maréchal de Mouchy, à la date du 27 mars 1789 ; qu'elle en était aussi bien que son mari propriétaire et elle concluait qu'il serait juste que dans le prix de vente de ces

---

(1-2) *Archives départementales*. Biens nationaux Warmeriville.
(3) 87,682 livres 10.

biens il lui en fut fait remise de moitié. Nous supposons que cette demande fut prise en considération et que c'est ce qui a permis à Mme d'Arancey, ayant toujours résidé à Reims, de racheter seulement la ferme et le Château et de posséder ainsi encore le domaine seigneurial de Ragonet, sauf le Moulin-de-Bas.

Les Actes révolutionnaires à Warmeriville

La réforme de nos vieilles institutions et les innovations de 1789 nous font un devoir de citer quelques faits qui se sont passés pendant la période révolutionnaire.

En janvier 1790. — Nomination du premier maire, M. Pocquet.

En 1790, il y a à Warmeriville 143 citoyens actifs.

Mai 1790. — Formation d'une Garde nationale, destinée à maintenir la Constitution du Royaume, à faire exécuter les Décrets de l'Assemblée nationale et à prêter main forte aux ordonnances de l'autorité locale.

14 juillet 1790. — Fête de la Fédération. Après la messe célébrée, le maire, la main tendue sur l'autel, prêta en ces termes le serment fédératif décrété par l'Assemblée nationale : « Nous jurons d'être fidèles à la Nation, à la Loi et au Roi, de maintenir de toutes nos forces la Constitution du Royaume décrétée par l'Assemblée nationale et sanctifiée par le Roi et de nous y conformer. » Au même instant, tous les citoyens s'agitent et crient : « Je le jure. »

Août 1790. — Achat de fusils pour armer la Garde nationale.

En 1792, la commune est désignée comme lieu d'étapes.

Septembre 1792. — Distribution de piques aux habitants afin de suppléer aux armes à feu. Le 4 novembre 1792, les membres du clergé cessent de rédiger les registres paroissiaux, lesquels sont remis aux mains des officiers municipaux pour s'appeler désormais les actes de l'état-civil.

Novembre 1793. — La moyenne et la petite cloche sont enlevées du clocher et envoyées au District de Reims.

Novembre 1793. — En vertu de l'Arrêté des représentants du peuple anéantissant toutes les enseignes religieuses, les croix qui se trouvent sur le terroir furent abattues. L'église de Warmeriville perdit son caractère religieux, elle devint le temple de la Raison, plus tard le temple de l'Etre suprême, enfin le Temple décadaire. L'impiété alla jusqu'aux outrages envers les statues des saints et des objets religieux. La chapelle Saint-Druon fut démolie, différentes croix furent abattues. Sur la place du *Thumois*, existait une forte butte de terre sur laquelle était plantée une croix. Ce signe religieux fut renversé pendant la Terreur par les sans-culottes. La place du *Thumois* était située à l'angle Nord de la rue de l'Eglise et de la rue Bournelle. Si on recherche l'étymologie du mot Thumois, on constate que c'est un dérivé de Thommelle, Tommelle, Tumulus,

tombe, lieu de sépultures. Généralement, ces lieux de sépultures si communs dans nos pays remontent tous aux époques gauloises ou romaines. Ce serait donc sur les ruines d'un cimetière barbare qu'un calvaire aurait été élevé. Aujourd'hui, cette place forme la cour de la maison de Mme veuve Détouche-Champion, anciennement Jean-Druon Champion, lequel avait acheté cet immeuble à la commune en 1838 pour 600 francs.

Warmeriville a eu ses exaltés qui acceptèrent les idées révolutionnaires et qui, par ordre du Gouvernement, avaient pour mission de surveiller les suspects et d'agir en petits dictateurs municipaux. Les actes les plus importants de la vie n'eurent aucun caractère religieux pendant les années 1793, 1794 et 1795. Les enterrements étaient civils. Les agents municipaux, à la tête des convois funèbres, se rendaient au cimetière ; arrivés sur le bord de la fosse, ils prononçaient les paroles suivantes : « O mort, au nom de la Loi et du Peuple Français, je livre ton corps à la terre pour devenir la pâture des vers et ton âme à l'Etre suprême. »

Par suite du Décret du 14 brumaire précédent (novembre 1793), tous les objets mobiliers de l'église en métaux précieux, comme le calice, la patène, le ciboire, l'ostensoir, les custodes et les vases à saintes huiles, furent envoyés au District de Reims, ainsi que d'autres objets d'une moindre valeur, comme les croix, les chandeliers, les encensoirs, les lampes, etc. Le 7 mars 1794, par ordre du District de Reims, toutes les églises de nos villages furent interdites au culte catholique et converties en lieux profanes.

En juin 1794, le District de Reims donna ordre de faire procéder à la vente des objets servant au *fanatisme*, tels que les statues des saints, les ornements, les linges et tous les meubles de l'église à la réserve des bancs servant à la tenue des séances pour la lecture et l'explication des lois. L'église de Warmeriville devint l'Hôtel communal où se faisaient les déclarations des naissances et des décès devant les officiers municipaux, qui recevaient aussi les mariages. De plus, l'église fut, comme nous venons de le dire, le lieu des réunions des assemblées profanes ; là, les officiers municipaux faisaient la lecture des lois et, par leurs discours, enflammaient les cœurs de l'*amour républicain*.

Un nouveau Décret du mois de mars 1795 (2 prérial an III), toléra, de la part des curés assermentés, la célébration des offices divins dans les églises.

Un souvenir traditionnel s'est conservé à Warmeriville concernant la célébration de la messe, pendant la Terreur, elle se disait assez souvent dans une chambre de la maison d'habitation de M. Linguet-Modaine. En juillet 1795, le nommé Hanriot-Transson, commissaire du District de Reims, se rendit dans toutes les communes du canton de Witry en exécution de la Loi du 21 germinal an III, concernant le désarmement des citoyens qui avaient participé aux horreurs commises avant le 9 thermidor. A cette époque, la misère était grande, les charges de la guerre pesaient sur la population. Les assignats étaient tombés dans le discrédit par suite de leur trop grande quantité. La Convention décréta successivement la suppression de la monnaie métallique, le cours forcé des assignats et l'affreuse Loi du Maximum. Par cette dernière loi, les autorités de chaque commune étaient obligées de fixer le prix des denrées de première nécessité, recevoir les déclarations de la quantité de marchandises possédées en magasin, en vérifier l'exactitude par des visites domiciliaires et augmenter la journée des ouvriers de moitié. D'un autre côté, les propriétaires étaient obligés de déclarer la quantité de leurs récoltes, taxés à telle quantité pour la nourriture de leur famille et obligés d'aller avertir la Municipalité de leurs livraisons de grains, sous peine d'être regardés comme accapareurs et d'être punis de mort. Après la Loi du Maximum et les répressions de la Terreur, nos villages furent continuellement visités par les agents du District de Reims, qui venaient faire des réquisitions pour le service des armées. L'argent, les grains, les fourrages, les pailles, les chevaux et les voitures, tout était bon pour les minotaures rémois.

La Convention décréta aussi les emprunts forcés. Ces contributions n'atteignaient que les riches, les aristocrates comme on les appelait alors. On les taxait parce qu'on les supposait les auteurs de la guerre. Le premier fut établi le 3 septembre 1793. Warmeriville fut obligé d'y répondre en janvier 1794. Le Conseil général de la commune nomma des commissaires chargés d'évaluer la fortune et les revenus de chacun et la somme demandée fut répartie entre les plus riches propriétaires. Ce fut alors que la République, ne pouvant rembourser les emprunts et les réquisitions, créa, sur la proposition de Cambon, le Grand Livre de la dette publique, destiné à recevoir les inscriptions de rente 5 pour cent. Dans les derniers jours de 1795, un nouvel emprunt forcé de 600 millions fut frappé encore sur les riches. La répartition se fit comme les contributions entre les départements, les districts, les cantons et les communes. Dans nos investigations, nous avons retrouvé la taxe attribuée à un propriétaire de Warmeriville ; nous reproduisons ce document :

DÉPARTEMENT **EMPRUNT FORCÉ DE L'AN IV** COMMUNE DE
DE LA MARNE **WARMERIVILLE**

RÉCIPISSÉ

Je soussigné Jean-Pierre Hanrot, percepteur de la commune de Warmeriville, canton de Witry, département de la Marne, déclare avoir reçu du C^{en} Jean-Pierre Modaine, taxé au rôle de l'emprunt forcé établi par la loi du 19 frimaire, 4e année de la République, à la somme de six cents livres en numéraire ou valeur représentative aux termes de la loi, dont je lui ai délivré la présente quittance divisée en 10 coupons, suivant la forme présente par l'article IX de la loi du 19 frimaire dernier.

Fait à Warmeriville, le 5 brumaire an IV de la République française une et indivisible.

Signé : Hanrot, percepteur de la commune de Warmeriville.

Suivent les dix bons, dont le n° 10 est ainsi conçu :

DÉPARTEMENT **EMPRUNT FORCÉ DE L'AN IV**
DE LA MARNE

MUNICIPALITÉ
DE VUITRY

COMMUNE DE
WARMERIVILLE

Bon pour la somme de soixante livres faisant le dixième de la taxe d'emprunt forcé de l'an IV du C^{en} Jean-Pierre Modaine. A valoir en paiement des contributions directes de l'an XIII, ou admissible, dès à présent, en paiment du droit d'enregistrement dû pour cause de succession.

Conformément aux articles XI et XII de la loi du 19 frimaire an IV.

Bon pour 60 francs.

Signé : HANROT, *Commissaire nommé*
PERCEPTEUR *par l'Administration municipale,*
de la Commune de Warmeriville. Signé : RENARD.

Il est à remarquer que les bons 1 et 2 servirent au paiement des contributions directes de l'an 4 et de l'an 5. Quant aux bons n⁰ˢ 3, 4, 5, 6, 7, 8, 9, 10, ils devaient servir pour le paiement des contributions de l'an VI, VII, VIII, IX, X, XI, XII et XIII, mais ... ils existent encore (1). Semblables sont les assignats de cette époque (2).

Mouvement patriotique de 1792

Le village de Warmeriville ne resta pas indifférent au mouvement patriotique de 1792, alors que le duc de Brunswick menaçait la France et que le Président de l'Assemblée législative s'écriait : « Citoyens, la Patrie est en danger. » De toutes parts, des volontaires répondirent à l'appel de la Convention et avec la levée en masse de 1793 ; douze cent mille soldats de dix-huit à vingt-cinq ans, divisés en quatorze armés, couvrirent les frontières de la France. Nous aurions bien voulu donner une liste complète de tous ces soldats qui partirent à cette époque, mais les souvenirs de famille s'effacent vite.

Parmi les familles qui fournirent des hommes pour la défense de la patrie, nous citons :

Jean-Baptiste Hanrot, incorporé au 2ᵉ Dragons. Il revient au pays natal avec le grade de sous-lieutenant et le diplôme de chevalier de la Légion d'honneur.

Robert Rogelet, incorporé également dans un régiment de dragons. Il reçoit son congé ayant le grade de lieutenant et le diplôme de chevalier de la Légion d'honneur.

Jean-François Champenois, incorporé dans la ligne. Il meurt sergent-major au siège de Toulon.

Jean-Nicolas Champenois, frère du précédent, incorporé dans le 69ᵉ régiment de ligne, il meurt en Prusse.

Jean Baptiste-Joseph Champenois, frère des deux précédents, incorporé dans la ligne. Il obtint son congé à Saint-Quentin pour cause de maladie ; rétabli, il se marie à Warmeriville. Ces trois frères Champenois étaient les fils de Jean-Baptiste Champenois, le délégué de la communauté de Warmeriville qui porta à Reims le Cahier des doléances.

---

(1) Papiers de famille appartenant à M. Linguet-Modaine, à Warmeriville.

(2) Par suite du Décret du 17 messidor an XII, les percepteurs devinrent fonctionnaires nommés par l'Administration supérieure.

Claude Pocquet, soldat au 2ᵉ bataillon de la réquisition de Reims au Grand Quartier à Givet, meurt au service. De ce dernier, un de nos grands oncles maternels, nous possédons une lettre dont nous citons un extrait :

« Givet, 5 novembre 1793. — ....Nous sommes très fatigués à présent, faut monter la garde tous les quatre jours et on nous commande de partir pour aller conduire des voitures de vivres pour l'armée qui est du côté de Monbeuge. Pour la guerre, sa vat très bien ; le premier novembre, nos cavaliers et dragons et piétons on étez dans un couvent ennemis, y ont ramené vingt voitures, y l'avez quatre cloches, y l'avez quatre voitures de matela, y l'avez tous les ornements quy ne dans une église, assançoir, chandely, le croit et cinciboire et calice et tout ce qui peut ey imaginer dans une église, jusqu'à les Bon Dieu de lampire ont la ramener dans les voitures...on les conduit à... du côté de Riems.... Signé : Claude Pocquet. »

Barque, soldat à Givet ; Nicolas Hautavoine, à Givet ; Gabriel Champenois, à Givet ; Gangand, à Givet ; Vasseur, à Givet ; Logeart, au 47ᵉ de ligne ; Tailleur ; Lefèvre, Nicolas (blessé à la main) ; Modaine, soldat mort en Russie ; André Gaidoz, mort au service ; Moreau, mort au service ; Guillaume Boudin ; Nicolas Deviller ; Maurice Foissier ; Joseph Pocquet, etc., etc.

CHAPITRE DIXIÈME

Warmeriville pendant le XIXᵉ siècle

SOMMAIRE. — Le commencement du siècle. — Les Invasions de 1814 et 1815. — L'administration communale de 1825 à 1870 (1). — La guerre de 1870. — Le 4 septembre 1870 à Warmeriville. — L'occupation. — L'organisation militaire et civile des Allemands à Reims. — Réquisitions et contributions de guerre. — Paiement de la contribution de guerre. — L'administration communale de 1870 à 1898. — Liste des conseillers municipaux depuis 1821 jusqu'à nos jours. — Liste des maires et des adjoints.

Le Commencement du Siècle

Au commencement du siècle, les municipalités cantonales furent supprimées. Un Arrêté consulaire en date du 16 février 1800 établit une nouvelle organisation. Chaque commune eut un maire, un adjoint et des conseillers municipaux. Le siège du chef-lieu de canton fut transféré de Witry à Bourgogne. La nomination des autorités locales était réservée au préfet jusqu'à ce que la Loi du 21 mars 1831 eût rendu aux habitants le droit de participer au contrôle de leurs intérêts en nommant leurs conseillers municipaux. En vertu de l'article 20 de la Loi du 28 pluviôse an VII, le préfet de la Marne nommait Marie-Nicolas Charlier, maire, et Jean-Baptiste Nicolas Lemarteleur, adjoint.

En 1802, Napoléon et Pie VII signaient le Concordat. Les églises ouvertes au culte avaient besoin non seulement de réparations, mais d'un nouveau mobilier. M. Jean-François De la Grange est nommé curé de Warmeriville (2) ; le presbytère

---

(1) Les registres des délibérations municipales de Warmeriville faisant défaut avant 1825.
(2) Avant la Révolution, il était curé de Trépail (Marne).

ayant été vendu à la Révolution, ce fut une petite maison située à l'extrémité Nord-Est de la rue des Champs. (Maison de M. Cochet-Foissier, veuf), qui servit de logement au nouveau titulaire de la cure.

A l'ardeur révolutionnaire succéda le zèle religieux ; on s'imposa des sacrifices, on recueillit des souscriptions et des contributions. Le 22 novembre 1803, conformément à l'article 76 de la Loi du 18 germinal an x, un conseil de fabrique fut nommé dans chaque paroisse.

La nouvelle organisation municipale reçut l'ordre de mettre de la clarté dans les finances communales. Les percepteurs communaux furent obligés de présenter des garanties d'argent et de probité. Par suite du Décret impérial du 17 messidor an XII, ces fonctionnaires furent sous la direction des receveurs des finances.

Pendant les premières années du siècle, les maires furent obligés de mettre en activité les hommes valides pour le service militaire. Le tirage au sort avait lieu dans une commune du canton désignée par le préfet.

Les Invasions de 1814 et 1815

Warmeriville, comme toutes les communes voisines, a beaucoup souffert de l'invasion des Alliés. Sur la fin de février 1814, les Cosaques étaient dans nos pays ; le pillage et les réquisitions furent les faits de leur séjour et de leur passage. Le 9 mars, quelques soldats français campés sur le Mont-Sapinois jetèrent la terreur parmi nos envahisseurs ; ceux-ci se sauvèrent du côté de Moronvillers. Le mois de mars ne fut que marches et contre-marches de troupes ennemies se dirigeant sur différentes places de guerre. Les ennemis coalisés repassèrent en bon ordre dans nos pays dans le courant du mois de mai suivant, par suite de l'abdication de Napoléon (11 avril 1814). Le 20 mars 1815, Napoléon rentrait aux Tuileries ; son nouveau pouvoir fut de courte durée ; Louis XVIII rentrait à Paris le 8 juillet suivant. Au mois d'août, en pleine moisson, l'ennemi foulait encore le sol de nos villages ; il y resta trois mois.

1815

Le 18 décembre 1815, décès de M. Jean-François De la Grange, curé de Warmeriville, il était âgé de 79 ans.

1825

Acquisition du presbytère pour 4,025 francs, lequel appartenait à Pierre-Nicolas Détouche et à Gilles Détouche, son frère.

1826

Fixation du tarif des droits de place sur la foire de **Warmeriville**, laquelle se tient de temps immémorial le samedi après l'Ascension. Les chevaux paient 0 fr. 30 ; les bêtes à cornes, 0 fr. 20 ; les ânes et les mulets, 0 fr. 20 ; les porcs, 0 fr. 05 et chaque mètre de terrain 0 fr. 15. (Voir à l'art. Foire).

1826

La *Caisse des Incendiés de la Marne* accorde à la commune de Warmeriville une pompe à incendie.

1826

Il est fait à l'église pour 279 francs de réparations aux couvertures. M. Griffon, Jean-Baptiste-Victor, en fut l'entrepreneur.

1831

« *Nomination d'un garde-champêtre*. — Le Sous-Préfet de l'arrondissement de Reims, vu la loi du 6 novembre 1791, l'arrêté de M. le préfet de la Marne du 9 brumaire an XIV et l'ordonnance du roi du 29 novembre 1830 ;

Vu également l'acte en date du 9 courant de nomination par le maire de Warmeriville de la personne du sieur Richard François pour garde-champêtre de la dite commune de Warmeriville aux gages et émoluments fixés par le maire, approuvés par le Conseil, arrêtés par M. le Préfet, en remplacement du sieur Buffet, démissionnaire. Il remplira les obligations prescrites par les lois et son acte de nomination. Il portera dans l'exercice de ses fonctions une plaque de métal sur le bras. Il lui est défendu de porter un fusil. Il ne pourra se servir d'autres armes que de hallebarde, sabre ou pistolet. Il sera tenu, avant d'entrer en fonctions, de prêter serment devant le juge de paix du canton. (Nota : les appointements étaient de 300 francs).

Fait à Reims, le 19 février 1831. Le sous-préfet, signé : De Gestas. »

Assermentés par acte du 26 mars 1831. Signé : Lemarteleur.

1834

Sont nommés officiers de la Garde nationale : MM. Payer-Chrétien, capitaine ; Griffon, Jean-Baptiste-Victor, lieutenant ; Champion, Louis, lieutenant ; Foissier, Maurice, sous-lieutenant, et Franqueville-Champion, sous-lieutenant.

1834

Sont nommés officiers de la Compagnie des sapeurs-pompiers : MM. Griffon, François, lieutenant, et Latreille, Victor, sous-lieutenant.

1835

Les revenus communaux se composent des produits suivants : pêche, 55 francs ; chasse, 400 francs ; boues et immondices, 239 fr. 50 ; droit de places le jour des foires, 94 francs.

1836

En 1836, M. Chalette, géomètre à Châlons, fut chargé du renouvellement du cadastre.

1837

M. Payer-Chrétien est nommé chef de bataillon des compagnies de la Garde nationale des communes de Warmeriville, Lavannes, Caurel, Witry et Heutrégiville.

1837

Sont nommés officiers de la Garde nationale de Warmeriville. MM. Lemarteleur, Jean-Baptiste, capitaine ; Lacombe, Louis, lieutenant ; Lemarteleur, Nicolas-Marie, lieutenant ; Randoulet, Désiré, sous-lieutenant ; Champenois, Eugène-Désiré, sous-lieutenant, et Lecoq, Louis, sergent-major.

1838

La liste électorale et du jury, pour 1838 (deuxième arrondissement électoral de Reims), fournit trois noms d'électeurs censitaires à Warmeriville : Blavier, Jean-Baptiste, meunier, né le 13 septembre 1767 ; Lemarteleur, Jean-Baptiste-Symphorien, propriétaire et maire, né le 22 août 1793 ; Payer, Jean-Baptiste, propriétaire et meunier, né le 3 février 1787.

1839

La commune aliène la place du Thumois à M. Jean-Druon Champion. Le prix de fr. 600 est destiné à l'empierrement de la chaussée Saint-Martin. (Voir les actes révolutionnaires à Warmeriville).

1840

En 1840 se fit le pavage de la chaussée Saint-Martin ; la dépense fut de 500 francs.

1840

MM. Harmel, Jacques-Joseph ; Harmel, Hubert, et Harmel, Joseph-Félix, se rendent acquéreurs du Moulin-de-Bas. Des travaux immédiats le transforment en usine destinée au travail de la laine.

1843

En 1843 se fit l'empierrement de la rue des Champs.

1843

Des réparations sont faites au clocher, la dépense est de deux cents francs.

1844

Des réparations sont faites à l'église ; la dépense est de 100 francs.

1844

En 1844, le droit de passage dans l'usine de MM. Harmel, est supprimé par suite d'un arrangement entre la commune et ces Messieurs ; ceux-ci s'étant engagés à construire à leurs frais une passerelle près de leur usine, appelée le pont de la Polka.

1845

En 1845 eut lieu l'empierrement du chemin de grande communication n° 20, lequel passe à Ragonet (dépendance de Warmeriville).

1848

Les premières élections municipales par le suffrage universel eurent lieu dans le mois de mai.

1849

Le choléra de 1832 avait fait 2885 victimes dans l'arrondissement de Reims, dont 170 dans le canton de Bourgogne. En novembre 1849, le choléra fit sa réapparition et la commune de Warmeriville eut plusieurs victimes. Une délibération municipale de 1850 mentionne les services rendus à la population de Warmeriville par M. Louvel, alors curé de la paroisse.

1850

La reconstruction du grand pont eut lieu par suite d'un devis fait par M. Tortrat, architecte à Reims. M. Domont, entrepreneur à Reims, en est le soumissionnaire pour 10,000 francs.

1851

La commune loue à M. Courty une maison sise rue des Champs, pour servir d'école de filles. Le prix locatif fut de 200 francs.

1853

MM. Harmel-Tranchart et Payer-Payer sont nommés administrateurs du bureau de la succursale de la Caisse d'épargne d'Isles-sur-Suippe.

1855

Etablissement d'un nouveau cimetière ; la dépense totale est de 6,291 fr. 50.

1855

Le prix des concessions du cimetière est ainsi fixé : à perpétuité, 20 francs le mètre ; trentenaires, 10 francs ; temporaires, 5 francs.

1855

Les habitants de Warmeriville souscrivent une somme de 200 fr. 55 pour l'armée d'Orient.

1856

MM. Vellard, Victor ; Machet-Marotte ; Rogelet, Victor, et Hubert, François, négociants à Reims, louent le droit de chasse pour la somme de 1,200 francs. Précédemment, le montant des baux était de 900 francs en 1847, 600 francs en 1838 et 400 francs en 1829.

1858

M. Simonnot loue, rue du Pont, un local pour l'école des filles ; le prix locatif fut de 325 francs.

1858

La commune achète un terrain à M. Brimont, Jean Simon, pour faire un chemin communal de la rue des Champs au cimetière. Le prix principal fut de 1,000 francs et les frais d'actes de 200 francs.

1863

Rétablissement et agrandissement de l'église. Le devis fut dressé par M. Reimbeau-Harmel, architecte à Reims. Il se monta à 18,000 francs. La commune fit un emprunt à la Caisse des dépôts et consignations.

1864

Création d'un marché hebdomadaire se tenant le jeudi de chaque semaine.

1865

M. le Ministre des Cultes accorde une subvention de 2,000 francs en raison des travaux exécutés à l'église de Warmeriville en 1863 (1).

1866

Le 26 août 1866, eut lieu à Bas-Mont une fête réunissant 2,500 personnes, dont sept à huit cents paires de jeunes gens, qui dansèrent jusqu'à minuit. Il y avait bal à grand orchestre, feu d'artifice, comestibles, rafraîchissements et tronc pour les pauvres de Warmeriville. Bas-Mont, résidence de chasse, était autrefois une ferme située terroir de Warmeriville, à trois kilomètres sur le chemin d'Aussonce et faisant la limite de quatre terroirs. C'est un lieu pittoresque par sa situation et sauvage par son état boisé où pullulent les lapins et les lièvres. Il fallait une idée assez originale de peupler cette solitude autrement que par les hôtes des bois.

1868

M. Simonnet-Rousselet, d'Hauviné, achète le Moulin-de-Haut et le transforme en usine pour le travail de la laine.

(1) *Archives communales de Warmeriville.*

La Guerre de 1870

Le 19 juillet, la guerre était déclarée. Dans nos populations, bien des personnes se souvenaient encore de l'envahissement de la Champagne en 1814. La jeunesse, toujours inconsciente, criait : à Berlin ! à Berlin ! La *Marseillaise* et le *Chant du Départ* se chantaient partout. L'Est de la France fut bientôt envahi. Dans les premiers jours d'août, l'armée de Mac-Mahon fut battue, refoulée ; celle de Bazaine était bloquée à Metz. Mac-Mahon reforma, au camp de Châlons, une nouvelle armée de cent mille hommes, composée d'éléments les plus divers ; il marcha sur la frontière pour couper la marche envahissante des armées prussiennes et de leurs alliés ; mais bientôt, encore vaincu par le nombre, il dut se renfermer dans Sedan, et alors, l'Empereur capitula en livrant sa dernière armée.

Dans la discussion de la capitulation de Sedan, le général prussien disait : « Votre armée ne compte pas en ce moment plus de 80,000 hommes ; nous en avons 230,000 qui l'entourent complètement. » *(Courrier de la Champagne*, Reims, 13 décembre 1870).

Les frontières étant ouvertes et la France sans armée, les Allemands marchèrent sur Paris. A la suite de la deuxième armée de Mac-Mahon, des convoyeurs avaient été réquisitionnés dans toute la banlieue de Reims Ils avaient suivi les opérations militaires et ils avaient été témoins des premières déroutes précédant la capitulation de Sedan. Beaucoup furent obligés d'abandonner leurs chargements, leurs chevaux, leurs voitures. En rentrant chez eux dans les premiers jours de septembre, ils firent pressentir l'arrivée des Allemands

C'était le dimanche 4 septembre ; quelques troupes françaises étaient parties la veille de Reims, laissant quelques postes avancés dans les environs de la ville. Un boucher de Cernay venant à Lavannes amena quatre soldats français. Ces hommes descendirent sur la place publique. Là, on causa naturellement des Prussiens ; au même instant, on entendit la galopade des chevaux : c'étaient des uhlans. A l'arrivée de ces derniers, les Français se barricadèrent et firent usage de leurs armes. Un officier ennemi roula par terre. La conséquence fut le bombardement de Lavannes et la mise en mouvement de toutes les colonnes allemandes dans les environs.

Nous laissons le récit de certains autres faits, passés au Val-des-Bois, à M. Léon Harmel, témoin oculaire :

Le 4 Septembre 1870 à Warmeriville

« Durant le mois d'août 1870, la terreur de l'invasion allemande commençait à se répandre dans la contrée. Vers la fin du mois, des uhlans sont venus à Warmeriville sur le chemin d'Isles. Quelques francs-tireurs cachés dans un petit bois ont tiré sur eux, mais sans succès. Nous avons pensé sage d'envoyer nos enfants et les dames de la famille en Belgique. Léon, Ernest et Albert restaient seuls au Val avec les trois fils aînés, Alexandre, Maurice et Félix Harmel. Nous suivions avec inquiétude les récits des journaux qui étaient remplis de contradiction.

Le dimanche 4 septembre au matin, notre employé de Reims, M. Bertrand, arrivait à 7 heures pour demander à M. Ernest Harmel de rentrer immédiatement dans sa maison de Reims. La municipalité avait fait savoir samedi soir que la ville était abandonnée par les troupes françaises et sous le coup de l'invasion allemande. On annonçait qu'on allait faire sauter les ouvrages de défense improvisés aux portes de Reims et que chaque habitant avait à s'intéresser de sa maison. M. Ernest Harmel partit vers 8 heures, prenant pour le conduire un ouvrier qui n'avait pas pris le temps de s'habiller. Pour aller plus vite, il prit le chemin de traverse de Warmeriville à Lavannes. A moitié chemin, il tomba dans une colonne prussienne, qui le fit prisonnier. On le prit pour un officier supérieur français, qui avait pris un paysan pour le conduire. On lui déclara qu'il allait être fusillé. Au préalable, on a tout fouillé, le coffre de la voiture fut défoncé à coups de crosse ; on examina toutes les poches des vêtements. N'ayant trouvé ni armes ni papiers, on décida de suspendre l'exécution. Y a-t-il une armée à Reims ? lui demanda-t-on. Il répondit qu'il n'en savait rien, mais qu'il y avait tout lieu de croire que les troupes étaient parties. On lui répondit alors : si un seul coup de feu est tiré, vous êtes mort. Les deux cavaliers placés à chaque portière escortaient la voiture tenant leurs mousquetons braqués sur lui. Le trajet fut long. Les Allemands avançaient avec une grande prudence. Ils n'entrèrent à Reims que dans l'après-midi. Arrivés sur la place de l'Hôtel-de-Ville, un officier s'approcha de M. Ernest Harmel et lui dit : « Profitez du désordre pour vous sauver. » Il donna l'ordre à un soldat de détourner la voiture vers une rue adjacente. Ce fut, on le comprend, une journée terrible d'angoisses pour M. Harmel. Il revit plus tard l'officier qui l'avait délivré. Celui-ci lui dit qu'il devait son salut au chapelet tombé de sa poche quand on le fouillait. Ce chapelet, joint à l'absence d'armes et de papiers, a fait penser aux officiers allemands qu'ils se méprenaient.

Après le départ de mon frère Ernest, vers onze heures du matin, nous avons entendu le canon du côté de Lavannes et nous sommes allés voir ce qu'il y avait. A peine étions-nous à quelques centaines de mètres de l'usine, que nous avions entendu les appels d'ouvriers qui couraient après nous pour nous annoncer que la cour était pleine de soldats allemands. Nous sommes rentrés aussitôt et nous avons trouvé toute la propriété envahie comme par une immense fourmillière. Le canon qui était entendu du côté de Lavannes affolait ces hommes et pendant une heure ce fut une course frénétique d'artilleurs avec leurs pièces et de cavaliers allant au galop vers la direction.

Quelque temps après, le calme se fit, on sut que c'était une fausse alerte. Les généraux de l'état-major vinrent s'installer dans nos maisons et le gazon qui était devant notre porte fut couvert de prisonniers français gardés par les fantassins.

Nous avons abandonné nos ennemis pour aller vers nos amis. Des vivres furent apportés aux prisonniers. Nous sommes entrés en conversation avec eux pour chercher les moyens de les faire libérer et nous avons été assez heureux d'obtenir l'élargissement de plusieurs. Je ne raconterai pas les détails effroyables de cette journée et de la nuit qui a suivi ; nous n'avons pu nous coucher, nous et nos enfants, que le lundi à 5 heures du matin. Vers huit heures, on nous réveillait pour répondre à l'aide-de-camp du Kronprintz. Il fit préparer les chambres qu'il désirait avoir et le prince héritier arriva vers dix heures sans escorte. Il prit son repas de midi avec nous et un seul de ses officiers. Il nous parla de son horreur pour la guerre et nous dit que malgré tous les succès inespérés de ses armées, il était profondément affligé du sang versé aussi bien par les Français que par ses compatriotes. Il nous répéta à plusieurs reprises que si jamais il régnait, il ne ferait la guerre à aucun prix. Après déjeuner, il demanda à voir les organisations ouvrières ; la chapelle, le cercle, les cités. Il témoigna le plus vif intérêt pour les œuvres entreprises en faveur du bien-être des ouvriers. Il resta deux jours à la maison et nous laissa une lettre par laquelle il déclarait que pour le temps de la guerre, il exemptait les habitations de l'aumônier, des frères, des sœurs et des ouvriers de tout logement de troupes, pourvu que nous consentions à conserver l'état-major dans la demeure patronale et à y assurer un nombre de lits fixés. La franchise accordée fut utilisée de la façon suivante : le logement de l'aumônier, qui est dans la cour, tout près de notre maison, étant libre, nous faisions battre les bois de sapins par des ouvriers et la nuit, on amenait à l'aumônerie les soldats français qu'on avait pu trouver. On sait que dans la marche de Sedan au territoire allemand, chaque nuit un certain nombre de soldats prisonniers se sauvaient et passaient le jour dans les bois pour voyager la nuit, afin de ne pas être pris par les Prussiens. Au fur et à mesure qu'un soldat arrivait, on lui donnait des vêtements de travail, un livret d'ouvrier et on le réexpédiait pour rejoindre son corps à travers les lignes prussiennes, qui le laissaient passer grâce à son livret de travail. Nous avons eu un homme blessé à la jambe qui est arrivé épuisé de fatigue et ne pouvait plus se traîner ; il était du département de la Meuse ; nous l'avons fait rapatrier par les ambulances prussiennes comme ouvrier de l'usine, blessé à l'usine. Impossible de dire quelles douleurs déchiraient nos cœurs en voyant le drapeau noir prussien pendre à une de nos fenêtres. Mais nous pouvons nous rendre cette justice d'avoir profité de l'influence que nous pouvions avoir sur les chefs pour rendre tous les services que nous avons pu, tantôt en faisant libérer des cultivateurs pris pour convoyer, tantôt en empêchant les arrestations qui se faisaient alors si brutalement sous le moindre soupçon ».

L'Occupation

La journée du 4 septembre eut une conséquence pour les habitants de Warmeriville ; ce fut un pillage dont la perte subie fut de 1,960 francs. Cette journée fut le prélude de bien d'autres passages de troupes allemandes se dirigeant sur Paris et vers le Nord. Le 5 septembre, passages continuels de soldats allemands et arrivée du prince royal de Prusse. Du 6 au 8 et du 9 au 11, séjours de troupes ennemies. Quelques jours après, ce furent les ambulances et les équipages. A leur départ, plusieurs habitants de Warmeriville furent réquisitionnés pour les suivre. Du 16 au 17 novembre, arrivée et séjour de troupes prussiennes, lesquelles quittaient Metz, par suite de la capitulation de Bazaine. Ces dernières troupes se dirigèrent sur le Nord pour combattre l'armée de Faidherbe, laquelle avait dans ses rangs le troisième bataillon de mobiles de la Marne, composé d'hommes de tous nos pays. Warmeriville avait fourni dans ce bataillon un contingent d'une trentaine d'hommes. Aussitôt l'arrivée de nos vainqueurs dans nos pays, le placard suivant était affiché :

PROCLAMATION

« Les troupes de la Prusse et de ses alliés étant entrées en France, tous les habitants du pays, quelle que soit leur nationalité, qui apporteront volontairement quelque danger ou quelque dommage aux troupes de l'armée de Prusse et de ses alliés, de même que ceux qui fourniront volontairement des secours à l'armée de nos ennemis, seront soumis aux lois et à la compétence extraordinaire de nos tribunaux de guerre. Sera puni de mort :

1° Quiconque aura entretenu des intelligences avec l'armée ennemie, qui aura servi d'espion ou fourni des secours aux espions ennemis en les accueillant ou les recélant.

2° Qui aura servi volontairement de guide aux troupes ennemies ou qui, dans cette même qualité, aura, à dessein, conduit nos troupes par de faux chemins.

3° Qui, soit pour se venger, soit pour se procurer un avantage, aura tué, blessé ou dépouillé quelque membre de l'armée de Prusse ou de ses alliés ou quelque autre personne attachée à cette armée.

4° Qui aura détruit des ponts et des canaux, interrompu la communication des chemins de fer ou des télégraphes, rendu impraticables les chemins et mis le feu aux munitions, aux **vivres** ou à toutes autres provisions de l'armée et aux logements des troupes.

5° Qui aura porté les armes contre les troupes de l'armée de Prusse et de ses alliés.

Au quartier général de Zweibrucken, le 6 août 1870.

Le général en chef du 4° corps d'armée. Signé : V. Alvensleben »

L'Organisation civile et militaire des Allemands à Reims

Les Allemands organisèrent à Reims un Gouvernement général dont l'action s'étendait sur les départements de la Marne, de l'Aisne, des Ardennes, de Seine-et-Marne et de l'Aube. Le gouverneur général fut le grand duc de Mecklembourg-Schwerin, et, après lui, le général de Rosenberg-Grusczinski. Dans ses fonctions, ce haut fonctionnaire était assisté d'un commissaire civil, le prince Charles de Hohenlohe ; d'un commissaire général des contributions, Pochhammer ; d'un préfet par département : pour la Marne, le baron de Linden et d'un sous-préfet par arrondissement. Ceux de Reims s'appelèrent le comte de Yrsch, de Perceval et von Harlem (1).

Nous lisons dans le *Moniteur universel* du gouvernement général à Reims du 27 février 1871 (journal allemand) : « Pour alimenter et entretenir sur le territoire ennemi quatre grandes armées et d'innombrables détachements ... Il faut chaque jour, pour l'approvisionnement quotidien de l'armée devant Paris 148,000 pains de 3 livres, 1,020 quintaux de riz ou d'orge, 595 bœufs ou 1,020 quintaux de lard, 144 quintaux de sel, 9,600 quintaux d'avoine, 24,000 quintaux de foin, 28,000 quarts d'eau-de-vie ou liqueurs spiritueuses. »

Réquisitions et Contributions de Guerre

Avec cette organisation militaire et civile, Warmeriville, comme tous les villages de la contrée, dût payer différentes réquisitions et des contributions de guerre que nous énumérons ci-après :

Pendant le mois de septembre, ce furent des réquisitions en nature telles que avoine, paille, viande, vin, etc.

Le 24 octobre, le maire de Warmeriville recevait du gou-

---

(1) Notes prises dans différents journaux de l'époque.

verneur général de Reims l'ordre de payer la somme de 5,119 francs, part afférente à la commune de Warmeriville pour indemniser les Allemands expulsés de France.

Le 28 octobre, c'étaient les contributions directes, qui se montèrent à 3,290 francs par mois pendant les six mois de l'occupation, non compris les amendes pour retard de paiement. Ces contributions devaient se payer entre les mains du maire du chef-lieu de canton.

Plus tard, ce furent les amendes contre la commune pour ne pas avoir livré des voituriers pour Châlons. Enfin, ce fut l'entretien d'un poste militaire établi à Bazancourt.

Au 9 janvier 1871, l'autorité allemande réclamait à la commune de Warmeriville les sommes suivantes :

1° Part dans le million (indemnité pour les allemands expulsés)	5,119f » »
2° Supplément	75 44
3° Contributions directes (4 mois à 3,290 francs l'un)	13,160 » »
4° Amendes des voituriers requis pour Châlons	400 » »
5° Entretien d'un poste militaire à Bazancourt	672 20
Total	19,426f 64

La commune de Warmeriville résista aux injonctions des autorités allemandes et après des menaces de celles-ci, M. Léon Harmel, alors adjoint, entreprit le voyage de Versailles dans le but de calmer la colère de nos vainqueurs et d'adoucir une partie des charges fiscales de sa commune.

Nous laissons à M. Léon Harmel le récit de son voyage :

VOYAGE A VERSAILLES (1871)

« Après avoir épuisé tous les moyens d'empêcher l'exécution militaire de la commune, je me décidai à tenter un dernier effort en allant à Versailles voir le Kronprintz que nous avions logé. Je partis le vendredi 17 février par le chemin du Nord. Arrivé à Mitry-Claye, il fallut descendre ; nous avons dû nous rendre au village, qui était à un kilomètre de là. Toutes les maisons étaient fermées et abandonnées ; une seule était ouverte depuis la veille seulement, celle d'un aubergiste qui loua à chaque voyageur une chaise pour la nuit. Un peu de pain et de fromage fut tout ce qu'on put trouver pour dîner. Le lendemain matin, on partait pour Paris dans un omnibus qui faisait les 27 kilomètres à pas comptés. A chaque instant, on était arrêté par un poste prussien qui venait examiner les sauf-conduits. J'avais pris le mien à Reims. Arrivé à Paris, nous n'avons trouvé ni voiture, ni homme de peine pour porter nos petits bagages. J'ai gagné la gare Saint-Lazare pour prendre le train de Versailles. Là, j'ai été heurter à toutes les portes, payant de courage et d'audace pour obtenir ce que je voulais. Le prince était absent. Enfin j'ai pu obtenir une lettre du général de Molke au gouverneur de Reims, et le secrétaire du prince m'a promis une lettre de son maître à la même adresse. Enfin, je suis rentré à Reims le 23 février, à une heure, après des fatigues inouïes et des ennuis que l'on ne peut concevoir.

Le commandant de la place nous attendait à l'Hôtel de Ville et nous avons dû payer l'impôt et l'amende, nous rendant du moins cette justice que nous avions résisté tant qu'on se battait et que, par conséquent, notre argent n'a pu se convertir en balles contre nos frères. »

Le 24 février 1871, la commune était obligée de payer la somme demandée de 16,786 fr. 02 et les amendes, se montant à 10,519 fr. 09. Ces sommes furent avancées par M. Léon Harmel.

Le 13 mars suivant, le Conseil municipal délibérait et M. Léon Harmel donnait lecture du rapport suivant :

PAIEMENT DE LA CONTRIBUTION DE GUERRE

Délibération du Conseil municipal en date du 13 mars 1871.

L'an mil huit cent soixante-et-onze, le 13 mars, le Conseil municipal de Warmeriville s'est réuni à la mairie, sous la présidence de M. Franqueville, maire.

Etaient présents : MM. Franqueville, maire ; Hanrot Perseval ; Bouchez-Pothier ; Moreau-Pocquet ; Ponsinet-Lefranc ; Franqueville-Lemarteleur ; Modaine-Doriot ; Couty-Breton ; Charlier-Fontaine ; Champenois-Masson ; Simonnet-Rousselet ; Simonet-Langlet ; Hanrot-Champenois ; Moreau-Postat ; Latreille-Hanrot et Léon Harmel.

M. le maire déclare la séance ouverte et expose au Conseil que la réunion a pour objet la vérification des paiements qui ont été effectués jusqu'à ce jour pour la contribution de guerre. M. Léon Harmel, l'un des membres présents, chargé spécialement de représenter la commune près des autorités allemandes pour l'acquit de cette contribution, fait l'exposé suivant :

« Messieurs,

« J'aurais voulu vous rendre compte plus tôt de mes dernières démarches, mais j'ai dû attendre le temps nécessaire pour avoir une issue à laquelle je dois renoncer désormais.

« Je viens donc vous donner le détail de ce que nous avons payé et de ce que nous avons fait. Et d'abord je commence par vous remercier de la confiance que vous m'avez accordée.

« Dans le paiement des impôts et des réquisitions aux autorités allemandes, j'ai demandé la résistance à outrance ; vous avez accepté de marcher dans cette voie, et je regrette que votre confiance n'ait pas été récompensée par le succès que j'ai poursuivi par tous les moyens sans l'atteindre. Je vous ai donné deux motifs de résister.

« 1º L'honneur de notre commune. Cet argent que nous donnions devait se convertir en balles destinées aux enfants de la France, et nous devions à notre patriotisme de ne rien verser sans y être évidemment contraints.

« 2º L'espoir que les succès de nos armes ou quelques circonstances imprévues viennent suspendre la perception de ces impositions écrasantes que l'ennemi faisait peser sur nos pays.

« Le premier but est atteint et l'honneur est sauf. Au 24 février, jour où nous avons payé, nous devions encore :

« 1º L'intégralité des contributions de novembre, décembre, janvier et février, soit 4 mois sur 6. 2º Réquisition pour l'armée de Paris : fr. 2,544, suivant avis du 6 février avec les menaces les plus sévères, 5 0/0 par jour de retard, etc. 3º Redû sur le million : fr. 2,119, suivant avis du 15 février avec les mêmes menaces. Soit au total fr. 21,449,02. Il était impossible de moins payer que nous ne l'avons fait jusque là. La commune devait subir l'exécution militaire le dimanche 16 février, nous avons fait retarder l'exécution tant que nous avons pu. Au 24 février, il n'y avait plus moyen de reculer et nous avons été forcés de payer pour éviter une intervention plus odieuse que coûteuse. Enfin, l'amende énorme que nous avons dû payer s'ajoute aux autres témoignages de notre résistance. On pourrait donc nous accuser de témérité, mais jamais de lâcheté. Pour le second motif, l'espoir d'affranchir la commune d'une partie de ses charges, nous devons avouer que nous avons échoué. Le succès de nos armes toujours espéré, même contre toute espérance, s'est changé en une triste réalité. L'armistice qui devait être le signal de la cessation de toute tracasserie a inauguré, au contraire, le règne des poursuites les plus impitoyables. La paix, dont nous attendions chaque jour la nouvelle et qui devait, selon nous, arrêter nos versements, la paix a tardé jusqu'après l'expiration de tous les délais que nous avions pu obtenir. Enfin, il me restait un dernier espoir, et si vague qu'il m'ait paru, j'ai voulu l'employer afin de ne pas avoir à me reprocher d'avoir rien omis... Le vendredi 17 février, m'étant assuré à Reims qu'il n'y avait rien à espérer, j'ai entrepris le voyage de Versailles. J'ai été frapper à toutes les portes et, après plusieurs jours, je suis revenu avec une lettre du général de Molke pour le gouverneur de Reims (le général avait logé en septembre, à Reims, chez ma belle-mère), et une promesse de lettre du prince royal. Je n'ai pu savoir du gouverneur ce que contenait la lettre de M. de Molke ; j'ai reçu du prince une lettre datée du 6 février, nous déclarant qu'il ne pouvait nous diminuer quoi que ce soit sur le principal de l'impôt. Je lui écris de nouveau le 28 février, lui exposant que nous avons dû payer l'amende pour éviter l'éxécution militaire, et lui demandant de nous décharger de cette amende. J'ai dû attendre que le temps d'une réponse soit écoulé avant de vous soumettre ce rapport. Aujourd'hui, j'ai la conviction que je n'aurai aucune réponse, et que l'hospitalité donnée au prince ne nous aura donné aucune concession. Mon frère, M. Ernest Harmel, n'a pas cessé, depuis le commencement de l'invasion, de s'occuper des intérêts de la commune avec un zèle que j'ai souvent admiré. C'est ainsi que nous avons pu éviter mille désagréments que d'autres communes ont eus à supporter. Pendant mon voyage à Versailles, il sut que l'éxécution militaire devait avoir lieu dans notre commune dimanche 19 février. Il fit des démarches et obtint jusque mardi, puis enfin jusqu'au jeudi 23, à onze heures. Il était temps, le commandant de place nous attendait à l'Hôtel de Ville. Enfin, le 24 février, nous avons été obligés de payer impôts et amendes pour mettre la commune à l'abri. Nous avons payé, suivant compte régulier établi avec déduction du 3 0/0 la somme de fr. 16,786.02, plus l'amende se décomposant ainsi : 3 0/0 sur 11,877 fr. 20 ; redû novembre, décembre, janvier, 356 fr. 31 ; 13 jours de retard à fr. 593.86 par jour, soit 5 0/0 sur 11,877.20, 7,720 fr. 18 ; 9 jours de retard sur février à fr. 271.40 par jour, soit 5 0/0 sur 5,266 fr. 16, 2,442 fr. 60. Total de l'amende, 10,519 fr. 09.

« Par compensation, nous avons pu obtenir : remise de la solde de l'impôt du million, 2,119. Remise de la contribution de l'armée de Paris, 2544. Total, 4,663 francs de 10,519.09, Différence, 5,856 fr. 09. La remise de ces 4,663 francs nous a été accordée sur le certificat de l'amende que nous avions payée. Cette remise doit donc être diminuée de l'amende et la différence fr. 5,856.09 représente bien la somme que la résistance a coûtée à la Commune. Je viens donc proposer au Conseil Municipal les deux résolutions suivantes : 1° Que la Commune prend provisoirement tout à sa charge, si elle n'a pas assez d'argent pour compléter, nous avancerons ce qu'il faudra ; 2° Il est très probable que le gouvernement français tiendra compte aux communes des réquisitions qu'elles auront eu à supporter. Dans le cas où le Gouvernement français ne tiendrait pas compte de l'amende, comme j'ai insisté particulièrement pour faire retarder les paiements, notre maison supportera seule la perte de fr. 5856,09 afin que la Commune ne soit en aucune façon lésée de la résistance qui a été faite. Le Conseil municipal, ouï l'exposé qui précède, adopte en l'absence de M. Harmel qui s'est retiré les résolutions suivantes :

« 1° La Commune prend provisoirement tout à sa charge jusqu'à ce qu'on puisse connaître d'une manière certaine si, oui ou non, le Gouvernement français tiendra compte à la Commune pour ses déboursés en espèces pour impôts et amendes ; 2° le Conseil reconnaît que la somme de fr. 5,856.09 représente bien, comme l'explique le sieur Léon Harmel, la perte réelle qui incombe à la commune puisque pour obtenir ce chiffre, il faut déduire des 10,519.09, montant de l'amende, les 4663 fr. dont il a obtenu la remise par ses démarches ; 3° Le Conseil regrette la proposition faite par le sieur Harmel de supporter l'amende à lui seul dans le cas où le Gouvernement français n'en tiendrait pas compte à la Commune, parce qu'il serait injuste et ingrat de ne pas reconnaître le mérite des démarches qui ont été faites en vue d'alléger la charge de la contribution de guerre, bien que ces démarches n'aient pas abouti à un résultat satisfaisant. Le Conseil entend que l'amende soit supportée par la Commune toute entière.

Fait et délibéré en séance les jour, mois et an que dessus et ont, les membres présents, signé après lecture faite.

Suivent les signatures ».

Récapitulation des Comptes de la Guerre 1870-71

Par suite des charges de l'occupation allemande et de celles qui représentent la valeur des réquisitions en denrées, vivres, pertes de bestiaux, etc. :

1° Denrées, fourrages et marchandises...fr.	4.859 90
2° Animaux et bestiaux vivants	3.123 » »
3° Argent.............................	39.761 05
4° Charrois et transports................	7.232 75
5° Séjour et entretien des troupes........	57.062 75
6° Pillage du mobilier	1.960 » »
TOTAL..... fr.	113.999 45

Par la Loi du 18 juillet 1871, l'Etat a reconnu que dans toutes ces dépenses et pertes telles que réquisitions, impôts, contributions, pertes de chevaux et voitures, sont charges communales. Par un sentiment de solidarité, l'Etat a cru néanmoins qu'il serait juste d'accorder partiellement pendant plusieurs années des indemnités aux départements et aux communes victimes de l'invasion En mai 1872, Warmeriville recevait un premier à-compte de 1,900 francs.

En août 1872, Warmeriville recevait un deuxième à-compte de 1,900 fr. 31. En octobre 1873, un troisième de 1,900 fr. 35.

En 1872, le Ministre des finances accorda un crédit destiné au remboursement des sommes payées aux Allemands ; la part de Warmeriville fut de 1,305 fr. 31. En 1873, Warmeriville recevait le quatrième et dernier à-compte des indemnités votées en 1871, soit 5,117 fr. 30. En 1873 encore, le Ministre des finances accorda un dernier crédit destiné au remboursement des sommes payées aux Allemands, 2,787 fr. 61. Total général des recettes, 26,640 fr. 88.

En résumé, la guerre de 1870-71 a coûté à la commune de

Warmeriville la somme de 113,999 fr. 45 moins 26,640 fr. 88, soit 87,358 fr. 57.

1872

Travaux et ouverture de la ligne de chemin de fer de la Vallée de la Suippe, Warmeriville a une station. Depuis 1865, la question d'un chemin de fer d'intérêt local sur la vallée de la Suippe était à l'étude. En 1868, la famille Harmel donnait à la Compagnie une subvention de 10,000 francs. En juin 1870, le nommé Vadurel se rendait adjudicataire des travaux de terrassement, de maçonnerie et ouvrages d'art. La guerre fut cause du retard de ces travaux, en sorte que tout ne fut fini qu'en 1872. En juin 1870, le Tribunal civil prononçait l'expropriation des propriétés nécessaires à l'assiette du chemin.

En juin 1870, la commune recevait 11,000 francs de souscription et elle ajoutait 1,800 francs pris sur ses fonds libres, ce qui faisait 12,800 francs; avec cette somme, elle achetait différentes propriétés en vue d'ouvrir et d'empierrer une voie d'accès de la gare à la rue du Pont.

1876

Par Décret de M. le Président de la République en date du 29 décembre 1875, la compagnie des sapeurs-pompiers est réorganisée; elle se compose de 40 à 50 hommes, dont 1 lieutenant, 1 sous-lieutenant, 2 sergents, 4 caporaux, 1 tambour.

1878

Par Arrêté préfectoral en date du 4 septembre 1878, un Bureau de bienfaisance est créé à Warmeriville. Le budget est alimenté par un crédit de 600 francs qui, auparavant, figurait sur le budget communal.

1882

La mairie et le groupe scolaire sont construits; la dépense est de 86,938 fr. 85. 7,000 francs sont également dépensés pour transformer l'ancienne école en salle d'asile. Les plans et devis furent dressés par M. Fossier, architecte à Reims.

1882

La commune de Warmeriville est autorisée à avoir un Bureau postal et télégraphique de 3ᵉ classe. MM. Harmel frères ont donné gratuitement, pendant 19 ans, le local pour le bureau de poste. Le télégraphe était précédemment à la gare. La Compagnie de l'Est ayant refusé d'en continuer le service, MM. Harmel frères ont dû installer le télégraphe municipal dans leurs bureaux jusqu'à ce que l'administration ait accepté de le joindre à la poste et ait fait les installations nécessaires.

1884

Il est fait des réparations à la voûte de l'église ; la dépense totale fut de 2,376 fr. 50. Sur cette somme, une souscription a produit 1,136 francs. La commune a payé 827 francs et la Fabrique 413 fr. 50.

Le pont de Vaudétré est réparé ; les travaux furent confiés à M. Griffon-Champenois. La dépense fut de 1,300 francs, dont moitié pour Warmeriville et l'autre moitié pour Heutrégiville.

1885

La commune de Warmeriville possède des réverbères pour l'éclairage des rues.

1887

Création de l'école maternelle dans l'ancienne école communale des garçons et antérieurement mixte.

1887

Une deuxième voie de chemin de fer est établie près de la première et la ligne se prolonge jusque Challerange.

1888

Warmeriville devient un centre téléphonique. MM. Harmel et Simonnet ayant contribué à l'établissement du téléphone sont les principaux abonnés.

1888

Warmeriville possède un abattoir public. D'après les plans et devis de M. Quenardel, architecte à Reims, la dépense fut de 13,398 fr. 20. Une Société par actions a fourni des capitaux et après les autorisations nécessaires, elle a fixé le tarif suivant : bœuf, vache ou cheval abattu, 5 francs ; veau, 2 francs ; mouton, agneau, chèvre, 0 fr. 50 ; porcs des charcutiers, 2 francs ou 0 fr. 02 par kilo de viande abattue.

1890

La commune dépense 297 fr. 65 pour la construction d'un caveau dans le cimetière, destiné à recevoir les restes de M. Louvel, ancien curé de Warmeriville. Hommage de bon souvenir et de reconnaissance.

1891

Reconstruction du Grand Pont. Le devis est fait par MM. les agents-voyers avec une dépense approximative de 15,000 francs. M. Griffon-Champenois en fut l'entrepreneur.

1891

Reconstruction du presbytère. Les plans furent établis par M. Lamy, architecte à Reims, d'après un devis de 13,696 fr. 14. L'Etat accorda 3,000 francs de subvention ; les 10,696 fr. 14 restants furent payés moitié par la commune et par la fabrique.

1893

M. Latreille-Détouche est nommé lieutenant de la compagnie des sapeurs-pompiers, M. Patin-Magloire, sous-lieutenant.

1895

Il est construit un lavoir public près du Grand Pont. M. Griffon-Champenois en est l'entrepreneur et la dépense fut de 1,082 fr. 76.

1895

MM. Harmel frères ont créé l'avenue du Val-des-Bois et y ont établi, sur la Suippe, un très beau et solide pont en bois permettant la circulation des voitures et remplaçant la passerelle dite la Polka construite déjà par eux en 1844.

1896

Une société de tir mixte, le *Ralliement*, est fondée. M. Léon Harmel, jeune, en est le président et M. Andry le vice-président. Le stand est établi dans la grévière longeant les chemins de grande communication n° 20 et le chemin de Warmeriville à Lavannes (appelé le chemin du Moulin-du-Bas). Les comptes de 1896 se répartissent ainsi :

RECETTES

Subvention de la commune....................	500f » »
Cotisations des membres actifs................	162 » »
Cotisations des membres actifs d'honneur	10 » »
Montant des séries tirées.....................	251 75
Total..........	923f 75

DÉPENSES

Maçonnerie....	487f 65
Charpente.............................	295 45
Munitions.............................	107 75
Délégations...........................	20 90
Prix de concours 1896...................	8 » »
Divers......	222 45
Total..........	1142f 20
Excédent des dépenses................... .	218f 45

Il est à remarquer que l'installation du stand a nécessité une dépense de 783 fr. 10.

Situation financière

En 1897, le budget communal était de 19,350 francs. D'après la situation financière de la commune (31 mars 1895), les recettes ordinaires étaient de 15,960 francs et les dépenses de 15,960 fr. Le produit des centimes ordinaires et extraordinaires se monte à 12,229 francs. La valeur du centime est de 137 fr. 55. Le nombre total des centimes est de 91, dont 22 extraordinaires. Le montant de la dette communale, 51,078 francs (1).

1898

Toutes les rues de Warmeriville sont macadamisées.

1898

M. Moreau-Bergé est nommé lieutenant de la Compagnie de sapeurs-pompiers ; M. Patin-Glatigny, sous-lieutenant, et M. Griffon-Champenois (Jules), sergent-major.

---

(1) *Archives départementales* à Châlons-sur-Marne.

1900

Le 8 juillet eut lieu à Warmeriville un concours de tir entre plusieurs Sociétés de tir mixte du canton de Bourgogne. Cinq Sociétés envoyèrent des délégués, c'étaient : Celle de Courcy, qui obtint le 1er prix ; celle de Loivre, le 2e prix ; celle de Warmeriville, le 3e prix ; celle de Lavannes, le 4e prix et celle de Bazancourt, le 5e prix. Une palme de vermeil fut attribuée à la Musique municipale de Warmeriville, laquelle, fondée en 1899, avait prêté son concours pour rehausser l'éclat de cette fête patriotique. Un banquet entre tous les délégués et les membres d'honneur eut lieu dans la salle Postat, sous la présidence de M. Gobréau, conseiller d'arrondissement et maire d'Isles-sur-Suippe. La soirée s'est terminée par un bal public.

Liste des Conseillers municipaux depuis 1821 jusqu'à nos Jours

Nominations préfectorales

MM.		MM.	
1821.	J.-P. Modaine.	1821.	Villet.
—	J.-B. Hubert.	—	Thierry.
—	F.-M. Franqueville.	—	N.-M. Charlier.
—	Pierre Hubert.	1824.	J.-B. Payer.
—	J.-R. Modaine.	1830.	Robert Rogelet.
—	F.-M. Simonet.		

Élections par le Suffrage restreint

MM.		MM.	
1831.	A.-R. Charlier.	1831.	J.-P. Randoulet.
—	François Lacombe.	1837.	L. Moreau-Boudin.
—	Victor Griffon.	—	J.-N. Masson.
—	Pierre Champion.	1840.	V. Pocquet-Fortier.
—	Claude Franqueville.	1843.	Simonet-Franqueville.
—	P.-M. Bouchez.	1846.	Harmel-Tranchart.
—	H.-A. Moreau.	—	Hanrot-Champenois.

Élections par le Suffrage universel

MM.
- 1848. Modaine-Doriot.
- — L. Bouchez Pothier.
- — J.-P. Page-Hanrot.
- — Poinsinet-Lefranc.
- — Louis Lecoq-Namur.
- — Couty-Legros.
- — Griffon-Foissier.
- 1852. Maurice Foissier.
- — F. Hanrot-Perseval.
- — J.-B. Moreau-Pocquet.
- 1853. Modaine-Hubert.
- 1856. Payer-Payer.
- 1860. J.-P. Thibault-Hanrot.
- — Charlier-Fontaine.
- 1865. Périn-Paille.
- — Champenois-Masson.
- 1870. Léon Harmel-Harmel.
- — Simonet-Langlet.
- — Simonnet-Rousselet.
- — Latreille-Hanrot.
- — Moreau-Postat.
- — Couty-Breton.
- 1871. Paulin-Pocquet.
- — Maldague-Courcu.
- — Benoît-Poinsinet.
- 1874. Simonnot Hubert.
- — Linguet-Modaine.
- — A. Huet-Thibault.
- — R.-A. Hanrot-Hanrat.

MM.
- 1874. Prévoteau-Michel.
- 1878. Eugène Page-Lecoq.
- — C. Simonnet-Péret.
- — Emile Foissier.
- 1884. Hanrot-Modaine.
- — Edouard Boillet.
- 1888. D. Latreille-Détouche.
- — Albert Harmel.
- — Modaine-Moreau.
- — Moreau-Bergé.
- — Griffon-Champenois.
- 1892. Robert, Magloire.
- — Brimont-Moreau.
- — Félix Harmel.
- — Champion-Principe.
- — D. Pocquet-Pocquet.
- — Gaidoz-Griffon.
- — Masson-Principe.
- — Florent Ternaux.
- — Thiry-Ollivier.
- 1896. Victor Simonnot.
- — Victor Latreille.
- — Athanase Béchard.
- 1898. Maurice Harmel.
- — Griffon-Champenois.
- 1900. Victor Pocquet.
- — Albert Simonet.
- — Alfred Linguet.

Liste des Maires et des Adjoints

MM.
- 1790. Pocquet, maire.
- 1791. Lacombe, procureur syndic.
- 1792. Haimart, Nicolas, officier public.
- 1794. Modaine, Jean-Pierre, maire.

An III. Jean-Charles Rogelet, agent national.
An III. Jean-Baptiste Champenois, officier public.
An IV. Jean-Baptiste Franqueville, maire.
An IV. Jean-Baptiste-Nicolas Lemarteleur, agent municipal.
An VI. Nicolas-Marie Charlier, agent municipal.
An VIII. Nicolas-Marie Charlier, maire.
1813. Jean-Baptiste-Nicolas Lemarteleur, —
1816. Jean-Baptiste-Symphorien Lemarteleur, —
1852. Franqueville-Champion, Claude, —
1871. Hanrot-Perseval, —
1878. Benoît-Poinsinet, —
1891. Charlier-Champenois. —
1896. Harmel, Félix, —
1899. Harmel, Maurice, —

Adjoints

1789. Villet, secrétaire.
1792. Lefèvre, secrétaire.
An III. Guillaume Lacombe, adjoint.
An IV. Thierry Démogue, —
An VI. Hubert Champion, —
An VII. François-Martin Simonet, —
An VIII. Jean-Baptiste-Nicolas Lemarteleur, —
1811. Jean-Baptiste-Joseph Champenois, —
1821. Jean-Baptiste Hanrot, —
1831. Remy-Antoine Charlier, —
1835. Modaine, Jean-Remy, —
1840. Franqueville-Champion, Claude, —
1848. Modaine-Doriot, —
1852. Harmel-Tranchart, —
1871. Harmel-Harmel, Léon, —
1874. Modaine-Doriot, —
1878. Thibault-Hanrot, —
1884. Huet-Thibault, —
1893. Harmel, Félix, —
1896. Huet-Thibault (1). —

(1) *Archives communales de Warmeriville.*

CHAPITRE ONZIÈME

Warmeriville pendant les dernières Années du XIX° Siècle

SOMMAIRE. — Etat actuel de Warmeriville. — La Suippe. — Bois. — Voies de communication. — Les causes de sa prospérité. — Le chemin de fer de la Vallée de la Suippe et la station de Warmeriville. — Le Val-des-Bois ou l'usine de MM. Harmel frères. — Biographies. — L'usine de M. Simonnet-Péret à Ragonet. — Biographies.

Etat actuel de Warmeriville

Nous avons dit ce qu'était Warmeriville dans les siècles passés, il nous reste à dire quelques mots sur son état actuel. Warmeriville est devenu un gros bourg industriel et agricole ; il est assis au Nord-Est de la Suippe (rive droite). Il est à 83 mètres d'altitude ; sa latitude Nord est de 49° 21" et sa longitude Est 1° 53". La distance du chef-lieu de canton, Bourgogne, est de 12 kilomètres ; celle de Reims de 19 ; celle de Châlons, 47. Le territoire est divisé en deux parties ; au Nord et à l'Est, une vaste plaine arrosée par un petit affluent, le ruisseau de Vert ; au Midi et à l'Ouest, une autre plaine, séparée de l'autre par la Suippe. Les dépendances de Warmeriville sont Vaudétré (la partie du Nord), à 3 kilomètres ; Ragonet, à 3 hectomètres ; les Marais, à 2 hectomètres ; le Val-des-Bois, à 3 hectomètres, et le Pré, à un kilomètre. D'après le recensement de 1896, la population totale de Warmeriville était de 2,381 habitants. Celui de 1891 n'accusait que 2,254 habitants, se répartissant ainsi : habitants se livrant aux travaux de l'agriculture, 562 ; de l'industrie lainière, 1,319 ; au commerce, 120 ; professions diverses, 255 ; total, 2,254.

Si nous examinons la population au point de vue de la nationalité, nous trouvons, d'après le recensement de 1891, qu'elle se compose de 1738 Français, 393 Belges, 42 Luxembourgeois, 12 Allemands, 9 Suisses, 2 Anglais, 1 Russe et 57 de nationalités diverses. Ces 2,254 habitants formaient 569 ménages répartis dans 369 maisons.

Si l'on arrive à Warmeriville par la gare, le bourg se dissimule derrière une épaisse ceinture de peupliers. Le touriste constate, à première vue, la fraîcheur des ombrages, un sol fertile et plusieurs hautes cheminées qui attestent la vitalité de l'industrie lainière. Pour pénétrer dans Warmeriville, on passe sur le Grand Pont jeté sur la Suippe et on se trouve dans une magnifique rue qui conduit sur la place publique. Devant soi, la vieille église bâtie à l'époque de la transition, remarquable par son abside, ses transepts et ses piliers massifs soutenant des voûtes un peu surbaissées. Les nefs et le portail, rebâtis en 1863, contrastent avec le vieux style roman des parties primitives. Vis-à-vis, se trouvent la mairie et le groupe scolaire, bâtiments construits en 1882. La place publique est au milieu d'une grande rue tortueuse, bordée de maisons jetées au hasard. Une autre grande rue est parallèle à celle-ci et présente le même aspect. Ces rues aboutissent, d'un côté, à l'importante filature de la famille Harmel et de l'autre à des jardins, à des bois, qui sont, en été, une promenade très agréable ; au fond se cache l'usine de M. Simonnet. Ces deux filatures sont le centre de deux hameaux de Warmeriville que nous avons nommés : le Val-des-Bois et Ragonet. Ces deux écarts forment en quelque sorte deux villages à part, habités par une population très flottante. Le village proprement dit est composé principalement de maisons de culture et de maisons de patentés. La commune de Warmeriville a pris une réelle importance depuis l'établissement de ces deux usines et de la station. Aujourd'hui, l'enceinte de l'ancien Warmeriville est trop petite ; tous les jours, on voit s'élever de nouvelles constructions, dont le nombre, la commodité et même l'élégance augmentent avec le goût des arts et les progrès de la civilisation.

Le vieux Warmeriville n'est plus le village d'autrefois ; car, confinant aux établissements industriels Harmel et Simonnet, il s'est transformé dans la période contemporaine ; on y remarque, à l'instar des usines, une activité agricole et commerciale toute nouvelle. L'aridité et la nudité de la plaine n'existent plus comme dans le bon vieux temps. Avec un travail persévérant, avec le secours de la science et des arts mécaniques, avec la variété des plantes et des engrais, avec les nouvelles voies de communication et les nouveaux débouchés, les agriculteurs contemporains ont su montrer qu'ils savaient marcher dans la voie du progrès.

La Suippe

La Suippe, affluent de gauche de l'Aisne, partage, avons-nous dit, le territoire en deux parties égales ; c'est une jolie rivière, large et paisible, elle coule entre les hauts peupliers, les frênes, les saules et les aunes. Les terrains humifères qui l'avoisinent offrent un sol propre à la culture potagère. Les pêcheurs, sous l'ombrage, y trouvent d'excellentes truites saumonées, la truite ordinaire, le brochet et quelquefois l'anguille. Il y a une vingtaine d'années, la Suippe nourrissait une multitude d'écrevisses ; on n'en voit plus guère aujourd'hui. Les eaux calcaires de la Suippe, d'un blanc bleuâtre, ne permettent que rarement les plaisirs balnaires. Par les grandes chaleurs de l'été, les eaux de la Suippe n'ont guère qu'une température de 17° ; en temps ordinaire, elles restent au-dessous de 15°. Les nombreux petits ruisseaux que reçoit la Suippe ne sont pas étrangers à cet état de choses ainsi que les grands bois qui la bordent sur tout son cours. La Suippe parcourt environ trois kilomètres et demi sur le territoire de Warmeriville. Sa largeur varie de 7 à 10 mètres, avec une profondeur moyenne de 2^{m}50. La Suippe, qui prend sa source à Somme-Suippe, était appelée primitivement *Basilia*, puis *Sopia* ; elle a un parcours de 56 kilomètres ; elle arrose 26 villages et est utile à 24 établissements hydrauliques : moulins, filatures de laine, tissages mécaniques, etc. Cette rivière reçoit un certain nombre de petits affluents, dont : l'Ain, le Py, l'Arne, la Conge ou ruisseau d'Epoye, le ruisseau de Vert de Warmeriville et les Rûs de Lavannes et de Pomacle quand les eaux de ceux-ci coulent.

Bois

Les bois de Warmeriville occupent une superficie totale de 426 hectares, appartenant tous à des particuliers. En certains endroits, ils forment de véritables forêts. Ces plantations se firent, depuis une cinquantaine d'années, sur un sol nu et aride par les soins de MM. Saint-Denis, de Boult-sur-Suippe ; Charpentier-Courtin, de Reims ; Hautavoine-Arbonville, d'Heutrégiville, et les frères Lecoq, de Warmeriville. Les principales essences de bois sont les aunes, les bouleaux et les sapins. Un lieudit du terroir de Lavannes, appelé le Mont-Sapinois, limitrophe à celui de Warmeriville, aujourd'hui couvert de sapins, semble indiquer, d'après certains auteurs, que des sapins avaient déjà été plantés autrefois. En dehors de ces grandes forêts, il y a le bois et le ruisseau de Vert, lesquels sont à 500 mètres du village, entre le chemin du Poncet, au Sud, et celui d'Aussonce, au Nord. Ce ruisseau, qu'un enfant peut franchir, prend sa source à l'extrémité du bois de Vert. Il roule lentement et sans murmure, dans une terre humifère, des eaux froides, même l'été. Les hautes futaies et les taillis poussent avec une grande vigueur ; on y trouve toutes les essences des bords de la Suippe. Le bois de Vert a au moins un kilomètre et demi sur 150 mètres de large. On le considère ici comme un lieu de promenade, comme un délicieux jardin anglais.

Voies de communication

De nombreux chemins vicinaux et ruraux sillonnent le territoire en tous sens ; par leur bon état, ils facilitent la culture et les relations avec les villages voisins. Le chemin de grande communication n° 20, de Pontgivart à Tahure, traverse Ragonel, écart de Warmeriville. Les chemins vicinaux ordinaires conduisant aux localités suivantes sont : le chemin de Lavannes (6 kilomètres), le chemin d'Isles (1 kilomètre 500), le chemin de Rethel au Châtelet (9 kilomètres), à Tagnon (13 kilomètres), à Rethel (20 kilomètres), le chemin d'Aussonce (6 kilomètres 500), et le chemin du Poncet à Vaudétré (2 kilomètres 500). Depuis 1872, Warmeriville possède une station sur le chemin de fer de Bazancourt à Challerange. Cette ligne n'avait d'abord qu'une voie et s'arrêtait à Bétheniville. En 1886, l'Etat en a fait une ligne stratégique en la prolongeant jusqu'à Challerange et la frontière et en la dotant d'une deuxième voie. Warmeriville possède également un Bureau postal et télégraphique de 3ᵉ classe (Décision du 3 novembre 1882). Heutrégiville a été rattachée à ce bureau à cette dernière date. Un fil téléphonique communique également aux établissements Harmel et Simonnet.

Les Causes de sa Prospérité

En 1840, Warmeriville avait 1,134 habitants ; il était arrivé, on peut le dire, à une période des plus prospères où le tissage à la main était l'industrie la plus productive. Par suite de l'établissement de nombreuses usines, soit à Reims, soit dans différentes communes de la Vallée de la Suippe, le tissage à la main périclita au point qu'on peut dire aujourd'hui que dans quelques années il n'existera plus. Nous en avons la preuve par la diminution considérable de la population dans les communes de la région, telles que : Heutrégiville, Lavannes, Epoye, Le Ménil-Lépinois, Aussonce, etc. Aujourd'hui, Warmeriville a 2,381 habitants et c'est la commune la plus populeuse du canton de Bourgogne ; les causes de cette prospérité sont assurément l'établissement des deux usines et l'établissement du chemin de fer de la Vallée de la Suippe avec une station à Warmeriville. Cette prospérité n'est pas seulement profitable aux industriels et aux ouvriers travaillant la laine, mais aux nombreux patentés et aux agriculteurs. Avec le chemin de fer et la station, tout le monde trouve des débouchés pour les produits obtenus et en même temps tout chacun peut faire arriver toutes les matières premières destinées à son travail.

Le Chemin de fer de la Vallée de la Suippe et la station de Warmeriville

Depuis la promulgation de la Loi du 12 juillet 1865 sur les chemins de fer d'intérêt local, une idée était née chez tous les industriels, les commerçants et les cultivateurs de la Vallée de la Suippe concernant la construction possible d'un chemin de fer reliant Reims et les villages de la Vallée de la Suippe. En cette même année de 1865, M. Camille-Thomas Derevoge, alors conseiller général du canton de Beine, se mit à la tête d'un comité ayant pour but l'étude de cette grande entreprise. Les membres de ce comité étaient :

MM.

Werlé, maire de Reims, député au Corps législatif, président.
Legros-Guimbert, manufacturier à Pontfaverger, vice-président.
Anceaux, industriel à Saint-Masmes.
De Brimont, conseiller d'arrondissement pour le canton de Bourgogne.
Derevoge, membre du Conseil général pour le canton de Beine.
Duchâteau, membre du Conseil général pour le canton de Bourgogne.
Léon Harmel, filateur à Warmeriville (1).
Marteau, membre du Conseil municipal de Reims.
Noël, conseiller d'arrondissement pour le canton de Beine.
Nouvion, maire de Bétheniville.
Rogelet, Victor, négociant à Reims.
Oudin, manufacturier à Bétheniville.
Sautret, industriel à Bétheniville.

Après une étude sommaire sur le mouvement présumé de la ligne en projet, ces Messieurs crurent que le mouvement industriel, commercial et agricole serait de 45.000 tonnes kilométriques.

Par un Arrêté préfectoral en date du 16 août 1866, M. le Préfet nomma tous ces Messieurs membres d'une Commission chargée d'examiner toutes les questions relatives au chemin de fer projeté entre Bazancourt et Bétheniville.

Bientôt un Rapport sur ce projet fut soumis au Conseil général de la Marne ; nous en extrayons le passage suivant :

« La ligne remontera le cours de la Suippe sur une longueur de 16.000 mètres, en traversant les communes d'Isles, Warmeriville, Heutrégiville, Saint-Masmes, Selles, Pontfaverger, habitées par une population d'environ 7.000 âmes. Mais d'autres communes, tant dans la Marne que dans les Ardennes, dans un rayon de 4 à 8 kilomètres, viendront leur apporter leur tribut et leur population n'est pas moindre que celles des communes

(1) M. Léon Harmel est aujourd'hui le Président du Conseil d'administration.

immédiatement desservies. C'est en somme une population de 20.000 habitants que le chemin de fer d'intérêt local est destiné à favoriser. Cette population, à la fois agricole et industrielle, met en activité un grand nombre d'usines et d'établissements de premier ordre. Les fabricants de mérinos y produisent plus de 50.000 pièces d'une valeur de plus de 1.500.000 francs. Les transports de toute nature qui se dirigent sur Reims et Paris, sur la Belgique, soit de Pontfaverger à Bazancourt et qui suivraient la voie ferrée, ont été évaluées récemment à un chiffre minimum de 41.666.000 kilogs. Le sol de la Vallée de la Suippe est horizontal ; il ne représente ni grande vallée ni colline nécessitant des ouvrages dispendieux ; le sous-sol, en grève, fournirait sur place même le balast ; c'est là qu'on est venu chercher les matériaux nécessaires à la ligne des Ardennes. »

L'Assemblée départementale prit ce projet en considération et ordonna qu'une étude serait faite par M. Mallez, ingénieur ordinaire à Reims. D'après le Rapport de M. Mallez, la ligne devait coûter un million de francs sur lesquels l'État et le Département devaient intervenir pour 440.000 francs ; il restait donc à placer 560.000 francs d'actions. La somme était bien forte mais les actionnaires furent nombreux ainsi que les subventions accordées par différents particuliers et par les communes. La maison Harmel souscrivit, pour sa part, pour une somme de 10.000 fr. ; M. Legros, industriel à Pontfaverger, prit au nom du Comité, la responsabilité d'être concessionnaire. M. Derevoge fut de nouveau l'avocat de tous auprès des administrations supérieures. Le 18 novembre 1868, M. le Président de la Cour des Comptes informait les intéressés que leur projet était déclaré d'utilité publique.

Il s'agissait alors de constituer un Conseil d'administration.

M. Werlé, député, fut élu président ; M. Legros, vice-président, et M. Derevoge, secrétaire. La direction et l'exploitation furent confiées à la Compagnie de l'Est par un traité en date du 19 mars 1869.

Le 8 juin 1870, le nommé Vadurel se rendait adjudicataire des terrassements, maçonneries et ouvrages d'art. Enfin, le 25 août 1870, le Tribunal civil prononçait l'expropriation des propriétés nécessaires à l'assiette du chemin. La guerre de 1870 retarda les travaux en sorte que l'ouverture de la ligne ne fut autorisée que le 15 mai 1872.

En 1872, le Conseil municipal de Warmeriville était appelé à délibérer sur un Arrêté de M. le Préfet de la Marne et sur une autorisation de la dite commune tendant au raccordement de l'usine de MM. Harmel frères avec la station de Warmeriville. Le Rapport de M. Léon Harmel est trop instructif pour ne pas le citer en entier. Nous le reproduisons in-extenso :

Délibération du Conseil municipal en date du 29 avril 1872 :

L'an mil huit cent soixante-douze, le vingt-neuf avril, le Conseil municipal de la commune de Warmeriville s'est réuni à la mairie, suivant l'autorisation donnée par M. le sous-préfet en date du 25 de ce mois.

Etaient présents : MM. Hanrot, maire, Harmel, Léon, adjoint ; Moreau-Postat ; Maldague ; Modaine ; Thibault ; Périn ; Griffon ; Champenois ; Simonet ; Simonnet-Rousselet ; Paulin et Latreille.

M. le Maire ouvre la séance et il expose que, par un Arrêté préfectoral du 15 avril 1872, Messieurs Harmel frères sont autorisés à construire une ligne de raccordement de leur filature à la station de Warmeriville, à la condition pour ces industriels de se pourvoir auprès des propriétaires des immeubles traversés et notamment de la commune de Warmeriville, de l'autorisation nécessaire pour établir leur ligne sur ces immeubles. Le chemin communal des Marais devant être traversé par la ligne dont il s'agit, MM. Harmel frères sollicitent de l'administration l'autorisation qui leur est nécessaire et, à l'appui de leur demande, ils présentent l'exposé suivant :

Messieurs,

« J'ai eu l'honneur de remettre à M. le maire, le 24 courant, l'Arrêté de M. le préfet de la Marne, en date du 15 avril, autorisant l'embranchement particulier qui relie notre usine à la gare de Warmeriville. Je lui ai remis en même temps une demande tendant à l'autorisation de poser nos rails sur le chemin du Pré au Marais. Permettez-moi, Messieurs, de vous présenter quelques observations au sujet de cette demande. Les objections que nous pourrions rencontrer au sein du Conseil municipal ne pourraient avoir que trois causes : motif de personne, motif de susceptibilité, motif d'intérêt général. Pour la question de personne, je n'éprouve nul embarras, puisque ce n'est pas de moi qu'il s'agit. Je suis depuis peu de temps dans le Conseil et mon père seul, jusqu'ici, a représenté notre famille auprès de vous. Je pense que vous reconnaîtrez avec moi qu'il n'y a qu'une chose à désirer, c'est que la maison continue à être représentée d'une façon aussi respectable. On peut résumer cette vie en trois points : 1° Mon père n'a jamais fait volontairement de mal à qui que ce soit, il a toujours rendu le bien pour le mal. 2° Mon père a toujours défendu, soutenu et fait réussir, autant qu'il était en son pouvoir, toutes les entreprises utiles à la commune, bien que ces entreprises n'intéressassent ni lui ni sa population ouvrière. Il a toujours, dans ce but, voté les augmentations d'impôts, bien que ces augmentations aient porté exclusivement sur les patentes, qui ont depuis longtemps 1 fr. 16 de centimes additionnels, soit beaucoup plus qu'à Reims, qui a 0 fr. 73, et aucune commune que nous connaissions ; 3° Bien que depuis 32 ans mon père ait constamment payé une part énorme des impôts de Warmeriville, il n'a cessé de faire sans bruit et sans éclat toutes les dépenses nécessaires pour que notre industrie ne coûte rien à la commune, soit en entretenant les chemins qui aboutissent à l'usine, soit en établissant des écoles, qui contiennent aujourd'hui près de 300 enfants. Ces écoles ont permis à la municipalité de ne pas bâtir une maison commune, qui devrait être très vaste pour contenir un excédent aussi considérable. C'est là une économie très importante. Cette vie désintéressée et si digne à tous égards de l'estime et de la sympathie de tous a-t-elle toujours rencontré ces sentiments dans notre pays ? Si mon père y avait compté, il aurait mal connu notre pauvre humanité. Il y a partout des esprits brouillons et turbulents, dévorés par l'envie, incapables de se conduire eux-mêmes et qui ne peuvent faire le bien, cherchent à semer partout la discorde et la division pour arriver au désordre, qui est leur élément. Nous avons pu malheureusement constater que toutes les fois qu'il a surgi une question entre notre industrie et le pays, les passions ont été excitées par ces esprits turbulents pour tout contrecarrer. Et tandis que nous voyons des communes de ce département disposées à faire des sacrifices considérables pour attirer l'industrie alsacienne, nous voyons ici l'étrange spectacle de personnes qui n'échappent pas une occasion de refuser toute justice à notre industrie. Et cependant, loin de coûter au pays, elle en fait la prospérité par l'argent qu'elle y apporte chaque année (environ 250,000 francs), et par les impôts qu'elle paie, qui se montent à plus de 7,000 francs, soit un tiers de la somme totale des quatre contributions. Et nous défions qui que ce soit de montrer des dépenses que la commune a faites depuis 32 ans pour le bien de notre usine ou de notre population ouvrière. Les rues qui conduisent à notre usine et à nos écoles ne sont pas empierrées, et la municipalité précédente avait jugé plus pressant d'empierrer des chemins de terroir qui conduisent aux champs que de faire nos chemins, qui servent à moitié de la population du pays. J'espère, Messieurs, que si la question de personne est soulevée à propos de notre demande, elle ne pourra que nous être favorable. J'arrive au second motif d'opposition, celui de la susceptibilité. Je vous ai expliqué, le 20 mars, comment nous ne pouvions pas faire autrement que d'adresser notre demande à M. le préfet, pour vous la soumettre aussitôt approbation supérieure. Je vous ai dit que cette demande a été envoyée à qui de droit le 13 février. Vous savez que M. l'ingénieur chargé de la construction du chemin de fer de la Suippe nous a forcé la main pour nous faire de suite notre embranchement qu'il n'aurait pu construire plus tard, faute de matériel et des ouvriers spéciaux qui allaient partir. Dès le lendemain de notre réunion du 2 mars, ayant su que de longtemps nous ne pourrions recevoir nos pièces, nous n'avons pas hésité un seul instant, et nous avons démonté la partie des rails qui traversait le chemin rural. Les rails sont restés 24 heures sur ce chemin et pas davantage. Dans ce démontage, nous avons été blâmés par tout le monde ; mais aucun argument n'a trouvé d'accès auprès de nous. C'était, à nos yeux, un gage sincère d'éviter à tout prix jusqu'à une apparence de division entre nous. Nous savons que l'union est une force très grande qui nous fera vaincre tous les obstacles dans la gestion des affaires communales. Les ennemis du Conseil municipal connaissent cette vérité mieux que nous encore, et ils ne cesseront de tout faire pour amener une division qui nous réduirait les uns les autres à l'impuissance. Si l'enlèvement de nos rails a enlevé tout prétexte à leurs efforts, et tout le monde est forcé de reconnaître aujourd'hui que si, le 20 mars, les susceptibilités avaient quelques apparences pour elles, notre conduite ultérieure a complètement fait disparaître la trace même de ces apparences. La troisième cause d'objection possible est l'intérêt général. Dans une commune, l'intérêt général est la réunion de tous les intérêts particuliers des habitants de cette commune ; plus il y a d'intérêts particuliers desservis, plus l'intérêt général est sauvegardé. Ainsi, supposons un chemin qui serve à 100 habitants ; si, par une modification qui ne préjudicie à aucun intérêt, ce chemin est apte à servir à 110 habitants, il est évident que cette modification servira l'intérêt général. De même dans la question qui nous occupe, si la traversée par des rails dessert notre industrie sans préjudice à aucun intérêt, en autorisant cette traversée, vous servirez l'intérêt général. Or, 1° cette traversée ne porte aucun préjudice à qui que ce soit ; elle n'est pas une servitude pour le chemin, qu'elle ne fait qu'améliorer. 2° Elle apporte une économie pour la commune. 3° Les faits démontrent que l'autorisation que je vous demande est considérée partout comme un acte de justice et non comme une concession. 1° Elle ne porte préjudice à qui que ce soit : la commune ne peut pas faire de ce terrain autre chose qu'un chemin. Ce n'est pas une servitude pour un chemin que de passer dessus, en travers ou en long. Si nos wagons avaient des roues convenables, nous pourrions les promener sur tous les chemins de la commune sans autorisation de personne. Les roues des wagons exigent des rails en fer, et c'est là, en vérité, la seule autorisation que nous demandons : ce n'est pas de passer, mais de poser des rails en fer parfaitement encastrés dans un macadam en bon état. Si un cultivateur avait besoin, pour passer d'une grange dans une autre, de paver une partie de vos rues sur un espace quelconque, s'il demandait cette permission au Conseil municipal, que dirait-on de celui qui songerait à la lui refuser ? Or, nous ne demandons pas autre chose. Notre pavage est pierre et fer, au lieu de pierre seule ; qu'importe. J'ajoute que la pose des rails n'établit aucune servitude sur le chemin. Qu'est-ce, en effet, qu'une servitude ? C'est une charge imposée sur une propriété, et cette charge s'appelle servitude parce qu'elle empêche les propriétaires de jouir de la propriété comme il peut lui être plus utile. Or, dans le cas présent, nous ne prenons pas possession du terrain, puisque nous laissons le passage aussi libre qu'avant. Nous n'empêchons pas la commune de donner à ce terrain une destination plus utile, puisque ce terrain a été, est et restera une rue qu'il vous est interdit à vous-même de changer de destination. Dans la construction du chemin de fer de la vallée de la Suippe, nous avons traversé une route nationale, une route départementale et des chemins ruraux. A-t-on exproprié un seul de ces propriétaires ? L'utilité publique donne bien le droit d'exproprier, mais non le droit de prendre sans autorisation. Or, nous avons exproprié tous les terrains et payé les indemnités aux propriétaires. En a-t-il été de même pour les routes ou les chemins traversés ? A-t-on payé un centime à qui que ce soit ? A-t-on fait un acte quelconque de cession ? Le jugement d'expropriation du Tribunal fait-il mention de la prise en possession des chemins ? Aucunement. Et pourquoi ? Parce qu'en réalité la Vallée de la Suippe (la Compagnie) n'est propriétaire d'aucun chemin. Les chemins restent ouverts à tout le monde ; ils restent dans leurs destinations antérieures ; enfin, ils restent la propriété des administrations diverses dont ils ressortent. Car vous savez que les routes nationales ont un budget, etc. ; enfin une administration qui est, aux yeux de la Loi, propriétaire de la route, comme un particulier de son champ. Le chemin de fer de la Vallée de la Suippe n'a rien payé, ni rien exproprié, parce qu'il use du droit qu'ont tous les citoyens du monde entier de passer sur toutes les routes et chemins publics. Aussi, remarquez bien, Messieurs, les termes de l'Autorisation préfectorale. Elle nous oblige à vous demander autorisation, parce que vous êtes chargés de veiller aux biens communaux, mais elle ne demande ni enquête, ni indemnité, ni cession. Elle détermine que l'entretien sera à votre charge, afin de bien constater que le chemin reste à la commune. Sont-ce là les actes que l'on ferait, s'il était question de faire cession d'une fraction de chemin communal ? Ne serait-on pas obligé à faire une enquête ? Or, une simple autorisation suffit et l'enquête est inutile, parce qu'il n'y a ni cession ni servitude. 2° Notre embranchement apporte une économie notable à la commune. Il la dispense, en effet, de nous faire un chemin d'accès particulier que nous n'aurions pas manqué de demander et que vous ne pouviez nous refuser. Il dispense en outre la commune de l'entretien des chemins de la gare à notre usine, entretien qui serait dispensieux, puisque ces chemins auraient une fatigue considérable à supporter par nos transports. 3° Enfin, ce passage que nous demandons a toujours été concédé gratuitement et sans difficulté par toutes les communes qui en ont fait un point de justice plutôt que de concession.

Pour vous citer quelques exemples : M. Hannier a traversé un chemin rural à Bazancourt sans aucune indemnité et, cependant, M. Hannier était-il habitant de Bazancourt? En supportait-il la moindre charge ? Nullement. Son dessein n'était même pas de se fixer là, puisqu'il vient de céder son dépôt et son embranchement qui ne peut plus être une cause de gain pour lui par suite de notre chemin de fer de la Vallée de la Suippe. Serions-nous moins bien traités par vous qu'un étranger ne l'a été dans une commune voisine ? MM. de Grandrut frères ont aussi un embranchement reliant leur usine à la station de Loivre. Cet embranchement traverse plusieurs chemins ruraux et ils en ont eu la concession sans aucune difficulté, sans aucune indemnité ni aucune compensation. Il en a été de même pour MM. de Sachs, de Brimont, Collin et Cie. Dans nos voyages, nous nous sommes informés et nous avons su que jusqu'ici les Conseils municipaux avaient suivi cette même marche. Ainsi en est-il à Amagne, à Francheville, à Blagny, à Hayance, dans tout le réseau de la Haute-Marne, où toutes les forges sont reliées aux gares, ainsi en est-il de même à Mulhouse où MM. Koechlin et Cie traversent plusieurs rues, sans que ces traversées aient donné lieu à aucune compensation de quelle nature qu'elle soit. Et, en effet, une indemnité quelconque suppose dommage. Une homme qui exige une somme d'argent d'un autre homme qui ne lui a causé aucun tort, ni grévé sa propriété d'une servitude, cet homme serait taxé de malhonnête. Une commune est encore plus tenue à respecter la morale qu'un particulier, et c'est ce sentiment qui a fait que jusqu'ici aucune compensation n'a été réclamée dans le cas où nous nous trouvons. Mais si les Conseils municipaux ont donné l'autorisation plutôt comme un acte de justice que comme un acte de concession, ne pouvons-nous pas dire, Messieurs, que nous sommes dans des conditions où personne jusqu'ici ne s'est trouvé. En effet, le chemin de fer de la Vallée de la Suippe a été créé par l'initiative des industriels, et sans eux il n'y aurait jamais eu de chemin de fer dans notre pays. Et cependant, il faut bien reconnaître que ce chemin de fer sera une source de prospérité pour toutes les communes, tant au point de vue de la culture des terres qu'au point de vue du commerce. Il est donc de toute justice que les communes, par contre, facilitent autant qu'elles le peuvent les bienfaits du chemin aux industriels qui en sont la cause évidente. Mais si ces obligations existent pour toutes les communes de la Suippe, combien ne sont-elles pas étroites pour la commune de Warmeriville qui n'a pas dépensé un centime pour ce chemin qui nous coûte si cher à nous-mêmes. Suivant les traditions de mon père, qui a toujours cherché le bien général au détriment de son bien propre, nous avons tout fait pour la réussite de ce chemin et nous avons dû en venir à des sacrifices tout à fait hors de proportion avec la mince commodité que nous y trouvons. Je parle de commodité et non d'économie, car si près de Bazancourt et avec les moyens dont nous disposons, l'économie est loin d'égaler la rente des sommes que nous avons dû débourser. Nous ne vous avons jamais parlé de ces déboursés, parce que nous n'avons pas l'habitude de nous faire valoir, mais puisque la circonstance nous y oblige, nous devons vous déclarer qu'à l'heure présente le chemin de fer nous coûte 30,000 francs. Nous devons vous déclarer, en outre, que nous avons dû faire un embranchement, parce que c'est le seul moyen pour nous de pouvoir nous servir du chemin. Or, vous savez que le chemin de fer de la Suippe aura beaucoup de peine à faire ses frais, et comme notre trafic est important, en le privant de ce trafic, nous le privons d'une ressource nécessaire à la vie. Par toutes ces raisons, j'ai l'honneur de vous demander, Messieurs, l'autorisation de traverser le Voyeux-des-Marais sans aucune indemnité ni compensation. »

Après cet exposé, un membre du Conseil fait remarquer qu'il n'est pas question dans l'autorisation préfectorale du passage des rails sur le chemin ou passage du pont aux Voyeux-des-Marais. L'autorisation que va donner le Conseil municipal étant pour la traversée des deux chemins, il serait juste que MM. Harmel frères s'engagent à mettre cette seconde traversée dans le même état que celle du Voyeux-des-Marais, avec pentes douces, machefer, etc.

Le Conseil municipal :

Vu l'Autorisation de M. le préfet de la Marne en date du 15 avril 1872 et le plan y annexé ;

Vu l'engagement que prennent MM. Harmel frères de mettre en bon état les traversées des deux chemins ou passages ;

Attendu que l'établissement de la ligne de raccordement de ces Messieurs ne cause aucun préjudice à la circulation sur les chemins de la commune,

Déclare ne pas s'opposer à l'établissement de l'embranchement particulier reliant l'usine de MM. Harmel frères à la station de Warmeriville.

Suivent les signatures. »

RELEVÉ STATISTIQUE DU TRAFIC DE LA GARE DE WARMERIVILLE

pendant l'année 1897

Statistique des Expéditions par Catégorie de Transport

CATÉGORIE DES TRANSPORTS	NOMBRE	POIDS EN KILOGR.	PRODUITS RÉSULTATS PARTIELS	TOTAUX
Grande Vitesse				
Voyageurs de toutes classes.	14.524	»	22.153 » »	24.312f 65
Recettes supplémentaires..	»	»	2.159 65	
Chiens avec billets........	34	»	»	16 25
Bagages................	2.256	66.322	»	457 20
Articles de Messagerie.....	»	157.494	3.950 25	
Colis postaux............	5.549	»	»	
Denrées................	»	4.153	69 15	
Lait (nombre de litres).....	127.333	169.438	1.199 90	5.814 25
Finances, Valeurs, Objets d'art................	83	»	46 55	
Chevaux, Bœufs, Vaches..	50	»	259 50	
Veaux et Porcs..........	99	»	184 95	
Moutons et Chèvres.......	4	»	3 95	
Factages et Recettes supplémentaires...........	»	»	»	11 85
TOTAUX...		397.407		30.612f 20
Petite Vitesse				
Marchandises (Enregistrement)................	2.450	3.051.286	29.003 15	
Animaux...............	14	»	43 40	
Magasinage.............	»	»	46 20	
Recettes différentes	»	»	1.186 90	
TOTAL DES PRODUITS...				30.279 65
TOTAL GÉNÉRAL...				60.891f 85

Statistique des arrivages par catégorie de transport

CATÉGORIE DES TRANSPORTS	NOMBRE	POIDS EN KILOGR.	PRODUITS RÉSULTATS PARTIELS	PRODUITS TOTAUX
Grande Vitesse				
Voyageurs................	19.836	»	»	
Articles de Messagerie (enregistrement)............	3.119	133.073	1.807'25	
Colis-postaux.............	2.270	»	»	
Denrées..................	»	21.643	277 30	2.291'45
Finances, Valeurs, Objets d'art...................	32	»	79 65	
Chevaux, Bœufs, Vaches...	18	»	78 85	
Veaux et Porcs............	26	»	48 40	
TOTAL DES POIDS ARRIVÉS EN GRANDE VITESSE.........		154.716		
Petite Vitesse				
Marchandises (Enregistrements)................	3.661	13.374.465	66.690 15	
Voitures et Matériel roulant	2	»	72 50	67.138 15
Animaux.................	152	»	375 50	

Statistique des Transports à Petite Vitesse par Nature

EXPÉDITIONS NOMBRES	EXPÉDITIONS PRODUITS	NATURE DES TRANSPORTS	ARRIVAGES NOMBRES	ARRIVAGES PRODUITS
		Voitures, matériel roulant.	2	72'50
11	37'30	Bœufs, vaches, bêtes de trait	42	183 40
		Veaux, porcs (pesant plus de 20 kilogrammes).....	110	192 10
		A REPORTER...	154	448'»»

Statistique des Transports à Petite Vitesse par Nature

| EXPÉDITIONS || NATURE DES TRANSPORTS | ARRIVAGES ||
NOMBRES	PRODUITS		NOMBRES	PRODUITS
		Report...	154	448f » »
3	6 10	Moutons, chèvres, porcs (ne pesant pas 20 kilogrammes)..............		
POIDS			POIDS	
		Ardoises, pierres de taille brutes, etc	500	6 40
432.900	932 10	Argile, blanc d'Espagne, de Meudon et de Troyes, briques, cailloux, ciment, chaux, craie, gravier, pavés, plâtre, pierres à macadam, sable, tuiles, etc.............	1.410.545	6.301 » »
		Betteraves...............		
1.135	10 45	Bières..................	190	1 65
351.745	838 20	Bois à brûler, bois de charpente, bois en grume, chevrons, douves, Madriers, perches, planches en bois, poteaux en bois, poutres, solives, voliges, etc.........	296.825	2.098 90
220	3 25	Bois de charronnage, d'ébénisterie ou de menuiserie.................	655	12 20
68 876	458 40	Boissons non dénommées en bouteilles...........	13.430	346 95
		Boissons non dénommées en fûts...............	633.778	7.226 80
		A Reporter ...	2.355 923	16441f 90

Statistique des transports à petite vitesse par nature

EXPÉDITIONS		NATURE des TRANSPORTS	ARRIVAGES	
POIDS	PRODUITS		POIDS	PRODUITS
		Report...	2.355.923	16441'90
8 700	11 85	Engrais, fumier, phosphate de chaux, boues tourteaux, etc.........	1.823.602	5.005 95
219.420	1.199 80	Céréales, farines, graines fourragères et oléagineuses, son, etc......	361.602	1.246 65
		Charbon de bois.........	7.400	35 95
15.683	210 80	Chaudronnerie, machines, mécaniques, métiers, métaux ouvrés..........	48.846	672 05
		Conserves alimentaires, pain, pâtes alimentaires.	1.333	40 40
1.065	19 »»	Coton filé, fils de coton, de chanvre ou de lin, pour tissage.........	27.282	346 55
1.073	10 85	Cristalleries, poteries, verreries...............	8.155	98 »»
392	4 85	Cuirs et peaux, brutes et ouvrés..............	776	16 »»
304	40 40	Denrées coloniales, drogueries, épiceries.........	174 238	1.938 55
		Fer en barres, fer feuillard, fer pour plancher, rails en fer, tôle en fer..	10.206	64 10
709	14 60	Ferronnerie, quincaillerie, taillanderie...........	15.750	203 10
449.205	4.751 45	Foin et paille...........	8.080	42 70
64.750	129 40	Fonte brute en massiaux, sapots ou saumons, ferraille, mitraille.......	«	«
		A Reporter...	4.843.193	26151'90

Statistique des transports à petite vitesse par nature

EXPÉDITIONS		NATURE des TRANSPORTS	ARRIVAGES	
POIDS	PRODUITS		POIDS	PRODUITS
		Report...	4.843.193	26.151 90
155	2 20	Fontes moulées et d'ornement...............	8 933	54 10
		Houille et coke, lignite...	6.896.500	25.814 35
		Huiles.................	51.025	494 10
1.146 368	17.471 30	Laines.................	1 075.751	9.525 95
		Mélasse, sirop de fécule, glucose...............	1.000	2 » »
		Métaux bruts non dénommés.................	110	1 20
39.054	129 10	Papiers................	70.178	1.051 85
1.012	8 95	Pommes de terre........	17.166	65 40
4.874	27 85	Produits chimiques......	73.280	697 80
		Sels gemme et marin.....	5.400	44 75
		Sucre raffiné...........	10 817	96 70
137	2 » »	Tissus de coton.........	100	1 70
30.439	572 25	Tissus (autres que tissus de coton), toiles...........	29 616	367 75
178	3 70	Marchandises diverses : matières premières.....	57.422	597 80
174.777	2.266 65	Marchandises diverses: produits fabriqués.........	193.234	2.576 60
48.215	63 75	Transports en service soumis à la taxe...........	41.240	93 50
3.061.386	29.183 15	Totaux (1).....	13.374 965	67.637 45

(1) *Archives de la Gare de Warmeriville.*

CHAPITRE DOUZIÈME

Les usines de Warmeriville

SOMMAIRE. — L'usine du Val-des-Bois, l'usine de Ragonet.

PREMIÈRE PARTIE

L'usine du Val - des - Bois

Le Val-des-Bois est l'Usine qui, en 1840, remplaça l'ancien Moulin-de-Bas de Warmeriville. Elle est située sur cette jolie rivière de la Suippe, dont les détours gracieux et pittoresques ont tenté le pinceau si artistique de notre compatriote rémois, M. Barreau. C'est une abondance d'arbustes, de bosquets et de bois, dont la verdoyante parure dissimule presque l'usine et ses constructions pendant l'été, ce qui explique le nom poétique de Val-des-Bois que lui donna Madame Jacques Harmel, l'aïeule des propriétaires actuels.

A la fin du siècle dernier, le père de Monsieur Jacques-Joseph Harmel dirigeait déjà une importante exploitation manufacturière de laine à Sainte-Cécile. Il monta la seconde filature de l'Empire français. (Notice biographique de M. J.-J. Goose.)

Lors de l'annexion de ce pays à la Belgique, son fils, le chef de la famille actuelle, désirant conserver sa qualité de Français, vint s'établir à Angecourt, dans les Ardennes, puis à Boulzicourt, et à la Neuville-lez-Wasigny (établissement disparu à la suite d'un incendie en 1891), Monsieur Jacques Joseph était associé avec ses frères, Félix et Hubert Harmel. L'usine de Boulzicourt est restée dans la famille du second frère, et elle est actuellement la propriété de M. Léopold Harmel son fils. M. Hubert Harmel s'est retiré des affaires encore jeune, et son fils, Monsieur

Albert Harmel, entra plus tard à l'usine du Val-des-Bois, fondée en 1840 par M. Jacques-Joseph Harmel.

Transformations successives de l'usine

La première installation qui succéda à celle du moulin, fut une filature cardée pour la flanelle, article alors très prospère sur la place de Reims. En 1850 l'usine s'agrandit par l'adjonction d'une filature de laine peignée. En 1864, la création des fils dits de haute-nouveauté, dont la Maison Harmel a eu longtemps l'exclusivité, la fit connaître et augmenta son importance. C'est la même année que fut monté le peignage. La teinture ne s'installa qu'en 1880. Jusqu'à ce moment il fallait teindre à Roubaix, obligation très gênante et très coûteuse. En 1886, l'usine invente et exploite un brevet pour la teinture de la laine peignée en bobines qui simplifie la manutention et diminue le déchet dans des proportions importantes.

Les Membres de la Famille Harmel devant le Monde industriel

L'industrie de la laine cardée, jointe à celle de la laine peignée, prend une extension rapide, et les affaires s'étendent sur presque tous les marchés de l'Europe. Mais les Directeurs de l'usine ne s'en tiennent pas à ces résultats. Ils modifient, ils perfectionnent les machines employées pour leur fabrication, comme le démontrent les brevets dont ils ont été et dont ils sont les titulaires et les nombreuses médailles obtenues aux diverses expositions qui se sont succédées depuis 1862 :

Londres, Reims, etc., Paris 1878 (Rappel de médaille d'or).

Marchant toujours de l'avant, la Société Harmel Frères invente en 1882 un appareil pour la destruction mécanique des gratterons, chardons et pailles dans les matières textiles. Ce brevet, adopté avec enthousiasme par le monde industriel, sous le nom de système Harmel, est certainement l'invention la plus considérable et en même temps la plus efficace qui se soit produite dans l'Industrie textile dans les 25 dernières années. La faveur qui l'accueillit, les résultats extraordinaires obtenus, firent qu'en moins de deux années, plus de 1500 machines du système Harmel fonctionnaient dans les plus grands peignages de Roubaix, sans compter celles qui marchaient à l'étranger.

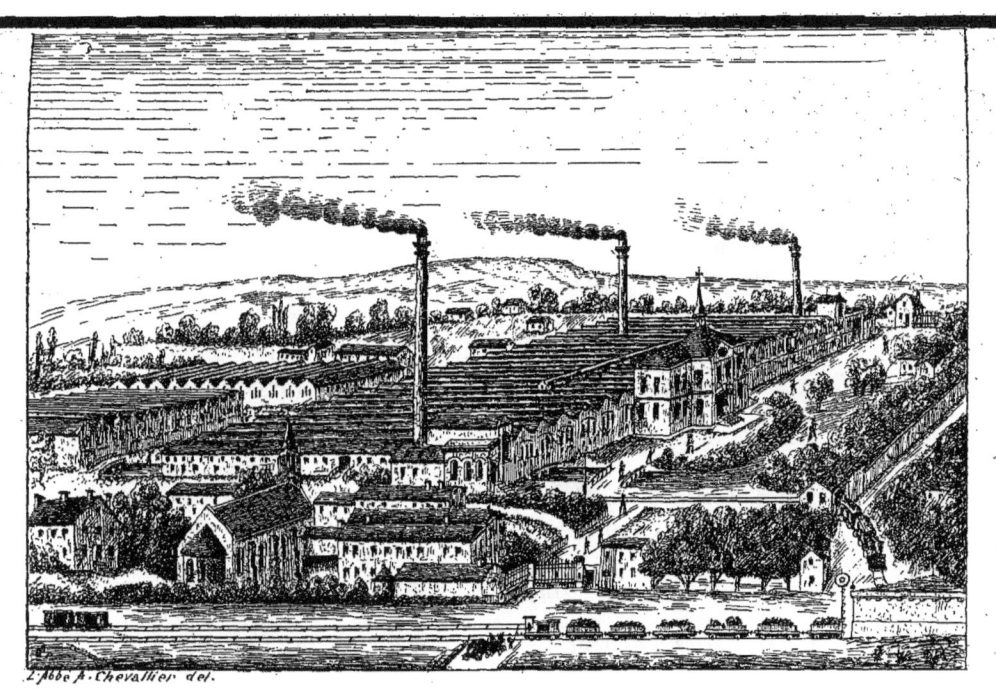

Val-des-Bois

Dans les temps difficiles qu'a traversé et que traverse encore l'industrie lainière, il a fallu que les différents membres de la famille Harmel suivent d'un pas égal la marche rapide du progrès, qu'ils sachent trouver les innovations nécessaires pour la perfection des produits et qu'ils puissent satisfaire les caprices renouvelés de la mode tout en se tenant à la hauteur de la concurrence.

Après avoir bravé toutes ces difficultés, la maison Harmel a conservé son rang et aujourd'hui elle est considérée comme la plus importante du département.

Récompenses obtenues à l'Exposition universelle de Paris 1900

CLASSE 82. — FILS ET TISSUS DE LAINE

2 *Médailles d'or :* Harmel Frères ; Ladame Léon, collaborateur.
2 *Médailles d'argent :* Aubry Edmond, Esqui Emile, collaborateurs.
4 *Médailles de bronze :* Delcroix Henri, Maquinay Antoine, Rudler Charles, Scherrer Charles, collaborateurs.

CLASSE 102. — RÉMUNÉRATION DU TRAVAIL

1 *Médaille d'or :* Harmel Frères.
1 *Médaille d'argent :* Aulner Léon, collaborateur.

CLASSE 104. — SYNDICATS AGRICOLES

1 *Médaille d'argent :* Syndicat agricole de la Champagne.

CLASSE 105

1 *Médaille d'or* : Harmel Frères.
1 *Médaille d'argent* : Sacotte, collaborateur.
2 *Mentions honorables* : Guillaume, Gaucher, colloborateurs.

CLASSE 106. — HABITATIONS OUVRIÈRES

2 *Médailles d'argent :* Harmel Frères ; Pilardeau Emile, collaborateur.
1 *Médaille de bronze :* Griffon-Champenois, collaborateur.
1 *Mention honorable :* Godfroy Alexandre, collaborateur.

CLASSE 108. — DÉVELOPPEMENT INTELLECTUEL ET MORAL DES OUVRIERS

1 *Médaille d'or :* Harmel Frères.
2 *Médailles de bronze :* Jolivet Alfred, Hallet Gustave, collaborateurs.

CLASSE 109. — INSTITUTIONS DE PRÉVOYANCE

1 *Médaille d'argent :* Harmel Frères.
1 *Médaille de bronze :* Gentilhomme François, collaborateur.
3 *Mentions honorables :* Bruno Charles, Glatigny Eugène, Gobinet Etienne, collaborateurs.

RÉSUMÉ

Harmel Frères : 4 médailles d'or, 2 médailles d'argent.
Syndicat agricole : 1 médaille d'argent.
Collaborateurs : 1 médaille d'or, 5 médailles d'argent, 8 médailles de bronze, 6 mentions honorables.
Total : 27 récompenses.

Débouchés des Produits de l'usine du Val-des-Bois

Les fils peignés de l'usine Harmel sont employés pour les tissus robes et pour les tissus draperies. Ils sont expédiés sur toutes les places de France, dans les grands centres de l'Allemagne, de l'Autriche, de l'Italie et de la Russie. Ils ont porté partout le bon renom du village de Warmeriville qui, grâce à cette extension commerciale considérable, est connu partout.

Les laines employées proviennent en majeure partie d'Australie, de Buenos-Ayres et aussi de France. La moyenne des quantités consommées dans l'usine même est de 7 à 800,000 kilos annuellement.

Les droits de douane entre la France et l'Espagne ont obligé la maison à suivre sa clientèle dans ce pays, où ils possèdent une importante filature à Sabadell, près de Barcelonne.

Directions principales de l'usine du Val-des-Bois

Dans la première période, qui dura jusqu'en 1865, la direction principale était composée de MM. Jacques-Joseph Harmel, Jules, Léon et Ernest Harmel, ses fils.

Dans la seconde période, qui se prolonge jusqu'en 1886, nous retrouvons les trois frères, qui se sont adjoints M. Albert Harmel, leur cousin.

Ensuite, c'est la Société actuelle, composée de M. Albert Harmel et de MM. Félix et Léon Harmel, ses neveux, et tous deux fils de M. Léon Harmel, le Bon Père.

Nous aurons d'ailleurs l'occasion de nous étendre davantage sur la direction de l'usine au paragraphe « Biographies ».

L'Usine

De 1840 à 1874, l'usine est composée de vastes bâtiments à cinq étages ayant près de 100 mètres de longueur. A la suite de l'incendie du 13 septembre 1874, on l'a reconstruit en rez-de-chaussée ; les salles y sont spacieuses et largement éclairées. La hauteur en est de 4m50 sous poutre et de 6 mètres sous plafond. L'aération est faite par des ventilateurs multiples qui enlèvent chacun environ 15,000 mètres cubes d'air à l'heure. 90 appareils réfrigérants refroidissent l'atmosphère en été et maintiennent une température qui, tout en étant favorable au travail de la laine, réunit les conditions désirables pour l'hygiène des ouvriers. L'éclairage, autrefois produit par le gaz, est aujourd'hui remplacé par l'électricité. On remarque également dans l'usine tous les perfectionnements nouveaux et toutes les précautions les plus minutieuses pour protéger les ouvriers contre les accidents pendant le travail.

Le Personnel

Le personnel de l'usine a toujours été en augmentant, de sorte qu'aujourd'hui, dans 305 familles, il y a environ 800 membres qui travaillent effectivement et environ 45 contre-maîtres ou employés.

Ce qu'il y a de plus remarquable dans l'usine du Val-des-Bois, c'est qu'il n'y a jamais eu ni grève ni chômage. Dans les années difficiles, comme 1848, 1870, 1871, 1874, la maison a su toujours trouver les moyens et faire les sacrifices nécessaires pour occuper son personnel. Dans les années douloureuses de 1870-1871, tous les éléments de travail manquent à la fois : la houille pour produire la force, l'argent pour soutenir le courant des affaires, la poste pour entretenir les communications et favoriser les transactions, et enfin les transports pour écouler les marchandises fabriquées. Les patrons d'alors surent, à force d'énergie et d'abnégation, surmonter toutes ces difficultés et faire face à toutes les nécessités.

Quand l'incendie de 1874 détruisit presque complètement la filature, une autre usine fut louée à la Neuville-les-Wasigny, et dans les trois jours qui suivirent, le personnel masculin, transporté dans ce pays, n'eut pas de chômage à subir. Les femmes trouvèrent de l'ouvrage dans les bâtiments annexes où se trouvent la préparation et qui avaient été préservés.

———

La Mairie de Warmeriville.

RÉCOMPENSES HONORIFIQUES

ANNEXE

Société des Vétérans de l'usine du Val-des-Bois

composée de 70 ouvriers ayant de 25 à 58 ans de service à l'usine au mois d'octobre 1899.

Hors cadres : 2 patrons, 1 médecin.

Résumé des Récompenses honorifiques

1 Croix de Chevalier de Saint-Sylvestre.
1 Médaille de vermeil du Ministre du Commerce et de l'Industrie, décernée par M. Carnot.
27 Médailles d'honneur du Ministre du Commerce et de l'Industrie, dont une décernée par M. Félix Faure.
1 Médaille d'honneur du Ministre de l'Intérieur (dévouement).
49 Premières médailles d'honneur de la Société Industrielle de Reims.
1 Médaille d'honneur de la Société de protection des apprentis et des enfants employés dans les manufactures.
1 Médaille d'honneur de l'Association des Industriels de France contre les accidents du travail.
2 Médailles d'honneur de la Société d'encouragement pour l'Industrie nationale.
5 Médailles et Mentions honorables, Exposition universelle de 1878.
12 Diplômes d'honneur, Association générale du Commerce et de l'Industrie des Tissus et des matières textiles.
2 Mentions honorables, Société de Secours.

Soit 102 récompenses obtenues par les ouvriers.

---

1. — 17 mars 1841, 58 ans, Mme WARMONT, Aimée, femme GENET. Médaille de vermeil, Ministre du Commerce, décernée par M. Carnot, à Reims, le 18 septembre 1891 (1).

(1) Les chiffres en avant sont des numéros d'ordre ; la date qui suit, l'année d'entrée en service à l'usine, et ensuite le nombre d'années de service.

2. — 17 septembre 1842, 56 ans, M. VOIRON, Alexandre. Médaille de bronze, Exposition universelle 1878 ; médaille d'honneur, Ministre du Commerce, décembre 1893.

3. — 15 mai 1843, 55 ans, M. HUBERT, Jean-Joseph. Médaille de bronze, Exposition universelle 1878 ; médaille d'honneur, Ministre du Commerce, décembre 1893.

4. — 12 mai 1844, 54 ans, M. BARTHÉLEMY, Jean-Baptiste. Diplôme mention honorable, Exposition universelle 1878 ; médaille d'honneur, Ministre du Commerce, juillet 1894.

5. — 26 juillet 1844, 54 ans, M AUBLIN, Jean-Charles-Edouard. Diplôme mention honorable, Exposition universelle 1878 ; médaille d'honneur, Société industrielle de Reims, décembre 1895 ; médaille d'honneur, Ministre du Commerce, décernée par M. Félix Faure, à Reims, le 16 juillet 1896.

6. — 17 novembre 1845, 53 ans, M. PÉRIN, Martin. Diplôme mention honorable, Exposition universelle 1878 ; médaille d'honneur, Ministre du Commerce, juillet 1894.

7. — 28 avril 1850, 49 ans, Mme GAILLARD, Catherine, veuve LAMARCHE. Médaille d'honneur, Société industrielle de Reims, octobre 1899.

8 — 29 janvier 1854, 45 ans, M. TERNEAUX, Florent-Théotine. Médaille d'honneur, Ministre du Commerce, 23 février 1893 ; médaille d'honneur, Société industrielle de Reims, 25 mars 1893.

9. — 1er avril 1854, 45 ans, M. WARLET, Jacques-François. Médaille d'honneur, Ministre de l'Intérieur, acte de dévouement, 1852 ; médaille d'honneur, Ministre du Commerce, juillet 1894.

10. — 15 avril 1854, 45 ans, M. PROTIN, Pierre. Médaille d'honneur, Société industrielle de Reims, octobre 1894.

11. — 1er septembre 1854, 44 ans, M. JOLIVET, Alfred. Diplôme d'honneur, Association du commerce et de l'industrie de Paris, 18 octobre 1894 ; Médaille d'honneur, Société industrielle de Reims, octobre 1894 ; médaille d'honneur, Ministre du Commerce, août 1896 ; médaille d'honneur, Association des Industriels de France, 1897.

12. — 13 septembre 1854, 44 ans, M. LADAME, Léon. Médaille d'honneur, Ministre du Commerce, juillet 1894.

13. — 8 juillet 1855, 43 ans, M. GENTILHOMME, Didier-François. Diplôme d'honneur, Association du Commerce et de l'Industrie de Paris, 18 octobre 1894 ; médaille d'honneur, Société industrielle de Reims, octobre 1894 ; médaille d'honneur, Ministre du Commerce, août 1896.

14. — 9 février 1858, 41 ans, Mme FAUDIER, Alphonsine, femme BLONDEAU. Médaille d'honneur, Société industrielle de Reims, octobre 1899.

15. — 5 décembre 1858, 40 ans, M. MANGIN, Armand. Diplôme d'honneur, Association du Commerce et de l'Industrie de Paris, 18 octobre 1894 ; médaille d'honneur, Société industrielle de Reims, décembre 1896 ; médaille d'honneur, Ministre du Commerce, février 1897.

16. — 10 décembre 1858, 40 ans, Mme CAMUS, Henriette, veuve PÉROTIN. Médaille d'honneur, Ministre du Commerce, 1er janvier 1899 ; médaille d'honneur, Société industrielle de Reims, 29 janvier 1899.

17. — 11 mars 1860, 39 ans, M. COPRÉAU, Pierre. Diplôme d'honneur, Association du Commerce et de l'Industrie de Paris, 18 octobre 1894 ; médaille d'honneur, Société industrielle de Reims, décembre 1894 ; médaille d'honneur, Ministre du Commerce, janvier 1897.

18. — 3 mai 1860, 38 ans, M. ESQUI, Émile. Diplôme d'honneur, Association du Commerce et de l'Industrie de Paris, 18 octobre 1894 ; médaille d'honneur, Société industrielle de Reims, décembre 1896 ; médaille d'honneur, Ministre du Commerce, février 1897.

19. — 18 mai 1860, 38 ans, Mme LAMARCHE, Irma, femme GENTILHOMME. Médaille d'honneur, Société industrielle de Reims, décembre 1896.

20. — 10 août 1861, 37 ans, M. GLATIGNY, Jean-Baptiste-Eugène. Diplôme d'honneur, Association du Commerce et de l'Industrie de Paris, 18 octobre 1894 ; médaille d'honneur, Société industrielle de Reims, décembre 1896 ; médaille d'honneur, Ministre du Commerce, février 1897.

21. — 17 août 1861, 37 ans, Mme JACTAT, Mathilde. Médaille d'honneur, Société industrielle de Reims, 29 janvier 1897.

22. — 6 mars 1862, 37 ans, Mlle CLONET, Félicie. Médaille d'honneur, Société industrielle de Reims, octobre 1899.

23. — 6 mars 1862, 37 ans, M. CLONET, Joseph. Médaille d'honneur, Société industrielle de Reims, 29 janvier 1899.

24. — 17 avril 1862, 37 ans, Mlle MAHOT, Elvire. Médaille d'honneur, Société industrielle de Reims, 2 décembre 1895.

25. — 19 février 1863, 36 ans, M. GODFROY, Alexandre. Diplôme d'honneur, Association du Commerce et de l'Industrie de Paris, 18 octobre 1894 ; médaille d'honneur, Société industrielle de Reims, décembre 1896 ; médaille d'honneur, Ministre du Commerce, février 1897.

26. — 1er avril 1863, 36 ans, M. CHAMPION, François. Chevalier de Saint-Sylvestre, Rome, 4 mai 1892 ; diplôme d'honneur, Association du Commerce et de l'Industrie de Paris, 18 octobre 1894 ; médaille d'honneur, Société industrielle de Reims, décembre 1896 ; médaille d'honneur, Ministre du Commerce, février 1897.

27. — 10 mai 1863, 35 ans, M. GENET, Philippe. Diplôme d'honneur, Association du Commerce et de l'Industrie de Paris, 18 octobre 1894 ; médaille d'honneur, Société industrielle de Reims, décembre 1896 ; médaille d'honneur, Ministre du Commerce, juillet 1898.

28. — 12 octobre 1863, 35 ans, M. PÉROTIN, René. Diplôme d'honneur, Association du Commerce et de l'Industrie de Paris, 18 octobre 1894 ; médaille d'honneur, Ministre du Commerce, août 1896.

29. — 10 mars 1864, 35 ans, Mme THOMASSIN, Marthe, femme HUYET. Médaille d'honneur, Société industrielle de Reims, décembre 1896.

30. — 16 août 1864, 34 ans, M. CHARLIER, Désiré. Diplôme d'honneur, Association du Commerce et de l'Industrie de Paris, 18 octobre 1894.

31 — 1er octobre 1864, 34 ans, M. WOIRON, Camille. Médaille d'honneur, Société industrielle de Reims, décembre 1895.

32. — 17 octobre 1864, 34 ans, Mlle TOMSON, Marie. Médaille d'honneur, Société industrielle de Reims, décembre 1899.

33. — 27 novembre 1864, 34 ans, M. HALLET, Jean-Baptiste. Médaille d'honneur, Société industrielle de Reims, décembre 1895.

34. — 15 juin 1865, 33 ans, M. SCHERRER, Charles. Médaille d'honneur, Société d'encouragement pour l'industrie nationale, 24 juin 1898 ; médaille d'honneur, Ministre du Commerce, 1er janvier 1899 ; médaille d'honneur, Société industrielle de Reims, 29 janvier 1899.

35. — 12 août 1865, 33 ans, M. ANDRY, Emile. Médaille d'honneur, Société d'encouragement pour l'industrie nationale, 24 juin 1898 ; médaille d'honneur, Société industrielle de Reims, décembre 1895 ; médaille d'honneur, Ministre du Commerce, 1er janvier 1899.

36. — 15 novembre 1865, 33 ans, Mlle BELVA, Marie. Médaille d'honneur, Société de protection des apprentis, Paris, 14 juin 1896 ; médaille d'honneur, Société industrielle de Reims, 29 janvier 1899.

37. — 1er octobre 1866, 32 ans, M. SERVAIS, Adolphe. Médaille d'honneur, Société industrielle de Reims, 29 janvier 1899.

38. — 5 octobre 1866, 32 ans, M. SERVAIS, Joseph. Médaille d'honneur, Société industrielle de Reims, 29 janvier 1899.

39. — 12 février 1867, 32 ans, M. PÉROTIN, Vital. Médaille d'honneur, Ministre du Commerce, 1er janvier 1899 ; médaille d'honneur, Société industrielle de Reims, 29 janvier 1899.

40. — 31 juillet 1867, 31 ans, M. BLONDEAU, Adolphe. Médaille d'honneur, Société industrielle de Reims, décembre 1895 ; médaille d'honneur, Ministre du Commerce, 1er janvier 1899.

41. — 17 janvier 1868, 31 ans, Mme CHARLIER, Félicité, veuve MAINGON. Médaille d'honneur, Société industrielle de Reims, octobre 1899.

42. — 17 janvier 1868, 31 ans, Mlle MAINGON, Philomène. Médaille d'honneur, Société industrielle de Reims, 29 janvier 1899 ; Médaille d'honneur 1900.

43. — 17 mars 1868, 31 ans, M. DÉCARREAU, Florentin.

Médaille d'honneur, Société industrielle de Reims, 29 janvier 1899 ; médaille d'honneur 1900.

44. — 13 mai 1868. 30 ans, M. LECLÈRE, Jean-Marie. Médaille d'honneur, Société industrielle de Reims, 29 janvier 1899 ; médaille d'honneur 1900.

45. — 15 mai 1868, 30 ans, Mme Lecourt, Marie, femme GÉRARD, Joseph. Médaille d'honneur, Société industrielle de Reims, 29 janvier 1899.

46. — 10 juin 1868, 30 ans, M. AUBLIN, Julien. Médaille d'honneur, Société industrielle de Reims, 29 janvier 1899.

47. — 29 novembre 1868, 30 ans, M. GUYOT, Alferte. Médaille d'honneur, Société industrielle de Reims, 29 janvier 1899 ; médaille d'honneur 1900.

48. — 2 novembre 1868, 39 ans, Mlle GUYOT, Joséphine. Médaille d'honneur, Société industrielle de Reims, 29 janvier 1899.

49. — 2 novembre 1868, 30 ans, Mme MUNOT, Mélanie, femme DÉCARREAU. Médaille d'honneur, Société industrielle de Reims, 29 janvier 1899.

50. — 10 décembre 1868, 30 ans, M. LAPORTE, Léon. Médaille d'honneur, Société industrielle de Reims, 29 janvier 1899.

51. — 17 juin 1869, 29 ans, M. MAGIS, Maximilien. Médaille d'honneur, Société industrielle de Reims, 20 janvier 1899.

52. — 20 août 1869, 29 ans, M. EME, Grégoire. Médaille d'honneur, Société industrielle de Reims, 29 janvier 1899.

53. — 26 septembre 1869, 29 ans, M. BÉGLOT, Henri. Médaille d'honneur, Société industrielle de Reims, 29 janvier 1899.

54. — 15 mai 1870, 28 ans, Mme MITTIAUX, Amélie, femme LEROY. Médaille d'honneur, Société industrielle de Reims, octobre 1899.

55. — 6 octobre 1870, 28 ans, M. BRABANT, Jean-Baptiste. Médaille d'honneur, Société industrielle de Reims, octobre 1899.

56. — 17 octobre 1870, 28 ans, M. TOMSON, Auguste. Médaille d'honneur, Société industrielle de Reims, octobre 1899.

57. — 13 mars 1871, 28 ans, M. JOLIVET, Ernest. Diplôme d'honneur, Association du Commerce et de l'Industrie de Paris,

18 octobre 1894 ; médaille d'honneur, Société industrielle de Reims, octobre 1899.

58. — 21 mars 1871, 28 ans, M. GÉRARD, Joseph. Médaille d'honneur, Société industrielle de Reims, octobre 1899.

59. — 20 juillet 1871, 27 ans, M. DUFOUR, Benoit.

60. — 4 août 1871, 27 ans, M. DUFOUR, Joseph.

61. — 4 août 1871, 27 ans, M. DUFOUR, Augustin.

62. — 17 septembre 1871, 27 ans, M. COLIN Adolphe.

63. — 3 octobre 1871, 27 ans, M. RAUX, Ernest.

64. — 15 février 1872, 27 ans, M. PECK, Edouard.

65. — 2 avril 1872, 27 ans, Mlle EME, Marie.

66. — 2 septembre 1872, 26 ans, M. AUBRY, Edmond.

67. — 15 octobre 1872, 26 ans, M. DARDART, Aimé.

68. — 18 octobre 1872, 26 ans, M. DUPUIS, Victor.

69. — 30 mai 1873, 25 ans, M. DUFOUR, François.

70. — 1er mars 1874, 25 ans, M. SACOTTE, Adolphe.

Hors cadres. — Patrons.

1er janvier 1849, 50 ans, le Bon Père M. Léon HARMEL.
1er janvier 1863, 36 ans, M. HARMEL, Albert.

Médecin.

15 octobre 1865, 33 ans, M. BRODIER, Alphonse.

Une Annexe de l'Usine

Dans toutes les usines de la Vallée de la Suippe, qui furent fondées avant l'établissement des chemins de fer, une annexe était indispensable : c'était généralement une exploitation rurale. A cette époque, toutes les matières à travailler et tous les produits fabriqués étaient amenés et enlevés par des chariots. Les chevaux de la ferme servaient à cet usage. Au Val-des-Bois, un domaine rural fut créé et exploité par M. Jacques-Joseph Harmel.

Depuis quelques années, la ferme est louée à M Hautavoine-Georgin.

En dehors de ses terres labourables, la famille Harmel a acquis, sur divers terroirs, des plantations de sapins importantes qu'elle exploite pour les houillères et pour le bois de chauffage (1).

SECONDE PARTIE

Le Val-des-Bois

TU VAINCRAS PAR CE SIGNE

Les historiens rapportent que Constantin, encore indécis sur sa croyance au Christ, allait livrer bataille à son compétiteur Maxence. Une croix lumineuse, entourée de cette inscription : *In hoc signo vinces*, lui apparut dans les airs et elle fut pour lui le signe sensible qui vint fortifier sa résolution et affirmer sa détermination. Il la fit broder sur ses étendards et la victoire lui resta fidèle.

C'est de cette devise lumineuse et féconde, qui symbolise si admirablement la suprématie de la foi et de la religion dans le domaine temporel, que s'est inspirée la famille Harmel, non seulement pour elle-même, mais aussi pour la direction de ses usines. Chacun connaît en France, et je pourrais dire dans l'Europe entière, les opinions religieuses et les doctrines sociales qu'elle professe si loyalement et si fermement. Mais beaucoup ignorent que si au Val-des-Bois on est intransigeant pour les principes, on est rempli d'affabilité et même de libéralisme pour les personnes. L'accueil est large et cordial, quelles que soient d'ailleurs les opinions de la personne reçue. C'est ce qui explique comment la population ouvrière, si importante et si variée, a pu être gagnée par cette bienveillance et par les

(1) Renseignements fournis par un membre de la famille Harmel.

égards poussés jusqu'à l'excès dont sont entourés l'indépendance et la liberté individuelle des travailleurs. Nous pouvons étonner bien du monde en disant qu'il y a des ouvriers qui ont 20, 25, 30 ans et plus de service à l'usine et qui se sont toujours tenus indifférents, en dehors de toute pratique religieuse.

Dans ces conditions, il était naturel que M. Jacques-Joseph Harmel prît l'initiative d'une série d'institutions économiques et sociales, destinées à développer la confiance mutuelle entre les patrons et les ouvriers et à accroître le bien-être de ces derniers.

La tendresse et la vénération que le personnel de l'usine avait pour M. Harmel père, ce vieillard heureux, *Fortunate senex*, le firent surnommer le Bon Père, appellation bien touchante qui symbolise si parfaitement sa bonté et sa sollicitude pour ses chers ouvriers et la reconnaissance effective de ceux-ci.

Ses fils continuèrent ardemment la tradition paternelle ; ils se rendirent compte des dangers qui entourent les travailleurs abandonnés des patrons, leurs protecteurs naturels. Et alors, ils créèrent ces admirables institutions qui, si elles étaient plus répandues dans les usines, serviraient, sinon à conjurer les misères sociales, du moins à les atténuer grandement.

Au moment où nous écrivons ces lignes, c'est M. Léon Harmel qui porte ce titre de Bon Père. Ses ouvriers le lui imposèrent dans une manifestation bien touchante, quelques semaines après le décès de son vénérable père (1).

La Chapelle

Le 4 septembre 1862, un modeste oratoire était bénit au Val-des-Bois ; il était destiné à la famille patronale seulement.

Des agrandissements successifs permirent d'y admettre, avec leurs élèves, les religieux et les religieuses chargés de l'enseignement libre.

Les privilèges les plus étendus furent donnés par Son Eminence le cardinal Gousset, en 1865. Les enfants de l'usine y font leur première communion. Toutefois, les baptêmes, les mariages et les enterrements ont lieu à l'église Saint-Martin de

(1) Renseignements fournis par un membre de la famille Harmel.

Warmeriville.
Chapelle du Val-des-Bois Poncart.

Warmeriville. En 1873, l'oratoire fut remplacé par l'édifice qui subsiste aujourd'hui. Le Supérieur général des Filles de la Charité le bénit le 21 septembre 1873. Le Sacré-Cœur de Jésus en est le Patron.

La chapelle, devenue trop étroite par l'accroissement successif de la population, fut doublée par un bas-côté à droite, en automne 1897 ; il est placé sous le vocable de saint Antoine. Elle possède un orgue à tuyaux de 12 jeux (maison Didier van Castel, de Nancy), avec soufflerie électrique, qui rehausse l'éclat des cérémonies religieuses. M. Pilardeau en est l'organiste. Les premiers chapelains ont été des Lazaristes, puis des prêtres du diocèse de Reims et aujourd'hui ce sont des religieux, les Pères du Sacré-Cœur de Jésus de Saint-Quentin (les RR. PP. Charcosset et Mammès).

Les Ecoles libres

Ces écoles comprennent l'asile, les écoles de filles, dirigées par les Sœurs servantes du Sacré-Cœur de Jésus de Saint-Quentin, les écoles de garçons, dirigées par les Frères de la Doctrine chrétienne.

La première salle d'asile fut créée au Val-des-Bois en 1862 et était dirigée par trois Filles de la Charité de Saint-Vincent de Paul.

En 1863, les bâtiments furent agrandis et les écoles proprement dites furent fondées. Dans la même année, trois Frères des Ecoles chrétiennes arrivèrent pour l'installation des petits garçons.

L'asile est fréquenté par 40 garçons et 60 fillettes, soit un total de 100 enfants.

Les écoles comprennent 80 filles de 6 à 13 ans et 50 adultes, soit un total de 130 filles.

Les écoles de garçons reçoivent actuellement 90 garçons de 6 à 13 ans et 52 adultes, soit un total de 142 garçons.

Ce qui fait une population scolaire de 372 enfants.

Le premier directeur fut le frère Vidal, auquel succéda le frère Guy-Marie en 1875 (décédé au Val-des-Bois, le 22 avril 1898). Actuellement, c'est le frère Arbogaste.

La première supérieure des Sœurs fut la sœur Angélique,

puis la sœur Vincent et, depuis 1888, la sœur Véronique, de l'ordre de Saint-Quentin.

On voit par les chiffres qui précèdent que si MM. Harmel frères supprimaient l'enseignement libre, la commune de Warmeriville devrait plus que doubler ses locaux scolaires et augmenter sensiblement son personnel enseignant, ce qui occasionnerait de très lourdes charges aux contribuables.

Associations diverses

Au point de vue religieux, social et économique, la population ouvrière du Val-des-Bois est répartie en un certain nombre d'associations, dont nous ne citerons que quelques unes.

Saint-Louis de Gonzague, de 6 à 13 ans, 98 ; petit Cercle, de 13 à 16 ans, 44 ; association d'hommes au dessus de 16 ans, 350 ; soit un total de 492.

Sainte-Philomène, de 6 à 11 ans, 65 ; Saints-Anges, de 11 à 15 ans, 55 ; Enfants de Marie, de 15 ans au mariage, 140 ; Sainte-Anne, femmes mariées, 230 ; soit un total de 490.

Société de Secours mutuels

Une Société de secours mutuels, fondée depuis l'origine de l'usine, donne droit gratuitement aux soins du médecin, aux médicaments, à une indemnité pécuniaire pendant la maladie, aux funérailles gratuites, etc.

Des traités sont passés avec une Compagnie d'assurances pour procurer au personnel des indemnités en cas de blessure ou d'accident grave.

Pendant les périodes de 13 et de 28 jours, les ouvriers payés à la journée reçoivent une indemnité équivalente à la moitié de leur salaire, et ceux payés au mois reçoivent intégralement leurs appointements.

Cités ouvrières

MM. Harmel frères logent tous leurs ouvriers, soit dans des maisons leur appartenant, soit dans d'autres louées par eux à différents propriétaires. Ils possèdent plusieurs cités ouvrières dont le loyer annuel est de 78, 90, 100 et 110 francs, suivant l'importance du logement et le nombre de pièces qu'il contient. Les ouvriers peuvent devenir propriétaires de leur habitation.

L'épargne, largement favorisée, fait qu'un groupement d'anciens ouvriers possède environ 225,000 francs en maisons, terres, placements mobiliers et dépôts à la Caisse d'épargne.

Les principales cités ouvrières sont : la cité Jeanne-d'Arc, 20 logements ; la cité Sainte-Virginie, 24 logements ; la cité du Bon Père, 10 logements ; la cité Saint-Joseph, 4 logements ; la cité Saint-Paul, 4 logements, et la cité Saint-Jacques, 3 logements.

Sociétés diverses

L'usine possède différentes Sociétés, dont le but est de développer l'intelligence de la jeunesse et de lui procurer des distractions agréables et gratuites.

La Philharmonie compte environ 50 membres, dont l'exécution est très bonne, comme le témoignent les nombreuses récompenses obtenues à divers concours. Elle rehausse l'éclat des fêtes religieuses et patriotiques. Son président effectif est M. François Champion et son chef M. Ladame.

La Compagnie des Pompiers, composée d'environ 90 membres, apporte le concours de son dévouement et de sa vaillance dans la commune et dans les environs, pour combattre le plus terrible des fléaux. Elle dispose de deux pompes puissantes et d'un matériel complet fourni et entretenu par l'usine. Son capitaine est M. Aulner.

La Société de gymnastique, la Chorale, la Section dramatique, dont les nombreuses représentations publiques sont toujours très applaudies, etc.

Syndicat professionnel

Nous lisons dans les statuts de la Corporation du Val-des-Bois.

ARTICLE 1er. — *Création*. — Un Syndicat mixte a été créé le 2 août 1885 dans l'usine du Val-des-Bois, entre les patrons d'une part, et les ouvriers d'autre part, sous la dénomination de Corporation du Val-des-Bois.

ART. 2. — *But, durée*. — Le Syndicat ou Corporation, constitué en vertu de la loi du 21 mars 1884, a pour objet l'étude et la défense des intérêts économiques, industriels et commerciaux communs aux patrons et aux ouvriers, dont les efforts concourent, sous des formes diverses et par des moyens différents, à l'exploitation industrielle.

Sa durée est illimitée.

Art. 3. — *Institutions*. — La Corporation s'efforce de créer au profit de ses membres toutes les institutions tendant à leur bien moral, intellectuel et professionnel, ainsi qu'à l'amélioration de leur situation matérielle, telles que :

Caisse corporative, Patrimoine corporatif, Boni corporatif, Caisse de prévoyance, Caisse d'économie, Consultations, Services à rendre, Hôtellerie, Bonnes lectures, Bibliothèque, Caisse de famille, Soins aux veuves et aux orphelins, Écoles, Instruction professionnelle, Commission des consommations, Conseil professionnel ou d'usine, Société de Secours mutuels, Société coopérative et ses Commissions, Sociétés récréatives, Dot aux jeunes filles.

Les institutions les plus originales et les plus remarquables sont celles de la Caisse de famille et du Conseil d'usine.

La Caisse de Famille est un supplément de salaire fourni par la caisse patronale et distribué par une commission ouvrière le dimanche à chaque famille dont le salaire total n'a pas atteint la somme de 4 fr. 20 par semaine et par tête. Exemple : Une famille de quatre enfants, avec le père et la mère, devra gagner, 6 × 4 fr. 20 = 25 fr. 20 ; une famille de six enfants, avec le père et la mère, devra gagner dans sa semaine, 8 × 4 fr. 20 = 33 fr. 60. Ce minimum est complété chaque semaine et ainsi les familles sont à l'abri de la misère.

Le *Conseil d'usine* est composé de simples ouvriers, à l'exclusion des contre-maîtres. Ce sont les représentants autorisés des camarades pour toutes réclamations. Dans la réunion de quinzaine, un patron aborde des questions professionnelles avec les conseillers, de façon à leur donner une influence réelle dans la direction de l'usine. Cette participation ouvrière, loin de nuire à la discipline, n'a fait que la fortifier. Elle a maintenu le bon esprit dans les ateliers et les amendes sont devenues inutiles, elles sont tombées au chiffre de 4 à 10 francs par an.

Syndicat agricole de la Champagne

Le siège social du *Syndicat agricole de la Champagne* est établi au Val-des-Bois.

Cette association, fondée il y a quelques années, en 1894, a pour but de protéger et de défendre les intérêts des cultivateurs, de traiter toutes les questions commerciales se rapportant à leur profession, tel que l'achat en commun des engrais, des semences et des instruments aratoires.

La cotisation annuelle est de deux francs.

Le nombre des adhérents est illimité et, actuellement, il y en a environ 1,200. Son Président actif est M. de Boham, maire de Fresnes (Marne) (1).

Plusieurs réunions générales ont lieu chaque année ; des députés et d'autres personnages en vue viennent y apporter le concours de leur expérience, discutent les intérêts en cause, usent ensuite de leur influence auprès des pouvoirs publics pour faire valoir les droits et les justes revendications du monde agricole. En 1900, à l'Exposition universelle de Paris, le *Syndicat agricole de la Champagne* obtint une médaille d'argent pour ses expositions.

Biographies

M. *Jacques-Joseph Harmel*, le chef de la famille du Val-des-Bois, est né le 23 mai 1795, à Sainte-Cécile.

D'un caractère ferme et entreprenant, il fonda successivement Angecourt, la Neuville-les-Wasigny, Boulzicourt et enfin le Val-des-Bois.

Ce fut à cette dernière création qu'il consacra les forces de son intelligence et les trésors de son cœur. Il lui imprima le caractère social de chrétien qu'elle a conservé, Il eut le bonheur de jouir du fruit de ses travaux. Ses ouvriers ne le connaissaient que sous le nom de *Bon Père*. Sa vieillesse s'écoula entourée du respect et de l'admiration de son personnel, de la tendresse et de la vénération de sa famille. Il s'éteignit au Val-des-Bois le 3 mars 1884, dans sa 89e année.

M. Jacques-Joseph Harmel fut adjoint au maire de Warmeriville de 1852 à 1871.

Voici la note que nous trouvons dans la *Revue de Champagne et de Brie*, tome 16, page 203 :

« Le 3 mars 1884 est mort M. Jacques-Joseph Harmel, fondateur de l'usine du Val-des-Bois, près de Reims, dont

(1) Voir pages 53 et 54, Famille de Boham,

l'organisation est un modèle qui prouve combien les principes chrétiens bien appliqués peuvent produire d'heureux et de fructueux résultats. Cette création remonte à 1840. M. Harmel était né le 23 mai 1795. M. le marquis de la Tour-du-Pin retraça sa vie en termes éloquents. »

M. Jules-Hubert Harmel. — M. Jules Harmel était l'un des frères de M. Léon Harmel, industriel au Val-des-Bois, commune de Warmeriville ; il est né à la Neuville-les-Wasigny (Ardennes), le 29 novembre 1827 et décédé au Val-des-Bois, le 23 mai 1894.

Nature essentiellement artistique, il appliqua ces dispositions spéciales à son industrie. Dès 1864, il créa les fils nouveauté, dont il développa sans cesse la perfection dans la forme et dans la fabrication. On peut dire que c'est à lui que l'industrie doit ce genre spécial qui a eu une si grande vogue.

Il seconda son frère dans l'administration de l'usine et dans ses sollicitudes pour les travailleurs. Il s'occupait non seulement des progrès matériels, mais aussi des institutions fondées sur la religion et la charité en faveur des ouvriers.

Le nom des Harmel, comme patrons chrétiens, est connu dans l'univers entier *(Annuaire Matot-Braine,* année 1895, page 293).

M. Pierre-Louis-Prosper-Léon Harmel. — M. Léon Harmel est le deuxième fils de M. Jacques-Joseph Harmel ; il est né le 17 février 1829, à la Neuville-les-Wasigny (Ardennes). Dans sa jeunesse, il se montra très actif dans la direction de l'usine et très dévoué à toutes les institutions qui devaient faire du Val-des-Bois une usine modèle. A la mort de son père, en 1884, sa famille et ses ouvriers l'acclamèrent du nom de « Bon Père ». De 1871 à 1876, il fut adjoint au maire de Warmeriville, mais il dut résigner ces fonctions administratives, étant instituteur libre ; il resta conseiller municipal jusqu'en 1888. M. Léon Harmel est l'auteur d'un *Manuel d'une Corporation chrétienne* (A. MAME & FILS, Tours 1879). Dans cet ouvrage, il expose les transformations successives qui se firent au point de vue moral dans l'usine du Val-des-Bois. Il indique comment, d'après son expérience, peuvent se régler les rapports sociaux entre les patrons, les contre-maîtres et les ouvriers.

M. Léon Harmel, avec un certain nombre de catholiques de

Reims, a été l'un des fondateurs de la Société économique de Notre-Dame de l'Usine et de l'Atelier. N'habitant pas Reims, il n'a pu conserver une part active dans la direction, mais il en reste actionnaire. Son secrétaire est commissaire de surveillance.

LE BON PÈRE (M. Léon HARMEL)

La vie publique de M. Léon Harmel appartient à l'histoire. Nous ne pouvons qu'en indiquer un des points saillants. Depuis de longues années, il s'est consacré à vulgariser l'organisation professionnelle, économique et libérale du Val-des-Bois, citant à l'appui de ses conseils les résultats qu'il avait lui-même obtenus. Depuis 1874, nous le voyons prendre une part active à toutes les grandes assises catholiques, congrès, assemblées et réunions ouvrières, et cela un peu sur tous les points du territoire. Dans le monde catholique, en France comme à l'étranger, il est une personnalité ; son influence se fait sentir dans tous les milieux. C'est lui qui proposa le premier les lois protectrices des travailleurs que le Socialisme et le Parlement se sont appropriés. Il est l'organisateur des pèlerinages ouvriers à Rome, le promoteur de ce grand mouvement populaire qui a déjà mis des milliers d'ouvriers en contact avec le Pape.

Les services rendus à l'Eglise et à la Société ont obligé M. Léon Harmel, malgré sa modestie, à accepter les récompenses honorifiques suivantes : Chevalier de Saint-Grégoire-le-Grand, Chevalier de l'ordre du Saint-Sépulcre de Jérusalem, grand Officier de l'Ordre pontifical de Pie IX.

Warmeriville peut être justement fier de posséder un homme de cette valeur morale et intellectuelle, dont le nom restera étroitement uni à l'histoire de la France et à celle de l'Eglise.

M. Jacques-Ernest Harmel. — M. Ernest Harmel est né à Rethel, le 30 avril 1830, décédé à Reims, le 28 septembre 1885. C'était le troisième fils de M. Jacques-Joseph Harmel. Dans l'usine, il s'occupait de la vente ; il était le type parfait du voyageur, entretenant les relations les plus cordiales avec la clientèle qu'il visitait et dont il savait toujours se faire des amis. Il eut une part prépondérante dans le développement de l'usine. Musicien et compositeur émérite, il a laissé plusieurs œuvres très appréciées, notamment le *Stabat Mater*, qui s'exécute chaque année, le Vendredi Saint, à la cathédrale de Reims.

M. Joseph-Albert Harmel. — M. Albert Harmel est né à Boulzicourt (Ardennes), le 6 janvier 1843. Il est le fils de M. Hubert Harmel. Il s'occupa toujours de la partie technique, apporta des innovations importantes dans la fabrication et perfectionna sensiblement les produits de la maison Harmel frères, qui lui doivent la préférence dont ils jouissent actuellement. Après l'incendie de 1874, ce fut lui qui reconstruisit l'usine du Val-des-Bois et lui donna le cachet artistique qui frappe les visiteurs. Il monta la partie industrielle avec les derniers perfectionnements, en y apportant successivement le peignage, la teinture et des retordages spéciaux. Il est le créateur de l'importante usine de filature que la maison Harmel frères possède en Espagne. Il seconde activement M. Léon Harmel, le Bon Père, dans toutes ses œuvres pour la régénération sociale des ouvriers et pour l'amélioration de leur sort. Il a été conseiller municipal de 1888 à 1892. Vers l'année 1878, il s'adjoint M. Maurice Harmel. En raison de la part active que prit M. Albert Harmel dans la création de l'usine de Sabadell (Espagne), la reine d'Espagne le nomma, en 1899, Commandeur d'Isabelle la Catholique.

M. Marie-Joseph-Maurice Harmel. — M. Maurice Harmel est né à Warmeriville, le 2 août 1854. C'est le fils aîné de M. Léon Harmel. Il fut l'auxiliaire actif et intelligent de toutes les réformes et de toutes les améliorations entreprises par M. Albert Harmel, pour la bonne marche de l'usine. En 1896, il offrit généreusement sa place d'associé à son frère, M. Léon Harmel fils. A la mort de M. Félix Harmel, M. Maurice ceint l'écharpe de maire. Les bonnes traditions de famille se continueront avec lui. En 1899, M. Maurice Harmel fut nommé par le Souverain Pontife Chevalier de Grégoire-le-Grand.

M. Anne-Alexandre-Léon-Félix Harmel. — M. Félix Harmel est né à Warmeriville, le 3 mars 1857. Deuxième fils du Bon Père, ses aptitudes dans la direction de l'usine le désignèrent pour remplacer son Père. Appelé au Conseil municipal en 1892, il devient adjoint au maire, puis il ceint l'écharpe en 1896. En 1897, M. Félix Harmel, maire, obtient gratuitement de l'administration des chemins de fer une voie de garage qui rend les plus grands services aux habitants. En 1898, il fait empierrer la presque totalité des rues de la commune dans de bonnes conditions pour les contribuables.

Le 14 juin 1899, la famille patronale et ouvrière du Val-des-Bois était dans un immense chagrin par la mort foudroyante de M. Félix Harmel. C'était non seulement un bon époux, un bon père, un bon fils, mais aussi un administrateur habile et bienveillant, et un orateur ardent et entraînant. Il était bien connu pour être le bras droit de son père, qu'il seconda dans toutes ses entreprises avec énergie et intelligence.

M. Félix HARMEL

M. Félix Harmel était Membre de l'Académie des Arcades, Camérier de cape et d'épée de Sa Sainteté, Chevalier de l'Ordre de Pie IX, Chevalier de l'Ordre des Avocats de Saint-Pierre, Grand-Officier de l'Ordre pontifical de Saint-Grégoire-le-Grand.

M. Adrien-Théodore-Stanislas-Léon Harmel. — M. Léon Harmel fils est né à Warmeriville, le 17 janvier 1868, quatrième fils de M. Léon Harmel. Il succède à M. Maurice Harmel dans l'usine en 1896. Il s'occupe de la direction technique ; il est ingénieur de l'Ecole industrielle de Lille, sous-lieutenant de réserve au 16e régiment d'infanterie, Président de la Société de tir mixte de Warmeriville, Chevalier de Saint-Grégoire-le-Grand, Camérier de cape et d'épée de Sa Sainteté.

Autour de la Direction principale, se lève une pléiade de jeunes qui se disposent à marcher sur les traces de leurs devanciers. M. Pierre Saucourt en est l'aîné ; il est le petit-fils de M. Léon Harmel, le Bon Père. Il est né à Laon (Aisne), le 4 août 1876. Il commence son apprentissage dans l'usine.

La Famille Harmel et les Ordres religieux

La famille Harmel a donné huit de ses enfants à la religion : M. Jules Harmel, cinq : une clarisse, Juliette ; deux franciscains, Georges et Victor ; un trappiste, Gustave, et un salésien de Dom Bosco, Théodore.

Une fille de M. Léon Harmel Maria, clarisse à Paray-le-Monial, puis Fondatrice d'un couvent de Sainte-Claire à Jérusalem.

M. Georges Bureau-Harmel : Louis, jésuite.

M. Reimbeau-Harmel : Jules, salésien de Dom Bosco.

Nous n'avons pas l'intention de faire l'historique des différents ordres religieux dont plusieurs membres de la famille Harmel font partie. Nous voulons dire seulement un mot sur les salésiens de Dom Bosco. Dom Bosco, prêtre de Turin, est le saint Vincent de Paul des temps modernes ; il établit la Société salésienne en 1847. L'œuvre de Dom Bosco et de ses disciples consiste de recueillir les enfants abandonnés, de les grouper dans des patronages, d'abord à Turin et ensuite dans une foule d'autres villes, dont Marseille en France. Dans les écoles professionnelles de Dom Bosco, les enfants travaillent de différents états, les uns sont cordonniers, d'autres sont tailleurs, serruriers, menuisiers, relieurs, typographes, etc. Quant aux disciples de Dom Bosco, leur ministère s'étend non seulement à la confession et à la prédication, mais à la culture des vocations et aux missions étrangères. Dom Bosco mourut le 31 janvier 1888.

Nous terminons ces quelques pages en rendant un hommage public à *M. Alexandre Maupetit*, ancien zouave pontifical, qui est devenu l'auxiliaire de M. Léon Harmel dans la direction des œuvres, depuis la mort de M. Félix Harmel (1899).

M. Maupetit vient d'être élevé à la dignité de Commandeur de Saint-Grégoire-le-Grand. Ce témoignage de haute bienveillance lui a été accordé par le Saint-Père Léon XIII.

L'Usine de Ragonet

C'est en 1868 que M. Simonnet-Rousselet est venu acheter le Moulin-de-Haut pour 75,000 francs. Précédemment, il exploitait une usine à Vouziers. Arrivé à Warmeriville, M. Simonnet avait à transformer le moulin composé de six paires de meules et d'une annexe pour foulerie, laquelle servait pour les pièces d'étoffes tissées à la main. Les accessoires de meunerie furent démontés, sauf une paire de meules A titre d'essai, l'eau comme moteur fut conservée ; l'effet n'était pas assez concluant, M. Simonnet installa une machine à vapeur et dès lors l'usine marcha régulièrement avec l'adjonction de nouveaux bâtiments et l'installation du matériel de filature et de tissage.

Les travaux de l'usine de M. Simonnet consistent spécialement dans la filature et le tissage des laines peignées. M. Simonnet-Rousselet, déjà vieilli et fatigué, transmet la direction générale de son usine à son fils, M. Simonnet-Péret (Camille). Comme son père, il eut à lutter contre toutes les difficultés de la fabrication, de la concurrence et des caprices de la mode. Les principaux articles en laine fabriqués sont les cachemires, les mérinos, ainsi que les articles lainages nouveautés. Pour pouvoir rivaliser avec des produits similaires et pour maintenir la bonne renommée de son usine, M. Simonnet fut obligé de faire exécuter les travaux de différentes matières destinées à être mélangées avec la laine, telles que la ramie, la soie et le coton. On sait que la ramie est un nouveau textile qui nous vient de la Chine et dont les préparations successives sont le rouissage, le broyage, le filage et enfin le tissage. Les étoffes obtenues étaient aussi douces et aussi brillantes que la soie ; seulement, la difficulté de teindre ce produit et l'incendie d'une usine à Reims que possédait M Simonnet et où se travaillait cette matière, furent les causes qui obligèrent M. Simonnet à l'abandonner. La soie est employée à l'usine de Ragonet pour diverses étoffes ; elle arrive en flottes, puis elle subit les travaux nécessaires pour son mélange avec le coton ou avec la laine.

La soie et le coton sont employés pour la fabrication d'un tissu appelé *Austria* et qui sert à la couverture des parapluies. Enfin, la laine et la soie se travaillent ensemble pour des nouveautés dont l'usage est pour les robes de dames. Ces derniers tissus se fabriquent avec des métiers Jacquart.

A l'usine de M. Simonnet, il y a environ 200 ouvriers et 14 contre-maîtres. 227 métiers fabriquent chaque semaine 150 à 200 pièces ayant chacune 100 mètres de longueur.

Aujourd'hui, M. Simonnet-Péret est bien secondé par son fils aîné, M. Henri Simonnet, dans la direction de son établissement industriel.

Par la bonne fabrication de ses produits, M. Simonnet a obtenu une Médaille d'argent à l'Exposition universelle de 1889. Comme l'usine de Ragonet n'a que 31 ans d'existence, il se trouve qu'un employé seulement, M. Jacquet, et un ouvrier, M. Châtillon, sont tous deux titulaires d'une Médaille d'honneur du Ministre du Commerce.

En 1899, plusieurs ouvriers de l'usine de M. Camille Simonnet obtinrent la Médaille d'honneur de la Société industrielle de Reims. Nous citons : Prévoteau, Nicolas, tisseur, 25 ans ; Petit, Amédé, tisseur, 24 ans ; Sohier, Hubert, tisseur, 23 ans ; Evrard, Jean-Baptiste, greffeur, 22 ans ; Dupuis, Célina, soigneuse, 20 ans ; Dupuis, Elise, tisseuse, 20 ans (1).

En dehors de son usine, M. Simonnet-Péret s'est créé un domaine qui, aujourd'hui, est une exploitation rurale des mieux tenues. 50 hectares de terres sont cultivés ; les bâtiments près de l'usine remplissent toutes les conditions voulues d'espace, de commodité et d'hygiène. Des bêtes à cornes, abondamment nourries, fournissent du lait pour une partie du personnel de l'usine. Les chevaux sont de plusieurs catégories, les uns sont pour les travaux agricoles et pour les transports de l'usine, les autres servent à la reproduction et à la voiture. Pendant plusieurs années, M. Simonnet avait un étalon approuvé.

Biographies

M. Simonnet, Pierre-Honoré, né à Hauviné, en 1822, d'abord fabricant dans son pays natal ; il loue une usine à Vouziers pour revenir en fonder une à son compte à Warmeriville. Travailleur intelligent, il est apprécié par ses nouveaux concitoyens, qui l'envoyèrent au Conseil municipal pour défendre leurs intérêts communaux. A l'âge de 57 ans, il meurt, le 20 août 1879.

(1) **M. Camille Simonnet, membre de la Société industrielle de Reims, exposa collectivement avec celle-ci les tissus haute-nouveauté fabriqués dans son usine. Ces produits obtinrent, à l'Exposition universelle de Paris 1900, un Premier Prix.**

M. Simonnet, Camille, fils de M. Simonnet, Pierre-Honoré, est né à Hauviné, le 12 juin 1849, il commença de bonne heure, avec son père, à prendre la direction de leur établissement industriel. Egalement apprécié par les électeurs de Warmeriville, ceux-ci l'envoyèrent au Conseil municipal. Dans la création de l'abattoir, M. Camille Simonnet prit une part active dans cette affaire. Il n'avait en vue que l'intérêt général et la salubrité publique. M. Simonnet ne se contenta pas seulement de la création de l'abattoir, il fit monter une boucherie à son compte qui, depuis qu'elle existe, a toujours vendu sa viande 0 fr. 20 moins cher que les cours ordinaires. M. Camille Simonnet est Membre fondateur de la Croix-Rouge (comité de Bazancourt).

CONCLUSION

Nous avons fini le récit de notre histoire locale. Dans les temps primitifs, nous avons retrouvé les civilisations anciennes avec la sonde de l'archéologue. Les peuples, dans cette nuit profonde, ont laissé tour à tour les traces de leur passage. Bientôt, l'histoire apparaît ; les écrits restent et se multiplient. C'est à la recherche de tous ces documents épars, poussiéreux, jaunis et rongés par les insectes, que nous nous sommes mis en quête. En possession de tous ces écrits, incohérents parfois, il fallait mettre chaque article à sa place ; c'était un travail de longue haleine... Enfin, nous avons la satisfaction de posséder l'histoire de Warmeriville. Dans ce travail, nous avons entrevu la vieille population de Warmeriville et ses seigneurs dès l'époque des croisades. Nous avons vu nos ancêtres subir bien des calamités et s'armer de courage et de persévérance pour les réparer. Dans tous les siècles, des discordes inhérentes pour ainsi dire à l'humanité, ont divisé la société. Des rivalités de personnes et de partis ont amené des inimitiés. Les temps changeants et la mort ont effacé ces questions politiques locales et personnelles ; néanmoins, les institutions et les hommes vivent dans leurs ruines ou dans leurs cendres comme des monuments dignes de l'admiration.

En terminant, nous croyons devoir exprimer toute notre gratitude et notre reconnaissance pour le concours et la bienveillance de plusieurs personnes dévouées qui nous ont aidé dans les nombreuses recherches que nous avons faites.

Nous citons : M. Demaison, archiviste de la ville de Reims ; M. H. Jadart, conservateur de la bibliothèque de Reims ; MM. H. Menu, V. Charlier et Luder, employés de la bibliothèque de Reims ; MM. Pélicier et Ecoutin, archivistes de la ville de Châlons-sur-Marne ; M. le Conservateur de la bibliothèque de

Soissons ; M. Alexandre Harmel et M. le baron Le Bel, de Paris, pour les recherches que ces Messieurs voulurent bien faire pour moi aux Archives nationales. Nous complèterons cette liste par différentes personnes qui, par leurs bons conseils, nous furent très utiles : M. Léon Harmel, le Bon Père ; M. Félix Harmel, de Warmeriville ; M. l'abbé Haudecœur, curé de Pouillon, membre de l'Académie nationale de Reims ; M. l'abbé Chevallier, curé de Montbré, membre correspondant de l'Académie nationale de Reims ; M. l'abbé Bosc, curé d'Heutrégiville ; M. l'abbé Chardinal, curé de Lavannes ; M. l'abbé Drouart, curé de Warmeriville ; le T. C. F. Dom Noël, moine bénédictin, chancelier de l'abbaye de Glanfeuil (Maine-et-Loire) ; M. Bosteaux-Paris, archéologue, maire de Cernay-les-Reims ; M. Jancenelle, instituteur à Warmeriville ; Mlle Lucie Lallemand, institutrice à Warmeriville ; M. Camille Simonnet, industriel à Warmeriville ; M. Dubreuille, chef de gare à Warmeriville ; M. Lucien Monce, imprimeur à Reims, lequel, avec un soin tout particulier, assura la réussite de ce travail ; et enfin un certain nombre de personnes de Warmeriville, qui me firent connaître bien des souvenirs traditionnels.

Honneur ! aux hommes de bonne volonté.

EPILOGUE

MAIRIE
DE
WARMERIVILLE
(Marne)

Warmeriville, le 12 Mai 1899.

Monsieur Cousin-Henrat,
Lavannes.

Cher Monsieur,

Vous ne pouvez pas être assez loué des travaux vraiment remarquables que vous avez conduits à bonne fin avec une patience, un courage et une science qui étonnent.

Que de recherches, que de voyages il vous a fallu faire pour retrouver les éléments de cette histoire si palpitante de nos communes rurales (de Warmeriville et de ses dépendances).

Vous avez apporté à l'histoire de la Patrie votre pierre pour reconstruire l'édifice précieux à tous les cœurs vraiment français.

La Patrie, c'est tout à la fois la terre qui nous porte et qui nous prodigue ses bienfaits dans les vertes moissons et dans les floraisons dont elle se pare chaque année ; c'est en même temps la famille ; les ancêtres qui dorment dans le champ du repos ; ce sont nos mères qui nous ont bercé dans leurs bras ; c'est le clocher qui plane au-dessus des habitations, comme l'espérance de l'éternité plane au-dessus des vies humaines.

Tous vos documents si intéressants portent avec eux leurs enseignements, car l'histoire des anciens forme la sagesse des jeunes. Les luttes de la vie se recommencent perpétuellement et on est charmé de trouver dans le passé des trésors de liberté, de patriotisme et d'amour de la famille, qui sont la gloire de notre nation française.

Merci donc, au nom des habitants de nos pays, du monument que vous avez élevé avec tant de peine et de fatigues.

Vous pouvez regarder votre œuvre avec fierté et vous donner à vous-même la satisfaction d'avoir eu une vie utile et d'avoir donné à votre famille un grand exemple.

C'est dans ces sentiments que je vous prie, cher Monsieur, d'agréer l'expression de ma reconnaissance et de mon affectueux dévouement.

Le Maire,
Félix HARMEL.

ERRATA

Page 8, 30ᵉ ligne. Il faut lire : *Dubreuille* au lieu de *Dubreuil*.
— 32, 12ᵉ — — : *1289* au lieu de *1829*.
— 44, 28ᵉ — — : *Une des premières abbayes* au lieu de *un des premiers abbayes*.
— 47, 24ᵉ — — : *Celui* au lieu de *celuit*.
— 58, 13ᵉ — — : *Bailliage* au lieu de *Baillage*.
— 85, 30ᵉ — — : *Bailliage* au lieu de *Baillage*.
— 111, 34ᵉ — — : *Drouart* au lieu de *Droart*.
— 145, 29ᵉ — — : *Mouton* au lieu de *moutons*.
— 151, 9ᵉ — — : *De Tournoyeu* au lieu de : *le Tournoyeu*.
— 146, 18ᵉ — — : *Résidents* au lieu de *résident*.
— 183, 28ᵉ — — : *1486* au lieu de *1846*.
— 199, 5ᵉ — — : *Dus au Chapitre* au lieu de *dus au Chapitre qui*. Le mot *qui* est inutile.
— 185, 12ᵉ — — : *Les Procès des Dîmes* au lieu de *Le Procès des Dîmes*.
— 246, 35ᵉ — — : *Et de la Ligue*.
— 246, 36ᵉ — — : *Donc* au lieu de *done*.
— 273, 14ᵉ — — : *D'Arencey* au lieu de *D'Arancey*.
— 273, 18ᵉ — — : *D'Arencey* au lieu de *d'Arancey*.
— 289, 10ᵉ — — : *D'Arencey* au lieu de *D'Arancey*.
— 321, 31ᵉ — — : *Indemnités* au lieu de *indenmitées*.

TABLE DES MATIÈRES

Avant-Propos.. page 9
Introduction.. page 11

SOMMAIRE. — Origine de nos Villages, 17. — Les pouvoirs temporels dans les premiers siècles, 17. — Les religions anciennes, 19. — Origine et Etymologie, 20.

CHAPITRE PREMIER
Les Seigneurs de Warmeriville, page 21

SOMMAIRE. — Les seigneurs pendant la Féodalité, 21. — Les différents Seigneurs de Warmeriville, 22. — L'Abbaye de Saint-Thierry, 23. — Le Chapitre Notre-Dame de Reims, 26. — La Collégiale de Saint-Symphorien de Reims, 41. — La Collégiale de Sainte-Balzamie de Reims, 42. — Abbaye de Saint-Pierre-les-Dames de Reims, 44. — L'Abbaye de Saint-Remy de Reims, 44. — Abbaye de Saint-Denis de Reims, 45. — Les Comtes de Rethel, 46. — Les Seigneurs laïques de Warmeriville, 47. — Huard de Juvigny et Milon de Choilli, 47. — Guido de Warmeriville, 49. — Gérard de Warmeriville, 49. — Milet de Cormicy, 50. — Renaud de Selles, 50. — Jacquemin de Bouclenay, 50. — Pierre de Warmeriville, 50. — Ernoult, Thibault, Colinet et Jean de Warmeriville, 51. — Thierrion de Warmeriville, 51. — Gilles de Billi, 51. — Wilmet d'Amelles, 51. — Manessier de Novel-Chastel, 51. — Pierre Horis, 52. — Philippe de Bezannes, 52. — Nicolas de de Bezannes, 53. — Jean le Vergeur, 53. — Claude Pioche, 54. — Charles de Bossut et Nicolas de Bossut, 57. — Jacques de Tisserot, 58. — Robert de Joyeuse, 59. — Jules-Charles de Joyeuse, 61. — Hugues Mathé, Ignace de Goujon et François Caillet, 63. — Adrien Maurice de Noailles, 64. — Philippe de Noailles, 65. — Joseph Aubry d'Arencey, 66. — Jean-Baptiste Raoul de Rémont, 67. — Nicolas-François Charlier, 67.

CHAPITRE DEUXIÈME
L'Église et tout ce qui s'y attache, page 69

SOMMAIRE. — Établissement de la Religion dans nos contrées, 69. — Paroisse de Warmeriville, 70. — Le Doyenné de Lavannes, 71. — Pouillé de 1346. Pouillé de 1776-1780, 75. — L'Église de Warmeriville, 79. — Sépultures dans l'église, 82. — Cloches, 82. — Ancien état du clocher de Warmeriville, 83. — Les réparations de l'église, 85. — Doyens et procès-verbaux de leurs visites, 91. — Questionnaire de 1774, 96. — Visite pastorale, 99. — Liste de quelques doyens du Doyenné de Lavannes, 100. —

Calendes, 101. — La Dîme, 103. — La Cure de Warmeriville, 106. — Le Presbytère de Warmeriville, 108. — Liste des curés qui ont desservi la cure de Warmeriville, 110. — Noms de plusieurs curés sortis de Warmeriville, 111. — Biographie de M. J.-B. Hautavoine curé de Warmeriville, 114. — Cimetière, 115. — Culte à saint Druon, 118. — Ordonnance de Monseigneur Le Tellier, 120. — Chapelle Saint-Druon, 122. — Oraison à saint Druon, 124.

CHAPITRE TROISIÈME

Les organisations communales sous l'ancien Régime, page 127

Sommaire. — Les Maïeurs, 127. — Les Syndics, 129. — Revenus communaux, 130. — Adjudication des Usages, 131. — Les charges de la Communauté, dépenses ordinaires, 132. — Les Corvées, 133. — Les anciens travaux communaux, 135. — Liste des Syndics, 136.

CHAPITRE QUATRIÈME

Impôts d'Etat, Droits seigneuriaux, page 139

Sommaire. — La Taille, 140. — La Capitation, 140. — Tableau des Tailles et Capitations de Warmeriville, 141. — Le Vingtième, 141. — Copie d'un Rôle de Taille pour Warmeriville en 1750, 142. — Capitation, 146. — Impôts extraordinaires, 146. — La Gabelle, 147. — Droit de Poiture et de Tournoyeu, 151. — Taille des Métiers à tisser et sur les Industries, 151. — Service militaire, 151. — Les Droits seigneuriaux, 153. — Bail du Revenu de Patronage de Warmeriville pour neuf années, 154. — Baux des Dîmes de Saint-Thierry sur Warmeriville et sur Lavannes, 157. — Droit de Sauvement, 157. — Droit de Cens, 161. — Droit de Vente, 161. — Droit de Banalité, 161. — Offrandes, 162. — Amendes, 162. — Déshérence, 162. — Confiscation, 162. — Colombier, 163. — Droit de Chasse, 163. — Droit de Pêche, 163. — Grains vendus, 163. — Droit de Mairie, 163. — Droit de Fief dû au Chapitre par les Seigneurs de Ragouet, 163. — Droit de Charmes, 163.

CHAPITRE CINQUIÈME

La Justice sous l'ancien Régime, page 173

Sommaire. — La Justice seigneuriale, 173. — La Justice royale, 176. — Les Procès du Droit de Sauvement, 177. — Les Procès de la Redevance du Fief des Aigrelins, 183. — Les Procès des Dîmes, 185. — Affaires diverses, 187. — Les Plaids-Généraux, 189. — Justice locale, 190. — Liste de quelques Lieutenants de Justice, Procureurs d'offices, Greffiers et Sergents de Justice de Warmeriville, 200.

CHAPITRE SIXIÈME

L'Enseignement primaire à Warmeriville, page 203

Sommaire. — Historique de l'Enseignement populaire, 203. — L'école primaire de Warmeriville sur la fin du XVIIIe siècle, 203. — Achat d'une maison d'école, 206. — Nomination et choix de l'Instituteur primaire, 206. — Les traitements successifs de l'Instituteur et de l'Institutrice, 209. — **Liste des Instituteurs, 210.** — Liste des Institutrices, 212. — L'instruction à Warmeriville, 212. — École, 214. — Mobilier scolaire, 216. — Gymnastique, 215. — Bibliothèque scolaire, 215. — Caisse des Écoles, 216. — Caisse d'Épargne scolaire, 216. — Nombre des élèves (école des garçons), 216. — Récompenses obtenues par l'Instituteur, 216.

CHAPITRE SEPTIÈME
Agriculture. — Industries, page 219

Sommaire. — L'agriculture dans le passé, 219. — Géologie, 221. — Terroir 221. — Cadastre, 222. — Désignation des sections et des lieuxdits du terroir de Warmeriville, 224. — Culture, 226. — Statistique agricole de 1773, 228. — Recensements de 1773-1828-1836, 229. — Extrait de la statistique décennale de 1882, 229. — Les anciennes mesures de Warmeriville, 230. — Le Moulin-de-Haut, 232. — Biographie de M. Payer-Chrétien, 236. — Le Moulin-de-Bas, 237. — L'Industrie lainière dans le passé, 238.

CHAPITRE HUITIÈME
Histoire générale, page 243

Sommaire. — Histoire de notre contrée jusqu'à la guerre de Cent Ans, 243. — La Guerre de Cent Ans, 245. — Les guerres de la Ligue, 247. — Les guerres de la Fronde, 248. — Guerre de la Succession d'Espagne, 251. — Inondation de Février 1784, 252. — Mœurs, usages et croyances populaires, 257. — État-Civil de Warmeriville, 266. — Warmeriville et ses rapports avec la haute Société, 267. — Biographie de Linguet, avocat de Louis XVI, 268. — La Croix-Rouge à Warmeriville, 269. — La Foire de Warmeriville, 271. — Ragonet, 271. — Le Château, 271. — La Ferme, 273. — Liste des Fermiers, 274. — Vaudétré, 274. — Mouvement de la population, 280.

CHAPITRE NEUVIÈME
Warmeriville pendant la Révolution, page 283

Sommaire. — La Convocation des États-Généraux, 283. — Cahier des Doléances de la Communauté de Warmeriville, 284. — Premières organisations municipales, 291. — Les Prêtres de Warmeriville pendant la Révolution, 292. — Vente des biens dits nationaux, 293. — Les actes révolutionnaires à Warmeriville, 296. — Emprunt forcé de l'an IX, 300. — Mouvement patriotique de 1792, 301.

CHAPITRE DIXIÈME
Warmeriville pendant le XIXe siècle, page 303

Sommaire. — Le commencement du siècle, 303. — Les Invasions de 1814-1815, 304. — L'Administration municipale de 1825 à 1870, 305. — La Guerre de 1870, 310. — Le 4 septembre 1870 à Warmeriville, 311. — L'Occupation, 313. — L'Organisation civile et militaire des Allemands à Reims, 313. — Réquisitions et Contributions de guerre, 315. — Paiement de la Contribution de guerre, 317. — L'Administration municipale de 1870 à 1900, 322. — **Liste des Conseillers municipaux depuis 1821 jusqu'en 1900, 326.** — **Liste des Maires et des Adjoints, 327.**

CHAPITRE ONZIÈME

Warmeriville pendant les dernières années du XIXe siècle, page 329

SOMMAIRE. — Etat actuel de Warmeriville, 329. — La Suippe, 331. — Bois, 332. — Voies de communication, 332. — Les causes de sa prospérité, 333. — Le Chemin de fer de la Vallée de la Suippe et la station de Warmeriville, 333. — Relevé statistique du trafic de la Gare de Warmeriville pendant l'année 1897, 344.

CHAPITRE DOUZIÈME

Les usines de Warmeriville, page 349

SOMMAIRE. — L'Usine du Val-des-Bois, 349. — *Première partie*. — Récompenses honorifiques décernées aux employés et aux ouvriers du Val-des-Bois, 356. — *Seconde partie*. — Le Val-des-Bois, 363. — La Chapelle, 364. — Les Ecoles libres, 366. — Cités ouvrières, 367. — Syndicat agricole de la Champagne, 369. — Biographies des membres de la famille Harmel, 370. — La famille Harmel et les Ordres religieux, 376. — L'Usine de Ragonet, 376. — Biographies de MM. Simonnet, 378. — Conclusion, 381. — Epilogue, 383. — Errata, 385. — Tables.

TABLE DES GRAVURES

1	Épée en fer repliée, Bracelet armille, Fibule provenant du mobilier des sépultures gauloises de la Motelle de Warmeriville............	12
2	Vase gaulois...	13
3	Vase gaulois (autre forme)..	14
4	Vase gaulois —	15
5	Vase gaulois —	16
6	Vase gaulois —	17
7	Parures gauloises de nos pays...	18
8	Parures gauloises de nos pays (autres)...............................	19
9	Armoiries du Chapitre de Notre-Dame de Reims...................	27
10	Armoiries de la province de Champagne.............................	48
11	Château des seigneurs de Courtagnon................................	52
12	Armoiries de Messire Claude Pioche (les siennes)...............	55
13	Armoiries de la famille De Bossut......................................	57
14	Armoiries de la famille de Noailles.....................................	64
15	Armoiries de France surmontées d'une couronne.................	68
16	L'église de Lavannes, chef-lieu du doyenné........................	72
17	Carte. Le doyenné de Lavannes au Moyen-Age....................	77
18	Église de Warmeriville..	79
19	Chapiteaux dans le transept de l'église de Warmeriville.......	80
20	Fonts-baptismaux de l'église de Warmeriville......................	81
21	Fragments de chapiteaux dans le chœur de l'église de Warmeriville...	83
22	Élévation de l'église de Warmeriville avant 1750.................	84
23	Chapiteaux dans le chœur de l'église de Warmeriville.........	86
24	Chapiteaux dans le chœur de l'église de Warmeriville (autres).......	87
25	Griffes d'un pilier du chœur de Warmeriville.......................	88
26	Griffes d'un pilier du chœur de l'église de Warmeriville (autres)......	89
27	Plan de l'église de Warmeriville avant 1863.......................	97
28	Chapelle Saint-Druon...	123
29	Petite épée d'arçon, XVᵉ siècle..	125
30	Paysan et seigneur français au XVᵉ siècle.........................	174
31	Château des archevêques de Reims ruiné en 1594............	175
32	Paysans français de la fin du XVᵉ siècle............................	220
33	Plan du terroir de Warmeriville...	223
34	Plaque de borne trouvée à Lavannes................................	227
35	Plan du Moulin-de-Haut. Ouverture d'un canal appelé la Neuve-Rivière.	235

36	Plan du domaine de Ragonet	272
37	Borne milliaire des voies romaines	276
38	Porte dans la rue des Vagericaux (Warmeriville)	290
39	Taque de cheminée chez M. Linguet-Modaine (Warmeriville)	291
40	Clef de cintre de porte, chez M. Lecoq, rue des Vageriaux (Warmeriville)	297
41	Élévation de la mairie de Warmeriville	355
42	Vue générale de l'usine du Val-des-Bois	351
43	Portail de la chapelle du Val-des-Bois	365
44	Le Bon Père, M. Léon Harmel (portrait)	372
45	M. Félix Harmel, ancien Maire de Warmeriville (portrait)	373

REIMS. — Imp. LUCIEN MONCE, 75, rue Chanzy.

www.ingramcontent.com/pod-product-compliance
Lightning Source LLC
Chambersburg PA
CBHW050433170426
43201CB00008B/651